国际内部控制与公司治理系列丛书

国际注册内部控制师通用知识与技能指南

Guide to the CICS Common Body of Knowledge

国际内部控制协会 著
邱健庭 徐莉莉 译
张 玉 审校

中国财政经济出版社

图书在版编目（CIP）数据

国际注册内部控制师通用知识与技能指南／国际内部控制协会著；邱健庭，徐莉莉译．—北京：中国财政经济出版社，2009.7

（国际内部控制与公司治理系列丛书）

ISBN 978-7-5095-1323-1

Ⅰ．国…　Ⅱ．①国…②邱…③徐…　Ⅲ．企业管理-经济师-资格考核-指南　Ⅳ．F270-62

中国版本图书馆CIP数据核字（2009）第040414号

图字：01-2009-2652

责任编辑：樊清玉等　　　　责任校对：张全录

封面设计：郁　佳　　　　版式设计：汤广才

中国财政经济出版社出版

URL：http：//ckfz.cfeph.cn

E-mail：ckfz@cfeph.cn

（版权所有　翻印必究）

社址：北京市海淀区阜成路甲28号　邮政编码：100142

发行处电话：88190406　财经书店电话：64033436

北京富生印刷厂印刷　各地新华书店经销

787×1092毫米　16开　26.25印张　460 000字

2009年7月第1版　2009年7月北京第1次印刷

印数：1—5 060　定价：68.00元

ISBN 978-7-5095-1323-1/F·1122

（图书出现印装问题，本社负责调换）

本社质量投诉电话：010-88190744

《国际注册内部控制师通用知识与技能指南》

编审委员会

委　员（按姓氏笔画）：

尹维劼　孙　越　刘海全　刘　春

张　玉　张连华　何　明　宋建波

陈　钢　陈建中　邱胜利　杜　豪

郑洪涛　姜维壮　顾秋华　贾　杰

徐　洁　麻蔚冰　温彦君　樊清玉

执行委员：张　玉　樊清玉

国际内部控制协会会长威廉E. 佩里先生致辞

序 一

主题：内部控制与全球内部控制资格证书的重要性

内部控制是被组织管理层使用的流程，用以确保按照规定的要求执行组织的任务、政策、程序、计划和遵从适用的法律法规。内部控制是管理层的责任，包括组织、指导和控制的基本职能。

内部控制从管理层自上而下扩展，有利于保证各级员工按照管理层的意图正确地执行各项运营活动，内部控制从员工自下而上反馈需要关注和解决的问题以及例外事项，有助于管理层采用纠正运营缺陷所需的任何措施。了解和执行内部控制是每一位员工日常工作的重要组成部分。

绝大多数组织在设计和运行内部控制系统方面面临的主要挑战是，经理和职员缺乏足够的内部控制实务的培训。他们中很少有人能够适当地定义内部控制系统或控制目标。当提及“内部控制”的术语时，人们常常会想到各种不同的定义，但是，当今世界被广泛公认的是国际内部控制协会（ICI）已经建立的内部控制产品与服务的知识技能体系。这种体系的基础是COSO内部控制框架。

使用ICI和COSO内部控制定义设计与实施内部控制系统，组织可以受益于以下方面：

1. 有助于实现组织既定的经营目标；

2. 与管理层政策与程序有关的问题以及违反法规的行为会得到管理层的重视，并迅速采取纠正行动；

3. 审计师可以以经济有效的方式提供内部控制系统适当性的评价意见；

4. 可以识别运营方面的低效率因素，促进提高生产力；

5. 管理层可以对遵从适用法律法规、标准与规则的合规性提供合理的保证，在必要的情况下，能够提供证明；

6. 内部控制系统的文档记录可以用于预防令人不愉快的法律诉讼。

全球从事内部控制相关工作的大多数个人都没有受过内部控制现代定义的适当教育或训练。值得注意的是，大多数的审计师，无论是独立审计师还是内部审计师，只是接受过内部控制财务定义方面的培训。管理层如何才能确保其组织内部控制系统的适当性和有效性，并确认哪些员工能胜任工作？答案是聘用接受过内部控制专业组织良好培训和获得“认证”的职业人士。

在作为美国质量管理协会（QAI）的创办人和首席执行官的25年里，我切身感到了教育、培训和资格认证项目对于把“质量”建立在所有组织系统之内的必要性。

“我们每天似乎都会听说关于金融危机的坏消息”。现在，是时候来以一种不同的态度看待商业组织中内部控制系统的建设与发展了。迄今为止，国际内部控制协会是全球唯一能提供国际注册内部控制师全方位培训、考试和资格认证的组织。正因如此，获得国际注册内部控制师（CICS/CICP）认证的专业人士不仅来自美国，而且来自其他国家，例如：巴林、中国、埃塞俄比亚、印度、印度尼西亚、约旦、尼日利亚、菲律宾、波多黎各、卡塔尔、阿联酋、英国和越南等国家，因为这是全球范围内都需要的一个职业。

您诚挚的

威廉 E. 佩里（Willian E. Perry）
美国注册会计师、国际注册内部审计师、
高级国际注册内部控制师
美国质量保证协会创始人及原会长
国际内部控制协会会长

2009 年 6 月

序二

2008年6月，在借鉴和吸收国际监管新理念的背景下，我国财政部、审计署、证监会、银监会和保监会五部委联合印发了《企业内部控制基本规范》（财会［2008］7号）。这一被称为中国版《萨班斯——奥克利斯法案》的《企业内部控制基本规范》是我国第一部加强和完善企业内部控制系统，提高企业经营管理水平和风险防范能力，促进企业可持续发展，维护社会主义市场经济秩序和社会公众利益的重要法规文件。根据《企业内部控制基本规范》的执行要求，自2009年7月1日起在上市公司范围内施行，并鼓励非上市的大中型企业参照执行。

由于企业内部控制渗透于整个组织的一系列活动中，内部控制系统建设涉及公司治理、风险管理、质量管理、信息系统、审计监督、企业文化建设等领域，涵盖的知识面广，业务流程复杂，各种技能要求全面，测评方法和测评工具复杂细致。因此，在贯彻落实《企业内部控制基本规范》的过程中，无论对员工进行内部控制相关知识和技能的培训，还是在设计和执行内部控制信息系统与实施内部控制自我评估的过程中，都需要参考借鉴和吸收国际权威机构有关内部控制的研究成果、流程框架体系、实务指南与评估工具等技术方法。

借鉴和吸收国际内部控制领域的理论知识，特别是实务经验，可以为企业董事会、高级管理层提供可供参照借鉴的内部控制流程设计、文档管理建设、自我评估的指标体系及其评估工具，减少企业单打独斗的探索和花费大量的研发成本，节约时间少走弯路，这有利于尽快顺利建立起我国的内部控制系统，实现为企业防范风险、提高经营的效率和效果、增强财务报告的可靠性，促进合法、合规提供合理保证的目标。

本书是国际注册内部控制师资格认证项目的教科书之一，国际内部控制协会（Internal Control Institute，英文缩写ICI）设立该资格认证项目的目的是，建立全球内部控制职业人士最基本的资格标准和职业胜任能力持续改进的要求。ICI通过定义与内部控制职责相关的任务，整合各种相关知识、法规和信息技术，形成了考核和评估国际注册内部控制师的八大专业知识与技能。通过系统化和规范化的培训，使审计师、会计师、评估师、经济师、质量工程师和企业管理人员能系统、全面地掌握内部控制设计、执行和保障以及流程管理与评估所需的知识和技能。

引进和开展国际注册内部控制师资格证书项目，可以为企业提供全方位的内部控制教育流程培训，为培养我国的注册内部控制师提供适用教材和培训体系，进而填补我国注册内部控制师专业人才的空白。

培养和造就具备企业管理、财务会计、信息系统和监控流程等知识和技能的复合性人才，是我国企业加强内部控制建设，促进部分行业结构调整和产业升级的必要条件；是贯彻落实科学发展观，以人为本，增强自主创新能力和完善现代企业制度的现实需要；也是促进我国内部控制实务与国际较成熟的内部控制实务趋同发展的内在需要。

正因如此，特别是在当前全球处于金融危机的形势下，本书的翻译与出版有其十分重要的现实意义。

中央财经大学　姜维壮

2009年6月

译者的话

历史是螺旋式向上发展的。我们正处在内部控制的理论与实务发生巨大变革的时代，今天的内部控制与过去的内部控制有哪些不同与创新，又有哪些继承与发展？这是许多研究内部控制理论与实务的专家学者正在思考和力图求证的一个重要问题。

2008 年 6 月，COSO 发布了附加指南：内部控制系统监控指南。COSO 在这一指南中指出，组织需要这样一个架构，既能考虑管理层和董事会的监控作用，也需要使用具备适当能力，经授权进行客观评价的“评估师”（evaluators）。评估师可以是经过专门培训的专业人士（例如，内部审计师），他们应当独立于运营活动，或者是组织中日常工作职能各个领域的一部分员工，他们负责监督流程，或监控某些控制措施的执行。评估师要求具备足够的专业技能、知识和权限，同时要对内部控制所管控的风险有足够的了解。

那么，谁将成为这些未来的评估师？谁能够为他们提供所需的专业培训？谁又是最佳的认证机构呢？现在迫切需要接受过 COSO 内部控制定义培训的新型内部控制专家。目前，全球只有一个机构能提供这种全面培训、考试和颁发国际注册内部控制师资格证书。这个机构就是国际内部控制协会。

正因如此，中经安信息科技（北京）有限公司（以下简称中经安 http：//www.internalcontrol.cn）与国际内部控制协会（ICI）结成合作伙伴关系，独家代理其内部控制与公司治理相关的产品和咨询服务。通过与 ICI 签订翻译协议，中经安可以组织力量翻译ICI开发的世界一流水平的内部控制和公司治理指南，包括控制流程设计、文档管理方法、量化评估工具等技术方法和解决方案。这项工作将为我国企业构建内部控制系统框架、标准和指南提供参照体系和实务操作技术方法，帮助企业开发基于信息技术环境下的内部控制系统。此外，中经安启动了向人力资源和社会保障部职业技能鉴定中心申报引进国际注册内部控制师职业资格认证的审核注册程序，并已被正式受理，开始逐步纳入国家职业技能认证体系。开展国际注册内部控制师职业资格认证项目，有利于培养与国际标准接轨的注册内部控制师专业人才，促进我国内部控制实务与国际内部控制最佳实务惯例的趋同发展。

通过翻译和审校此书，我们对篇首提出问题的回答是：过去的内部控制建设是企业的内部行为，企业内部控制制度是否建立，建立后是否真正执行，以及在内部控制的设计、执行和评估方面没有法规要求，也无须接受外部监管机构和独立审计师的检查监督。今天的内部控制系统从设计与开发、运行与维护、信息文档与监控，到对外披露的财务报告均应遵从法规要求和公认的COSO内部控制框架，企业要在其财务报告中披露内部控制的自我评估意见，并接受独立审计师的检查监督；今天的内部控制建设已不再是企业的内部行为，而是受到政府监管机构的监管和投资大众的普遍关注的透明度极高的公司治理行为，其重点是强化内部控制环境和解决“控下不控上”的问题。

本书的翻译工作是团体合作的结果，全书由张玉主持翻译。初译译者包括：张玉编译第1部分、翻译第2部分第1章和第8章以及目录与附录1、2；邱健庭译第2部分第2章与第5章；孙彤译第2部分第3章；骆培涛译第2部分第4章；徐莉莉译第2部分第6章与第7章。张勉、金琳、索源明、靳晔、高京等同志也参与了此书部分内容的翻译或图片修改工作。全书由张玉审校。此外，中央财经大学终身教授姜维壮先生、国家开发银行营运中心高级计算机专家邱胜利和亚新科内控部麻蔚冰总监也对此书的翻译工作提出了宝贵意见；中国财政经济出版社的樊清玉编审为此书的选题和整体策划付出了很大的努力，在此对他们表示衷心的感谢。

限于译者水平，本书如有误漏之处，恳请读者指正。

中经安信息科技（北京）有限公司　张玉

2009年6月

MuLu

目 录

第1部分 国际注册内部控制师资格认证项目介绍

第2部分 国际注册内部控制师通用知识与技能

第1部分

国际注册内部控制师资格认证项目介绍

国际注册内部控制师资格认证项目是国际内部控制协会（the Internal Control Institute，英文简称 ICI）在全球范围推广的职业人才教育项目。该资格认证项目建立了全球内部控制职业人士最初的资格标准和职业胜任能力持续改进的要求。它正式承认资格证书持有者具有内部控制通用知识与技能体系（Common Body of Knowledge，英文简称 CBOK）中所阐述的学科知识与技能的胜任能力。具备这种胜任能力使国际注册内部控制师为协助组织设计、执行和评估内部控制系统，以及协助管理部门设置控制流程作好了各种准备。

第1章

资格认证项目概述

1.1 资格认证项目的背景、意义与特点

改善组织内部控制的有效性是成功人士职业生涯发展计划中的一种“推动力”，也是国际注册内部控制师资格认证项目的集大成目标。在探讨增强组织内部控制系统有效性的同时，必须解决的一个重大问题是如何培养具有职业胜任能力的内部控制专业人才。

1.1.1 内部控制立法的背景

进入21世纪，美国先后爆发了安然（Enron）、世通（WorldCom）、安达信（Arthur Andersen）等公司欺诈、会计造假而导致公司破产倒闭的丑闻，使投资大众蒙受了巨大损失。安然和世通的会计丑闻充分暴露了公司高级管理层凌驾于内部控制之上和内部控制制度形同虚设的问题。

为了加强公司治理，重建投资者的信心，2002年7月，美国国会颁布了《2002年上市公司会计改革和投资者保护法案》（“Sarbanes - Oxley Act of 2002”，SOX），亦称《萨班斯——奥克斯利法案》（以下简称《萨·奥法案》），通过建立一个独立的“上市公司会计监管委员会”（PCAOB）加强对上市公司审计的监管；提出了建立以美国反虚假财务报告委员会发起组织委员会（Commission of Sponsoring Organizations，简称COSO）发布的《内部控制——整合框架》为参照基准的内部控制框架体系，旨在增进公司的报告责任和审计委员会的责任，加强独立审计师的独立性，加强财务报告的披露，以及改善公司治理结构，以此来恢复和增强投资大众的信心。由于该法案80%的内容

或措施都与内部控制有关，故也被称为内部控制法案，亦被称为“2002 年公司与刑事欺诈责任法案”（the Corporate and Criminal Fraud Accountability Act of 2002）。

《萨·奥法案》是 1933 年以来美国证券立法中影响最深远的法案之一。它导致美国现行证券法、公司法和会计法进行多处重大修改，新增了许多相当严厉的法律规定。例如，延长证券欺诈诉讼的时效期限；加重了公司主要管理者的法律责任；加强了对公司高级管理层收入的监管；对公司内部的审计委员会作出法律规范；强化了对公司外部审计的监管；加强了信息披露制度和其他有关公司监管的规定等。在加强内部控制立法的同时，美国司法监管机构也加大了对“白领犯罪”的处罚力度。

由于上述公司欺诈和会计丑闻而导致公司面临破产风险的行为大多与企业的高级管理层有关，强化企业内部控制环境和完善公司治理结构也就成为了企业符合政府监管机构要求、取信于投资大众和防范风险的重中之重。

1.1.2 国际内部控制协会简介

位于美国佛罗里达奥兰多的国际内部控制协会是 2002 年美国《萨·奥法案》出台后成立的全球专门致力于内部控制和公司治理的教育组织和智囊机构。国际内部控制协会作为一个职业团体成为国际内部控制领域的代表。目前，国际内部控制协会在美国、英国、中国、印度、印度尼西亚、菲律宾、约旦、埃塞俄比亚等 10 多个国家有分支机构或合作伙伴机构。

国际内部控制协会通过由企业董事会成员、运营经理、注册会计师事务所合伙人、律师和内部控制设计师组成的顾问委员会，开发研制企业现实环境中实施内部控制所需的实务指南和评估测试技术。ICI 的内部控制教育与咨询产品在向企业及客户推荐之前均在各类组织中经过现场的测试。

目前，该协会已开发研制出以《萨·奥法案》和 COSO 内部控制框架为基础的世界一流水平的内部控制和公司治理指南以及专业评估技术和解决方案。ICI 是在全世界唯一能够提供内部控制和公司治理领域量化评估工具的组织。ICI 提供的内部控制主要产品如下：

- 控制设计和文档管理方法；
- 基于 COSO 框架的内部控制量化评估工具；
- 为董事会服务的量化评估指南；
- 企业全方位的控制教育流程；
- 国际注册内部控制师资格认证。

1.1.3 资格认证项目的意义

为了在日趋激烈的企业竞争中立于不败之地，管理层必须在内部控制领域选择专业和技术熟练的个人，聘用有能力而又可以信赖的专业人士。获得国际注册内部控制师资格认证，表明证书持有者掌握了内部控制通用知识与技能，具备了内部控制方面的职业胜任能力。

获得国际注册内部控制师职业资格证书，将成为国际内部控制职业团体和工商界人士认可的内部控制专家职业胜任能力的重要凭证，为管理层服务的内部控制专家将得到快速的职务晋升和更广泛的认同。此外，复合型人才的内部控制专家的工作成果也将得到董事会、审计委员会和监事会的高度重视，成为企业最高决策者和监督机构的重要信息来源。

国际注册内部控制师资格认证项目有助于：

（1）定义与内部控制职责相关的任务和技能，评估各项知识与技能的熟练程度；

（2）证明个人自我完善和提高职业胜任能力的意愿；

（3）达到职业胜任能力的认可标准；

（4）帮助组织选择和提升合格的员工；

（5）激发员工的内部控制责任，更有效地履行职责；

（6）改善和增强组织的内部控制系统。

1.1.4 国际注册内部控制师资格认证项目特点

ICI 提供的国际注册内部控制师资格证书属于国际公认的职业资格证书。该资格认证项目设立了积极的教育和培训规划，按工商领域内部控制原理与实务来测试职业人员的胜任能力水平。这些原理与实务由 ICI 认证委员会定义为通用知识与技能体系（CBOK）。ICI 认证委员会将定期对通用知识与技能体系进行更新，以反映内部控制环境方面的变化。

目前，该资格认证项目由 ICI 及其独立的认证委员会指导和管理，考务工作由 ICI 和美国圣彼得堡大学的内部控制卓越中心共同管理（http://www.internalcontrolinstitute.org）。

国际注册内部控制师是新兴的人才，其主要职责和从事的工作范围包括：内部控制战略的设计、建立内部控制环境、风险评估与风险管理、业务系统与流程的控制评估、内部控制的衡量与报告以及公司治理实务。这些急需的新型人才可以解决企业内部控制系统的设计与执行，建立流程管理信息系统和开展内部控制有效性自我评估以及外部审计的人才需求。

由于企业内部控制渗透于整个组织的一系列活动中，内部控制系统建设涉及公司治理、风险管理、质量管理、信息系统、审计监督、企业文化建设等领域，涵盖的知识面广，业务流程复杂，各种技能要求全面，测评方法和测评工具复杂细致，需要整合企业管理、财务会计、信息系统和监控流程等知识和技能。ICI 通过定义与内部控制职责相关的任务，收集和整合各种相关知识、法规和信息技术及评估工具，形成了考核和评估国际注册内部控制师的通用知识与技能体系。通过系统化和规范化的培训，使原来掌握某一领域知识技能的审计师、会计师、评估师、经济师、工程师和企业管理人员能系统全面地掌握内部控制设计、执行和保障以及流程管理与评估报告所需的知识与技能。

目前，ICI 的国际注册内部控制师资格证书分为两个等级：A 级是高级国际注册内部控制师（Certified Internal Control Professional，英文缩写 CICP）；B 级是国际注册内部控制师（Certified Internal Control Specialist，英文缩写 CICS）。本指南是国际注册内部控制师（CICS）的考试辅导用书。

1.2 成为国际注册内部控制师的益处

组织内部控制系统的设计与执行，建立业务流程管理的信息系统和开展内部控制有效性评估需要精通这些知识与技能的专业人才。国际注册内部控制师资格认证项目的开发为本职业、个人、用人单位和社会大众提供了价值。努力成为国际注册内部控制师的益处和理由如下：

1.2.1 对本职业提供的价值

培养和造就具有职业胜任能力的专业人才队伍有助于促进内部控制职业组织的发展。国际注册内部控制师资格认证项目由独立的内部控制专家组成的 ICI 认证委员会指导，通过提供以下知识与技能来认定专业人士的职业胜任能力，并促使他们遵守职业道德规范。资格认证项目对内部控制职业提供的价值如下：

- 通用知识与技能体系（CBOK）；

  ICI 认证委员会定义了内部控制资格认证所依据的知识与技能。国际注册内部控制师目前需掌握的知识与技能在本指南中有全面的描述。

- 评估职业胜任能力的考试过程；

  成功的报考人必须参加以 CBOK 为基础的考试，答题达到 75% 以上正确率，才能通过考试获得认证。

- 职业道德规范；

  成功的报考人必须同意遵守由 ICI 认证委员会制定的职业道德规范。请认真阅读“职业道德规范”的要求，希望所有注册的职业人士能遵守职业道德规范，并坚持合乎道德的行为。

- 持续发展的重新认证程序；

  以往的内部控制胜任能力不能应对当今的挑战。国际注册内部控制师的重新认证程序有助于保证国际注册内部控制师不断更新知识与技能，保持职业胜任能力的当前水平。重新认证的程序需要国际注册内部控制师对 ICI 认证委员会指定的课程获得每年 40 小时的内部控制相关知识与技能培训。

- 系统化和规范化的专业服务。

  职业团体通过制定准则、指南和提供技术方法以及最佳实务，促进国际注册内部控制师以系统化和规范化的方式提供卓有成效的专业服务。

1.2.2 对个人提供的价值

国际注册内部控制师与传统意义上的审计师、会计师、质量工程师、评估师的不同之处在于：前者的主要职责和工作范围包括内部控制系统的开发、设计、执行、管理与实时监督，开发和实施内部控制战略与评估方法；而后者不涉及这些领域。审计师、会计师、质量工程师以及评估师的主要任务是识别与确认企业经营管理活动、业务流程、会计处理以及财务报告与适用的法律法规、企业章程、既定的绩效指标和财务标准是否有任何不一致的地方，是否存在违法、违规行为以及质量体系建设和维护等。开发和实施内部控制战略与方法成为国际注册内部控制师的主要职责。

获得国际注册内部控制师资格证书，对个人提供的价值如下：

- 更新专业知识和技能，证明不断实现自我完善的品质；
- 增强个人有效履行内部控制职责的自信心；
- 证明达到与国际标准接轨的职业胜任能力水平；
- 被专业权威机构和同行公认为内部控制专家；
- 协助组织改善和增强内部控制系统；
- 获得更好的职业发展机会，拓宽就业渠道。

1.2.3 对用人单位提供的价值

组织要增强内部控制系统质量的可靠性和有效性，需要有系统地、全面地掌握内部控制设计、执行、保障和流程管理以及评估所需的专业人才。聘用国际注册内部控制师可以为用人单位提供的价值如下：

- 增强使用者和客户的信心；

  国际注册内部控制师可以协助组织有效地建立、执行和维护良好的控制系统，这有助于增强使用者和客户对内部控制系统的信心。

- 持续不断地改进流程管理，提高内部控制系统的有效性，促进企业实现经营目标；

  国际注册内部控制师运用他们的知识与技能持续不断地改进工作流程。他们知道应当衡量什么内容，如何评估和提供有关内部控制系统适当性的评价意见，以及编写有助于决策与实施的流程分析报告。

- 客观评价求职者和员工的胜任能力；

  通过考试和重新认证，在持续不断加强通用知识与技能的基础上，用人单位可以客观评价求职者和员工内部控制方面的胜任能力，并将这种胜任能力作为招聘内部控制机构人员的资格要求。

- 更有效地录用、培养和使用内部控制专业人才；

  组织可以通过国际注册内部控制师认证项目改进控制的有效性，录用内部控制专业人才的好处是：（1）激发员工增强内部控制责任，不断改进工作；（2）成为向全体员工提供内部控制相关信息来源的一种资源。

- 遵从适用的法律法规，树立组织履行社会责任的良好形象。

  组织通过增强内部控制系统的有效性，对遵从所有适用的法律法规、标准与规则提供合理保证，确保对外披露的财务报告的可靠性，增强社会公众对组织的信心，提高市场竞争能力。

第2章

国际注册内部控制师的考试指南

ICI职业资格认证不仅证明持证人员掌握内部控制通用知识体系原理知识和技能的程度，而且还反映其在协助组织设计和评估内部控制系统以及控制流程实践中的职业胜任能力。国际注册内部控制师（CICS）的报考人必须通过考试证明自己理解和掌握了内部控制的通用知识与技能。CICS资格认证考试的知识与技能领域包括：

- 内部控制概念；
- 风险管理；
- 风险评估；
- 环境控制设计；
- 应用控制设计；
- 应用控制评估；
- 统计控制与衡量；
- 控制报告衡量标准；
- 缺陷管理；
- 公司治理；
- 《萨班斯——奥克斯利法案》。

2.1 国际注册内部控制师的申报条件与程序

国际内部控制协会的中国合作伙伴——中经安信息科技（北京）有限公司启动了向人力资源和社会保障部职业技能鉴定中心申报引进国际注册内部控

制师职业资格认证的审核注册程序，并已被正式受理，开始逐步纳入国家职业技能认证体系。通过提供适用的培训教材和完善的培训体系，可以为培养我国与国际标准接轨的注册内部控制师职业人才作出应有的贡献。国际注册内部控制师的申报条件与程序如下：

2.1.1 申报条件

2.1.1.1 **符合下列条件之一者，可以报考国际注册内部控制师（CICS）资格考试：**

（1）具有四年制院校会计、工商管理、工业工程专业的学士学位，或同等学历，具有三年以上内部控制设计或内部控制评估经验；或

（2）获得公认院校的会计、工商管理、工业工程专业的硕士学位或同等学历，具有两年以上内部控制实际工作经验；或

（3）六年内部控制实际工作经验；

（4）有学历、暂时还没有工作经验的报考者可以先申请考试，在通过CICS考试后，先颁发考试合格证书，达到必需的工作经历后再授予职业资格证书。

（5）至少掌握ICI内部控制通用知识与技能体系（CBOK）中的六门技能；

（6）同意并遵守ICI职业道德规范和行为守则。

2.1.1.2 **符合下列条件之一者，可以申报高级国际注册内部控制师（CICP）资格认证：**

（1）具有公认学院或四年制院校会计、工商管理、工业工程专业的学士学位，或同等学历，至少有八年内部控制设计或内部控制评估经验；或

（2）具有公认学院的会计、工商管理、工业工程专业的硕士学位，或同等学历，七年以上内部控制实际工作经验；或

（3）12年内部控制实际工作经验；或

（4）先前获得CICS证书，有八年以上专业的内部控制工作经验；

（5）工作经验至少涵盖ICI内部控制通用知识与八项技能中75%的知识要求；

（6）同意并遵守ICI职业道德规范和行为守则。

由于申请CICP资格认证要求提供更广泛的专业实务工作经验证明，因此，现阶段CICP资格认证申请采取由ICI认证委员会评审认证的方式，暂时还未包括参加考试的要求。这种方式在未来发生变化时，CICP考试将采用与

CICS 考试相类似的考试程序。

2.1.2　申报程序

2.1.2.1　提交最初的申请

CICS 报考者和 CICP 申请者首先向 ICI 中国总部特许机构递交资格认证申请，填写《ICI 资格认证申请表》（以下简称申请表），同时出具本人身份证、学历/学位证书、职称/职业资格证书，提交的资料包括：

（1）填写信息准确、内容完整的《申请表》；

（2）本人身份证、最高学历证书、职称证书、职业资格证书等证件的复印件；

（3）本人在内部控制设计、执行或评估方面的专业技能和工作经验的证明，或参加 CICS 考前辅导培训并取得 ICI 中国总部特许机构发给的合格证书；

（4）本人 2 寸彩色近照 4 张。

CICP 申请者还必须同时提交：

（1）本人在内部控制设计、执行或评估方面的主要工作业绩、发表的文章，或参加培训班、研讨会的演讲专题以及撰写的书籍等；

（2）本人工作部门主管的一封介绍信，介绍信要有内部控制工作经历的描述；也可由 ICI 中国总部联系具备资格条件的专家协助填写推荐信。ICI 中国总部的联系电话：010 - 68004186；网址 http：//www. internalcontrol. cn；E - mail：ccsit. zy@ gmail. com。

2.1.2.2　资格审查与确认

当 CICS 报考者和 CICP 申请者提交申请表之后，由 ICI 中国总部按照《国际注册内部控制师职业标准》对 CICS 报考者的考试资格进行初步审查，并将初审合格者的申请信息报送 ICI 认证委员会。ICI 认证委员会将对报考者的考试资格进行确认，并将资格确认结果通知 ICI 中国总部。ICI 中国总部各特许机构负责将 CICS 资格确认结果通知报考者。资格审查和确认大约需要 30 天。

CICP 申请者的申报材料由 ICI 中国总部提供指导，所有的申报材料和相关的证明在翻译成英文后，报送 ICI 认证委员会。ICI 认证委员会将组织专家对 CICP 申请者资格进行评审，并将评审结果通知 ICI 中国总部。资格认证的时间大约需要 30 天。

2.1.2.3　再次提交申请

如果 CICS 报考者和 CICP 申请者初次申请未能通过资格审查，可以在三个月后重新提交申请表。

此外，一些 CICS 报考者和 CICP 申请者因为申请表填写的信息不完全或有错误，也需要重新填写和再次提交申请表。

对于再次提交的申请表，资格审查的时间仍然需要 30 天，在任何预定考试之前，必须完成所有申请表的资格审查工作。

2.2 国际注册内部控制师的考试要求

2.2.1 总体要求

CICS 报考人应当在提交申请后的 12 个月之内参加最初的考试。12 个月之后，报考人必须重新提交申请、证明文件和可能需要发生的任何追加费用。如果需要申请第二次或第三次补考，必须在提交最初申请的 24 个月之内完成。两年之后，报考人必须重新申请，重新开始报考资格证书这一过程。

未能成功通过考试的报考人，可以通过提交一份重新考试的申请并交纳所需的费用，再次参加两次考试。此后参加另外的考试，需要重新开始整个申请过程。

ICI 认证委员会建议未能成功通过考试的报考人如果重新申请考试，最好有六个月或更长的复习时间。准备不充分和仓促参加考试的报考人很少能够成功，报考人需要花费适当时间研究和学习。

CICS 资格考试在全世界范围内采用统一标准，即统一培训教材、统一考试内容、统一评卷标准，成功通过考试的报考者获得统一的职业资格证书。ICI 认证委员会已经为合格的报考者制定了指导方针和具体要求，鼓励报考者作好复习准备，并在最短的时间里通过考试。

2.2.2 考试须知

2.2.2.1 考试时间

纸质考试每年四次。考试时间为每年 3 月、6 月、9 月和 12 月的第三周的周六，时间均为上午 9:15—11:15（具体时间见各考点报考简章）。

2.2.2.2 考试内容

考试内容为 CICS 通用知识体系规定的八门技能。报考者至少应掌握其中的六门技能。按三个层次检验报考者的知识水平和实际应用能力：

（1）基础知识

检验报考者对内部控制、风险管理与公司治理的基本概念、术语的理解，对内部控制相关法律、框架和流程的理解和对内部控制实务的判断能力。

（2）理解能力

检验报考者的理解能力，即是否具备内部控制通用知识体系的主要知识和技能，能否正确理解内部控制层级与各业务周期之间的关系和判断各种控制缺陷及其原因，得出正确的结论并采用适当的解决方案处理问题等。

（3）熟练程度

检验报考者应用各种技能为组织设计和评估内部控制系统，以及控制流程实践中的实际应用能力。

2.2.2.3　考试方式

考试方式为综合闭卷笔试，试题为 96 道选择题。

（1）所有的问题是多项选择，选择最佳答案回答问题。

（2）完成考试的时间限定为 120 分钟。

2.2.2.4　考试语种

考试语种分为中文和英文两种。

2.2.2.5　补考

未能通过考试的报考者，通过提交补考申请，可以再参加两次考试，但应交纳补考所需的追加费用。

2.3 对国际注册内部控制师的期待

2.3.1　精通专业技术的职责

为了保持内部控制职业胜任能力和提高现有的工作效率，国际注册内部控制师应当努力精通专业技术，牢记当今职场的三个 C，即：

- 变化（Change）—— 商务过程和技术更新的变化速度越来越快，没有持续的技能改进，你将会在市场竞争中被淘汰。
- 复杂（Complexity）—— 商务过程正变得越来越复杂，因此，对信息技术环境中内部控制流程的质量也将会有更高的要求。只有不断提高精通专业技术的能力，才能适应这种日趋复杂的挑战。
- 竞争（Competition）—— 充分显示你掌握多种知识与技能的胜任能力，使自己成为更合乎需要的任何专业职务的候选人。虽然，努力工作并不能保证你获得成功，但是，不努力工作则是万万无法成功的。国际注册内部控制师资格认证是某种形式的成就，它有利于资格证书持有者在激烈的竞争中获得更好的职业发展机会。

2.3.2 养成终生学习的习惯

成为一个终生的学习者可以有效地履行你现有的工作职责，适应市场竞争的挑战和保持职业发展所需要的地位。你不能依赖现有的知识来满足未来的工作需求。成功的责任意识在你自己的控制之中。在完善专业知识和提升个人素质方面，国际注册内部控制师唯一能做的最重要的事情就是使你养成终生学习的习惯。

请记住：如果目标已经确定，就要为之奋斗。

2.3.3 遵守职业道德规范

ICI 希望所有注册职业人士遵守职业道德规范的要求。资格认证项目包括了用于监督证书持有者遵守这些政策的程序，未能遵守职业道德规范要求是 ICI 认证委员会注销某个人资格的理由之一。ICI 的职业道德规范如下所示：

（1）目的

一个职业的显著标志是其会员承认并履行他们所服务的职业利益的职责。证书持有者必须保持行为的高标准以便有效地履行其职责。

（2）职责

职业道德规范对每一位证书持有者都适用。接受资格认证的职称是一种自愿的行为。通过接受资格证书，证书持有者应当承担起一种超越法律、法规及道义要求的自我约束的责任。职业道德规范中规定的职业行为守则提供了在内部控制确认实务中的基本原则。证书持有者在应用这些原则时应当履行他们所需的个人判断。证书持有者应当谨慎和以有尊严的方式使用他们相应的职称，并且完全知道该职称的意义。使用该职称也将与所有法定要求相一致。

那些被 ICI 认证委员会判定违反职业道德规范行为标准的证书持有者将受到取消他们职业资格的处罚。

（3）职业行为守则

国际注册内部控制师证书持有者应当：

①在履行他们的职责和义务的过程中保持诚实、客观和勤勉的态度。

②在与组织事务有关的所有方面，或无论他们可能提供服务的对象是谁，证书持有者都应当表现出忠诚。但是，他们不应该成为任何非法的或不道德活

动的参与者。

③不参与有损于他们职业或组织信誉的行为或活动。

④克制自己不参与可能与组织利益相冲突，或者将损害他们客观地履行其义务和职责的任何活动。

⑤不接受任何来自员工、委托人、顾客、供应商的有价物品，不得接受任何可能损害他们的组织，或假定可能损害他们的职业判断能力和正直性的相关业务。

⑥只提供那些他们能合理预期的运用职业胜任能力完成的服务。

⑦在他们履行职责的过程中应当谨慎地使用所获得的信息。不得将使用的机密信息为个人获取任何利益，也不能违反法律或损害组织的福利。

⑧披露知道的所有重要事实，如果不披露，可能会歪曲正在审查中的经营活动报告或隐瞒非法行为。

⑨不断努力改进他们精通专业的能力，提高服务质量和有效性。

⑩在专业实务中，他们应当时刻注意保持本职业道德规范所要求的胜任能力、道德品质和尊严的高标准责任。

⑪通过继续教育保持和改进他们的职业胜任能力。

⑫在发展和交流知识，促进共同的职业利益方面进行合作。

⑬维护个人道德责任、品德和商业诚实性的高标准。

2.3.4 接受继续教育

国际注册内部控制师有责任保持他们的专业技能水平，每三年期间应当接受内部控制通用知识与技能体系工作范围内120小时（平均每年40小时）的继续教育。

ICI认证委员会要求CICS/CICP证书持有者每三年要提交一份重新认证报告，重新认证其资格。证书持有者可以通过学习或参加通用知识与技能的任何培训项目来获得重新认证所需的学分。继续教育的重点是技能改进，而不是学习具体项目。有许多方法可以获得这种继续教育的学分，例如，参加专业研讨会、在职培训、参加网上学习课程或职业团体的专业会议。

证书持有者应当制定改善个人胜任能力的年度计划。每年获得40小时的继续教育将使证书持有者能够重新认证其CICS/CICP资格证书，但是这不一定会必然地改善其职业胜任能力。例如，某人可能因为参加一个为期三天的研讨会而获得24小时的继续教育（CPE）的学分，但是，如果他已经完全了解该研讨会的主题，参加这种会议就将不一定能增加他的知识。

国际注册内部控制师通用知识与技能（CBOK）应当是改善每个人职业胜任能力的指南。

2.4 如何准备国际注册内部控制师(CICS)的考试

国际注册内部控制师考试的目的是，评估报考人掌握内部控制系统原理知识和实务技能的水平。原理知识主要涉及控制的词汇，这将有助于报考人了解什么是内部控制，以及内部控制试图实现什么；实务技能主要涉及对原理知识的应用，这将确保当内部控制实务发生变化时，报考人可以辨别最佳实务的做法。任何标准化的考试都需要充分准备，复习准备应当被视为一项严肃的任务。在复习准备过程中，报考人应当以增强专业知识与技能为目的，认真研究和领会重点知识，避免"死记硬背"，因为死记硬背对长期的职业发展几乎没有什么好处。

2.4.1 注重增强职业胜任能力

改善内部控制绩效的推动力促使国际注册内部控制师更有效地履行工作职责。资格认证标准强调报考人应当通过考试证明自己具备有效履行职责的职业胜任能力。为此，报考人应当：

- 充分理解和掌握本指南中所涉及的内部控制原理与概念、应用控制系统的流程管理技术、风险评估方法、内部控制衡量与报告以及相应的解决方案；
- 积极参与本组织的内部控制系统的开发设计和执行及管理工作，获得工作经验和增强解决实际问题的能力；
- 通过分析研究一个实际案例，提出解决问题的办法，以此来证明自己有能力解决组织在内部控制领域所面临的问题和挑战。

2.4.2 掌握通用知识与技能

本指南介绍的国际注册内部控制师通用知识与技能，实际上是世界一流水平内部控制专家的工作说明。ICI 认证委员会已经将通用知识与技能定义为内部控制专家能够履行其职责所必需的技能，这些技能有助于他们应对内部控制领域所面临的挑战。

为了使自己精通内部控制实务，每个人应当制定学习计划，评估自己在国际注册内部控制师通用知识与技能方面的胜任能力。许多内部控制师不一定需要掌握所有的技能就能胜任并完成他们目前的工作职责，但是，全面掌握这些技能有助于他们在面临意外的突发事件时，使自己立于不败之地。

本指南包括的内部控制知识的八大技能分类如下：

技能分类之一——内部控制的原理、术语与概念；

技能分类之二——内部控制环境；

技能分类之三——风险管理；

技能分类之四——评估应用控制；

技能分类之五——业务系统的控制评估；

技能分类之六——风险评估；

技能分类之七——内部控制衡量与报告；

技能分类之八——公司治理实务。

第2部分

国际注册内部控制师
通用知识与技能

本指南是 ICI 国际注册内部控制师（CICS）考试的辅导用书。书中的内部控制通用知识与八大技能分类是由国际内部控制协会从专业文献和最佳内部控制实务中收集，并汇总相关法规、政策资料和技术方法后，组织专家团队创立形成的。目前，这八大专业技能已经被许多与 ICI 相关的组织所采用。

第3章

技能分类之一——内部控制的原理、术语与概念

3.1 内部控制的定义

每个成功的组织通常会有一个有效的控制系统。控制有助于激励组织完成他们的使命而走向成功。失去有效的控制，无论个人、团体或组织都很容易偏离组织预期的宗旨和目标。

在探索控制的基础之前，我们可以重温控制的一些独特属性。如图2－3－1所示。

图2－3－1　只有当某些事情存在出错的可能性时才需要控制

- 假如某一组织所有系统运行良好，这个组织将不需要控制措施。
- 相反地，当存在问题时，例如，计算个人的薪酬出现错误，就需要控制措施。
- 在真实的世界中，总是存在这样或那样的问题，因此，控制将是不可缺少的。

让我们观察受到良好控制的一个例子 ——人类的身体。当人们觉得舒服时，他们感觉不到身体的控制系统，或许不相信控制措施是必需的。然而，当问题发生的时候，促使人的身体恢复到健康状态，换句话说，完成这一使命的是身体的控制系统。

我们可以看人的身体控制系统的一些例子。

- 肋骨的骨架构造能“避免”胸腔遭到打击时身体的重要器官受到伤害。
- 如果接触的火源可能烧伤手指，手的末梢神经会条件反射而回避这个热源。
- 身体的反射系统一旦发现来自某一热源的热辐射，就会通过条件反射而“更正”姿势，避免身体受到伤害。

与我们人类身体相似的一些控制属性如图 2－3－2 所示。

- 控制措施可从内部制止问题的出现，或者将问题降低到最少。
- 控制措施被设计用来避免、发现和改正问题。

图 2－3－2　防火、防箭

3.1.1　美国注册会计师协会的内部控制定义

让我们阅读美国注册会计师协会（American Institute of Certified Public Accountants）对“内部控制”的定义——注意：美国注册会计师协会使用“内

部的”一词先于“控制”一词，因为在一个组织中控制是一种内在的力量。

组织控制的目的是确保每一组织的业务有序而又有效率地实施。组织需要一个适当的控制系统，这种必要性并不是最近几年才出现的。由于组织的规模变得日益庞大和更为复杂，控制的性质已经不断变化和扩展。近几年来，安然公司倒闭等事件已经使人们将注意力集中在要求建立一个健全的内部控制系统方面。

美国注册会计师协会成立了一个会计控制特别咨询委员会。在该委员会的报告中，列出了以下的内部控制定义：

“内部控制包括组织的计划和在经营中所采用的所有协调的方法和措施，以保护资产，检查会计数据的准确性和可靠性，提高经营效率和鼓励坚持既定的管理政策。这一定义可能比该术语有时解释的意义更为宽泛。它承认内部控制‘系统’扩展超越了直接与会计和财务部门的职能相关的那些事项。”

3.1.2　COSO 的内部控制定义

COSO——美国反虚假财务报告委员会发起组织委员会（the Committee of Sponsoring Organization of the Treadway Commission）的英文简称，该组织的目的是在评价内部控制方面提供指导。COSO 的五个成员机构是：

- 美国财务执行官协会（Financial Executivcs Institute）；
- 美国注册会计师协会（American Institute of Certified Public Accountants）；
- 美国会计学会（American Accounting Association）；
- 国际内部审计师协会（The Institute of Internal Auditors）；
- 美国管理会计师协会（Institute of Management Accountants）。

该委员会在 1992 年发布了《内部控制——整合框架》的报告。这项工作被公认是内部控制历史上的一个里程碑式的研究成果。

COSO 把内部控制定义为受到企业员工的影响、旨在实现既定目标的一个流程。该定义包括了控制一个企业的所有方面，并又促进把重点直接放在既定目标上。根据 COSO 的研究，内部控制包括固有的以管理层经营企业为目标的五个相关组成部分。这些组成部分被联系在一起，作为评价内部系统是否有效的标准。

内部控制是一个流程，受到企业董事会、管理层和其他人员的影响，旨在为实现下列分类目标提供合理保证：

- 经营的效果和效率；

- 财务报告的可靠性；
- 遵从适用的法律法规。

这一定义反映的基本概念是：

- 内部控制是一个流程。它是实现目标的手段，而不是结果本身。
- 内部控制受到人的影响。它不仅仅是政策手册和表格，而且涉及组织每一层级的员工。
- 内部控制被期望只能提供合理的保证，而不是对企业的管理层和董事会提供绝对的保证。
- 内部控制促进实现一个或多个个别的但又部分交叠的分类目标。

这一内部控制定义是宽泛的，出于两个原因。首先，它是被访谈的高级执行主管检查和管理他们企业的内部控制方式。事实上，他们经常谈到“控制”和“正在控制中”的词汇。

其次，它提供内部控制的子集合。那些想进行控制的人们可以分别找出控制的重点，例如，财务报告控制的重点或与遵从法律、法规相关的控制重点。同样，可以提供一个企业对特别单位或业务活动进行控制的某一特定的重点。

内部控制不是一个事件或者环境，而是渗透到整个企业经营活动的一系列行动。这些行动是普遍存在的，并且是管理层经营企业的方式中所固有的。

在组织内实施的贯穿于整个组织部门和职能的业务流程，是通过计划、组织、执行和监控的基本管理流程实现的。内部控制是这些流程的组成部分并与它们密不可分。它使这些流程发挥作用，并监督它们的行为和持续的关联性。内部控制是被管理层使用的一种工具，而不是管理层的一个替代品。

3.1.3 控制系统的含义是什么

许多人了解什么是商务系统，例如，工资管理系统能做什么。一个商务系统不是许多孤立的部件，而是一个被整合在一起用以完成某一商务目标的流程。以工资管理系统为例，我们把工资管理系统看作是能够获取工作小时数、记录对个人工作的考核情况、保持个人从年度到具体日期的记录，并提供相关数据，例如，健康保险、退休等福利的整合系统。

当人们提到控制措施的时候，他们往往想到的是独立的事件。在工资管理系统中，我们看到了三个事件：（1）管理人员何时核准了工作的小时数；（2）监管人员何时批准了一次加薪；（3）管理层何时批准了某位员工的晋升。这些事件可能是在不同时间实施的个别活动。然而，我们不应当认为这些活动是孤立的事件，而应当认为它们是相互关联的事件。例如，整个工资表的处理包括许多贯穿整个组织的活动，这些活动必须加以组织形成一个整合系统。该系统是一个较大的流程，包括许多互补的和汇集在一起的子程序，以确保支付给每个员工的工资是适当的。这些子程序的结果变成分录输入了全面工资管理系统的“流程”。

每一业务流程的两个组成部分应当平行运行。如图 2-3-3 所示。

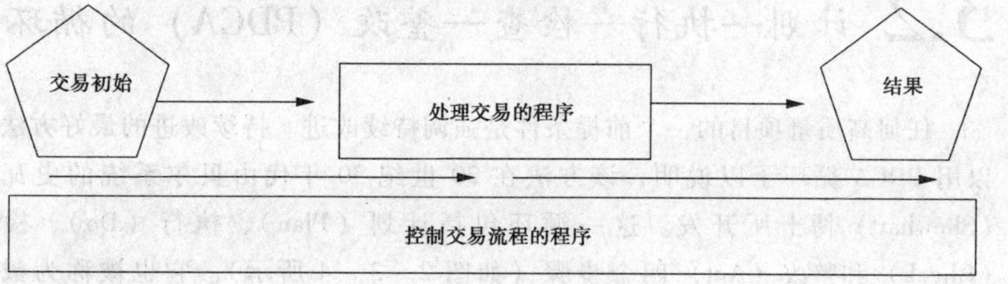

图 2-3-3　交易处理系统概述

3.1.4　内部控制不能做什么

不幸的是，某些人有比较宏大和不切实际的期望值。他们寻求绝对，认为：

- 内部控制可以确保一个企业的成功，换言之，它将会确保企业实现基本的经营目标，或者至少能保证企业生存。

事实证明，即使是有效的内部控制也只能帮助企业实现一些目标。它可以为管理层提供关于企业在达到目标方面的进展情况，或进展不顺利的信息。但是，内部控制不能将一位能力不足的经理变成一位好经理。政府政策或项目的变化、竞争者的行动或经济状况的变化都可能会超出管理层的控制能力。因此，内部控制不能够确保企业成功，甚至也无法保证企业生存。

- 内部控制能够确保财务报告的可靠性与遵从法律、法规。

这些信念也是无法保证的。任何内部控制系统，无论构思设计得多么完美，也只能对管理层和董事会提供关于实现企业目标的合理保证，而不是绝对的保证。实现的可能性受到所有内部控制系统中固有的局限性的影响。这些局限性包括决策中的判断失误，因为简单错误或过错可能出现故障，致使内部控制系统无法有效运行。控制措施可能被两个人或者多人的相互勾结、串通合谋而无效，并且管理层有能力凌驾于内部控制系统之上。限制性因素还包括：

✧ 内部控制系统的设计必须考虑现有资源因素；

✧ 控制措施的效益必须考虑相对的成本。

因此，内部控制能够帮助企业实现某些既定的目标，但它并不是可以包治百病的万灵药。

3.2 计划—执行—检查—整改（PDCA）的循环

任何高质量项目的一个前提条件是强调持续改进。持续改进的最好方法可以用 PDCA 循环予以说明，该方法在 20 世纪 30 年代由贝尔系统的史瓦特（Shewhart）博士所开发。这一循环包括计划（Plan）、执行（Do）、检查（Check）和整改（Act）四个步骤（如图 2－3－4 所示）。它也被称为戴明（Deming）转轮，是质量控制的主要概念之一。

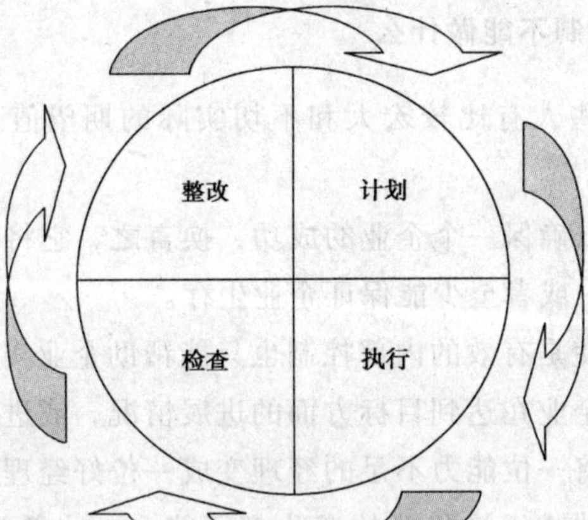

图 2－3－4 PDCA 的概念

PDCA 循环的概念

计划（P）：制定计划——定义目标，尽可能用数字说明。计划应当清楚地描述目标和在现阶段达到目标所需的政策。计划应当确定程序和实现目标将使用的手段和方法。

执行（D）：执行计划——创造条件和进行必需的教育和培训，确保每个人能了解目标和计划。培训员工，使他们掌握实现计划所需的程序和技能，了解工作的性质，然后，依照这些程序执行工作。

检查（C）：检查结果——尽可能做到经常检查，以确定工作是否正在依照计划进行，是否能够获得预期的结果。检查执行工作的程序、情况变化或可能出现的反常现象。这是 PDCA 循环的控制组成部分。

整改（A）：采取必需的行动——如果检查流程发现工作没有按照计划执行，或结果不是预期所需要的，应当采取适当行动改正问题。寻找问题产生的原因，避免再次发生这些问题。有时候可能需要对员工重新进行培训并修改工作程序。在制定下一个计划时，应当反映这些变化，并且更详细地定义这些问题。

PDCA 循环确保产品的质量和服务符合组织的期望值，并且满足预期的预算和交货日期的要求。有时，过于关注目前的问题会限制实现最佳结果的能力。反复运用 PDCA 的循环可以不断改进工作质量和工作方法，并且获得预期的结果。这一作为改进工作的概念可以在图 2－3－5 的螺旋式上升的运动中看到。

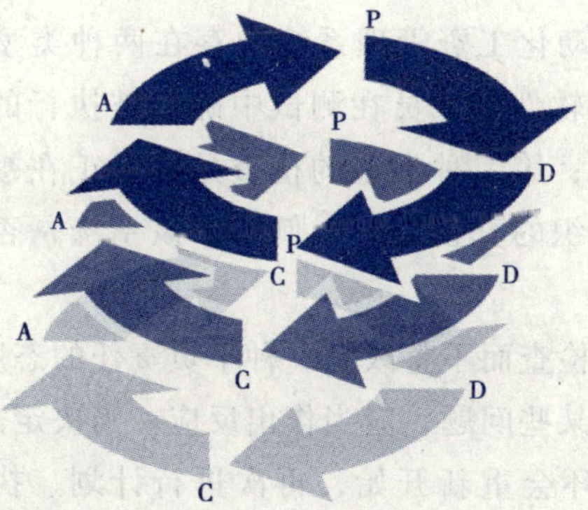

图 2－3－5　计划—执行—检查—整改的螺旋式上升

图 2－3－3 中交易处理系统有两个主要组成部分：“执行程序”处理从开始到结束的交易事项；与此相对应的是控制系统，即交易处理的控制措施。控制系统必须像交易处理系统一样被整合在一起。这是控制系统所要求的内在含义。

处理系统或“执行程序”由业务目标和完成业务目标的处理要求所规定。控制系统旨在强调为消除或者将风险降低到最小提供方法和程序。因此，当业务需要是执行程序的要求时，识别和降低风险就是针对控制程序的要求。控制系统可以被视为解决特定风险的控制措施，控制措施的整体系统就是实现消除或者将风险降低到最小的业务目标的总体方法和程序。

两个 PDCA 循环

通过两个 PDCA 循环可以帮助我们了解内部控制的发展和运行。这两个循环是建立一个业务流程和实施业务交易的周期。有效的内部控制需要这两个 PDCA 循环的适当存在并有效使用。

第一个 PDCA 循环是建立业务流程。为了解释这一个循环，我们可以以工资管理系统为例。下面列出的是在工资管理系统的 PDCA 循环中每一组成部分发生的事件。

- 计划——工资部门需要定义工资管理系统的需求。工资管理系统包括工资等级、扣除的税款、福利项目等。系统设计者根据这些需求设计一个符合要求的系统。注意：这些需求也包括控制工资表处理的要求。
- 执行——根据工资管理系统设计的详细说明，执行工资管理系统。可以由编程人员自行建立工资管理系统，或者也可以从某一外部供应商那里订购为本组织定制的系统。
- 检查——在自动化工资管理系统中存在两种类型的检查。第一种被称为软件测试，软件测试员在测试中确定被执行的系统是否符合工资部门规定的要求；第二种类型的检查是确定正在被执行的工资管理系统是否符合本组织的真正需要。例如，该系统是否能准确地和按时地进行工资核对。
- 整改——仅仅检查而不整改是一种不负责任的态度。如果在 PDCA 循环的检查中发现某些问题，应当作出反应。当决定需要采取某一整改行动时，PDCA 循环会重新开始，再次进行计划、执行、检查和整改的活动。

第二个 PDCA 循环是工资表处理，可以观察工资表的会计事项。例如，给某一员工加薪，作为该事项的 PDCA 循环如下：

- 计划——某个领导决定给一位员工加薪，并通过组织核准这次加薪。
- 执行——在工资率方面的改变必须进入工资管理系统才能被执行。这通常包括需要改变该员工工资比率，从旧的比率调整到新的比率。
- 检查——工资管理系统的部门可能送给某个主管一份报表，说明已经进入系统的员工工资定额方面的变化，以便主管人员能检查新的比率和增薪的生效日期。
- 整改——如果被更改的工资定额是错误的，实际增加的工资也就是错误的；如果工资管理系统不适当地处理新的工资率信息，那么，必须采取行动来改正工资管理系统以便反映经核准的工资定额与生效日期。

3.3 业务工作流程

我们可以把内部控制的定义应用到一项工作任务中。

实施任何工作都存在下列所示的两个组成部分，如图 2－3－6 所示（注意：这里表示 PDCA 循环的两个组成部分）：

（1）“做”工作——执行完成一项工作所需的任何任务，比如准备一张发票，填写一张支票等。

（2）“检查”工作——开展保证正确完成工作所需的任何任务。

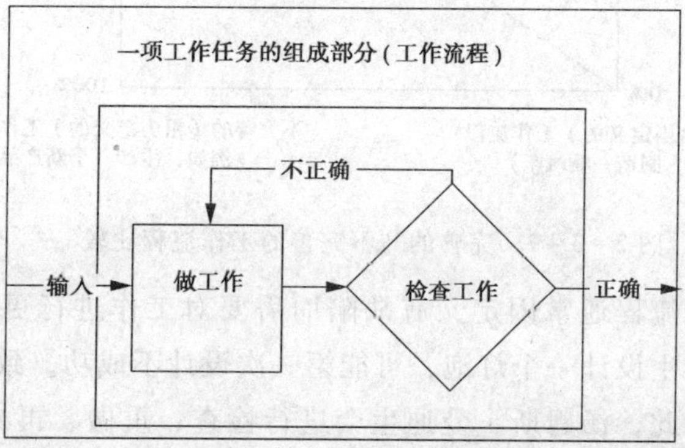

图 2－3－6　一项工作任务的组成部分（工作流程）

在控制或者检查程序上花费时间的长短，取决于工作流程的复杂性。定义有缺陷的工作程序通常比定义完善的工作流程需要花费更多的检查时间。

许多人发现用图解说明工作任务的实施情况是很有帮助的。这种用图解说明的工作流程有时被称为一个工作台。图 2－3－6 说明了工作任务的组成部分或工作流程。

先前的讨论已经确认了执行工作的流程和检查工作的流程。这是一个工作流程的两个组成部分。注意：先启动“执行工作”的流程，然后通过“检查工作”的流程来检查已执行工作的情况。如果没有正确执行工作，那么，必然会发生返工的现象，这意味着将再次实施“执行工作”的流程和“检查工作”的流程。

举例说明，假定工作流程是填写一张工资支票，输入是个人的工时卡信息和表明该员工工资定额的永久性记录。假定有一个小时工，他的工资是：岗位工资乘以工时数再乘以适当级别的工资率，扣除适当的税款，得出的数额就是这位小时工应得的工资金额，同时还应当更新其纳税记录。检查工作的目的是确定这项工作被正确地执行。如果是正确执行，输出结果是应该这位小时工的工资支票及其在税务系统的纳税记录。

图 2 -3 -7 举例说明完善的工作流程与不完善的工作流程之间的差别。

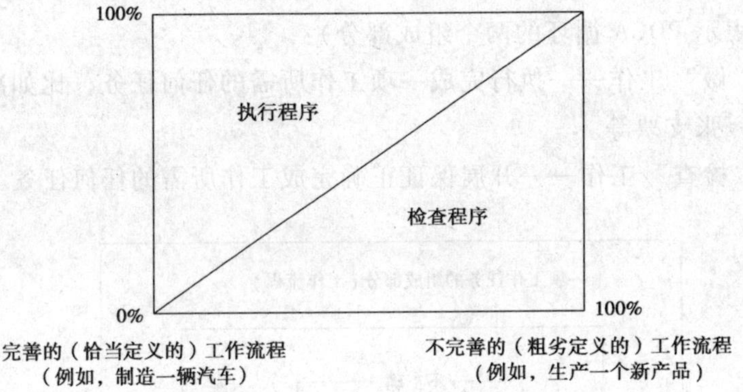

图 2 -3 -7　完善的与不完善的工作流程比较

不完善的工作流程通常因定义有缺陷而需要对工作进行更多的检查。例如，汤姆斯·爱迪生设计一个灯泡，可能第一次设计不成功，致使生产出来的灯泡无法使用。因此，汤姆斯·爱迪生会进行检查、重做、再检查和再重做，直到该产品的设计符合要求实现其功能为止。这一过程使得汤姆斯·爱迪生经过数百次试验才成功地发明了灯泡。

另一方面，一个成熟的或定义完善的工作流程是被时间证明为正确的流程。例如，自动化汽车装配工厂的工人知道应该如何装配一辆汽车。因为工作流程规定很详细，工人操作很少发生错误，所以用于检查的时间很少。当日本人开始强调建立完善的工作流程时，他们发现几乎不需要检查就能确保产品的质量。

工作流程的精确性决定生产无缺陷产品工作流程的有效性。制造业的工作流程因为是重复进行的，所以，流程容易被定义得很好，并且几乎不产生缺陷，因此，不需要在控制上花费很多的努力。相反地，如果一个住宅的需求设计有缺陷，其工作流程可能将经历一系列的设计审查（即检查）、重新设计、再检查（也就是复核）等的控制。

3.4 控制词汇表

控制的目标之一是减少风险。因此，风险和控制的定义在控制词汇表中是基本的词汇。风险和控制的定义如下：

- 风险——可能发生某个不利事件的概率。
- 控制——可以将风险降低到最小或者消除风险的任何技术、方法或方式（如图2-3-8所示）。

图2-3-8

除了这些简单的定义之外，还存在形形色色用来描述控制的术语。下面列出的是与内部控制有关的一些名词：

- 组织控制（Organizational Control）；
- 控制环境（Control Environment）；
- 行政管理控制（Administrative Controls）；
- 经营管理控制（Management Controls）。

3.5 控制的三个层级

一个组织内部通常被公认存在三个层级的控制。这些层级在图2-3-9中说明。

- 环境控制或管理控制——这些是美国注册会计师协会提到的行政管理的控制措施。
- 系统控制（流程控制）——规定个别应用系统管理事务的控制措施。例如，工资管理系统需要管理整个流程的控制系统。控制措施将包括保证系统是可维持的，即能高效和便捷地对工资管理系统的变化作出反应。这将涉及计算机系统的结构类型和现成可用的文档记录类型。系统控制将定义工资管理所需要的主要指标，以便管理整个系统。它将包括工资支付银行对账单的独立核对，以确保付讫的项目是正确的。系统控制是中级管理层，即管理各部门业务系统经理们的职责。
- 交易处理控制——这些是监督业务交易处理的控制措施，从初始交易的点位到处理结果被传送到用户的点位。例如，工资管理系统会包括：

* 在工资支付期间确定每个人工作时间的控制措施；

* 审查对每一支付工资支票的处理结果；

* 将工资支票交付给个人。

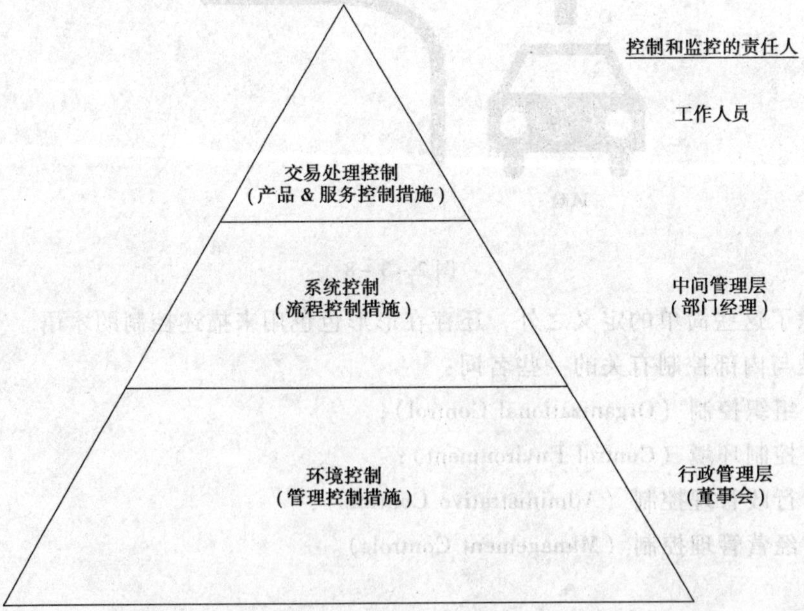

图 2－3－9　控制层级概览

注意：COSO 使用“活动”（Activity）一词来定义一个作业单位，例如，采购活动。系统控制和交易处理控制两者被包括在 COSO 的活动定义中。

除非执行管理层建立了一个有益于有效控制的环境，否则，控制将不会起作用。由管理层建立的控制环境应当包括组织结构、职责分离、管理层参与控制活动以及对遵守控制的行为进行奖励。

让我们来看一个缺乏有效控制的环境是如何影响实施特定控制的例子。例如，如果管理层希望安全与保密是组织的一个重要控制目标，但是，如果他自己采取了一种不制定安全与保密政策，不坚持安全与保密的习惯做法，那么，一些员工就会用带子把密码标签绑在计算机终端上，并且不会不定期更换密码，也不追究泄漏密码的行为。另一方面，如果管理层认为安全与保密是很重要的，他们就必须亲自参与制定安全政策、实施安全保证的控制措施，并且处罚违反安全政策的人员。

更重要的是需要反复强调，缺乏有效的环境控制、系统控制和交易控制将无法被人们所信赖。如果管理层不强调员工的诚实性，不处罚营私舞弊的人员，不建立适当的监督流程来确保控制正常运行，不要求内部审计部门定期地进行审计、检查交易事项的准确性和完整性，一些员工就会为了个人利益而从事欺诈、贪污等损害组织利益的行为。

3.6 内部会计控制

美国注册会计师协会的标准区分了行政管理控制（即内部控制）和会计控制的不同之处：

- 行政管理控制/组织控制——行政管理控制包括但是不局限于，一个组织的计划和与交易授权决策有关的程序与记录。这类授权直接与管理层实现组织目标的管理职能有关，并且是建立交易事项会计控制的出发点。
- 会计控制——会计控制包括组织的计划和与保护资产和财务记录可靠性有关的程序和记录。

财务记录的控制和资产保护是一个组织控制的子集合。当执行管理层制定有助于管理组织经营业务的内部控制系统时，对会计记录的控制则由专业团体和政府监管机构监管。因此，执行管理层在组织的许多控制类型中有选择决定的自主权，而在建立内部会计控制程序方面他们却没有相同的处理权限。

会计控制（组织控制的一个子集）通常被认为局限于财务记录和财务报

表。然而，在内部会计控制方面，美国注册会计师协会特别顾问委员会认为，组织应当有延伸到对外报告历史财务数据的会计控制措施。历史财务数据的对外报告包括财务报表和相关的注释，还包括在别处的财务报表文件（有价证券申请上市登记报表、代理人资料、年度报告等）中的其他会计或财务信息，以及对公众披露的财务报告（包括期中财务报告、收益披露等）的其他表格。例如，特别顾问委员会认为，应当在财务报告重点部分、管理层的盈余变化分析和关于财务报表的执行意见中，应用会计控制措施反映历史财务数据。该委员会认为，孤立地使用对外的财务报告来定义当今环境中内部会计控制的范围将会与社会公众的利益不一致。

在业务的正常过程中，出于内部管理信息和控制的目的，需要编制许多财务记录和报告。特别顾问委员会认为，会计控制程序应当被应用到这类记录和报告中，以实现对授权、会计事项和资产保护的控制目标有重大的影响。

内部会计控制的宽泛目标包括（如图 2－3－10 所示）：

- 授权——根据管理层的一般授权或特别授权执行交易。
- 记录——交易记录必须：（1）按照一般公认会计原则或其他适用于这类声明的标准所允许的方式编制财务报表；（2）维护资产的会计责任。
- 使用资产——只允许按照管理层的授权使用资产。
- 资产的会计责任——在合理的时间间隔内对现有资产的实际库存和记录的资产进行比较，对任何相关的差异情况应采取适当的行动。

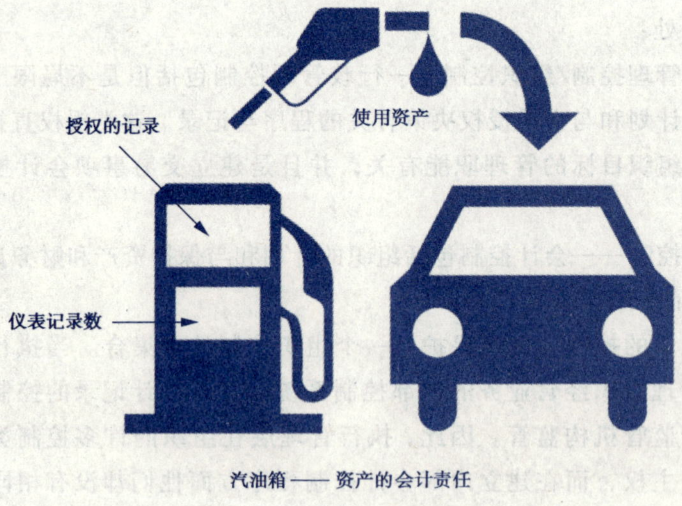

图 2－3－10　信用卡的用途

3.7 内部控制的层级制度

从首席执行官的视角来看，内部控制的系统是一个流程；不管院士还是会计师如何把控制分为各个不同的组成部分，该系统合并了控制的所有方面。我们可以建立一个框架或者模型以显示各部分是如何组合在一起的。图 2－3－11 举例说明一个模型。

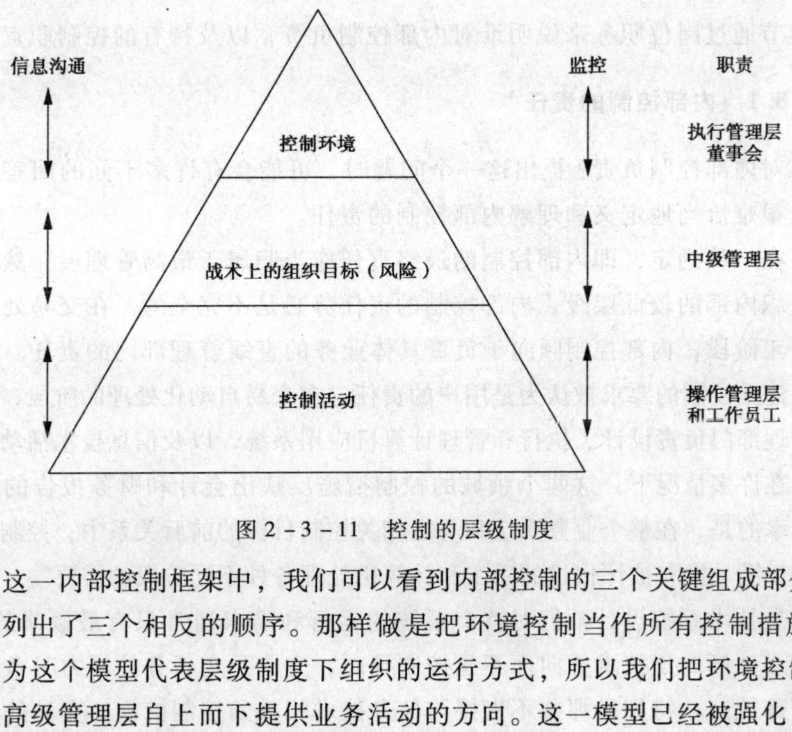

图 2－3－11　控制的层级制度

在这一内部控制框架中，我们可以看到内部控制的三个关键组成部分。先前我们列出了三个相反的顺序。那样做是把环境控制当作所有控制措施的基础。因为这个模型代表层级制度下组织的运行方式，所以我们把环境控制列在顶端，高级管理层自上而下提供业务活动的方向。这一模型已经被强化，两边的上下箭头表示内部控制运转的两条“线”。这两条“线”是沟通与监控。沟通是管理层向员工们传达应当如何实施其工作的方式。沟通有向下沟通和向上沟通两种方式。

监控（Monitoring）是持续检查以确保实现组织的控制目标。监控促使每个人能够对违反控制的行为和系统出现的问题作出反应。

我们需要从上述两个 PDCA 循环的观点来考察这一内部控制框架。由金字塔形状表现的内部控制的三个主要组成部分运行着治理本组织日常业务交易的 PDCA 循环。注意：这些交易活动同样也需要监控和沟通。然而，监控和沟通主要被局限在与交易处理有关的问题和违反控制的行为方面。

第二个 PDCA 循环是内部控制系统的有效性评价。积累和分析有关交易处理的沟通和监控信息，以便可以在“大照片”上审视该系统。内部控制的这种大照片视角有助于识别控制缺陷，使用这种信息可以改变内部控制系统的流程，从而改进整个内部控制系统。

3.8 控制负有的责任

本节通过岗位职务来说明谁对内部控制负责，以及特有的控制职责。

3.8.1 内部控制的责任

谁对内部控制负责？提出这一个问题时，可能会有许多不同的回答。经验表明，很难恰当地定义和理解内部控制的责任。

存在一种约定，即内部控制的最终责任应当归属于最高管理层。然而，在一个组织内部的较低层级，内部控制的责任势必是不完全的。在交易处理和记账的手工阶段，内部控制倾向于负责具体业务的直线管理部门的责任。在应用系统内建立控制的要求被认为是用户的责任。在交易自动化处理的阶段，由信息技术管理部门负责设计、执行和管理计算机应用系统，以及信息技术活动的控制措施。在许多情况下，这两个领域的控制措施反映出会计和财务报告的控制目标。不幸的是，在整个业务系统和与之相关控制目标的前后关系中，控制措施时常被用于满足没有被评估过的手工和计算机处理各种不同阶段的需要。

信息技术系统设计师们对整个系统的运行和需求通常只有最概略的了解。他们更多地倾向于技术导向而不是控制导向，完成预定任务的压力时常妨碍他们对内部控制，特别是那些不直接与信息技术相关的控制措施、交易处理和记账业务进行适当的和全面的评价。相反，用户和会计师通常能很好地理解总体财务控制的目标，但是他们又不熟悉计算机应用系统的程序及其相关的控制措施。其结果是，与计算机应用系统相关的内部控制措施经常是支离破碎的，没有在整个计算机应用系统需求的前后关系中进行评价。在各种不同地点的多重控制措施可能经常是重复地用于实现同一个目标。

内部审计师应当参与评价与计算机应用系统相关的内部控制。在审查用户区域以及信息技术的内部控制方面时，内部审计师的参与会产生一种相对独立的看法。虽然，内部审计师可能提出控制建议，但是，内部控制的责任仍然应当归属于信息技术部门和负责编制与处理交易、记账和生成管理报告的业务小组。审计师的作用是判断控制措施的适当性，提出改进控制措施的建议。执行与维护内部控制的责任应归属于信息技术职能部门和业务单位。

从哲学观点看，内部控制的主要责任应归属于那些负责某一业务系统的组织单位。虽然，他们可能期待信息技术管理部门推荐和维护特定的控制措施，但是，信息技术部门实际上只是一个服务机构。因此，作为记录和管理相关报告的正确性和完整性的责任应当归属于那些管理层指定的职能部门，这些部门负有指定职能（例如，工资支付、应付账款、存货控制）信息系统的责任。在实际中，信息技术时常承担维护管理信息和确保相关控制准确性的重要责任。这种责任出于两个原因。首先，由于信息系统已经自动化了，管理层认为信息技术部门应当对信息系统的所有方面负责。最高管理层不适当地把执行这些系统的主要责任交给信息技术部门，这样做很容易使用户在执行流程中处于次要的角色。另一个因素是，用户也心甘情愿地让信息技术部门接受这种责任。其次，用户团体大多缺乏信息技术的经验，缺乏评估控制替代方案和选择适当控制技术所需的知识。因此，他们期待信息技术部门在计算机应用系统业务方面提供指导。这些倾向已经把以计算机为基础的信息系统的准确性和完整性的责任界限弄得模糊不清。

了解这一概念是很重要的，因为许多组织在自动化的业务系统中缺少控制的文档记录。在最近一次的调查中，首席财务官把控制不当的责任推给信息技术部门。尽管信息技术部门必须承受这种责备，但主要的责任仍然应当归属于对业务系统负有责任的经营单位。

我们可以用一个非商务类推法的例子来理解这一个概念。该类推法的问题是：谁对孩子的教育负责？许多父母认为是学校教育系统的责任。然而，对孩子教育负有最后责任的人应当是他们的父母。父母需要在孩子进入学校之前与孩子合作，在孩子上学期间与孩子沟通，保证孩子在学校中受到适当的教育。如果不是这样，则应采取措施向学校提出不足之处。父母对一个孩子的教育责任是经久不变的，学校会把孩子从这个老师转交给另一个老师，并且从这个学校转到那个学校，但是父母提供孩子教育所必需的连续性。

以计算机为基础的信息系统的主要控制责任应当属于那个系统的用户。用户们必须定义对系统的控制需求，然后与信息技术人员合作，确保系统的设计能满足控制需求与审计的要求。于是，适当的系统设计将包括由信息技术部门代表用户运行的控制措施。然而，用户仍然必须监督该系统以确保控制措施正在运行并且有效。

最高管理层负有对内部控制系统的组织责任。董事会负有监督责任。外部审计师和内部审计师都负有审查内部控制适当性的责任。如图2－3－12所示。

执行管理层和信息技术部门——环境控制

职能管理部门——系统与交易处理控制

独立审计师与内部审计师——审查适当性

图2－3－12

职能业务部门负责业务系统和该系统交易处理控制措施的适当性。例如，工资部门的经理负责工资管理系统和由该系统处理的工资会计事项控制的适当性。

需要注意的是，按照先前所描述的那样，如果缺乏有助于建立、监督和评估控制适当性的强有力的控制环境，业务系统的控制措施通常不会有效运行，环境控制必须是强有力的，才能使业务系统控制和交易处理控制得到支持。

3.8.2 COSO定义的内部控制角色与职责

管理层

管理层直接负责整个组织所有的活动，包括内部控制系统。在一个组织中，不同层级的管理部门自然地将会有不同的内部控制职责。这些职责通常是非常不相同的，取决于这个组织的特点。

首席执行官（CEO）的职责包括努力使内部控制的所有组成部分设计适当并且有效运行。首席执行官履行这种责任通常通过：

- 向高级经理提供领导和方向。首席执行官与高级经理们一起构建形成本组织内部控制系统的基本价值观、原则和主要经营政策。
- 定期地会见负责主要职能领域——销售、生产、采购、人力资源等方面的高级经理，检查他们的履责情况，包括他们如何控制这些业务。首席执行官需要获得运营中内部控制措施的相关信息，了解需要的改进领域和努力方向。为了履行这种责任，最关键的是首席执行官应当明确地规定需要什么信息。

财务主管

财务主管及其职员负责的监控具有特别重要的意义，他们的活动最直接地贯穿整个企业的各个经营单位。财务主管时常参与制定整个组织范围的预算和计划。他们经常从运营与合规以及财务的视角跟踪与分析业绩情况。这些活动通常是组织中心或者“法人”组织的一部分，但是他们普遍地也负有监控部门、子公司或其他单位活动的“虚线”职责。就这点而论，处在一个组织财务职能中的首席财务官、首席会计官、主计员和其他人员是管理层行使控制方式的中枢。

董事会（包括董事会的重要委员会）

管理层对董事会或受托人负责，董事会提供治理、指导和监督。通过选择和监控管理层，董事会在规定其所期望的正直性和道德价值观方面发挥重要的作用，可以通过监控活动来证实董事会的期望。通过保留某些关键的决策权，董事会同样可以在高阶层目标的设定和制定战略计划中发挥作用。董事会负责对内部控制整个系统进行监督。

审计委员会

管理层对财务报表的可靠性负责，但是，有效的审计委员会发挥着重要的监督作用。审计委员会处于一种独特的地位，它通常有权询问最高管理层如何落实其财务报告责任，也有权确保纠正行动被采纳。在最高管理层凌驾于内部控制之上或寻求虚报财务结果的情况下，拥有强有力的内部审计职能的审计委员会经常处在组织中能够识别和采取整改行动的最佳位置。因此，审计委员会必须履行直接指出严重事件或情况的监督作用。

薪酬委员会

薪酬委员会的工作重点应放在合理安排组织的薪酬目标，不因过分强调短期效果而牺牲组织的长期绩效。

财务委员会

财务委员会的作用是控制资金的主要承付款项，确保资本支出预算与经营计划相一致。

提名委员会

提名委员会对选择董事和高级管理层的候选人进行控制。

员工福利委员会

员工福利委员会监督员工福利计划，审查该福利计划与组织目标的一致性，以及适当履行受托人职责的情况。

内部审计师

内部审计师直接检查内部控制的状况，并提出改进措施的建议。国际内部审计师协会制定的标准详细地规定了内部审计的范围，应当包括：检查和评价内部控制系统的适当性和有效性，以及履行指定职责方面的业绩质量。

组织的其他员工

内部控制在某些程度上是组织中每一个人的责任，因此，应当明确规定每个员工的岗位职责。从以下两个观点来看这是正确的：

首先，所有员工在实现控制目标方面都发挥一定的作用。他们可能提出可用于内部控制系统的信息，例如，存货记录、在制品数据、销售或者支出报告，或者采取实现控制所需的其他行动。这些行动可能包括执行对账业务、跟踪例外报告的情况、实施现场观察，或调查成本差异的原因和其他业绩指标。他们关注会直接影响内部控制系统有效性的那些活动。

其次，所有的人员应当负责将运营中的问题、违反行为守则的行为，或其他违反政策的情况以及非法行为通知上一级组织。内部控制依赖于互相牵制(checks and balances)，包括职责分离和员工坚守岗位职责。人事部门应当理解员工要抵制上级参与不适当活动的压力，应当知道在正常汇报线之外建立沟通渠道用于报告此类事件的必要性。

外部审计

也许没有其他任何外部当事方可以像独立审计师那样，在帮助实现组织财务报告目标方面发挥重要的作用。独立审计师带给管理层和董事会一种独立的和客观的意见，可以帮助组织实现其财务报告的责任。

立法者和监管者

立法者和监管者通过立法要求建立内部控制措施，或通过检查特别的单位来影响许多单位组织的内部控制系统。许多相关法律法规只涉及财务报告方面的内部控制，不过也有一些特别适用于政府组织的法律，同样涉及运营与合规的目标。

法律委员会（不包含在 COSO 的责任名单中）

《萨·奥法案》指出，组织的法律委员会应当向预先规定的那一级管理部门报告重大的违反控制的行为。此外，法律委员会还应当向董事会和首席执行官提出内部控制系统法规要求方面的忠告。

3.8.3　区分不同的控制责任

我们已经讨论了内部控制和组织控制。本部分指出内部控制存在三个层级，即环境控制、系统控制和交易处理控制。然而，控制措施在这三个层级存在许多变化。我们需要审视不同的控制类型和负责那些不同类型控制的个人。图 2－3－13 指出一个组织中的某些控制领域和负责那些不同类型控制的个人。由个人负责的控制措施的类型如图 2－3－13 所示。

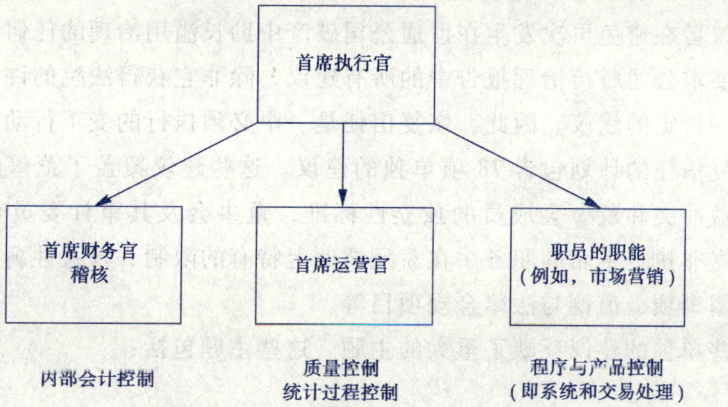

图 2－3－13　一个组织的某些控制领域

首席执行官（CEO）——首席执行官对内部控制的整个系统负责，包括本组织中所有的控制措施。然而，政府机构把更多的重点放在内部会计控制而不是控制措施的其他类型（参见首席财务官对内部会计控制的讨论）。《萨·奥法案》的颁布，要求首席执行官证明内部控制系统的适当性。注意：政府机构不那么关心管理的效果性和效率性以及客户满意度这类控制措施。

首席财务官（CFO）——首席财务官负有对内部会计控制系统的主要责任。治理本组织实际系统的是内部会计控制措施，包括财务记录、致股东的报告、业绩报告等。

首席运营官（COO）——首席运营官负有对质量控制和统计过程控制的责任，主要是对工作流程的控制和对这些流程生产的产品质量的控制。在汽车装配制造中，统计过程的控制将对工作流程的变更进行控制，而质量控制与从装配流程生产出来的汽车质量有关。

职员的职能——职员职能包括推销、信息技术服务等。职员也具有控制工作流程和他们生产的产品的职能。例如，工资管理部门有一个工资流程，产生支付工资的支票和联邦纳税申报表的产品。职员必须控制系统的流程以及生产的产品。

3.8.4 恢复内部控制中失去的信任

美国法院准备的一份被称为“恢复信任”的文件，用以协助公司重建内部控制系统中失去的信任。恢复信任不是单纯的公司治理研究，其目的是作为行动计划的蓝图。制定恢复信任的建议与针对美国世界通讯公司（WorldCom）（简称世通公司）引起的强制实施程序有关。永久性的禁令和随后的法院规则要求建议旨在避免再次发生在世通公司破产中助长滥用治理的任何弊端。除此之外，要求公司履行治理报告中的所有建议，除非它获得法院的许可，可以不履行某一特定的建议。因此，恢复信任是一个必须执行的变革行动计划。

恢复信任的计划包含78项单独的建议。这些建议覆盖了董事的选择、资格、利益冲突和董事会成员的独立性标准，董事会及其审计委员会的职能运行、建立非执行主席的职务、在薪酬惯例上特有的限制、权益性薪酬项目、会计与披露事项、道德与法律合规项目等。

这些单独的建议反映了重大的主题。这些主题包括：

- **制定公司治理章程**

根据恢复信任计划的建议，公司章程将被用作公司治理的章程。大多数公司治理标准将被列入公司章程中，只有事先经过股东同意的事项，才能进行变更。这表现为一种从董事会到股东权力的重要转变。董事会继续保持广泛的对业务监督的处置权，但是关于治理规定本身，将要求对作出变化的事项事先征得股东的同意。

- **更多地与股东沟通**

根据这些建议，改变治理标准、批准特定类型的薪酬项目和其他的情况，需要股东经过投票表决。要求董事会建立电子“议政厅”，股东将运用这种电子设施自由地与董事会沟通，并提出考虑事项的决议案，而不用考虑提出的决议案是否符合美国证券交易委员会所允许的代表权的规定。通过电子“议政厅”的流程，被采纳的决议案必须被包含在下一年度的委托书之中。

• **董事的选择**

恢复信任需要提出一套全新的推荐董事的方式。这些建议要求，每年至少需要选举一名新的董事。如果股东小组不同意被提议的候选人填补董事的空缺，该股东小组将有权力在管理层代表权说明书中提出他们自己推荐的候选人。这将意味着除非达成一个互相可接受的妥协，否则，为填补那一年度的董事空缺，将会有一次有争议的选举。如果这种情况发生，股东将会有真正选举的权力。除此之外，任何董事必须符合重要的资格标准。

• **活跃、见多识广和独立的委员会**

这些建议寻求避免在世通公司经历中存在的弊端。对董事的独立性和成为董事的资格标准要求非常高。除了首席执行官，所有的董事会成员必须是独立董事。公司的首席执行官将不得参加其他公司的董事会，而且独立董事将被限制在最多能参加包括本公司的董事会在内的三个董事会。

全体董事会成员每年至少要求参加八次会议，举行一次年度战略审议会和参加有关董事会职责主题的介绍年度最新动态的培训。在董事会会议之外，还要求董事会成员每年独立地参观和了解公司的运营情况。要求董事会不受首席执行官的支配，每年至少约见一次首席财务官和公司的法律顾问；在首席执行官不在场的情况下，每次会议会见其中一部分代表或公司的任何其他员工。

除了董事会和委员会保留者之外，董事将不得领取任何薪酬、咨询协议或任何形式的支付款。对涉及董事会成员的相关当事方交易事项将有非常严厉的禁令。董事会成员将没有资格接受参股的补助金，虽然他们将会以现金方式得到一笔意味深长的董事费用，而且要求他们至少用已收到费用的25%购买公司的股票，必须持有这些股票直到他们离开董事会为止。

• **董事会的一位非执行主席**

要求公司创建董事会非执行主席的职务。非执行主席具有协调董事会的工作、主持会议、与各委员会主席协调、组织首席执行官和董事会业绩审查以及类似事务有关的责任，这一职务不参与管理决策。首席执行官完全保持对所有的管理决策负责，但是应当接受董事会的监督。

• **活跃的董事会各委员会**

要求公司设立审计委员会、治理委员会、薪酬委员会和风险管理委员会。

首席执行官将不得担任这些委员会的任何成员，所以每个委员会完全由独立董事组成。对每一委员会有会议的次数要求，以及资格标准、最新动态介绍培训和其他必需活动的要求。

- **期限限制和审计师轮换**

在未来的时间里，董事任职期限将被限制在最多10年。除此之外，公司的独立审计师被强制要求进行轮换，轮换之前的任期也被限制在最多10年。

- **薪酬限制**

在新的系统之下，要求董事会制定一项政策，规定在未经股东核准的情况下，年度内任何个人所允许的最高薪酬水平。虽然，董事会将可以自由地设定一个较低的数额，但是提议的起点水平不能超过1 500万美元。未经股东表决同意，不允许任何执行主管在任何年度内超过这一限定数额，包括现金、权益性补助和所有其他形式的报酬在内。

禁止大多数的“收益留存”补助金，禁止采用被称为“常青树”的合同。禁止个人使用公司的飞机和其他的公司资产。

- **权益性薪酬项目**

这些建议禁止有五年期职工优先认股权的奖励，此后，直到股东事先批准使用优先认股权的时间为止才能考虑。在任何时候授予的职工优先认股权必须反映在公司的财务报表中。

权益性项目将专门由限制性股票授予组成，所有的限制性股票费用必须反映在公司的财务报表中。限制性股票相当多的部分必须由高级职员持有，直到他们离开公司为止。

- **强化透明度、内部控制和财务部门**

这些建议劝告公司应当努力增强财务信息的透明度，而不是单纯地遵守美国证券交易委员会的披露要求。显然，这些建议要求公司开发强化现金流量的报告，并且公布目标的股息分配方案。初期目标至少是不低于每年净收益25%的股息。

这些建议要求公司聘请新的专职会计和有丰富经验的财务人员，并且改进本公司内部审计小组。

• **法律合规部，一个增强的法律部门和道德项目**

这些建议要求加强总律师办公室的作用，继续提高现有的道德项目。现有的道德保证应当适用于所有新聘用人员，并且延伸到公司的所有员工。应当继续增强对员工道德规范、披露要求和会计业务的培训，执行公司多样化项目的评估。建议对道德伦理办公室和法律合规部制定强化的标准。

• **在控制设备中的变化**

这些建议对可利用的控制设备的变化类型提出限制，应当由董事会决定采用任何设备。虽然，在某一限定期间股东有权反复斟酌，但也不允许董事会在决策方面犹豫不决。这类项目的目标应当是确保在未来发生任何交易时，所有股东会将有同等的机会参与和分享任何控制质量改进的成果。

恢复信任计划在改变治理的权力向股东拥有更多授权的权力方面保持平衡。这是一种仔细考虑过的变化，寻找避免过多地改变内部权力平衡的做法，宁愿更多地采用法规来保护股东。这些建议寻求给股东更多的权力来保护他们自己。鉴于世通公司的历史教训，这些建议全盘考虑对管理层的自主裁决权和董事会改变治理规则进行限制。然而，当这些情况出现时，管理层和董事会都必须保留有处理事务的自行决定权，这些建议寻求避免妨碍管理层的灵活性以满足业务的挑战。

3.8.5 内部控制概念如何才能改进评估

管理层、员工和审计师实施一种概念狭窄的内部控制评估。这些评估主要从内部控制核查清单和审计方案开始，将重点放在回答某些特定的问题上，而不是把内部控制作为一个流程来使用。以这种方式评估内部控制可能导致以下问题：

- 环境控制可能没有纳入内部控制的目标中——如果没有强有力的环境控制，通常无法依赖业务活动的控制措施。
- 可能不评估组织经济活动之间的联系。
- 可能不考虑环境控制和业务活动控制之间的联系。
- 由于缺乏内部控制系统如何工作的总体知识，评估可能无法识别在内部控制中公认的重大缺陷。

第4章

技能分类之二——内部控制环境

这一技能分类规定一种支持控制的环境，以及创造与维护这种环境的作用和责任。

4.1 环境控制的职责与概念

本部分旨在说明执行管理层对控制环境的责任和有效控制的属性。

4.1.1 执行管理层建立控制环境的责任

企业使用许多术语来描述环境控制。会计师和审计师经常把环境控制称为一般控制。目前，商业社会正在把环境控制当作“公司治理”的一部分。环境控制和公司治理对组织活动的方式产生极大的影响。

4.1.2 控制的层级制度

内部控制不是在真空中存在的；它涉及人员及其态度以及政策与程序；它是对组织自身的一种控制环境。内部控制是主观的，因为它依赖于管理层认为控制有多重要，是否选择有效的战略，如何监督和实施控制。内部控制的每一有意义的检查都必须考虑环境。

由管理层建立的控制环境会对一个组织的控制程序与技术的有效性产生重大的影响。控制环境的形成受到一些因素的制约。有些因素清晰可见，例如，正式的公司行为政策声明或内部审计职能。有些因素是无形的，例如，职业胜任能力和人员的诚实性。还有一些因素，例如，组织结构和管理层沟通、强制执行和强化政策的方式，在组织中变化如此之广泛，以至于可能更容易对照而不容易比较这些因素。

内部控制是一个三级分类的控制层级制度（hierarchy）。如图2-4-1和图2-4-2所示在层级制度的顶端是环境控制，即“治理”另外两个层级控制措施的运行与效果。在环境控制之下是系统控制，最底层的是交易处理控制。

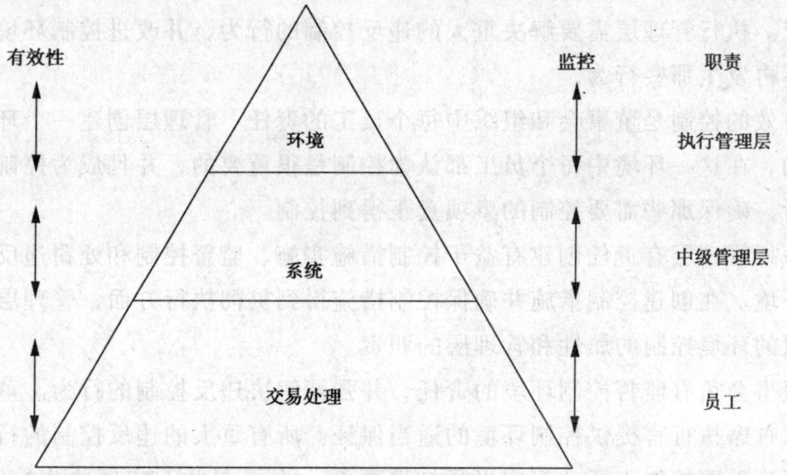

图2-4-1 控制的层级制度

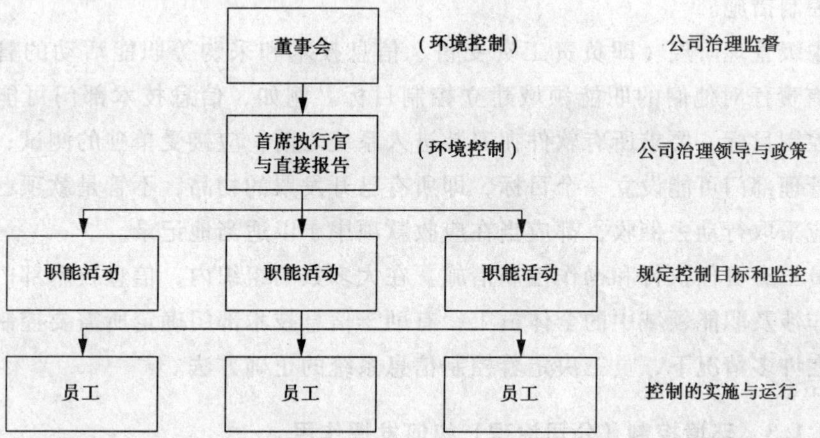

图2-4-2 控制的职责

控制措施的有效性从环境控制开始向下移动。换句话说，如果环境控制是薄弱的，其他层级的控制将不会有效。例如，如果管理层不创建一个希望员工能保护数据安全性的环境，员工或许将会不关心保存密码的重要性。在一个松散的环境控制中，个人可能把密码标签贴在计算机终端上。如果对系统的控制措施是薄弱的，交易处理的控制措施将同样是薄弱的。

控制工作的监督既可以自下而上也可以自上而下。控制措施的运行和实施是员工的职责。他们应当识别、解决和向中级管理层报告违反控制的情况（注意：管理层可能委派员工采取预定的行动）同时，中级管理层对该系统的控制措施进行监控，并且着手解决控制的问题，或向执行管理层报告违反控制的情况。执行管理层需要解决重大的违反控制的行为，并改进控制环境，以便将来不再发生那些行为。

有效的控制是董事会和组织中每个员工的责任。管理层创建一个环境是很重要的，在这一环境中每个员工都认为控制是很重要的，并且成为控制的积极参加者，确保那些需要控制的事项真正得到控制。

执行管理层有责任创建有益于控制措施实施、监督控制和处罚违反控制行为的环境。在创建控制措施并确保控制措施得到贯彻执行方面，管理层必须提出有效的环境控制的属性和管理层的职责。

董事会负有监督控制环境的责任，并强调解决违反控制的行为。董事会应当要求首席执行官提供控制环境的适当保证。所有重大的违反控制的行为和对这些行为采取的纠正行动都应当通知董事会。为了有助于实现这些控制职责，董事会任命独立审计师和内部审计师帮助他们评价控制措施是适当的，并保证遵守控制措施。

中级管理阶层（即负责工资支付、信息技术和采购等职能活动的管理部门）有责任对他们的职能领域建立控制目标。例如，信息技术部门可能设立一个控制目标，要求所有软件在安装进入系统之前，应接受单独的测试；应收账款管理部门可能设立一个目标，即所有已开发票的物品，不管是款项已收讫还是应采取行动去催收，都应当在应收款项中予以适当地记录。

员工有责任执行和操作控制措施。在大多数的组织内，信息技术部门职员的工作涉及职能领域中的全体员工，有助于信息技术部门确定所需要控制的程度。在许多情况下，员工决定着控制信息系统的正确方法。

4.1.3 环境控制（公司治理）如何发挥作用

环境控制经常被称为公司治理的一部分，并且被视为将那些不同的相关活动维系在一起的"胶水"。也许你正在某种环境中工作，已经识别出无法很好开展工作的有关活动。例如，一个部门可能紧急地需要某种产品，但是无法得到，因为在适当的采购计划文书完成审批程序之前，采购部门将不能订购那种产品。

环境控制的目标是识别什么活动方式可以使企业高效率和富有成果，并确保以这种方式运营。例如，管理层可能承认某一部门紧急需要某种物品，并且允许本组织拥有“一般授权”的某些成员以紧急的方式，在不超过最高指定限额的美元合计数（假定 5 000 美元）的情况下，购买该物品，特定的签字核准和文书工作可以在随后及时补齐手续。

我们可以看一个例子：环境控制是如何为保证所有团队在一起工作和完成组织使命提供基础的（如图 2－4－3 所示）。这个例子是一个零售组织典型的商业循环。该组织采购存货用于销售；把那些产品销售给客户；开发票给客户；然后收回资金。收回的资金再次被用于重复这样的循环周期。

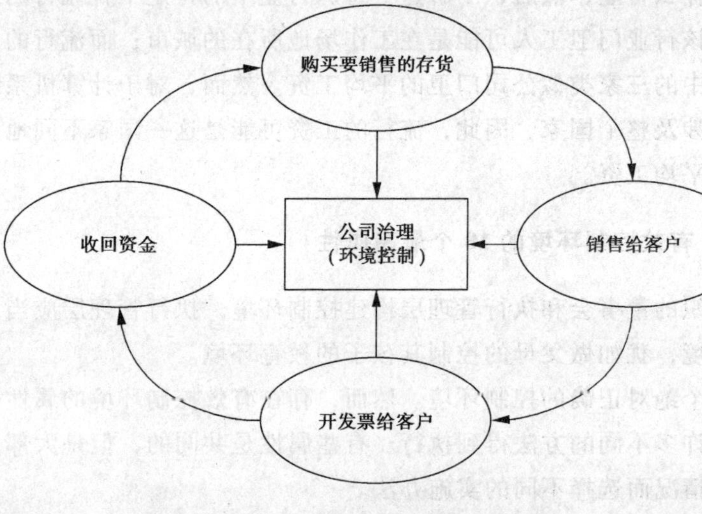

图 2－4－3　环境控制如何起作用

环境控制将有助于保证为相关的但又各自不同的活动建立重叠的控制目标。例如，某一重叠的控制目标包括销售给客户的所有物品都已开出发票，并且不再采购那些客户不需要的物品。虽然系统控制规定了这些职能的目标，但是，保证重叠的控制目标被定义、实现和得到监控的是环境控制。

4.1.4　控制环境与公司风险

内部控制的要求之一是风险减缓（risk mitigation）。当要求降低失败的风险时，控制措施将有助于实现这一目标。如果没有担心完不成这一目标的风险，也就不需要控制措施。同样地，控制措施的强度应当以风险的重要性为基础。

在建立环境控制时，执行管理层可以进行一次正式的风险分析。执行管理层必须很好地理解商业风险，以便能够把环境控制更多地表现为控制目标或组织政策。例如，某一环境控制的目标是要保留有胜任能力的职员。支持这一控制目标的可能是聘用政策，例如“支付员工相等于或高于本行业中流行的工资水准”。这是定义员工工作环境的控制目标和政策的组合。

在审视环境控制的适当性方面，任何人必须查看管理层制定的控制目标，以及支持这些控制目标的政策和程序。政策通常得到执行这种政策项目的支持。在我们保留有胜任能力职员的控制目标的例子中，我们有支付相等于或高于本行业中流行的工资水准的政策。这一薪酬管理项目将会支持这种聘用政策。薪酬管理项目将开发出一个执行该项目的工资结构。例如，他们必须先规定该行业是什么行业，然后，了解这一特殊行业中的特定工种流行的工资是多少。例如，该行业门卫工人可能是在工作场地所在的城市；而流行的工资可能是这一城市中的三家类似公司门卫的平均工资。然而，对于计算机系统分析师的行业可能涉及整个国家，因此，流行的工资可能是这一国家不同地区的几个类似组织的平均工资。

4.1.5 有效控制环境的10个最高属性

一个组织的董事会和执行管理层构建控制环境。执行管理层应当为本组织构建控制环境，犹如做父母的控制其孩子的教育环境。

没有一个绝对正确的控制环境。然而，存在有效控制环境的属性。这些属性可以采用许多不同的方法得到执行。有些属性是共同的，但是大部分属性将取决于组织情况而选择不同的实施办法。

这一章已经选择了作者认为一个有效控制环境的10个最高属性（见示例2-4-1）。

示例2-4-1：有效控制环境的10个最高属性

——行为守则政策（Code of Conduct Policy）；

——企业的价值观（Corporate Values）；

——首席执行官成为楷模（CEO as the Role Model）；

——组织结构（职责分离）（Organizational Structure）；

——人员的胜任能力（Competency of Personnel）；

——职责与权力的特别委派和沟通（Specific Delegation and Communication of Responsibility and Authority）；

——一般授权与责任制（General Authorization and Accountability）；

——内部审计（Internal Auditing）；

——资产保护（Asset Safeguarding）；

——规定的工作流程（Defined Work Processes）。

这10个最高属性的简短描述如下：

（1）行为守则政策——管理层对行为的定义，所有的员工，包括执行管理层应当证实履行了他们的日常职责。

（2）企业的价值观——公司希望在实施日常运营中考虑的价值观。例如，如果价值观是“尊重每位员工”，那么在其他员工面前谴责一位员工的不适当行为也将是不适当的行为。

（3）首席执行官成为楷模——组织的高级职员应当以言传身教的方式教导所有员工遵守行为守则。

（4）组织结构——必须设定组织的结构，并进行适当的职责分离，以便能以高效和便捷的方式完成组织的使命。

（5）人员的胜任能力——为了以组织需要的便捷高效的方式履行各自的职责，每个员工必须接受适当的教育和培训。

（6）职责与权力的特别委派和沟通——所有层级的管理部门必须有效地与他们的下属沟通每个人的权限与职责，以及组织对他们履行日常工作的期望。

（7）一般授权与责任制——一般授权规定责任的范围和在实施工作中个人的权限。例如，某个人的一般授权是，可以花费100美元购买有助于日常工作的杂志和刊物。责任制是每个人要对他们所代表的组织日常工作活动负责。

（8）内部审计——组织中的一个职能部门，有权力与责任评价组织的绩效，以及组织遵守控制措施的适当性。

（9）资产保护——组织设立的程序，用于确保已购置的和拥有的资产得到适当的保护，避免被盗窃和滥用。

（10）规定的工作流程——用于实施工作的详细的按部就班的程序。规定的工作程序包括用人的程序和计算机应用程序。

有效控制环境的这些10个最高属性在后面有更详细的解释。

4.1.6 行为守则政策

所有的组织都公认制定行为守则政策的必要性。行为守则作为对员工的指导和一种积极的遵守法律规则的措施是必要的（如图2-4-4所示）。行为守则政策有助于员工理解组织对自己的行为要求，因而能降低因违反法律而遭受处罚的风险。

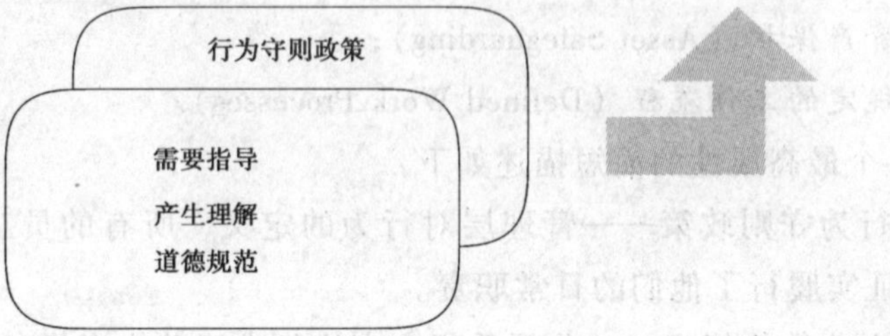

图 2-4-4 政策的声明

组织的行为守则是员工的道德规范（code of ethics）。这些规范是期望员工在他们交易活动中使用的基本原则和指导方针。示例 2-4-2 是某一组织行为守则政策声明的样本。

一旦制定了行为守则，组织必须决定如何提供行为守则得到遵守的合理保证。意见陈述函是在许多组织中用于实现这一目标的一种方法。意见陈述函通常是由中上级管理层中的一位主要成员签署一封信，说明他们已经遵守组织的行为守则，没有发现有任何未报告的违反该守则的行为。

示例 2-4-2：政策的声明

主题：行为守则

行为守则

本行为守则的目的是为 X 公司及其在世界各地的国内外子公司的员工发布的基本原则和指导方针。除了严格遵守法律的规定之外，期望所有的员工能在公司事务的行为中根据诚实与公正的基本原则遵守行为守则中所包含的政策。所有的员工，特别是经理必须具有并响应公司对股东、员工、客户和公众义务的责任意识。

特定的政策声明

虽然上述的一般原则将应用于所有经济活动的行为方面，但是，公司的员工同样应当受到下列特定政策的约束：

一、公司资产的使用与责任

公司的政策禁止创建和维持秘密的或未记账的资金或资产，禁止在账簿中进行错误的或虚假的记录，禁止将公司资金用于非法的目的。该政策说明如下：

（一）禁止秘密的或未记账的资金或资产。任何知道有秘密的或未记账的资金或资产的员工必须立即向公司总律师报告此事，总律师必须依次将该事项向X公司的董事会主席和审计委员会报告。

（二）在公司及其子公司的账簿和记录中禁止错误的或虚假的记录。

（三）禁止非法使用公司或子公司的资金或资产。

（四）禁止将公司或子公司的资金或资产用于对候选人、委员会或政党的违法政治捐献。

（五）公司或子公司的资金或资产也不允许用于合法的美国境内或境外的政治捐献，除非X公司的首席执行官事先得到书面批准，并且总律师审核该支付款的合法性之前不予以支付。

（六）代表公司或子公司承诺其贷款中介、发起人的支付款、顾问费或任何相似费用，未经适当小组或者公司全体职员的核准，未经总律师审核该支付款的合法性，将不予以支付。

二、利益冲突（Conflict of Interest）

为了使公司能够有效地处理其业务和增强对其员工诚实性的信心，必须维护忠诚与道德的最高标准。公司希望它的员工可以自由地进行个人投资，并且享受社会关系和正常商务礼仪，不过他们必须没有任何与公司利益冲突或看起来会影响公司利益的个人利益，或是可能影响或看起来会影响他们履行公司职责方面的判断或行动的任何个人利益。

在任何的外部关联或者竞争性事务中，员工不得拥有或者允许其配偶或子女有任何直接或间接的利益，除非把该利益事项向首席执行官任命的一个委员会披露，并且他们的意见是这种利益不与公司利益相冲突，不存在此类利益将影响该员工在履行其公司职责方面的判断或行动的合理可能性。

每个员工必须向该委员会报告现存的家庭或亲密的个人关系，包括员工或其配偶或子女和某一所有者或员工的关系，此类外部关联或者竞争性事务可能影响或看起来会影响该员工在履行其公司职责方面的判断或行动。

任何员工无论是否收取薪酬，都不得为任何外部利益方或者竞争对手提供服务，或代表他们从事相关活动，除非该委员会确定此类关系与本公司利益有关，并在影响该员工履行其公司职责的判断或行动方面存在合理的可能性。

任何员工不得要求或者接受，或者允许其配偶或子女要求或者接受来自任何外部利益方或竞争对手的任何好处，金额极小的除外。

每一个员工必须向委员会报告由任何外部利益方或竞争对手给予该员工或其配偶或子女此类被禁止的好处。

三、反托拉斯法和规则

谢尔曼法案（The Sherman Act）和其他的反托拉斯法禁止公司及其国内子公司以及它们的董事、行政人员、员工、代理商和代表参与以下任何活动：(1) 旨在与竞争者就有关销售我们产品的价格、销售条件、产量或分配方法、或销售地区或客户的分工事项达成理解；(2) 旨在与客户就有关互惠购买和销售事项达成理解；(3) 其他被禁止的活动，例如违法的价格歧视（price discrimination）和贸易限制活动。

许多国家都存在类似的立法或法律限制。

希望那些职责涉及销售的任何公司员工和代表，在营销或采购活动中熟悉并严格遵守反托拉斯法案以及相关法律的条文和精神。

（一）某些商务礼仪，例如，支付与商务会议有关的午餐或晚餐的费用，通常在这一政策范围内不算是一种礼物。为了证明不追求或接受礼物赠与，员工们应当在实际可行的范围，努力在互惠的基础上保持这种礼仪。

（二）提供或接受面值很小的广告小礼品是适宜的，赠予者也将这些小礼品广泛分发给同等商务关系的其他人。

（三）按照公认的商业惯例，在无法推断不道德行为影响的情况下，我们与商业客户的关系可能偶尔表现为交换礼物或纪念品。在某些国家当地的风俗习惯中可能将交换礼物当作一种礼仪。

（四）每位经理和受到影响的公司部门领导将确保此类礼仪不超过谨慎而保守的范围。在授权由代表批准此类礼仪的情况下，该代表将接受指导区分正确情形和所受的限制。

合规性的责任

实现上述政策的意图是公司和个人的义务，公司并不期望每个员工或管理层的每一成员完全精通影响其责任的法律，但是，期望负有重大职责的每位员工应当具备其工作所容许活动的相关作业知识，并就存在的任何问题从总律师办公室职员处获得指导。

所有行政人员、经理、主任和首席执行官的责任是将这一政策告示组织中适当的主管人员和员工，并且管理这一政策的实行。

任何明显的违背适用法律或公认的商业道德标准的行为将会使员工遭受纪

律处分。纪律处分可能包括谴责、降级或解雇，取决于过错的严重程度。除此之外，纪律措施将适用于任何违规，或知道违规却没有按照行为守则采取改正行动的主管人员。适当的纪律措施也将适用于任何未能落实管理职责，未能使受本守则影响的员工得到适当告知的主管人员。

4.1.7 企业的价值观

组织确立的愿景是组织目标的理想化表述。例如，致力于向没有充足食品的个人提供食品的组织其愿景可能是“消除世界饥饿”。

在实现愿景方面，组织需要建立其希望融合到日常操作程序中的价值观。例如，价值观可能包括：

- 所有的员工必须胜任他们的工作；
- 合理支付薪酬；
- 保护个人的诚实性；
- 让客户满意是我们的第一目标。

这些价值观需要被融合到执行工作和制定决策的方式中。例如，让客户满意是我们的第一目标，那么，将员工的满意度置于客户满意度之上就会与本价值观不一致。例如，如果某个员工正在参加有关公司福利的会议，有客户来电，该员工应当指定有相关经验的人处理客户的要求，或者应当考虑暂时离开会议使客户满意，即使该员工很想在会议中发表意见。

4.1.8 首席执行官成为楷模

对首席执行官成为楷模最好的描述是首席执行官必须“言行一致”（walk the talk）。换句话说，如果首席执行官希望员工在公务旅行中遵守财务的限制性规定，例如，出差乘坐飞机的二等舱，那么，除非有一个可以不这样做的商务理由，否则，首席执行官应当一视同仁。如果首席执行官希望公司中的每个员工根据内部控制的原则接受培训，那么，首席执行官也应当参加此类培训。如果首席执行官想要成为一个楷模，他必须以自身的表现和态度告诉组织内所有员工应该怎么做。

首席执行官为了成为一个楷模，必须使组织的员工可视其言行。例如，当佛烈德·史密斯（Fred Smith）是联邦快递公司的首席执行官时，他会和员工在自助餐厅中吃饭，并且定期地作演讲和主持员工的问答对话会议。可视的首席执行官也可能开通网站使所有员工能够对他们进行评价。这种可视性和接近性有助于首席执行官成为鼓励并激发所有员工遵守他所希望的行为模式的楷模。

4.1.9 组织结构（职责分离）

管理层决定他们认为实现组织使命、活动和职责所必需的组织结构。不存在“正确”的组织结构。然而，在 COSO 内部控制整合框架中所包括的指南提供了被认为是好的组织结构的指引。该指南的描述如下：

组织结构应当既不能太简单，以至于无法适当地监督企业的活动，也不能太复杂，以至于禁止必要的信息流。主管人员应当完全了解他们的控制责任，并且具有与他们职务相匹配所必需的经验和知识。有效组织的五个特征是：

- 整个组织结构应当有能力提供管理其活动所必需的信息流。例如，应考虑：

——在整个实体经营性质既定的条件下，组织结构是适当集权还是分权；

——该结构是否能促进信息流向上、向下和交叉地流向所有经济活动。

- 应当界定主要经理们的职责和他们对这些职责的理解。例如，应考虑：

——经理们是否将整个实体经济活动的责任和期望值清楚地与掌管这些活动的主管人员进行沟通。

- 主要经理们的知识和经验应当足以能够完成他们的职责。例如，应考虑：

——负责的主管是否具有履行其职责所必需的知识、经验和培训。

- 报告关系应当是适当的。例如，应考虑：

——既定的报告关系，正式的或非正式的、直接的或模本式的报告是否有效，它们是否能向经理们提供适合他们的职责和授权的信息；

——业务主管是否有渠道与高级运营主管沟通。

- 应当根据变化的情况对组织结构作出修正。例如，应考虑：

——管理层是否根据商业或行业的变化定期地评估整个实体的组织结构。

- 特别是在管理和监督的能力方面，有足够的熟练技工执行组织的各项活动。例如，应考虑：

——经理和监管人员是否有足够的时间有效地履行他们的职责；

——经理和监管人员是否超时加班，正在完成某个员工超量的职责。

4.1.10 人员的胜任能力

内部控制环境和控制程序本身高度地取决于公司员工的胜任能力和诚实性。专业的审计文献指出：“实现会计控制目标的合理保证取决于员工的胜任能力和诚实性，他们被委派职能的独立性以及他们对规定程序的理解。”

这些因素对维护适当的内部控制环境特别重要。不诚实或能力低下的员工会使大多数的控制程序无法发挥作用。与胜任能力和诚实性相关的误读指令、判断错误、粗心大意或其他的人事因素都可能导致错误执行控制程序。员工之间的串通勾结可以设法绕过某些特定的控制程序。同样地，管理人员经常能有机会故意地绕过或凌驾于控制程序之上。因此，管理层应当考虑有关聘用、评价、薪酬、晋升、培训等公司政策和程序是否有益于聘用有能力的和诚实的员工。

4.1.11 职责和权力的特别委派与沟通

管理层应当以其职责得到有效履行而提供保证的方式进行授权或限制权力。特别事项的授权应当以允许对作出的决定进行有效审查的方式进行委派或限制。例如，董事会可能选择保留直接的权力，批准或否决对所有类型的长期贷款合同，但是，可以委派代表授权在既定范围内批准或否决资本支出。董事会可能通过适当的报告（例如，外部的和内部的审计报告以及财务报表与报告）观察、讨论、咨询和职责分离等措施，获得委派代表适当行使权力的合理保证。每一层级的管理部门应当以一种类似的方式运营，在合理的范围内委派权力，与此同时保持有最终的责任。这将导致一种人事的网络，即谁有权批准或不批准指定的交易事项，禁止谁参与或批准其他的指定交易事项。

组织的每一层级需要清楚理解被委派的权限与责任，以及他们与组织中其他人的关系。同样也需要知道直接和间接地影响个人职责的政策、程序和活动。因此，适当的沟通对控制意识是至关重要的。关于责任和权力的委托以及相关政策与程序的沟通应当是明确的和有效的。关键性的测试是，需要通知的人实际上已经得到适当的通知。

4.1.12 一般授权（预算和财务报告）与责任制

执行某一行为的授权意味着按照管理层的一般意图或特殊意图实施交易事项。管理层的授权有两个层级。第一级是一般授权，包括执行某一行为的权力；第二级是特别授权，是批准某一特定交易事项的权力。

可以用一个例子解释这些权力层级。某一组织任命的财务主管有签署工资支票的一般授权。这种一般授权的结果是组织通知银行，该财务主管有权签署工资账户的支票。但是，在这位财务主管要为员工签署每个人的工资支票之前，他需要获得管理层对每一员工工资级别的特别授权。例如，某个员工通过人事部门的程序获得晋升，增加工资时，这一人事部门的特别授权生效。于是，这位员工的增加工资的支票，就成为财务主管签署那一张支票的特别授权。

一般授权通常是一种环境控制，而特别授权通常是一种应用控制或系统控制。这是一般的原则，不过也有例外情况。

大多数公司考虑的授权类型是获得管理层执行以下交易事项的一般授权：

- 批准年度经营计划；
- 批准年度经营预算；
- 批准岗位说明和组织结构图表；
- 企业和部门经核准的政策和程序手册；
- 管理层提出谁负责特定资产的书面政策说明；
- 管理层提出可以委派谁处理货币限制的书面政策说明；
- 为每一类资产制定的控制目标；
- 审批的层次；
- 书面政策声明的授权层次；
- 薪金程序。

组织的一般授权政策应当正式形成。这是极有价值的，因为：

- 它促使组织明确说明其授权政策；
- 员工将拥有要求他们使用和实施的授权政策；
- 它提供组织遵从法律和法规条文意图的积极证据。

公司目的和目标的明确表达与沟通有利于经理们提出行动方针，收到核准的指示，知道他们被期望做什么，而且以一种互补的、统一的方式执行。预算和财务报告是在公司目的和目标明确表达与沟通过程中的工具。一经批准，预算和长期计划就构成了一种一般授权的形式。虽然，在这类预算和计划中列出的特定事项将会因为公司特定环境的变化而改变，但是，它们应当：

- 为每一级管理层说明计划中经营业务的所有重大方面，他们对这些业务负有直接的或监管责任；
- 以权力分割的形式在计划中或组织中反映这些委派的责任；
- 及时更新以反映管理层有关条件和环境变化方面的决定。

比较预算和实际结果的财务报告，分析差异以及从这种分析中产生的管理行动，可以使管理层识别需要加强控制的领域。比较与分析也是评价业绩的一种方法，有助于为交易事项按照管理层的授权运行提供合理保证，并且有助于在公司所有层级树立一种负责任的态度。

适当的报告是对已经被委派给其他人的职权行使控制的主要形式。这种形式对于较少参与日常交易事务的公司高级管理层有重大的意义。

4.1.13　内部审计

根据国际内部审计师协会颁布的内部审计的专业实务标准，“内部审计是一种独立的、客观的确认和咨询活动，旨在增加价值和改进组织的运营。通过系统的、规范的方法评价和改进风险管理、控制和治理流程的有效性，帮助组织实现其目标。”该标准还规定“内部审计师应当独立于他们审计的活动”。有效的内部审计职能可以视为一种高阶层的组织控制，以及在组织的决策层和经营层之间的一种建设性和保护性的联结。

内部审计的任务之一可能是对内部控制措施（包括会计控制）进行评价，以及确定它们是否正在有效地行使其职能。因此，内部审计职能可以向管理层提供内部控制的广泛目标正在被实现的保证。

一些公司因为其规模太小而没有设立内部审计职能，或因为它们已经选择使用替代的办法，所以运营中可能没有设立内部审计机构。然而，要求在纽约证券交易所上市的所有公司保持内部审计职能。

内部审计是在组织内建立的独立评价职能，是一种为董事会、管理层和整个组织服务的检查与评估活动。内部审计的目的是协助组织的成员有效地履行他们的职责。内部审计为他们提供与被检查活动有关的分析、评价、建议、评议的信息。

一个有效的内部审计部门将协助管理层和董事会实现他们负有的大部分职责。公司政策或内部审计章程是一个有效内部审计部门的基石。

内部审计章程概述其责任是对高级管理层和/或董事会负责。许多人对内部审计师和外部审计师的职责感到困惑。从表面上说，外部审计师的检查更多地是对股东和民众负责。独立审计师通常审查财务报表，目的是依照一般公认会计原则公允地发表对该组织财务状况、经营成果和融资状况变化的意见。这种检查通常需要独立审计师对实物资产和账簿记录的资产进行比较，以确定被记录数额的合理性。

4.1.14　资产保护

公司资产的使用是任何组织日常运营必需的一部分。只有经过授权的人员才能使用那些资产。用于保护某一资产的努力应当与该资产的价值、流动性和损失的风险相关。现金是所有资产中流动性最大的资产，最容易遭受私吞和滥用，而像房屋建筑物这样的固定资产最不容易受到贪污的影响。

资产保护涉及资产的安全。安全可以是物理的和逻辑的安全。物理安全是"物理上"阻止某些人获得使用资产的机会。逻辑安全包括个人必须遵循的内设的程序，例如，在现金分发的终端机上使用密码。这些程序用来限制未经授权认可的个人使用资产。

资产的实物保护可以通过以下不同的程序予以完成：

- 在保险箱、银行保险柜等安全地方存放可转让单据；
- 通过使用栅栏、上锁区域、房屋建筑物、公文箱等措施来限制使用财产；
- 通过安排保安或监督检查，将使用资产的权利限制在经过授权人员；
- 在不具备上述保护措施的地点，对重要公文、文件和记录保留有复印的副本；
- 在多个区域中分放资产，反对将所有资产存放在一个地点；
- 将重要的资产，例如，贵重金属、证券和现金存储在极为牢固的防火的保管库中；
- 佩戴徽章以识别经过授权的员工；
- 保护资产，通过适当存放使资产避免受风、雷、雨等自然因素影响而变质。

资产的保护也可以通过以下各种不同的合乎逻辑的程序予以完成，包括：

- 对要安排在敏感职位上的人员的正直性进行调查的聘用程序；
- 提供降低资产损失影响的保险；
- 与关键的员工签约；
- 为关键的员工投保；
- 只有经授权的个人才能知道密码；
- 处理权限的计算机控制程度；
- 在关键的名字和地址通讯录上列出可信赖员工的名字，如果该通讯录需要调整，并与通讯录上的那些人联络，尽可能与可信赖的员工联络。注意：可信赖的员工通常使用特别的姓名中间的首字母方式与被保护姓名的文件结合在一起；
- 开发灾难恢复计划，包括万一资产损失发生时应遵循的程序。

4.1.15 规定的工作流程

组织的运营绩效是管理层直接关注的事项。绩效控制有助于保证本组织的运营有效果、有效率和经济节约。许多组织聘用各种不同类型的行业工程师和顾问不断地评价本组织的绩效。行业工程师的评价通常涉及生产设备和人，而系统工程师（即内部的和外部的顾问）设计和评价行政管理系统的运行绩效。在许多组织中，内部审计师也检查绩效。

治理绩效的控制措施有许多内容，包括：

- 标准（Standards）；
- 指导方针、指南（Guidelines）；
- 程序（Procedures）；
- 经营手册（Operating manuals）；
- 工作方案（Work programs）；
- 绩效（业绩）审查（Performance reviews）；
- 系统分析（System analysis）；
- 人事审查（Personnel reviews）。

大多数的绩效控制起源于良好的或有缺陷工作惯例的结果。如果某些惯例被发现是运行工作的最佳方法，为了要保证良好的习惯做法继续下去，人们将这些习惯做法转化为绩效控制措施（例如，标准、指导方针等）。如果有缺陷的习惯做法已经造成工作效率低下、无效果或不经济节约，就要建立绩效控制措施避免重复这些拙劣的习惯做法。

对不适当绩效标准的处罚是不安排资金和资源。对绩效控制措施的反方论据是它们抑制人们的主动性和创造力。因此，管理层必须将绩效控制的益处与它们可能限制人们使用良好判断力的任何抑制因素进行比较做出决定。

建立组织的计划和系统以便符合用户的需要。例如，退休养老金计划应当被设计成保留和奖赏好的员工；计算机系统应当以及时的方式为用户提供所需的信息；广告宣传计划应当有利于销售产品，销售网点设施的设计就应当满足生产和营业部门的需要。

努力建立良好的计划和系统，但是，所有的计划和系统经过一段时间会受到腐蚀。这种腐蚀是由于该计划和系统无法改变商务需求。不能低估对良好计划和系统的检查在组织实现成功方面的重要性。

建立计划和系统用以满足一系列的授权活动的特定目标。这些活动包括部门、人员、设备、资金、场地等。计划和系统控制旨在确保活动符合既定的目标。通过这种类型的控制措施，管理层可以得到来自他们的计划和系统所获得价值和利润率的保证。

4.2 建立控制环境

管理层有责任建立控制环境。本部分介绍管理层应当如何实现这种职责。

4.2.1 管理层的“高层基调”

管理层通过实例和行动建立的控制环境影响整个内部控制系统执行的有效性。控制环境涉及公司从上到下所有员工。组织的最高层领导必须明确地叙述，并且营造和沟通控制的适当意识氛围。领导应创造一个适当的组织结构、使用良好管理惯例、建立绩效的责任制、要求坚持适当的道德行为标准和遵从适用的政策、法律法规。这些事项的正式形成有助于创造内部控制措施更容易被理解和更有效被执行的环境。

没有文件记录的政策和程序也可能会有一个强有力的控制环境，但是，它不太可能长久地保持被控制的状态，因为最初建立这种控制意识和运行控制结构的人会通过正常的退休自然减员。事实证明，在“无文件证明”环境中的审计是非常困难和极端昂贵的。

管理层通过履行管理职责——组织、计划、指导和控制，创建一个强有力的控制环境。履行这些职责的方法决定着组织的控制环境。

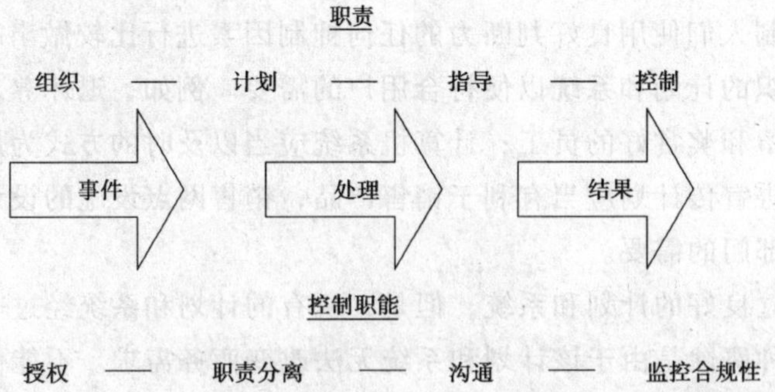

图 2-4-5 管理层的控制环境

图 2-4-5 说明管理层的控制环境。在评估环境控制的适当性之前，必须评估这四种一般的管理职责。因为环境是由管理层日常行为产生的，最合乎逻辑的方法是评价创建控制环境的管理层的行为。

管理层职责的总体框架必须在评估治理组织、计划、指导和控制领域的特定控制措施之前进行检查。例如，当检查管理层的组织职责时，应当从控制环境如何组织的视角进行检查。检查这些职责的目的不是评价管理层的绩效，而是要评价这些职责领域的控制措施对产生理想的控制环境是否是适当的。我们需要审查传统的管理层职责，然后重新从环境控制职能的角度去审视它们。

4.2.2 作为环境控制的组织结构

一个公司的组织结构提供其运营的计划编制、指挥和控制的总体框架。通常它涉及报告关系、由组织内各部门执行的职能和主要职务的权力、责任和限制因素。组织结构的有效性取决于它如何更好地充当指挥和控制组织活动的框架。一个有效的组织结构应当考虑下列因素：

- 履行委派职责人员的胜任能力和适当的资源准备，以及衡量绩效责任的系统；
- 委派职责和授权处理这些事务的要求，例如，目的与具体目标、运营职能、组织形式、管理风格、规则要求和财务报告标准；
- 促进履行委派职责和监控组织结构中每一层级活动的预算和财务业绩报告；
- 检查和平衡需分离的不兼容活动，设专人或单位预先控制，将进展情况提供给较高层管理部门监督，保证对整个公司活动的监控。

对某一公司组织结构外部和内部需求的反馈越多，就越有可能在适当的位置加强会计控制程序。例如，指定高层的职责是推销和生产活动，而不是存货管理，控制的意识可能会比同时强调这三部分时弱化。一个有效的组织结构应当将委派职责方面的差距和重复降低到最少。公司规模越大，运营就越复杂，就越有必要通过图表、职位说明、政策声明和类似的文件说明组织结构。

4.2.3 作为环境控制的计划

计划编制是预定组织将采取什么行动的过程。它应当在组织的所有层级发生。没有适当的计划，一个组织很容易受到日常事务的影响。例如，没有计算机房的灾难恢复计划，出现灾祸时所采取的行动很明显就会受到负责这种变化的主管人当时想法的影响，而不是采取公司在那种环境中可能真正需要采取的行动。

组织通常进行两种类型的计划：战略计划和战术计划，这两种计划可能在各个不同的层级发生。

制定战略计划

制定战略计划是高层的长期计划编制过程，包括关于企业的目标及其业务性质的决定。它包括决定企业应当进入或终止的业务范围、产能计划、长期的人事聘用计划，等等。企业长期计划好坏的程度为保护资产和产生用于决策的财务信息提供适当的控制程度，可能决定着公司控制系统的未来质量；它甚至可能决定企业的未来发展。因此，作为企业的收购、开设新的设施、扩张或缩减业务范围等的计划编制，应当包括对企业这些重大变化方面内部控制影响的考虑。

制定战术计划

战术计划或经营计划编制包括执行战略计划的各项活动，以及决定运营活动的需要。战术计划或短期计划的编制和控制周期包括设定年度预算和监控与这类预算相关的业绩。这是所有以控制为基础的管理中最强有力的一种措施。虽然管理方式会改变，但是，所有的管理层应当判断和识别需要注意的领域，并决定将要采取的行动。经营计划编制包括生产规划、年度预算、招募计划、评价公司活动，例如做广告等。

计划成为组织运营活动的依据。计划编制应当控制发生在各层级中的整个组织的业务活动。这些判断，当它们与控制测试有关时，应当识别需要更仔细检查的交易事项和特别关注的系统或领域。

现金管理是计划编制如何转变成某一组织的控制活动的实例。制定战略计划将涉及安排信用额度范围、发行筹集资本的新股票等的长期财务政策。一旦这些政策已经制定，管理层就可以开始将战略计划转变成一个现实的过程。中间层次的计划包括，营运资金计划、短期投资计划，依此类推的计划等。一旦这些计划被制定出来，可以结合特别的应用控制以实现这些计划。财务管理应用控制措施的例子将是对某一客户发放贷款，控制贷款范围和决定该客户必须支付其余额的天数等。

4.2.4 作为环境控制的指导

指导是将经营计划变成现实的下一个步骤。它涉及对完成任务情况的监督，对可利用资源的适当利用和确定已经被适当执行的任务。它也包括确定组织的活动按照管理层一般授权或特别授权予以完成。

有能力的管理层的指导和监督的价值经常被视为控制的一个关键要素。内部控制环境高度地依赖于组织人员的胜任能力和正直性，正如控制程序本身一样。专业审计文献指出，遵循会计控制目标在很大程度上依赖于人员的胜任能力和正直性、他们被指定职能的独立性和对规定程序的理解。

监督在提升人员的胜任能力和正直性以及为每一个主管的下属人员设定控制环境氛围方面发挥着关键性作用。书面程序和应用控制对主管指定的愿望和方向来说是第二位的，因为几乎没有人会设法规避他们的指令。因此，管理层应当评价主管人员的职权和不断地寻求他们有效履行其职责的保证。在组织的每一层级，都存在对委派给主管人员职责和权力的明晰理解的必要性。管理层和主管人员之间的适当沟通对控制意识是至关重要的。

监督能力的一个重要因素是培训应该如何控制、控制谁和控制什么。主管人员必须具备被委派职责领域的技能，以及指导、激发和控制下属的能力。

4.3 监督控制的职责

组织使用内部控制实现下列目标：

- 保护资产和确保组织负债的适当性；
- 按照会计系统产生信息的准确性、可靠性和公正性确保会计事项的适当性；
- 确保获得必需的资源，并在实现组织目标的过程中有效率和有效果地使用这些资源；
- 维护和坚持管理政策。

为了使控制措施是适当的，组织在指导和监控运营的能力方面必须是有效的。这种监控必须向管理层提供足够的反馈，以便管理层能评估或监控交易事项是否已经按照一般授权或特别授权予以执行。管理层必须使用这种信息对任何需要的地方进行控制调整。环境控制存在三个重要方面：

第一，制定的控制措施应当足以监控这种环境，并向管理层提供评价控制措施适当性和有效性的充足信息；

第二，管理层应当使用这种信息采取任何所需的纠正行动，以确保其运营的完整性；

第三，当环境发生变化时，环境控制措施应当进行调整，保持与环境同步变化。

现实的控制必须考虑成本效益。一般来说，控制措施的成本不应当超过正在被保护事物的潜在损失。管理层必须评估正在受到保护的事物，然后，根据受到保护事物的风险暴露程度制定切实可行的控制措施。

4.4 控制环境的属性

管理层控制职责的广泛目标可分割为与主要功能活动有关的特定目标，为环境检查提供有成效的开端和有效率的依据。环境检查应当包括作为各种不同层级检查的特定目标，即与环境连锁层级中内部控制措施和对处理与控制个别交易事项及其资源的活动相关的那些目标。

不管是为某一特定职能或为整个系统，评价应当被设计用于确定管理层的特别授权或一般授权是否是充分的，已经适当进行沟通，并正在遵循和受到监控。这可能包括：

- 管理层已经授权什么任务？
- 如何沟通这些任务？
- 如何分离员工的任务，以便在控制使用和保护资产方面提供核查？
- 如何监控遵守管理层的授权？

4.4.1 控制环境中的授权

在任何企业中，都存在一些管理层必须作出授权和沟通的基本决定。管理层必须决定应当由谁执行经营活动，在什么条件下和以什么方式执行。管理层作出的一般决定应当明确提出员工在执行指定任务时采取的例行动作。管理层应当或是通过交易或使用资产的类型，或是通过数额的重要性来区分员工能做什么和不能做什么。如果控制是令人满意的，每一交易事项应当合适地予以授权和检查。

授权可以是一般授权或是特别授权。当授权为本组织建立应遵循的政策时，管理层行使各种不同的一般授权。下级员工被指示执行在政策设定范围内一般授权的交易事项。

特别授权必定和管理层不愿意制定一般授权的那些个别交易事项有关，是对个案进行审批。这些通常是非例行的交易，例如，主要的资本支出只能通过高级管理层的批准。

不管是获得特别授权还是一般授权的个人应当拥有与他们所获准的授权类型相匹配的职务。最高管理层应当为职权的委派制定政策。管理层授权中应当包括与保护资产或控制及处理交易事项相关的员工活动的每一个主要方面。

4.4.2　控制环境中的沟通

仅仅确保对主要经营职能和活动有充分的授权是不够的，管理层必须保证这两种授权都已经与员工进行沟通，在员工业务需要时可以获得授权。

经过深思熟虑的沟通辅助工具（例如，表格、手册和账户图表）可以明显地改进合规性。环境控制评估应当考虑沟通的性质、程度和时间安排，内容包括以下事项：

- 谁将使用这种信息和如何使用？
- 这种信息的复杂程度，它传送错误的可能性有多大？
- 这种信息现成可获得吗？
- 对这种信息作出反应的速度及其次数？

文件、表格和其他的记录必须适当，足以提供所有资产受到控制和所有的交易事项被记录的合理保证。它们包括如会计科目图表的若干项目、授权汇总表、销售发票、购货定单、明细分类账等。它们可能是“纸质复制件”或是机器可读形式。那些被记录的个别交易事项的原始分录和记录文件是一个公司沟通系统的重要要素，应当简单清晰易懂，并尽可能地用于多种使用目的，鼓励对这些分录和文件预先编制号码，便于控制并在需要时有助于确定文件的位置。

对沟通方面环境控制的适当性评估因素涉及交易事项的复杂性和参与的人数、他们的技能和接受的培训。管理层授权的沟通必须使那些期望执行授权的人或评估正在执行授权的其他人能够：

- 理解管理层的特别授权或者一般授权，因为授权影响到履行指定的职能；
- 遵守各项授权；
- 测试合规性；
- 向适当的管理层，独立的或至少是上一级主管人员，报告可能违反授权的事项。

4.4.3　控制环境中职责分离

员工的任务与责任分离是一种制度安排，有助于检查某一员工的工作；它是一种内在的制衡机制，将保管职能从一开始就与会计责任分离，它具有下列特征：

- 员工履行其职责的胜任能力和可信赖度；
- 保存记录政策的适当性；
- 对记录和资产的物理控制和使用控制，记录的目的是控制。

这些特征影响着有效内部控制环境职责分离的四种类型，即在财务记录与运营、会计与资产保管、授权与资产保管和会计任务每种类型之间进行职责分离。

4.4.3.1 运营职责与财务记录职责分离

如果让组织的每个部门或处室自己编制记录和报告，其结果势必会造成明显的篡改业绩。为了确保公正的信息，财务保存的记录应当由会计主管职能的一个单独部门来负责。例如，在计算机系统中，使用多少时间编制经营统计数据应当与负责该系统运营的部门统计时间费用的职能分开。

4.4.3.2 资产保管与会计分离

不得由临时或永久保管资产的人来解释说明其保管的资产，原因是避免资产被盗用。当一个人同时执行这两种职能时，就存在为个人赢利而处理资产并调整记录加以隐瞒的风险。

例如，应当禁止在某一信息技术系统中保管资产的任何人执行编程或者操作的职能，同样也不能让其访问信息输入的记录。通常，理想的做法是，任何履行某一会计职能的人，不管在信息技术系统或手工系统的情况下，都不能被允许接触资产，以便他有可能为个人的赢利而转换资产。

4.4.3.3 相关资产保管与交易授权分离

较为理想的做法是，防止授权交易的人有权控制相关的资产。例如，处理现金收入的个人应当无权决定哪些账户应当作为坏账被注销。在任何信息技术系统中，同样重要的是系统设计要提供这两种职责的分离和被控制的“例外报告”属于信息系统之外的职能。这有利于确保报告信息技术系统内可能违反授权与资产保管分离的非正常的交易事项。

4.4.3.4 会计职能中任务的分离

最不理想的会计制度是，在该制度中某一员工负责记录从开始到最后过账到总分类账中某一交易事项。在手工系统中通过简单的相关日记账，例如，销售与现金收入日记账记录的分离，存在许多机会对不同员工的工作进行自动的交叉核对。在绝大多数情况下，适当的会计职责分离，每个人独立地工作，实际上不用重复检查就可以增强对错误的控制。

信息技术系统内职责分离不同于手工系统，但具有相同的重要性。由于计算机具有连续地和统一地运行交易事项的能力，不需要经常进行交叉核对。因此，信息技术运行中职责分离的重点更多地放在对丢失记录和不适当的程序设计这类事项的控制方面。出于这些原因，作为计算机操作人员处理的职责，应当对保管交易事项和库文件，以及程序设计的职责进行分离。显然，任何内部人员或外面信息系统的个人访问资讯数据文件的能力，不管是通过系统操作员，还是通过终端，都必须予以限制，因为这类文件也可能包括某一实体资产唯一记录的会计数据。

企业的组织必须提供适当而又有效的职责分离，并促进有效的沟通。对业务活动的过度限制和职责分工太细都可能对效率和沟通造成极端损害。

4.4.4　有能力和可信赖

管理层必须知道员工将有能力执行委派给他们的任务。因此，必须对要求某一员工执行任务的能力进行评估。管理层应当力求使又能干又可信赖的员工具有明晰的权力与职责。虽然，这本身不足以满足内部控制的目标，但是，这是任何系统中最重要的因素。如果员工是能干的又可信赖的，即使可能缺失内部控制系统的一些其他因素，但仍然能够实现组织的目标。然而，如果控制责任无法被执行，就不可能安排职责和解决问题。在能力方面特别重要的是，IT系统处在快速变化的科技环境中，用户和信息技术人员都需要不断接受培训。

4.4.5　记录保存程序

为了使决策和监控有一个适当的依据，管理层必须确定在某一期间存在适当汇总实际交易的程序。因为它直接地涉及提供可靠财务信息的目标，并且与管理层监控业绩的能力有密切的关系，所以，这方面的控制特别重要。如果控制（授权、执行和会计责任）的其他因素是适当的，应增强保存适当记录的可能性。例如，让职责定义明确的有能力而又可信赖的员工在现场记录，但是限制他们接触和使用资产，这将极大地增加正确记录保存的可能性。

4.4.6　建立物理访问控制

保护资产和记录的一个非常重要的保护性措施，是对存货、货币和证券以及记录与文件使用物理的预防措施。重新建造遗失或被破坏的记录，即使完全是有可能的话，也是成本昂贵和费时费力的。备份记录和其他控制措施都被证明是用于预防这种损失的。

关键还是管理层保护公司资源不受滥用或损失侵害的一般授权或特别授权。保护资产不是一个抽象的概念，它取决于被考虑资产的性质、资产的重要性和遭受损失或滥用的风险。实际上，如果企业要实现盈利的经营目标，员工必须有权使用资产。因此，必须强调保护的特定情形，例如，终端访问控制措施的特定级别，对访问各种不同类型数据库的控制措施。

同样地，所有主要功能活动的保护目标应适当地包括内部控制的特定目标及其可能出现的相关错误类型。

4.4.7 制衡原则

出于设计的目的，控制经常被宽泛地分为两种：预防型控制和发现型控制。发现型控制旨在发现错误和保证立即更正错误。

预防型控制因为其嵌入式的性质可能不那么引人注目。发现型控制对于密切相关的那些事项通常作用很明显。然而，在管理层面，可能存在一些充当发现型控制措施的控制。例如，管理层对每月财务报表的审查可能针对预算差异情况的分析，并且识别必需纠正的经营行为。差异情况的调查将经常发现记录结果的错误，因为管理层将会在试图纠正这种情形之前确定明显差异的原因。

同样，某一部门经理可能通过某一旨在对其部门的可变（因此是可控制的）成本收费的会计制度负有责任。该经理审查部门会计报告的主要目的可能是针对成本控制，但在审查会计报告的过程中还会发现会计差错。用户部门的监督，或信息技术部门的经理针对某一特别应用系统错误统计数据的审查可能指出系统的缺陷、对准备进入该系统的人员培训不足，或可能表现为试图将不适当的交易汇合到该系统的不正常的终端活动模式。

4.4.8 监控合规性

管理层采用许多方式监控其特别授权或者一般授权是否被执行，这些方式包括：(1) 编制预算和比较实际业绩与预期业绩；(2) 监督和履行职责报告。

4.4.8.1 编制预算和比较实际业绩与预期业绩

管理层的主要活动是制定实际可行的目标和确保实现这些目标。管理层在本质上分析其经营环境和决定在本公司希望开展的业务。这一重要的活动，提供大量的有关管理层的授权是否正在被执行的重要信息，涉及战略的和战术的计划编制。

运营结果通常是相关的，并与战略的或战术的计划相比较，以便评估其绩效。评估的技巧包括：

- 将实际的结果与先前的和预期的业绩相比较；
- 将运营和财务业绩的统计数据与相类似公司的数据作比较；
- 与那些知识渊博的人讨论与预期的或先前业绩水平相比明显的变化，以便查明原因。

这些比较通常由生产线或部门去做，并且关注于识别和确定发生变化的理由。这类程序的重点放在可能需要改进行动的领域，也可能指出存在的控制缺陷或保存记录的缺陷。这些方法是必需的，因为交易数量极大，许多业务运营的规模与复杂性的现实，使管理层不可能具有一种涉及本企业所有领域的持续营运方式。由于可以用于控制系统的资金有限，这种方法有助于把资源集中在能做得最好的地方。

经常使用确认例外情况的方法，但只报告不符合某一指定的平均数或正常标准的那些事项。这可能是对需要另外考虑的领域的一种高效率的途径。

只有当原因被找到的时候，也就是说，只有当管理层询问“为什么”的时候，某一差异才会被选择为另外的注意事项。如果可以证明该差异建立在潜在的业务或运营状况的基础之上，那么，不需要在那一记录保存或控制系统中作出任何变化。它们正在运行其职能。在这种情况下，管理层必须确定投资回报率是否继续是可接受的，或者允许出现这些差异。如果该差异是以某一控制缺陷为基础，则应当对该差异进行成本效益分析。

4.4.8.2　监督与履行职责报告

有效管理的主要因素是有能力识别好人，授予他们相应的职责，并且监控他们的业绩。关于这个主题已经有人写了许多论著，但是，尽管评价很重要，却几乎没有人编写有关应当如何评价，如何测试履行职责报告的系统等内容。

当审计师检查和评价内部控制系统时，坚持不懈询问的常识问题应当是：“系统会发生什么故障？如果发生，谁应当了解该故障，应当向谁报告？”监控内部控制系统要求存在并适当运行某些类型的职责报告系统。没有一个有效的监控系统，已经被执行的所有代价昂贵的控制措施，其价值就可能被否定。

4.5 计算机安全控制环境

计算机安全计划应当是整个组织范围安全计划的一个子集合。在信息和操纵信息的能力方面，在同一组织的另一部分中可现成获得的这种相同保护的情况下，花费大量资金保护组织经营的某个方面就几乎毫无意义。我们不应当只考虑使组织的局部安全，而不考虑使整个组织安全。

计算机安全不是一个技术问题，而是一个管理问题。对于计算机安全问题的解决方案是，从计划产生到适当保护本组织计算机资源的整个过程中，高级管理层应当直接参与。这一技能分类规定了安全风险和将那些风险降低到最小的控制惯例。

4.5.1 计算机安全风险

对于数据安全，当前不断增加的担忧是三个主要相关因素的结果。第一个因素是在自动化数据处理设备和软件系统方面引人注目的科技进步。在调制解调器的计算机环境中，多项工作或多个用户可以同时访问这些设施和该系统被储存的数据。计算速度正在快速地以每秒接近数十亿次运行，并且大量被存储的数据进入数十亿字节内得到很好地排列。每一个用户都有可变的安全授权，而且数据装置有不同的安全需求。

第二个因素是日益增多的尽快地处理巨量数据的科学、行业和政府的需求。更进一步地说，逐渐减少每一单位处理和存储成本已经在经济可行性上增加了实行自动化应用的数量。

第三个因素是通讯设施和终端设备巨大的现成可用性的结果，越来越强调在远程操作层面提供计算机访问条件。近几年来，人们做了许多努力研究单一用户和计算机之间简化接口。其结果是，许多系统提供指导和计算机辅助指令帮助用户的工作越来越有成效。

尽管期待一种方法能提供一种100%安全的系统是不现实的，不过至少期望以计算机为基础的信息系统能够预防大部分的攻击是合理的。事实是如果计算机系统的经理们只要会使用，技术和程序都是现成可得的，而且将是有效的。幸运的是许多经理们正在逐渐明白，计算机安全是一个严重的问题，解决方法是现成可得到的。

4.5.2 规定关键的成功因素

关键的成功因素是管理层将用以判断安全政策的标准。成功被定义为实现管理层的意图。因此，没有人比管理层自身更适合规定其将用以判断成功的标准。

发布公司安全政策表明管理层希望什么。良好的管理风格会规定管理层将希望做的事情，而运营领域将确定如何执行这种政策。让运营部门确定应当如何执行政策的流程可能是一个良好管理战略，而结果是管理层无法接受这种执行情况。为了避免执行的问题，管理层应当指出被认为是符合成功要求的执行标准。只有作到了这点，才能明显地改进达到符合管理层愿望的计划的概率。

对组织的计算机安全项目的风险包括：

- 系统可用性的损失；
- 系统完整性的损失；
- 系统机密性的损失；
- 系统资源的损失；
- 未能遵守《1974年保密法案》（只对美国公司）；
- 未能遵守《信息自由法案》（只对美国公司）。

4.5.2.1　**系统可用性的损失**

许多方面可能影响系统可用性。这取决于任何特别系统的规模和分布式的性质。系统的一般资产包括六个基本分类，每个类别的一般薄弱性在下列各节中列出。

硬件

任何系统的硬件是计算机化信息系统所有其他组成部分的基础。当硬件资产丢失时，系统业绩有时会降低到零。某些硬件的一般易损害性是：

- 后援的依赖性；
- 物理攻击；
- 设计的可靠性；
- 自然的大灾难；
- 操作人员的依赖性。

软件

软件是指示硬件通过其所需操作的指令集合。当软件资产丢失时，一些业绩的衡量结果也随之消失。与系统可用性相关的一些软件的一般薄弱性是：

- 对变更的敏感性；
- 广泛的可接触性；
- 隐藏暗中破坏技术的能力；
- 设计的可靠性。

数据和文档记录

因为数据和文档记录密切相关，并且两者都易受到相似威胁的损害，所以这些计算机系统资产被汇集在一起。数据是硬件和软件组合运行的资源。文档记录是一系列运行的指令。这些资产的某一或两者丢失或老化会使一个系统变成无效。这些文档记录和数据一般的易损害性是：

- 变更的敏感性；
- 破坏的敏感性。

通信

某个既定系统的通信可能像是一个多节点的复杂分布系统通过微波和人造卫星传播链接，或者简单地像是一个1/4寸的电缆导向下一个房间的脱机存储。系统节点或组件之间通信的部分或全部损失，可能导致产生从整个系统的崩溃到特别应用程序包失效的一系列问题。通信资产在下列领域中最容易受到损害：

- 截获的敏感性；
- 对干扰或堵塞的敏感性；
- 硬件或软件的依赖性。

环境

最近几年，计算机硬件的可靠性大大提高；许多硬件组成部件的技术精密度也已经增加，因而使环境控制措施，例如空调室、湿度控制和电源变得对系统可用性至关重要。环境的退化可能引起系统崩溃或者简单地使人感到在该区域工作不舒服。

环境的弱点是：

- 设计的可靠性；
- 后援的依赖性；
- 适当性；
- 操作人员的依赖性。

后援

后援一词涉及所有的活动，而不是信息处理系统本身的部分，而没有这些活动信息系统无法运行。后援活动例子的范围从稳定、不间断地提供持续形式的记录文件，到稳定、不间断地提供电源。后援的中断可能打乱一个信息系统，这类中断的变化程度与后果取决于应变计划（contingency planning）的有效性。

4.5.2.2　系统完整性的损失

系统完整性的术语最普遍的用法是作为一个系统操作的数据。美国国家标准局（the National Bureau of Standards）对系统完整性的一种非常有用的定义是："当数据与它产生的来源相一致时，当它还没有偶然地或蓄意地被改变、暴露或破坏时的存在状态。"因为数据通常是最难以发现的，所以计算机安全性在这方面也是最难以保护。数据完整性方面的疏忽或蓄意破坏可能导致各种不相同的后果，其范围从采取以不正确信息为基础的行动到对整个系统的破坏。在大部分情况下，发现缺乏数据完整性都是在事实发生之后。数据完整性易受损害的一般性类型是：

- 意外或蓄意的记录错误；
- 意外或蓄意的处理变更。

4.5.2.3　系统机密性的损失

每当人们提到计算机安全性问题时，总会立刻联想到机密性损失的问题。它是潜在的信息系统不安全的一个严重后果。依照美国国家标准局的定义，机密性是"应用于数据的一个概念。它是与需要保护避免未经授权披露的数据相一致的状态"。这一定义，虽然有用，但是也许有些狭窄。用信息一词替换数据一词，其定义更为宽泛，该定义更明显地针对一个重要的理论概念。信息是数据处理或操纵的结果。数据本身就类似于一本字典中的字。每个字包含一种价值或者意义，但是当它和其他字结合形成被称为语言的一个过程时，字的集合传递着一个概念或观点。数据只是不相联字段（单词）的凝聚。因此，数据安全性的问题，涉及超出数据字段的合集并扩展到通过流程将这些字段处理成为信息。安全性问题的处理被限制在数据及其处理方面，但是读者应当知道信息安全性是远远大于只在处理场地进行保密的概念。受到缺乏机密性损害的损失通常被评价为一种典型的风险管理情景中的首要问题，因为那些防护措施设置在适当位置用于保护系统的机密性，常常可以解决在其他损失分类中遇到的问题。对机密性的某些一般威胁是：

- 意外或故意地截取；
- 未经授权访问。

4.5.2.4　系统资源的损失

资源损失主要涉及盗窃和欺诈。通过自然大灾难和物理攻击损害与破坏计算机设施往往掩盖了系统可用性的损失。这一类型包括通过各种不同的诡计故意拆移实物资产，修改和盗窃信息。

这类损失对组织而言是直接的损失。如果资金被骗取或者被贪污，那些资金不见了。如果资产被实际搬走，因为它们必须进行替换，所以也是直接的损失。而经验表明这种类型的大多数损失是组织员工侵害行为的结果，这种损失是如何开始的通常不重要。保护免受员工侵害的相同措施也保护资源免受非员工的侵害。一个组织计算机资源损失面对的特定威胁包括：

- 实际的计算机硬件的拆移；
- 机密性数据，例如产品描述、客户名单和人事文件被偷窃和复制；
- 伪造或篡改交易事项，以便将资金转移到诈骗者或相关的第三方；
- 编造文件，诸如账单收据，将资产转移给某个人。

4.5.2.5 未能遵守《1974年保密法案》

《1974年保密法案》（The Privacy Act of 1974）把许多要求强加给联邦机构，以防止包括个人信息在内的数据的误用或泄露。处理个人数据的联邦自动数据处理机构（Federal Automatic Data Processing，ADP）必须提供合理程度的保护，避免个人数据遭受未经授权的披露、破坏或篡改的损害，不管这类损害是有意引起的，还是起因于事故或粗心造成的。这些要求需要应用管理的、行政的和技术的程序。这种要求和用于执行这些规定的相应防护措施对照如见示例2-4-3：

示例2-4-3：法律要求与相应的防护措施

要求	防护措施
披露事项控制	登记控制
会计公告事项	存储保护
访问记录	数据处理
有争议信息的包含内容	记录的维护
授权目的有关数据的使用	数据处理惯例
准确的和完整的记录	职责分配
完整性、安全性和机密性的保险	审计和数据密码技术
记录保留	确认

保密法案的两个理想的结果是，风险分析的推广和不必要数据的消除，已实施的某个程序缩小了用于防护措施的范围。两者的结果支持了更多安全系统的发展：风险管理技术和创建更简明的文件清除可管理的数据库。

4.5.2.6 未能遵守《信息自由法案》

《信息自由法案》要求联邦机构在联邦登记中公布与个人文件相关的某些信息。这种信息必须包括可以获得被那些机构保留的信息来源和方法。另外，该法案要求对数据的一般描述、影响数据的流程，以及通过联邦登记法中描述的渠道可获得那些流程的结果。该法案似乎明显地措辞不严密而且有许多例外，因此，在一定程度上减弱了它的有效性。然而，它再次提高了联邦机构信息系统经理们对计算机安全性意识的水平。该法案迫使经理们为保护数据至少要建立一个可防护的安全政策和一系列相应的程序。

4.6 组织的计算机安全政策

公司的安全保障方案是管理层对其安全意图的一个声明。这一政策声明描述了对下级管理部门提出的与组织资源安全有关的要求。安全保障政策规定了总体方向，并且是启动安全保障方案的授权。

许多组织安全保障方案的一个主要缺陷是无法将安全活动联系在一起运转。数据处理部门制定一个安全保障方案，工厂也制定一个安全保障方案，财务主管对现金与投资又有一个安全保障方案，而且组织的其他部门都有他们自己的方案。

这些方案的每一个都会产生一系列的程序与标准。在某些情况下，却没有制定程序。某些程序和标准是互相排斥的，因而达不到预期的目标。

大型组织的员工可能会对安全保障感到困惑。来自管理层的信息是模糊不清的，在许多情况下是自相矛盾的。有些员工听到一套安全保障规定，但是在实务中又会碰到另一套规定。

任何组织感兴趣的作业是开展一次有关员工对管理层安全保障方案理解程度的调查。正式政策的缺乏并不意味着某种政策的缺乏。在绝大多数组织中，员工在理解管理层的安全保障政策方面是非常不一致的。他们的理解经常不同于管理层对该政策的理解。

在大多数情况下，管理层认为他们正在鼓励和促进组织中的安全保障。但是，那些组织的员工却认为花费很多时间和努力仍无法保证安全。每当在完成某项工作任务和提供安全保障之间存在冲突时，总是工作获胜。这是因为员工相信组织的安全保障政策只有在时间充足的基础上才能提供安全保障。

某个组织的安全保障政策必须反映那个组织管理层的愿望。政策类型将会依照管理风格、特定行业和管理安全保障的法律法规的不同而变化。联邦立法的两个要件指明了在开发计算机安全保障程序中作为民营部门应关注的领域。

建议的安全保障政策

对于某个组织典型的安全保障政策不仅涉及计算机安全，而且也涉及一般的安全保障。它将是施行计算机资源这种安全保障的数据处理职能的职责。因为那些资源扩展到该组织的所有领域，所以延伸到计算机安全程序和标准。针对计算机安全所需的所有活动应当与这种安全保障政策直接相关。

组织应当制定针对安全保障措施合理性的经济依据。应当提供与这种措施相一致的适当的安全系统或子系统，处理已经确认的暴露问题，并遵从法律要求。这包括，但不局限于保护：

——人员、货币、存货、工具和设备以及日用品；

——业务系统与程序；

——数据的适当组织。

这种政策应当与安全保障概念的成本相一致。它应当采取一种安全经营的方式。

即使在建立了该组织安全保障政策之后，信息技术部门可能还会想要创建某一更为详细定义的计算机安全政策。这可能是法律所必需的，以便再次强调经营场所数据处理安全的重要性。某些制定政策的建议者指出，数据处理的高级管理层应当创建政策，然后签署这些政策。具有管理层签名的这些政策应当张贴在一个引人注意的地点。发布这种政策表明管理层的意图；签署这种政策也表明管理层施行该政策并付之行动的承诺。

另一实际方法是委派某人负责计算机安全工作，然后期待那个人履行组织的安全保障政策。这种方法同样要求开发和施行计算机安全保障的行动计划。

4.7 计算机安全的作用和职责

计算机安全的主要目标是提供包括系统、设备和数据在内的计算机资源保护。正如前面讨论的那样，这一目标包含组织的绝大多数领域。计算机报告和处理能力（例如，终端、微型计算机和办公系统）将分散在整个组织的各个地方。那些没有实际处理设施的地方将最可能有计算机生成的结果。

管理层必须创建一个有益于强化计算机安全的环境。这种环境的范围将由管理层实施用以确保实行计算机安全政策的组织结构所决定。该组织结构并不意味着全职的部门、职能或人员。该组织结构意味着组织将保证计算机安全的方式。

在图 2－4－6 中说明了某一建议的安全保障组织结构。首席执行官在该组织结构的顶端。这是负有保护组织计算机资产主要责任的个人。高级管理层是在首席执行官下一方块的个人，这一图解的目的是单独确认首席安全官（the chief security officer，CSO）的责任 。

首席安全官与所有其他高级管理层处在相同的组织层级。在较大型的组织中，这可能是某个职员的专职职位，而较小型的组织中，可能是某位高级管理层成员兼任的职能。建议的组织图表示向首席安全官报告的安全质量保证（security quality assurance，SQA）职能。

运营管理部门显示为向高级管理层报告工作。在操作层面必须实施计算机安全的真实工作。每个主要的营业部门设有一位安全员。例如，营销部门应当设有一位安全员；财务部门以及数据处理部门都应当设有一位安全员。再次强调，这些是专职的责任，但不必是专职的职位。

经营管理部门的成员成为计算机安全规划委员会（the computer security planning committee，CSPC）的组成部分。较为理想的是，这个委员会将包括各种不同运营部门的经理。计算机安全规划委员会在首席安全官的全方位领导之下。计算机安全规划委员会确定安全任务，然后确认监督那些任务执行情况的安全责任人（security sponsor）。在绝大多数情况下，安全责任人将是运营部门中某个安全员。

这种结构可能在开始时看似复杂，但是它并不会比为某个社团、工会或公司业务通讯安装筹措资金的联动装置更为复杂。

这五个安全保障职位的职能简要描述如图 2－4－6 所示：

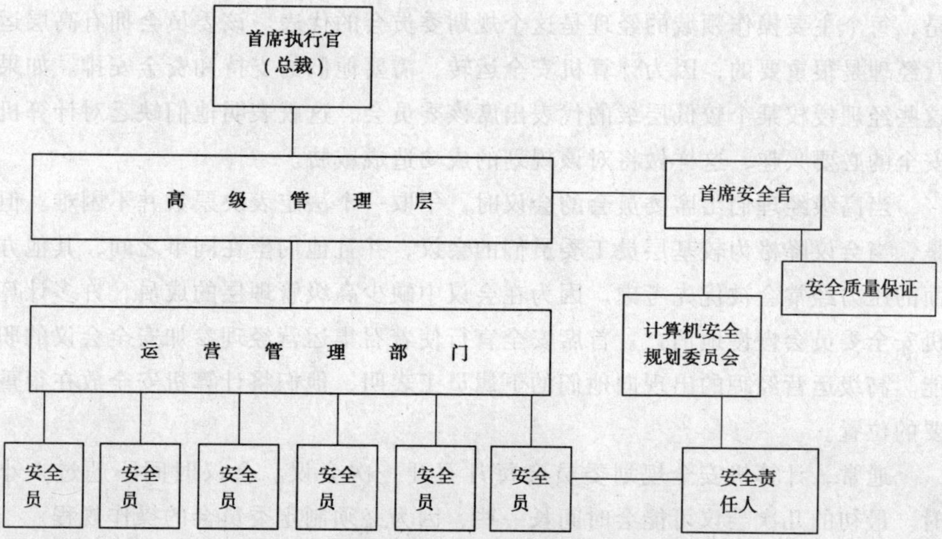

图 2－4－6 建议的安全保障组织结构

4.7.1 首席安全官

这是整个计算机安全保障层级制度中最关键的职能。至关重要的是这个人必须是高级管理层的一名成员。没有高级管理层成员的威望和参与，组织整体联系的计算机安全无法奏效。对于数据处理安全员来说，通常不可能具有引导组织的不同要素进入一个紧密相连和前后一致的安全保障方向的计谋和威望。

首席安全官将会根据组织的规模安排所需工作的数量和时间。在较小的组织里，首席安全官主要的职能将是主持计算机安全规划委员会的会议。在较小的组织里，这个委员会将可能每个月或每季度召开一次会议。

首席安全官必须充当促使安全保障切实起作用的负责人。这个人必须鼓励来自运营管理部门的行动与合作。首席安全官同样必须确保计算机安全规划委员会采取安全行动。如果行动被延迟，首席安全官必须介入并且再次发起行动。如果遵循这一概念，计算机安全的责任变成每个人的责任，那么，首席安全官的主要任务将是确保计算机安全方面的行动是持续的。

4.7.2 计算机安全规划委员会

这个委员会将是组织中在计算机安全保障方面的主要力量。计算机安全规划委员会的责任是确认计算机安全的任务，对这些任务进行优先排序，获得资金安排，并且选择安全责任人监督计算机安全任务的执行情况。

计算机安全规划委员会应当包括运营管理部门的主要成员。理想的情况是，每个主要操作领域的经理是这个规划委员会的代表。该委员会拥有高层运营经理是很重要的，因为计算机安全运转，需要他们的支持和资金安排。如果这些经理授权某个较低层级的代表出席该委员会，这就表明他们缺乏对计算机安全的必要兴趣，这样做将对该规划的成功造成威胁。

当高级经理们出席委员会的会议时，争取一个法定表决票数并不困难。但是，当会议降格为较基层员工委员们的会议，并且他们坐在同事之间，其他方面的压力经常会被优先考虑。因为在会议中缺少高级管理层的成员，许多计算机安全委员会慢慢地消亡。首席安全官行使着召集运营经理参加安全会议的职能。高级运营经理的出现向他们的下属员工表明，他们将计算机安全放在很重要的位置。

通常，计算机安全规划委员会每月召开一次会议。会议时间不超过 1 小时。最初的几次会议可能会时间长一些，因为必须制定委员会的操作规程。

在召开委员会会议之前，任何当事方（通常是计算机安全规划委员会的某个成员）可能提出一项计算机安全任务。提案及其背景应当在会议之前的一个星期提交给所有成员。在会议期间可以没有新的提案。该委员会的任何成员，包括首席安全官都可以提交提案。

计算机安全规划委员会在委员会会议中履行下列五项工作：

- 审查进展中的计算机安全工作的状况。该委员会有责任监督每项计算机安全工作的执行情况。这要求提交定期的情况报告，并且在计算机安全工作的进度落后于计划时间的情况下采取行动。
- 赞同或者反对计算机安全提案。该委员会在会议之前应当研究提案，并且准备对每一提议的工作进行同意或反对的表决。允许讨论，但是不应当久议不决，除非是最主要优先项目。注意：被拒绝的提案可能会在下一次会议上被再次提出。这允许在会议之间进行游说。
- 确定计算机安全工作的优先次序。该委员会决定经批准的将施行的工作任务顺序。在每次委员会会议中可以调整优先次序。
- 安排执行每一任务的责任人。必须为每一将执行的任务安排一名责任人（即项目领导人）。计算机安全规划委员会的某个成员通常将志愿地对其职责范围内执行的任务负责。在绝大多数情况下，这一任务将由那一职责范围的安全员落实。数据处理职能承担着施行计算机安全任务的责任。
- 获得施行计算机安全任务的资金安排。可以采用多种方式安排需要的资金。较小的项目可以列入操作系统或数据处理部门的预算中。在其他情况下，需要向高级管理层提出特别的经费申请，以便施行该项目。这项工作通常由首席安全官落实。

4.7.3　安全员

在组织的每一运营区域应当设置一名安全员（security officer）。设置安全员的目的是确保组织的安全保障政策在安全员的部门适当地予以执行。该责任包括创建或采用执行安全保障行动的程序、标准和指导方针。在许多领域中，在运营领域中可能使用一般的安全程序，而在其他情况下，这些程序与标准将针对运营领域的需求量身定制。

安全员在其运营部门中执行首席安全官对整个组织履行的相同的基本职责。安全员是在组织中落实安全保障的人员。因此，很重要的一点是被任命的安全员确实想获得那一任命。建议安全员是一个志愿的职务，除非在大型组织中该职务才有可能成为一个专职的职务。

4.7.4 安全责任人

安全责任人是负责执行并报告某一单独计算机安全任务的个人。这个人成为某个计算机安全项目的领导人。要为这个人提供时间和资源，以便开展某个特定事件的安全工作。

安全责任人需要得到其经理的支持。这是为什么要有高级运营管理层参加，并成为计算机安全规划委员会成员的很重要的理由之一。

安全责任人将一直保留，直到这项工作任务被成功地完成为止。对于工作任务的提案应当指出衡量该工作成功的依据。这一程序在本部分开始讨论安全保障关键的成功因素时描述过。在工作已经全部被执行之后，对所有安全程序日常运行的责任应归属于每个安全员。

4.7.5 安全质量保证

安全质量保证（security quality assurance）职能的目的是评价实现其意向目标的安全保障过程的能力。安全质量保证职能从安全保障政策和关键的成功因素开始，然后将已执行的安全项目与安全目标进行衡量比较。

质量保证是一个管理职能，其目的是评价流程，并预测实现意向目标的流程的能力。质量保证通过衡量业绩与预定的标准做到这一点。质量保证更关注改进流程而不是识别安全的缺陷。审计是一个与质量保证密切相关但又是不同的职能。质量保证不能取代审计，它只能补充审计所开展的工作。在一些情况下，质量保证是相对内部审计而言，而内部审计是相对外部审计而言。

质量保证试图执行工业工程的计算机安全分析。它正在寻求一种更有效的和更经济的手段来完成其目标。它也关注安全的人力工程，以确定执行的问题和运行缺陷的原因。

4.7.6 计算机安全项目的持续行动

组织结构必须建立具有在计算机安全项目方面日复一日持续行动的能力。随着时间的推移，人们的热情会减弱和消失，但是该项目必须继续并维持。组织结构的责任是确保适当压力和采取行动，使该项目保持有效。

本部分已经提出了一个涉及主要管理层成员的结构。前面描述的安全保障原理已经指明，安全是每个人责任；所有的员工必须感觉他们是安全保障项目的主人；而且事实上员工应当积极地参与创建安全程序、标准和指南。为了支持安全行动，一些明显相反的概念必须协调一致。

管理层参与的组织结构将对该项目提供必要的支持、资金安排和威望。管理层不应当从事安全程序、标准、指南的详细开发工作，也不应当选择安全保障的工具与技术。应当由下级人员做这些工作。因此，保持拥有管理层的安全原则，指明什么是必需的，由员工决定该项目将如何予以完成。

只有通过管理层和员工之间的合伙关系才能持续行动。高级职员的参与会创造必需的热情，并鼓励计算机安全保障中员工的参与。与此同时，在安全保障项目方面管理层的广泛参与会提供使该项目奏效所需的计策和资源。

4.8 发起行动激发个人对安全的热情

把计算机安全问题上升为重要事项的环境变化可能类似于用以少胜多的特殊方式引起有关人士的重视。问题是，现在引起了他们的注意，怎样做才能保持他们的注意力？

这个问题的答案将改变对计算机安全的个人态度或行为。缺乏旨在促进并培育每个员工思想中强化的计算机安全意识，环境变化的冲击将会逐渐消失。

只有当组织的员工想要安全发挥作用时，安全保障措施才会奏效。国法起源于市民的态度。例如，酒后驾车行为在长达数年的时间里被执法机构所容忍。后来，一些母亲组成了一个叫做 MADD（反对酒后驾车的母亲）的组织，并且在几年内举行诸如示威游行等活动，导致美国绝大多数的州改变了与酒后驾车有关的法律和执法程序。人们想要什么，他们往往就会得到什么。

行为改变的技巧众所周知，但是它们很难被实行，原因有两个。首先，管理层不想花时间和努力，通过行为改变的方法来培育某种概念；其次，许多经理无法承认并开发他们员工的才智与创造力。许多员工被看作是聘用来执行某一特定任务的个人，而不是能够对组织中各式各样活动作出主要贡献的全面服务的员工。

旨在创建计算机安全热情的行为改变的六项原则是：

- 向下分解安全任务；
- 安全的个人所有权；
- 亲自反馈安全任务的效果；
- 计算机安全活动的奖励制度；
- 计算机安全活动绩效的多样化；
- 计算机安全责任的个人精通程度。

4.8.1 向下分解安全任务

向下分解任务是工作有效性的原则，旨在向下推移责任。该原则的目的具有两面性：首先，它通过向下属人员提供可能是最高级别的责任，丰富了下属人员的工作；其次，它使主管人员从具体事务中解脱出来，不必执行许多具体任务，因此，能够集中精力关注其他的管理职能。

许多监管人员因为未能正确地履行他们的工作职能而受到批评。这经常被归因于这样一个事实，即监管人员没有得到应当如何完成其工作职责的适当培训。这种批评基于这样的事实，即许多监管人员“抢夺”了他们下属人员比较重要的工作职能。此外，监管人员花费太多时间干扰下属人员执行他们的工作职责。

在计算机安全实务中，这种理论意味着如果存在挑战性的重要工作，监管人员将会保留这些工作，并且将密切监控和指挥已交给下属人员的那些任务。这两种习惯做法都可能通过向下分配责任而得到克服。

让我们查看几年前试图在一个计算机机房中提供安全保障的一个程序。由监督部门采纳与技术调查、开发计划和选择工具相关的安全保障部分。把在计算机机房接待邀请访客这种不想要的工作交给了操作人员。不幸的是，操作人员不想要这种工作，这种观念被证实是完全无效的。问题是很明显的，如果向下属分配他们不想要的任务，在这种情况中所包括的任务更适合于监管层面。应当向下分解更多的任务以增加个人对安全保障的热情，但却没有这样做。

在向下分解安全任务中可以采用的方法是：

- 确认计算机安全任务。运行计算机安全保障的所有组成部分应当被确认为可以独立运行的任务。这不意味着任务必须由个人执行，但是它们是“独自设置的”工作，例如，编制安全程序，并运行安全保障的工具。
- 确认执行这些任务所需的技能。这需要对任务进行一次深入分析，确保被定义的技能是适当的。在向下分解任务方面，技能必须非常具体，并且不与工资等级或工作职能相关。
- 确认组织中具有这些工作技能的最低级别的个人。这个人应当在组织中负责执行计算机安全任务。这个人不必是直接向目前负责计算机安全任务的那个人报告工作的某个员工。向下分解任务的目的是向下移交责任，以便改进下级的工作质量。
- 将计算机安全任务分配到能够执行任务的最低级别的个人。这种工作分配方式将责任转化为培训执行工作的个人，然后通过监督来帮助这个人，直到这个人已经掌握了完成工作的技能。

4.8.2 安全的个人所有权

计算机安全的所有权是行为改变的主要原则之一。前面我们讨论了谁拥有计算机安全的权力。如果管理层拥有计算机安全的权力，那么它就是管理层的问题。如果员工拥有计算机安全的权力，那么它就是员工的问题。一旦计算机安全成为员工的问题，他们将会增加兴趣和热情。

经验已经反复表明，当管理层制定工作规定的时候，员工们并没感觉他们有义务遵守这些规定。另一方面，当员工创建他们自己的工作规定时，就存在遵守规定的同事之间的压力。例如，如果管理层在回答其他人的电话方面规定了一个政策。因为这是“管理层”的政策，所以电话铃声可能不断地响而没有人接电话；另一方面，如果员工制定了他们自己回答电话的政策，他们将会通过同事之间的压力而执行这种政策。

属于员工的计算机安全所有权意味着，他们将在决定如何执行计算机安全方面有一个重要的角色。管理层将仍然会指出需要什么，但是员工将决定如何执行它。这意味着管理层必须愿意把计算机安全托付给员工。对于许多监管人员来说，这样做和让一些员工接受计算机安全责任一样困难。

转移计算机安全所有权的最好方法之一是建立安全质量小组。质量小组是开发工作实务的员工操作委员会。它实际上是一种生产力的工具，以及执行由同事们制定的工作规则的一个流程。委派某一质量小组负责执行计算机安全的做法改变了质量界标准的日本模式。只要该质量小组在某个区域中有像计算机安全那样大的自由支配空间，它就符合质量协会的一般目的。

安全质量小组的操作相当标准。高级管理层将召集支持计算机安全运行所需的那些员工开会。管理层将说明需要什么，然后要求志愿者组成一个质量小组负责开发计算机安全保障的方法和程序。这个会议将会解释质量小组的原则。管理层将任命质量小组协调员（facilitator），这个人将在质量协会组织接受培训，以便帮助该小组开展工作。这位协调员不是质量小组的成员，但他是质量小组的某种资源。

一旦经过管理层核准，提案就会回到质量小组，交给某一个或几个成员执行。执行不是某个质量小组的责任。更进一步地说，执行提案所需的这种资源大于并超过质量小组本身的资源。总体目标是在安全措施方面增强关注并予以支持。

4.8.3 亲自反馈安全任务的效果

计算机安全的困难之一不是要决定已经被完成的任何有形事物。例如，如果某个员工操作安全软件包，可能因为收集和访问信息需要时间，他延迟了安全清理工作，为此而受到批评，但是，对这个人正在编制本组织的计算机安全程序所作的贡献，却没有得到正面的肯定和利益上的任何反馈。

反馈是某个人如何做好工作的一种不断的强化。反馈导致热情。许多人对体育事件抱有极大兴趣就是该事件所提供的立即反馈。例如，如果某个人正在练习打高尔夫球。在几次击球之后，这个人知道应该如何击球。这种立即的反馈效应，确实提供鼓励人们做得更好的刺激，并视为人们做好某件事时的一种回报。

反馈必须从工作流程本身产生，而不是来自某个第三方。有个监管人员或者经理说你的工作做得很好是一件很愉快的事，但它提供的内在激励不如你知道自己正在做一项好工作。知道正在做好一项工作的意识只能来自个人的工作反馈。如果某人告诉你，你的工作做得很好，但是你知道自己并没有做好，这种赞美几乎没有一点意义。

可以提供给个人的有关其计算机安全活动反馈类型的例子包括：

- 试验的安全穿透的数目（例如，来自有关无效密码试验的安全软件的反馈）；
- 自上次已记录的安全损失的天数；
- 正确执行安全任务必须开展的工作步骤的自我评估核查清单；
- 正确发挥作用的安全方法的指标；
- 为了成功地完成安全任务所必须执行的工作步骤与衡量指标。

4.8.4 计算机安全活动的奖励制度

人们因为做了管理层想要做到的事情而得到奖励，做了管理层不想做的事情而得到惩罚。如果实现计算机安全是管理层的一个主要目标，那么，有效执行安全保障惯例的个人应当得到奖励，而那些未能很好地执行安全保障惯例的人就不应当得到奖励。

如果某个人（甲）花费了额外的时间和努力来保护计算机安全，而另一个人（乙）没有花费时间和精力，那么，应当对甲的额外工作给予奖励。如果对这两个人在奖赏方面没有明显的差别，这种信息就变得很清楚。更糟糕的是，如果甲因为在其他区域的安全保障方面花费时间而受到处罚，管理层的信息就是不要在计算机安全上花费时间或精力。某些组织强调他们想要一个好的计算机安全计划，而经理们却不对那些执行其所要求工作的员工进行奖励。

行为变化必须总是与奖励制度联系在一起，而且改变行为的最有效方法之一是奖励“好的”行为。而目前试图改变行为的最普遍方法是处罚。这种方法仍然被一些人频繁地用在员工身上，即使是驯兽员在很久以前就知道，他们可以更快地训练一只动物，办法是通过奖励动物好的行为，而不是惩罚它的坏行为。

奖励制度不一定非要用货币报酬制度。除可以给予货币之外，还有许多奖励办法，并且在许多情况下将更为有效。这意味着安全任务的业绩应当是决定货币报酬增加的一个重要因素；但货币不应当是唯一的奖励办法。

对有效执行计算机安全任务的个人可以得到奖励的例子包括：

- 管理层的表扬和认可，特别是在同事面前表扬；
- 被允许参加研讨会和其他改进计算机安全技能的项目；
- 任命为某一计算机安全领域的领导职务，例如安全质量小组的协调员；
- 当月的安全员，或一些其他形式的正式认可（在一些组织中，具有杰出业绩表现的某个员工可以带着全家在外面享受一次由公司付款的晚宴，主管人员还经常会出席这种晚宴）；
- 在决定晋升方面，如果两个人的资格相当，要晋升某一职务，其中一个人已经更好地履行了他的计算机安全任务，这个人将优先被考虑晋升或调任。

第5章

技能分类之三——风险管理

本部分旨在对理解和管理风险进行介绍，解释风险和控制的概念，并引入一种量化风险的方法。本部分内容主要针对三个层次的风险，即环境风险、应用系统风险和交易处理风险。

任何时候都存在风险，我们必须学会管理它。风险管理是指预测风险，并在问题出现之前采取保护性措施的过程。与风险管理相对的是危机管理，它是在问题出现之后试图找到解决问题的办法。风险管理是主动行为，而危机管理则是被动行为。

必须记住：风险管理必须在问题出现之前确定制止的行动，而危机管理则在问题出现之后决定修正的行动。你是风险管理者还是危机管理者呢？

5.1 风险管理领域

本部分包含了以下三个部分的内容：

（1）风险的概念和词汇

这部分内容介绍一些关于风险的基础知识。这些基础知识包括风险的词汇，三个层次的风险，即环境风险、系统风险和交易处理风险。这些内容也包含了经营组织如何更好地管理风险的一个简短的自我评估。

（2）业务系统风险的影响

这部分描述了业务应用中的主要风险。专题领域旨在让大家了解绝大多数业务应用中面临的一般风险。当今经营环境中的绝大多数系统都是自动化的。本部分将论述在自动化的业务系统中需要考虑的风险。

(3) 如何管理风险

这部分内容介绍管理风险的流程。

5.1.1 风险的概念和词汇

本部分的目的是概述与风险和风险分析相关的词汇和概念。理解风险非常重要，因为它是构建控制措施的必要条件。

5.1.2 什么是风险

风险源于发生威胁的可能性，这些威胁可能表现为某一曝光事件及其相关的损失，或负面影响。风险的发生可能会造成无法成功实现你的目标。例如，如果你需要从纽约到加利福尼亚进行商务出差，有几种威胁可能会导致你错过在加利福尼亚的商务约会或迟到，这包括以下几种原因：

——去机场路上的交通比预想的要糟糕，导致你晚点到达机场；

——航班由于飞机机械故障被取消了；

——由于天气原因，飞机无法在加利福尼亚的原定机场着陆；

——飞机在空中突然发现机械故障（这可太糟糕了）。

在这种情况下，风险分布在可能导致你无法完成商务约会，可能导致重伤甚至死亡的范围内！威胁是指诱发风险发生的那些条件。你需要识别、理解并评估每种情况下的风险和威胁。

威胁和相关的风险无时不在。例如，当你安排商务约会的时候，因为涉及到相关的威胁，使得你无法如期赴约的风险就一直存在。威胁总是存在，比如交通拥挤、飞机机械故障和机场出现大雾等。我们必须理解风险和威胁，并且分别处理它们以获得成功。

风险是从负面的角度看形势。我们必须学会承认风险的存在。许多人认为从负面角度出发看形势也许不太合适。但是，如果不采用这种方法可能会极大降低成功的可能性。不管你是否选择考虑这些负面事件，它们一样还是会发生。

风险检查通常被称为风险分析，目的是在特定形势下增加成功的可能性。风险分析促使你考虑各种因素是否都在控制之中，这些因素将增强成功地完成指定任务或满足要求的可能性，因此，尽管风险分析是从负面角度考虑形势，但它却是一种积极的方法。

风险分析应当是计划编制过程中的一部分。因此，某一需求的实施应当包括处理风险的策略。例如，在我们上面提到的从东海岸到西海岸的约会行程中，如果我们认识到了拥挤的交通状况、飞机的机械故障和大雾的机场等风险，我们可以决定提早一天动身以保证如期赴约。如果假定约会一切都会进展顺利，那么，一旦出现风险，就会导致我们错过一次非常重要的任务。

风险分析的关键因素之一就是确定风险的严重程度。例如，如果从历史经验可以获知我们所处地区的交通情况、飞机机械故障发生的可能性和机场大雾的概率，那么，我们就可以作出针对是否愿意承受错过约会行程这种风险的商务判断。风险的严重程度是与风险发生概念的概率密切相关的。

从概念上说，风险分析至少包含两个因素：

第一，识别可能导致我们无法成功的威胁和风险；

第二，量化风险发生的可能性并评估其严重程度。

由于知道这些信息，我们就比较容易地作出应当采取行动的合理商务判断。

5.1.3 风险的词汇

对于风险一词的理解并不完全一致。“风险暴露”、“风险”和“威胁”等术语常常被互换使用。然而，它们的含义有一些细微但是重要的区别。与风险相关的词汇定义如下：

威胁

威胁是一种事件，它可以在给定条件下发生，并可能导致损失。威胁包括固有的环境危害和薄弱环节的触发。

风险

风险是指潜在的威胁成为事实并在组织中造成负面影响的可能性。例如，当飓风威胁逼近的时候，公司计算机中心遭受破坏的风险（可能性）就增大了。

风险有附属于它的发生概率或者频率。例如，如果飓风经过你所在的区域，你家的房屋受损的概率是95%。如果你居住在阿拉斯加，这个概率就毫无意义，但如果你居住在佛罗里达，那么潜在的损失就会高很多。计算机房着火的风险大概是每20年一次。在某种程度上，进行风险分析可以衡量风险的程度。

风险分析

风险分析是用来确认、评估、量化某种威胁发生的可能性，并估计其负面影响的一个流程。风险分析之后，组织最好能够制定保护性措施或者控制措施。

风险暴露

根据词典的定义，风险暴露是指“揭露危险或损失的状态”。在实际使用中，它是指由于威胁而导致的潜在损失。风险暴露可以采用货币数量衡量或无形价值的方式。风险分析过程和建立预先控制的最终目的是为了降低风险暴露的等级。

薄弱环节

薄弱环节是指业务系统流程（即程序）中的某个弱点，它会“招致”某个组织的损失。例如，电脑终端上键入的密码可能会被未经授权的人非法使用，而使整个组织蒙受损失。

尽管这些术语之间的差异非常细微，但是，理解这些差异对于理解风险的概念和词汇是必需的。让我们从个人角度出发，更好地理解这些术语之间的细微差异。

5.1.4 风险与控制

风险，即事情变坏的可能性，它是我们生活和经营活动各方面的组成部分。风险分析是着重于识别、衡量和使风险最小化的活动。仅仅担心但却不采取任何使风险最小化的行动是无法规避风险的。

没能适当地重视风险使很多组织在市场环境中无法实现竞争优势。决定不做某些事情的风险常常大于决定做这些事情的风险。例如，对于证券经纪公司来说一个潜在的重大变化是在线交易。与在线交易相关的风险很广泛，但是，却比决定不做在线交易的风险要小。那些决定延迟开展在线交易业务的证券经纪公司丧失了显著的竞争优势。

由于对责任的概念被误导了，许多个人不愿意承担责任和采取行动。这些人认为如果他们不承担责任或不作为，那么他们就不必负责任。因此，他们面对的唯一风险是因为不作为而遭到惩戒。避免承担责任或许会减少个人的风险，但它却极大地增加了组织的风险。例如，售货员很可能不愿意接受客户的退货，因为客户没有适当的收据，而且商店的规定是没有收据就不予退货。假定商店的售货员知道这个客户是在该商店购买的物品，如果他不愿意采取行动，他也可以以商店的规定推脱。然而，那个客户很可能因为这件小事就再也不来这个商店买东西了，因此，对这个商店的潜在损失可能是几年内损失几千美元。

当试图管理风险的时候，我们必须认识到，在绝大多数情况下实际上就存在两种风险，即权衡做某事的风险和不做任何事的风险。风险管理必须分析这两种风险，并且根据组织在做某事或不作为方面所面对的风险暴露来作出决定。

在个人层面上，我们在一生中都会面对风险。更换工作存在风险，搬迁到某个新城市也存在风险。风险分析是个人或组织用来衡量风险与潜在收益或损失的方法之一。

控制措施被称为是用于使风险最小化的方法。因此，控制是指减少风险或者增加实现目标可能性的任何行动或机制。

5.1.5 计算由于风险造成的损失

当我们描述风险的时候，用货币价值来衡量该风险是很重要的。例如，使用网络来销售产品的组织，可能会涉及由于网页不易浏览而引起潜在客户离开该网站的风险。人们认识到了这个风险，却往往难以理解这个风险的严重程度或者最大曝光程度。在后面，我们将会计算潜在的损失。

计算风险造成的曝光程度的难度在于，很多人不相信这种计算是有意义的。这通常是由于他们缺少计算风险暴露的经验。然而，在很多行业中情况往往不是这样。例如，保险行业就很擅长计算风险造成的暴露程度。保险行业广泛使用保险精算师来计算风险的价值。

计算风险暴露的公式众所周知（如图 2－5－1 所示）。由公式可知，需要概算潜在的损失，并将它与损失发生的几率相乘。例如，如果将 4 个 25 美分硬币投入报纸售卖机，那么售卖机不弹出报纸的风险有多少？如果经验显示，报纸售卖机每投入 100 次硬币会有 1 次不弹出报纸，那么，将 4 个 25 美分硬币投入报纸售卖机所面对的风险是：1 美元（即潜在损失）乘以 0.01（每 100 次有 1 次不弹出报纸）。我们再来看看其他例子。图 2－5－1是王五家发生火灾的例子。假设王五家房屋价值 100 000 美元，在消防栓和消防队离王五家有一定距离以及房屋结构类型的情况下，王五家附近发生火灾的几率是每 100 年 1 次。假定火灾会将王五家的房屋完全破坏。图 2－5－1 显示了计算方法。100 000 美元乘以 0.01 得出风险，或者每年损失预期为 1 000 美元。注意：这就是保险精算师用来计算家庭房屋火灾保险费所需要的信息。

损失 = 损失发生的几率 × 每次发生的损失

全年的保险单（1 000 美元）= 一次火灾/100 年或 0.1 × 家庭房屋的价值或 100 000 美元

图 2－5－1　风险造成损失的计算方法

许多组织使用年度损失预期（Annual Loss Expectation，ALE）作为量化每年风险的方法。这种方法被用来量化组织所面对的风险暴露，以保证它与大多数组织的预算和计划流程相一致。

举例说明如何计算客户离开网站所造成的相关损失。经验显示，如果某个人 3 次点击之内找不到他想找的内容，他就会离开该网站。这常常是归因于网站的导航程序设计不好。如果网上交易的经验显示，每次客户登陆网站都会大约花费 100 美元，而且每 4 位登陆网站的客户就会有 1 位因为浏览不便离开网站，那么，现在我们就可以计算一下这方面的风险。100 美元的销售额损失乘以 0.25 的概率，得出每位客户登陆网站的客户花费 100 美元的风险或者风险暴露。如果每大有 1 000 个客户离开网站，那么，该网站组织销售的潜在损失是 100 000 美元。一旦知道了损失的预期值或风险暴露，你就可以很快地决定愿意花多少钱来减少或者消除这一风险暴露。在我们网站的例子中，如果你平均每天花费 10 000 美元来改善网站，减少离开网站的客户数目，我们就可以计算出建立这些控制措施的投资回报。我们假定 10 000 美元的投入将可以挽回 1 000 个客户中的 500 人。如果他们每天花费 100 美元，那么，我们就可以减少损失预期达 50 000 美元。因此，我们的投资回报是 40 000 美元。

5.1.6　经营环境中的风险

如果业务系统的运营没有任何瑕疵，那么也就不需要任何控制措施。然而，现在还不可能建成完美的系统，因此，业务系统中还是需要控制措施。控制的目标是，通过降低或避免不期望的事件或者问题，以增加实现我们经营目标的可能性。这些不期望的事件或者问题就被称为风险。

控制措施可以从两个角度来理解。第一是管理层的看法，第二是审计师的看法。管理层和审计师都试图通过控制来降低或者避免不期望的事件或者问题。但是由于他们职责的性质不同，控制概念的方式也不同。

管理层认为一个系统的目的是满足用户的需求（目标）。其中的许多需求都要求建立控制措施以满足这一需求。例如，管理层会采用能够累积控制总体情况的控制措施，也许还会定期地确认实际执行的细节，以支持控制的总体情况。

审计师把应用系统视为易遭受风险的领域。这些风险包括丢失记录、程序错误和电脑录入数据错误等。这些事件可能导致系统不能按计划和设计的那样正常运行。因此，审计师试图识别这些风险，然后开展控制以减少不期望事件的影响，或避免这些不期望事件的发生。

审计师对控制的看法比管理层的看法更加全面。管理层只做必需做的事情以保证系统适当运行。然而，这种目标方式的控制常常会导致忽视某些类型的风险。管理层可能不会考虑欺诈、贪污、某些类型的错误输入，以及许多其他的潜在风险。尽管审计师可能也无法预测所有这些风险，但是审计师的专业经验支持以风险为导向的方式来设计控制，这种方式比管理层对控制措施的"正面"方式更加有可能识别所有的风险。

以风险为导向的方式设计控制就是某个人试图识别会出错的地方。其重点是针对应用系统运行期间可能发生负面的或者坏的事情。使用负面方式构建的系统往往会比那些使用正面方式设计的系统得到更好的控制。

这种以风险为导向的方式会导致用较高的费用来开发更多的控制。不期望的事件和问题的确会发生，额外的控制措施恰恰可以防止这些不期望的事件和问题，以免出现更严重和代价更高的问题。这些追加的控制措施的实际效果往往反映为系统的维护成本更低，用于识别、调查、改正问题的费用更低，因而使舞弊机会最小化。

管理层和审计师从两种不同的视角达到控制，管理层经常从哪种视角出发？审计师又喜欢哪种方式呢？

（正面的）目标方式——______________

（负面的）目标方式——______________

正确答案是管理层从正面的视角来看待控制，审计师则从风险的视角来看待控制措施。

5.1.7 风险与控制的三个层次

风险与控制的概念关系密切。没有风险，也就没有控制的必要。另一方面，控制的设计必须考虑风险的重要程度。控制有三个层次，因此，风险也有三个层次（如图 2－5－2 所示）。控制层级的最高点是环境控制。它是通过控制存在必要条件的环境，这些必要条件使得业务活动和交易处理控制措施生效。

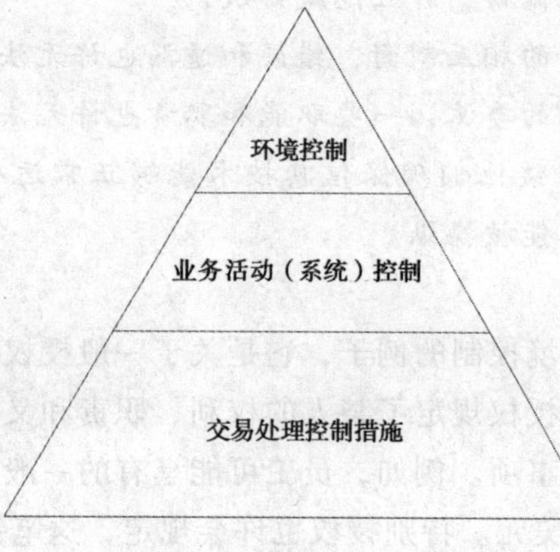

图 2－5－2　风险的三个层次

一个简单的控制和风险三个层次的例子可以帮助我们理解这种层级制度。环境控制是适当的职责分离。业务活动或系统控制是银行回单的对账。交易处理控制措施将是使用预先编号的支票。然而，所有这三个层次的控制是相互关联和相互依赖的。

没有适当的职责分离，就存在个别人有可能实施并隐瞒某种行为的风险。例如，如果某个人能够控制银行对账单及其核对，那么他们可以给自己填写一张支票，数额与另外一张已付清的支票一样。然而，核对可能会显示那张已付清的支票尚未付款；这将隐瞒他们写给自己的支票。同样，如果支票的填写必须按照预先编号的顺序，某个人就可以知道某一编号是无效的，实际上这就是那个人写给自己的支票。适当职责分离的环境控制，就会安排一个人填写支票，而另一个人去核对银行对账单。

在控制的层级制度中，理解风险和控制的关系尤为重要。原因是许多组织不会贯彻执行正式的风险分析流程，而是以正面的控制声明来呈现风险。在职责分离的环境控制的例子中，风险是某个人既可以施行某件事又可以隐瞒这件事。职责分离的控制目标可以使这一风险最小化，而不必声明它是一种风险。在这个例子中，某个人有可能实施不恰当的行为，并且能够隐瞒该事件，这在我们风险的词汇中被定义为一种威胁。定义与诸如“职责或职能分离”的控制目标相关的威胁，将有助于建立适当的职责分离。示例 2－5－1 列出了与不适当职责分离相关的四种威胁。

示例2-5-1：与不适当职责分离相关的威胁类型

与不适当职责分离相关的威胁类型：

(1) 某个人有可能偷窃，并且隐藏窃贼；

(2) 由于缺乏适当的相互制衡，错误和遗漏也许无法被发现；

(3) 由于没有适当的委派，一些职能和职责也许无法履行；

(4) 如果责任人推诿他们确保信息技术能够正常运行的责任，那么，耦合系统就有可能被操纵。

我们看另外一个环境控制的例子，它是关于一般授权的。组织既有一般授权也有特别授权。一般授权规定了某人的权利、职责和义务，而特别授权则允许某人去履行某一特定事项。例如，员工可能享有的一般授权是：在他们工作中可以最多花费1 000美元。特别授权也许会规定，这笔钱可以用于培训。

示例2-5-2列出了与一般授权不适当控制相关的威胁。再次声明，通过定义这些威胁，可以设计环境控制、业务活动控制和交易处理控制措施，以确保一般授权的控制措施是适当的。

示例2-5-2：与一般授权不适当控制相关的威胁类型

与一般授权不适当控制相关的威胁类型：

(1) 可能没有制定正式的规则和程序；

(2) 管理层可能没有拟定成文的规定，说明根据金额限制哪些事情可以委派；

(3) 可能没有设立每一类型资产的控制目标；

(4) 年度运营计划可能存在，也可能不存在，或不被执行。

5.1.8 风险的概念和COSO控制框架

COSO制定的内部控制框架列出了风险评估所需的结论和行动。一个企业的风险评估流程应当从企业总体层面和业务层面确认并考虑相关风险的本质。风险评估流程应当考虑可能影响实现目标的外部因素与内部因素，应当分析风险，并且提供管理风险的依据。

建立识别来源于外部风险的适当机制。例如，考虑管理层是否重视与下列因素相关的风险：

—— 供应来源；

—— 技术变更；

—— 债权人的需求；

—— 竞争对手的行动；

—— 经济环境；

—— 政治环境；

—— 法规；

—— 自然现象。

建立识别来源于内部风险的适当机制。例如，可以考虑管理层是否重视与下列因素相关的风险：

——人力资源，例如，保留主要的管理人员，或者变更可能影响有效运行能力的职责；

——融资，例如，是否有足够的资金开展新的业务活动或者继续进行关键项目；

——劳资关系，例如，工资和福利项目，以保持企业比本行业其他企业更有竞争力；

——信息系统，例如，万一发生可能严重影响运营的系统故障时，备份系统的充分性。

确定每一重要业务层面目标的重大风险。考虑相对于每一经营业务已识别的风险。

风险分析流程的充分性和相关性，包括预测风险的大小等级，评估它们发生的可能性，并确定必需的行动。例如，可以考虑：

——通过正式流程，还是通过非正式的日常管理活动来分析风险；

——已确认的风险是否与相应的业务目标相关；

——适当的管理层是否参与分析这些风险。

5.2 COSO 对业务系统的控制活动

COSO 框架对业务系统确认了两个控制目标（即在 COSO 框架中被称为控制活动）。这两个业务系统的控制目标是：

——获取外部的和内部的信息，向管理层提供必要的报告，说明与既定目标有关的企业业绩；

——向正确的人员提供充分、具体和及时的信息，使他们能够有效率和有效果地完成他们的职责。

对于业务系统来说，这些控制目标是很广泛的。COSO 框架建议，这些目标需要根据业务系统的特定目标进行扩展。换句话说，工资业务系统的控制目标将不同于应收账款业务系统的控制目标。

因为我们要检查风险对业务系统的影响，我们需要理解什么是：

（1）与业务系统相关的风险；

（2）对业务系统的威胁；

（3）与业务系统威胁相关的风险暴露；

（4）业务系统内部的薄弱环节。

这一部分将会集中讨论业务系统面临的威胁，以及由这些威胁引起的风险暴露。一般来说，风险和薄弱环节对特定的业务系统通常是独特的。会计学著作对不同业务系统列出了许多控制目标。COSO 框架的报告包括针对某个特定业务系统控制目标的几个示例。某一系统内部的薄弱环节是由系统设计师创建的，并且对每个业务系统都非常独特。一般地说，系统设计师和审计师的任务之一就是帮助识别薄弱环节。

5.3 系统设计师如何面对业务应用系统的风险

设计控制有两种方法。第一种是设计控制措施，以完成某一具体的控制目标，比如确保数据准确。这是控制设计的正面方法。第二种方法是确定什么因素会阻碍目标的实现，然后设计控制措施来降低这些风险。这是一种以风险为导向的方法，通常也是更为有效的方法。

许多系统分析师使用正面的方法设计控制措施。例如，当他们希望确保数据准确时，他们会设计有助于实现这个目标的控制措施。他们将建立控制措施来校验关键数据，开发成批的控制措施，并对选定区域增加校验数位。这种方法的问题在于，系统分析师没有预料哪里可能会出错。

使用负面的或以风险为导向的方法设计控制措施，将控制的努力集中在薄弱环节。例如，针对数据准确这一控制目标设计控制措施时，第一步先要确定为什么数据会不准确，换句话说，确定阻碍数据准确的风险。数据不准确的原因之一是它被误传的风险。例如，如果一种产品每 100 件归为一箱，一个客户也许表示想要 100 件，其意思是一箱。如果订货数量被列为 100 箱，而不是一箱中的 100 件，那么这个数量就被误传了。当我们认识到这个风险后，就可以建立控制措施来减少这一风险。例如，任何超过 99 件产品的订单可以给客户服务部门发一条信息，以确认该订单是以纸箱为单位而不是以单件为单位。

5.4 风险的原因和结果

风险是某一事件发生并将带来损失的可能性。如果可以确认风险的原因，那么就可以减少风险。正因如此，我们不仅需要识别风险，而且也必须确认能使风险变成损失的原因。

我们一直面对的风险之一就是心脏病。这个风险有很多原因，吸烟就是其中一个原因。因此，吸烟的人增加了患心脏病的风险。减少这一风险的一种低层次控制就是吸低焦油香烟。当然，更重要的控制就是停止吸烟。

如果我们希望将风险降低到一个可以接受的水平，就需要识别引起风险的所有原因，因为增加风险的很多原因是加成的。例如，在心脏病风险中，下面原因的总和比其中任何一项单个原因要大：

- 吸烟
- 超重
- 高血压

管理专业人士感兴趣的问题是，“在计算机化的经营环境中，新增加的风险将会导致什么样的结果？”IT 风险的结果是可能造成新的或增加损失的业务问题。

为了便于设计控制措施，我们把本部分所描述的问题进行了分类。在计算机化的经营环境中所特有的或增加的问题包括：

- 技术的不适当使用——没有正确使用技术而导致的损失。
- 错误的连锁效应——一个错误引起另外一个错误，继而引起其他错误的倍乘效应相关的损失。
- 不合常理的处理——如果是由某些人而不是计算机来处理数据，那么大多数人会发现与不正常处理有关联损失的错误，例如一张 100 万美元的工资支票。
- 无法将需要转化成技术需求——技术人员无法与有需求但是对计算机一无所知的使用者沟通计算机容量所导致的损失。
- 无法控制技术——技术的使用超出了使用这一技术控制数据处理人员的

能力所导致的损失。

- 错误的重复——按照相同的错误逻辑执行某种类型每次交易的程序所导致的损失。
- 数据的不正确录入——将数据转换为机器可读的媒介过程中所导致的损失。
- 数据的不正确使用和解释——由于错误理解数据的准确性、完整性、一致性和及时性，计算机数据的使用者作出错误的经营决策所导致的损失。
- 数据的集中——将大量数据存放在集中式数据库中所导致的损失。

在计算机化的经营环境中被扩大的损失有：

- 无法快速反应——提取数据或变更处理以反映新的需求方面的困难所导致的损失。
- 无法证实处理——与获取证据支持计算机处理的成本或复杂性相关的损失。
- 职责的集中——职责过度集中在单个系统或者少数几个人手中所导致的损失。

下面我们将对每个问题单独讨论，看看引起这些问题最常见的原因。

5.4.1 技术的不适当使用

管理层所要面对的挑战之一就是适当使用技术。随着计算机技术的发展日趋复杂，这一任务也更加复杂。一个人很难掌握计算机硬件和软件的所有方面。因此，常常需要各个领域的“专家”组成团队一起努力来适当地利用技术。

不适当使用技术的原因包括：

- 项目人员的流动频繁；
- 计算机系统的过度设计或者设计不足；
- 系统和使用者采用的新技术不过关；
- 项目团队成员缺乏技巧；
- 使用未经测试验证的硬件；
- 使用未经测试验证的软件；
- 对使用者方面不切实际的期望。

技术的不适当使用会由于上述多个原因而发生，这是因为系统分析师和编程人员没有意识到他们遇到了麻烦。如果在设计过程的早期没能认识到这些问题，那么它们的影响就被扩大了。当问题被发现后，项目人员常常也会尝试去修正或者弥补这些问题，而没有意识到问题的严重性及其对使用者的影响。

示例2-5-3中列出了技术不适当使用的最常见结果。这些原因显示了这个问题发生的范围。技术的不适当使用，有可能会将最好在计算机上完成的工作交给某些人去做，反过来也是这样。它也造成对计算机硬件和软件的浪费使用。这些问题导致用户得不到满足他们需求的服务。

示例2-5-3：技术的不适当使用

风险暴露
人员使用不当
技术使用不当
技术的浪费使用
不适当的服务水平
数据被破坏
预算超支
无法按时完成
技术过时

5.4.2 错误的连锁效应

在计算机业务应用中的一个独特问题就是错误的连锁效应，即一个错误的发生激发起一系列问题的发生。自从引入计算机以来，这个问题就一直困扰着IT人员。这也是一个很难预防，甚至有时很难发现的问题。

错误连锁效应的原因通常很难确定。例如，一个系统中的某个错误会导致在本该空白的位置中添加一个字符或者记录。这可能不会在错误发生的这个系统中产生任何问题，但却可能在另一个使用这个数据的系统中引发问题。例如，假设一个系统假定的某个域的长度是6个字符，而另一个系统将它处理为7个字符；如果通常为空白的第7个字符突然被改成了非空白字符，那么就会在第二个系统中引发问题。

下面类型的条件可能会引发错误的连锁效应：

- 在一般不使用的数据位置添加信息；
- 没有经过适当测试就实施某个项目；
- 数字域的溢出（例如，在只有3位的域中输入1 000）；
- 某一计划外的情况触发了更多的意外情况；

- 硬件或者软件错误；
- 改变数据录入的顺序。

示例2－5－4列出了错误连锁效应的结果，显示了这个问题的范围。它们通常会导致错误或者不可靠的数据。

示例2－5－4：连锁效应的错误

风险暴露
数据错误
不可靠的数据

5.4.3 不合常规的处理

许多关于计算机的能上头条新闻的故事都涉及不合常规的处理。人们喜欢阅读归咎于机器犯下的错误。被发现的这类错误一般都是很严重的错误。它们之所以会发生，是因为计算机化的业务应用严格地按照指令运行。无论计算机接收到什么样的指令，它都会去执行。其结果是否合乎常规对计算机并不重要。

在手工的或者半自动化的系统中，人们会检查交易情况。当有些事情显得不合常规时，通常会被发现。例如，当一笔巨额支付款被转到某个只有很少余额的账户时，处理这笔交易的职员自然就会怀疑有问题，并且核对这笔付款是否属于那个账户。在计算机化运用中，这种人工监督就不复存在了。计算机会处理这笔付款，导致这个账户中有很大的贷方余额。

不合常规的处理一般是由于故障产生的。有几类故障能够引起不合常规的处理，它们是：

- 打印机硬件故障（例如，数字域中高数位上多打印了一个字符）；
- 供应商的硬件或者软件故障；
- 编程错误；
- 输入错误；
- 主要信息错误，比如主要文件中某一产品的价格错误。

示例2－5－5列出了引起不合常规处理问题的原因。所有的原因都和应用处理相关。因此，它们会影响数据的完整性、准确性和一致性。

不合常规的处理可能导致数据错误、错误归类、错误表述、数据不可靠或者遗漏。所有这些结果都会导致信息不正确。大多数未被发现的不合常规处理的问题只涉及到少数的交易。当不合常规的处理重复发生时，比如每张工资支票都被打印成100万美元，这些错误常常很快就会被发现。

示例2-5-5：不合常规的处理

风险暴露
遗漏误差
错误归类
错误表述
数据错误
错误认可
不可靠的数据

5.4.4 无法将需要转化成技术需求

IT持续遇到的问题之一，是如何正确地将使用者的需要转化成技术需求，以便将这些需要编进计算机程序。这个过程有两个主要障碍：第一个障碍是非IT人员无法理解计算机的复杂性。第二个障碍是，所有可能出错的情况必须被编程进入某一计算机系统的这个事实。不幸的是，人们通常在问题发生后才去处理，而不是在问题发生之前预测并提供错误处理程序。

有很多方法可以帮助使用者理解计算机概念。有些组织会在部门计算机应用之前，把使用人员送去IT学校学习。在另外一些组织，IT人员上门到使用者的部门帮助他们明确各种要求。还有一些组织要求使用者参与到准备测试数据和系统验收测试中去，作为一种确保他们理解系统能力的方法。

不理解计算机能力的用户：

- 也许不理解如何适当地使用计算机输出结果；
- 不知道在计算机上可以完成什么或不能完成什么，因此将无法明确一些可以实现的需求，或者提出某些不经济执行的要求；
- 无法区分计算机应用中的输入问题（即手动问题）和处理问题；
- 无法明确那些已经被整合进现存的系统应用中的变化。

使用者面临的最困难问题之一，就是预测并详细说明错误的情况。在手工系统中，错误发生时，使用部门的人员会分析情况，与主管交流意见，确立并实施一连串行动。在错误的情况发生时，就已经知道实际的情况了。在计算机应用中，这种相同的情景必须在错误发生之前就予以规定。然而，使用部门与其仅仅知道事实，不如猜测将会发生什么情况，并基于这种预测详细规定一连串的行动。

如果使用者无法详细说明错误的情况，而错误发生了，那么就会导致不合常规的处理。为了避免这种情况，很多 IT 人员就会将他们自己的想法当作可能发生的事情，并且根据预测的情况制定一连串的行动。由于 IT 部门对于未来错误的决定，可能与情况发生时使用部门应当采取的行动不一致，因此，通常最好是由使用者来作这个决定。

示例 2 -5 -6 列出了与无法将需要转化成技术需求相关的控制目标和薄弱环节。薄弱环节显示了这种风险的重要程度。注意：控制目标是与应用控制措施相关的那些目标。

无法将使用者的需要转化成技术需求，会影响数据的准确性、完整性、一致性和认可度。当系统分析师和使用者没有适当的沟通时，它可能会影响数据的分类和表述，以及可能会导致错误的会计年度。这些对需求的误解可能导致接受了无效数据，无意中违反了管理层的规定，以及采用非法或者不道德的方式处理交易。任何一种这样的情况都会导致数据处理违背一般公认的会计原则，因此，在财务报告中无法予以公允地表述。最终结果就是不可靠的和无法比较的数据。

示例 2 -5 -6：无法将需要转化成技术需求

风险暴露
中止
错误分类
错误表述
无法比较的数据
数据处理违背一般公认的会计原则
数据不公允地表述
无效的数据
违反管理层的规定
非法交易事项
过时的数据
处理错误的问题

5.4.5　无法控制技术

控制技术的方法总是落后于那种技术的使用。这是大多数行业中的普遍现象。例如，医学行业中，在发现治愈方法前，病人必须被隔离。在法学界，一定是社会上发生这些情形之后，才有管制这些情形的法律颁布。

控制滞后于技术的现象是可以理解的，因为必须首先发现与技术问题相关的原因。例如，数据库技术引起了对数据集中的关注，这需要特别的恢复控制措施。然而，在数据集中的影响被人们了解之前，很难建立必要的控制措施。

IT的高科技性质引起了一些独特的问题。例如，系统的开发流程充满了对开发某一成功系统的各种威胁。在IT的早期，人们并不完全欣赏系统开发的复杂性。在没有认识到这些问题之前，IT人员常常作出不现实的估计和承诺。这使得很多组织的管理层完全忽视IT的计算，而要求会计师编制新计算机应用成本核算程序。

由于通信网络中的数据要经过各种各样的处理阶段，在线应用会对数据造成一些新的威胁。如果系统出现故障，常常很难重建那些交易事项已经登记但还没有被处理，那些被部分处理，那些还没有被登记。每当引入新技术的时候，就会有新的数据问题发生。最近引起控制问题的一些设备包括现金分发终端机、超市结账使用的光学扫描器和销售点终端机。

与控制技术紧密相连的是重建处理的能力。如果有足够的可以挽救的证据来证实处理情况，那么，大多数控制问题都可以被解决。庞大的在线数据库文件造成难以重建的问题。其中几个问题是数据库中损坏的指针、数据记录中信息的修复和排序、队列中数据的重建。

示例2－5－7列举了无法控制技术的许多结果。注意：技术对控制的所有方面都有影响。

系统的开发过程会影响机械的性能。比较差的开发过程会导致系统无法按时完成或超预算开发。比较差的系统开发也许还意味着已完成系统运行的效率低下。证实和重建交易的能力影响数据的可用性和真实性。无法正确处理数据会影响数据的准确性和完整性。

示例2－5－7：无法控制技术

风险暴露
超预算
无法按时完成
遗漏误差
中止
暂时消失
没留审计线索
数据被破坏
处理设施不适当
不可靠的数据
技术的不经济使用
技术的不适当使用
数据消失

5.4.6 错误的重复

计算机是用来始终如一地处理数据的。然而，这种处理有可能始终如一的正确或者始终如一的错误。如果处理的规则错误，那么处理的结果也会错误。

处理交易的人们会犯错误。行业内部常常被警示要注意监察周一上午或者周五下午发生的事件，因为这是容易发生错误的两个时段。然而，如果职员在计算机上犯了一个错误，也许只在一次个别的交易中发生，这会引起控制的问题，但还不是那种重复类型的错误。

在计算机化的应用中引起被重复的错误问题类型包括：

- 在计算机应用中的编程错误；
- 硬件错误，比如打印位置运行不正确；
- 输入或者输出使用了错误的格式；
- 计算机系统改变却没有与使用者进行沟通；
- 使用者范畴的改变，这些改变影响了计算机系统，但却没有与计算机使用人员进行沟通。

示例2-5-8列出了错误重复的结果。这个问题特别严重。错误的重复是一个数据导向的错误。重复错误的结果会影响数据的准确性和完整性。还会导致数据出错、遗漏误差或者使用错误，以及计算机系统接受的无效数据。

示例2-5-8：错误的重复

风险暴露
遗漏误差
数据错误
使用错误
无效数据

5.4.7　数据的不正确录入

数据必须被转化成机器可读的格式，才能被计算机处理。例如，在纸质上记录的数据需要键入到计算机存储媒介中。

将数据录入到计算机的过程增加了新的错误可能性。人们也许正确记录了数据，但在输入计算机系统的时候却被错误地修改了。例如，操作员也许颠倒了数字的顺序。数据没有被正确地录入有很多原因。

发生在计算机应用中数据录入的错误可能有以下几种原因：

- 源数据难以辨认；
- 源数据不符合系统规范；
- 数据被输入到错误的数据域中，例如，被记录的数字10意味着实际数量是100，或者订货的数量被输入到价格域中去了；
- 带有按键错误的数据输入；
- 言词转化成错误的计算机代码，比如将状态名转化成错误的状态代码；
- 数据没有输入，并且选用了错误的默认选项。例如，如果职员没有录入订货的数量，而计算机系统可能自动地将订货数量错误地置为1。

示例2-5-9列出了数据不正确录入的结果。注意：其原因都发生在被录入数据的应用处理期间。

数据的不正确录入可能导致各种各样的错误情形。其中有数据错误、遗漏误差和使用的错误。数据也会被错误归类或者错误表示。任何这些错误情形都会影响适当会计期间的数据记录。此外，数据录入错误也能造成未经授权的交易被录入并被应用系统处理。

示例2－5－9：数据的不正确录入

风险暴露
遗漏误差
错误归类
中止
数据错误
使用错误
错误表述
无效数据

5.4.8 数据的不正确使用和解释

由于对数据的错误解读，对应用系统的处理没有得到正确评价，那些使用数据的人们可能会作出错误的决定。当不同的使用者开始使用相同的数据源的时候，这个问题在数据库环境中愈发增大了。

数据的不正确使用和解释的一些原因如下：

- 没有收到完整的报告；
- 数据不完整；
- 使用者不知道数据采集的时间段；
- 使用者不了解特殊报告准备的处理；
- 数据错误。

二级的或临时数据使用者可能会作出无效的假设，并依赖这些假设。许多这种不正确的使用可以通过简单控制来避免，例如，安插数据的叙述性描述。

示例2－5－10列出了数据不正确使用和解释的问题。基于无效数据作出的错误决定会导致收入的直接损失、拒绝客户信贷，或由于无效运行而引起的间接损失。

示例2-5-10：数据的不正确使用和解释

风险暴露

不及时递交
数据被修改
数据被篡改
无效数据
技术错误使用
数据错误
不可靠的数据
遗漏误差
错误分类
错误表述
使用错误
不可比较的数据
数据处理不符合一般公认会计原则
数据未能公允表达
中止

5.4.9 数据的集中

计算机存储媒介的使用，例如磁带、磁盘和数据库系统，都集中了数据。数据库技术不仅集中了数据，而且也使得数据的获取更加容易。这为更好地满足使用者的需求提供了机会。然而，数据库系统同时也引入了新增加的风险。

数据的集中使得多个使用者有可能共享作为组织资源的数据。对相同数据的多次使用消除了数据冗余，也有利于确保数据的一致性。

数据的集中将先前分散的数据元素集中在一起。例如，在非数据库的环境中，工资支付的数据可能存放在一个系统中，有关员工的人事数据存放在一个系统中，与员工相关的岗位工作数据存放在另外一个系统中，等等。在大集中的数据库中，与某个员工相关的所有数据可以集中存储和获取。这就引起了新的威胁，这些威胁在数据分开存放在不同系统时并不存在。

数据库信息由单独的软件系统进行管理，即数据库管理系统（DBMS）。

这些 DBMS 的使用使得数据可以独立于使用这些数据的应用而保存维护。使用 DBMS 可以访问数据库中的任何数据。如果没有适当的控制措施，数据很容易被修改和篡改。

采用独立维护的数据库通常需要组织架构的改变，因为必须建立一个新的功能来管理数据。在大多数组织中，这被称为数据库管理功能。这项功能也许存在于 IT 部门，或者指定一个高级的数据管理员来监督组织内部的数据使用。

示例 2－5－11 列出了数据集中的结果。这些结果表明这个问题有多大。减小数据集中风险的最主要控制是，限制访问数据，对经授权的人指定访问那些数据的授权目的。如果没有这些控制措施，数据可能被修改或篡改而无法发现。这就导致了数据真实性的损失。然而，同样重要的是数据的潜在泄露与个人隐私损失。在这些情形下，数据被获取但仍然存储在数据库中。对于数据保密的很多组织，或者数据丢失会导致损失的那些组织来说，这是一个严重的威胁。例如，在缺乏熟练工程师的时期，航天航空工业泄露工资表的信息会导致许多重要的工程人员被其他机构挖走。如果工资表信息的泄露没有被发现，公司或许永远都不会知道外面的集团怎么能够出“合适的价码”挖走他们的员工。

示例 2－5－11：数据的集中

风险暴露
缺乏检测
数据被泄露
保密损失
轻易访问
数据被修改
数据被篡改

5.4.10 无法快速反应

计算机化的业务应用由成千上万条单独的指令构成。这些指令处理可能含有上百万条数据的庞大文件。这使得必须设计结构复杂的系统来完成某些特定的任务。使用这些系统服务于其他的而不是预期的目的可能是比较困难的。

当新的需要出现时，人们必须对那些新的需求作出反应。他们经常需要从计算机应用中得到即时的信息。系统设计师的远见决定了那些需要是否能够被快速得到满足。

需要快速反应的事件类型包括：

- 需要某些具体信息的电话或访问，比如询问账户余额的电话。
- 需要立即修复的程序中断。
- 必需的系统变更，例如一项新的税收要求、一个联邦管理机构的改变，或者新的产品或价格需求被添加到主文件里。
- 支持可疑处理的证据。
- 管理层或审计师需要的信息。

数据库系统的优势之一是它们能更快速地对使用者需求的能力作出反应。一般来说，这是正确的；然而，这仍然取决于分析师设计在系统中的灵活性。一些比较新的提取语言，比如查询和报告书写语言，使得数据提取更加便利。这个特点对于在线系统尤为突出。

示例2－5－12列出了无法快速反应的风险结果。无法反应可能因为对于使用者的需求而言，系统数据已经过时。在这些情况下，系统可能没有必需的信息以满足使用者的需要。当系统设计没有解决适当的使用者需要，或者还没有开发足够的审计线索时，系统也无法作出快速反应。在其他情况下，所需的数据就在系统中，但系统却无法快速提供这些需要的数据。这种情况的发生可能由于无法立即找出数据的位置来及时作出反应，比如通宵的处理。这样的系统不能与使用者的需要协调一致。

示例2－5－12：无法快速反应

风险暴露
过时
解决错误问题
不及时递交
暂时损失
审计线索不足
营业亏损

5.4.11 无法证实处理

系统设计师面临的挑战之一是维护足够的证据以证实某项处理已经发生。

这可能涉及单笔交易处理的核实，比如某个员工的工资记录，或者处理的总数，比如支持某个发薪期间的工资支付总额。需要的证据类型根据应用不同而各不相同。

从单笔交易到账户余额，以及从账户余额到支持单笔交易的处理都必须被证实。例如，如果需要证实某个发薪期间的薪金总额，那么，系统必须能够提供所有助于生成薪金总额的单笔发薪记录。另外一种类型的证实是证明某一单笔交易被包括在账户余额中。处理证实更普遍的需要涉及个别交易事项。

为了证实某一个别交易事项，需要三种类型的支持：第一，输入数据必须被适当地转录到计算机记录中；第二，处理这笔交易所使用的其他信息（例如，主数据）必须被适当地选择；第三，数据的处理必须被适当地执行。

证实可能包括以下的信息类型：

- 源文件；
- 主信息；
- 被更新信息前后的记录；
- 说明处理规则的管理方针和程序；
- 数据被适当地传送到其他系统的证据；
- 所有适当账户中的数据被正确累计的证据。

在证实计算机处理方面发生的一些问题和困难包括以下几条：

- 中间记录的丢失；
- 处理的分离使两部分的协作困难（例如，一部分由应用维护，另外一部分由 DBMS 维护）；
- 在时间被延长期间某一交易分段处理，审计线索被分散在许多天数中（例如，今天是处理订单的部分，下周是另一个部分，6 个星期后处理支付款，10 个星期后产品报告，等等）；
- 通过不同于原始证明的方式进行参照（例如，在按员工编号整理归类的文件中查找一个指定的社会安全号码）。

示例 2－5－13 显示了无法证实处理的结果。其威胁是数据真实性的损失，以及无法从某个问题中恢复。如果数据被修改或篡改，无论是有意的还是无意的，数据的真实性都会受到损害。如果审计线索不足或丢失，那么从证实的观点来看，真实性已经受损。数据、处理设施，或者关键人员的丢失会使证实变得不可能。控制措施必须保证这些薄弱环节不会转化成损失。

示例 2 -5 -13：无法证实处理

风险暴露

数据被修改
数据被篡改
审计线索不足
数据被破坏
处理设施无法运行
关键人员流失

5.4.12　职责的集中

在手工系统中，控制最重要的原则之一就是职责分离的概念。这个概念说明任何个人都不能完全控制交易。例如，去银行存款的人不该有授权提取资金的权力，反之亦然。通过分离职责，任何个人可以审核另一个人的诚实性。

在计算机应用中，这个概念仍然适用，但实现方式不同。换句话说，整个交易的控制能力可能都留存在一个单独的计算机系统中。

这种在计算机中没有适当控制的职责的集中，引起了数据被篡改和修改的风险。它也会引起未经认可的数据被输入到计算机应用系统的可能。

职责分离的概念看起来已经在批处理的系统中得到了适当的满足。这是因为批处理系统常常有足够的内置的数据冗余，不同部门会控制一笔交易的不同数据。例如，开发票部门能够通过批处理的应收账款系统来控制应收账款的借方，而财务主管则可以通过独立的现金收入系统来控制应收账款的现金或者贷方。

当组织转向在线数据库技术时，职责的集中风险以新的形式表现出来。在在线数据库应用中，数据维护是独立于计算机应用的。此外，数据库可能由被称为数据库管理员的单个人来控制。这就需要对职责分离使用新的控制方法。

示例 2 -5 -14 列出了职责集中的结果。这些薄弱环节影响了数据的真实性与审定。没有合适的控制措施，数据有可能被修改或篡改，或者管理层建立的核准规定可能被规避。

示例2-5-14：职责的集中

风险暴露
数据被修改
数据被篡改
无效的数据
违背管理层的规定
非法的交易
缺乏检测
数据被泄露
保密损失
轻易访问

当我们讨论对业务系统威胁的时候，这种讨论也包括与每个威胁相关的风险暴露。下面的部分将会对这些风险暴露进行分类，就像对威胁的分类一样，这是有帮助的。原因有二：第一，教育意义；第二，系统设计师和审计师能够用它来评估系统内部控制的适当性。

5.5 与业务系统有关的集中风险暴露

风险暴露程度或者损失的分类方法有很多。三种常用的分类是按照类型、功能领域和交易处理。按照类型的损失分类在确定是否考虑到所有风险方面非常有用。功能领域分类对建立风险分析流程的分界线很有用。交易处理分类从风险发生环节的角度看待风险。下面我们会分别讨论这三种分类。

5.5.1 按类型的风险暴露分类

风险暴露被分为下面几种类型：

- 错误的记录保存 —— 与既定会计政策不符的财务交易的记录。这些错误可能会涉及到诸如认定的时间、金额或者分类这些事项。
- 无法接受的会计 —— 会计政策的建立或执行不是按照一般公认的会计原则，或与环境不相适宜。这也会导致更进一步的曝光，比如法律制裁。

- 业务中断 —— 可能包括从运营暂时中止到企业的永久终止。在极端的情况下，这也会影响有关“持续经营”（going concern）的会计假设。
- 错误的管理决定 —— 这是应当反对的，它们也可能导致其他的曝光。这类决定的产生可能由于误导性信息、缺乏信息或者判断错误。
- 舞弊和盗用 ——在各个层次都可能存在——针对管理层或者由管理层从事的犯罪行为。直接滥用资金仅仅是舞弊的一种做法。故意告诉管理层或者投资人错误的信息也是欺诈性行为，哪怕只是为了保住自己的工作。
- 法律制裁 —— 是指由对组织运营有管辖权限的司法部门或监管部门作出的任何处罚决定。
- 成本过大 —— 包括原本很容易可以避免的经营费用。相关的风险暴露也是损失组织有权合理享有的收入。
- 资产的损失或破坏 —— 指实物资产、货币、货币债权或信息资产的无意损失。
- 竞争劣势 —— 指组织无法有效地与市场需求保持同步发展，或者无法有效地应对竞争挑战。
- 保密/机密损失 —— 有意或者意外的信息泄露，它对个人或者组织分别都可能有不利的影响。
- 无法满足使用者的需求—— 被执行的程序、方法或系统无法完成针对需求想达到的或指定的目标。
- 公众形象损失 —— 公众、政府或者客户对组织提供服务或产品能力失去信心。

上述的风险损失分类或类型，对于根据类型进行风险分类很有帮助。我们将在后面的风险识别流程中使用这些分类。这种分类使得执行风险分析的人，能够集中精力分析那些基于主流形势认为最需要关注的风险领域。

5.5.2　按功能领域分类

第二种风险分类的方法是根据风险的功能领域进行分类。风险的功能领域有如下三种（如图 2 –5 –3 所示）：

- 财务功能 —— 影响财务事项的准确性、完整性、授权和适当会计处理的那些风险。
- 运营功能 —— 完成工作的方法与程序的效果性、经济性和效率性。

• 功能需要 —— 使用者针对某个任务提出的指标与需求的满意程度。

按功能领域分类对于规定领域或限制风险分析流程的范围是很有用的。例如，审计师可能只对财务风险感兴趣，而数据处理人员则希望更多地关注运行风险。另一方面，管理层和使用者可能更加关心功能需求和保密风险。这些考虑是风险分析决策流程的一部分。

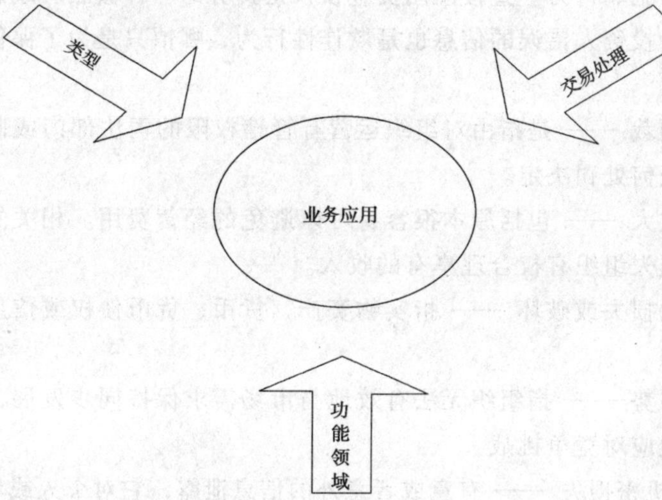

图 2－5－3　风险暴露分类

5.5.3　按交易处理风险分类

风险分析中常犯的一个错误就是同等地评价所有风险。风险分析流程可以从通过识别与交易处理相关的风险开始，这种风险的分类提供了一种风险的高级确认方法，它可以用来帮助评估威胁的重要性。

交易处理风险的三种常见分类是：

• 评估风险 —— 未经授权的或不适当处理将发生的威胁。外部风险经常被称为安全风险或易接近风险。未经授权的行动是指那些由个人执行的项目，但却没有从管理层那里获得执行该项目的授权。这或许是有意的或者无意的执行。有意执行未经授权的行为常常被称为欺诈或盗用。不适当的行为是未经授权行为的变种。无意执行未经授权的行为通常被称为错误和疏忽。被授权执行某一行动的人有可能会滥用职权，不适当地使用这种职权。例如，某人被授权可以更改员工的工资比率。然而，这个人可能在未经管理层授权的情况下，不适当地调整自己的工资比率，这就是滥用职权。

- 控制风险——对数据准确性和完整性，以及应用系统运行效能的威胁。这是处理影响系统内部数据真实性，以及系统运行其功能的效果性、经济性和效率性的威胁。
- 审计能力风险——阻止交易处理重建的威胁涉及这种数据的存储目的而不是处理。存储数据是出于审计线索、备份和其他的历史目的。风险在于这种类型的信息无法被管理层、审计师和监管机构用来证实处理情况。监控、检查和审计交易需要这些数据，以确定是否已经按照与组织的政策和程序、监管的要求以及一般公认会计原则处理交易事项。

用来降低这三种类型风险的控制措施是不同的。用于降低评估风险的控制措施在本质上趋向预防型，这是因为它们试图防止未经授权的评估发生。用于降低控制风险的控制措施主要是发现型的控制。发现型的控制措施试图在问题变得严重之前揭露它们。例如，核对详细的记录与控制总数是一种发现型的控制，因为它会发现业务活动中不被注意到的问题。用于减少审计能力风险的控制措施主要是纠正型的控制。同样地，它们试图提供能用于纠正错误状况的信息。例如，如果详细记录与控制总数不相等，那么，审计能力类型的控制措施就会被重建处理，以确定为什么会发生不相等状况的原因。

5.6 管理风险的流程

管理包括管理风险或管理危机的选择权。风险管理涉及管理层在完成组织任务的过程中为了消除或降低风险影响而采取的所有活动。它应当是一种正式的流程，而不是随机的活动。

这部分将说明管理层应当如何面对管理风险。该方法与 COSO 内部控制框架中的方法相一致，因为它在建立适当控制目标方面涉及到各个层面的管理人员。如果这些控制达到了目标，就成功地管理了风险。

这部分描述了环境控制的目标、系统和交易处理控制的目标。建议选择 COSO 内部控制框架作为标准，补充以控制目标的其他列表。这部分中的列表是从 COSO、会计学和控制文献中摘取的。通用知识与技能体系（CBOK）也解释了管理层如何使用控制措施来降低风险。最近，CBOK 也提议管理层建立一个风险管理计划。这里列示和描述了该计划的提议大纲。

5.6.1 风险管理的六个组成部分

风险管理是一个组织所采取的用于识别、量化和控制风险的所有活动。风险管理涉及以下一些业务活动：

- 风险识别 ——为识别与任何事业和项目有关的风险所执行的活动。
- 风险衡量 ——如果风险将成为事实，对每一风险的可能性及其潜在影响用数量表示。
- 控制措施 ——为了使风险影响最小化所执行的方法。
- 应变计划 ——在风险成为事实的时候，期望采取的行为。
- 控制的监控 ——跟踪已识别的和被控制的风险，有助于预防或者发现某一风险成为事实。
- 整改——一旦发现风险，立即采取纠正行动。

5.6.2 选用风险与控制模型

组织开始于某个愿景，规定其使命，然后正式或非正式地确定将在组织运营中使用的价值观。风险是在实现组织目标过程中将发生一些令人不愉快事件的可能性。除非管理层能够有效地识别、衡量和控制那些风险，否则成功的可能性就会减少。

在真实世界中，风险涉及从不重要的风险到灾难性风险的潜在结果。最近几年，我们看到了包括安然（Enron）、世通（WorldCom）和安达信在内的一些大公司的重大破产和欺诈行为。根据调查，原因是它们的执行管理层、董事会或审计师没能发现并纠正问题，导致对这些公司、员工、股东和客户的重大财务丑闻。

控制是一个组织用来确保其实现目标的手段。控制也是组织用于使风险最小化，或消除令人不愉快事件发生的方法。执行一个有效的内部控制系统涉及到组织的董事会、执行管理层、审计师和所有员工。

图2-5-4中列出的风险与控制模型，是根据美国反虚假财务报告委员会（Treadway Commission）建立的COSO框架。同样，开发这个风险与控制模型也使用了《反海外贿赂行为法》的规定、指导原则和具体要求、一般公认会计原则，主要的审计组织发布的审计标准和指南，以及全球范围内组织的“最佳实务”。

可以在三个层面检查风险，它们是：

- 环境风险 —— 与组织环境相关的风险，包括外部的和内部的风险因素。

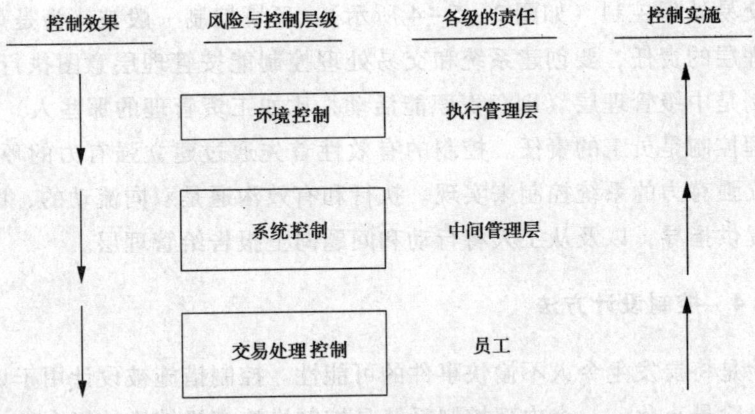

图 2-5-4　ICI 风险与控制模型概观

- 业务系统/应用风险 —— 与组织运营相关的风险。这里的运营可以表示为业务周期，包括收入与支出的周期，以及这些周期内个别申请，比如开发票和采购。
- 交易处理风险 —— 从起点到终点与处理单个业务事件相关的风险。

选择风险与控制模型将风险描述成正面的控制目标。例如，当组织没有聘用有能力和可信赖的员工时，组织中存在更多的环境风险。在这个模型中，风险被描述成为控制环境层面的一个控制目标。

这一模型有如下三个控制目标：

- 环境控制目标；
- 业务系统/应用控制目标；
- 交易处理控制目标。

5.6.3　建立内部控制

组织已经制定其愿景、既定的使命，在正式或非正式地规定组织运营中所采用的价值观完成之前，无法完全确立有效的内部控制系统。作为管理流程的一部分，必须识别与衡量组织面对的风险。

一旦风险被识别与衡量，就可以使用风险与控制模型来开发针对那些风险的内部控制系统。控制的类型、数量和强度将和风险的重要程度相关。控制措施的选择将根据管理层愿望，使用经济有效的控制结构使风险最小化。

COSO 内部控制框架已经成为最广为接受的内部控制模型。ICI 的组织风险与控制模型被设计用来支持 COSO 框架的执行。

ICI 风险与控制模型是一个三层次的模型。这三个层次是环境控制、系统控制和交易处理控制（如图2－5－4所示）。环境控制一般被认为是董事会和执行管理层的责任，要创建系统和交易处理控制能按管理层意图执行的环境。系统控制是中级管理层（即负责职能活动，比如工资管理的那些人）的责任。交易处理控制是员工的责任。控制的有效性首先通过建立强有力的环境控制，然后建立强有力的系统控制来实现。执行和有效沟通是双向流动的，即从管理层向下提供指导，以及从工人将行动和问题向上报告给管理层。

5.6.4 控制设计方法

风险是将要发生令人不愉快事件的可能性。控制措施被设计用于识别、衡量并使风险最小化。一个内部控制系统是控制措施有机结构的组合。控制措施之间不是互相独立的，而是一个被整合的系统。内部控制措施必须经过开发和评估，使之成为一个系统。

内部控制应当成为一个层级结构或系统。内部控制政策由组织的最高层制定，然后在整个组织范围内被扩展、放大、执行并得到加强。图2－5－5展示了风险与控制级别的性质。必须再次强调，只要风险存在就需要有控制措施。

控制常常被视为每个业务系统中的一个独立部分。某一业务的应用往往不会利用内部控制"系统"其他部分的便利。这常常导致重复控制以及控制成本超支。

图2－5－5仅仅展示了每种业务周期的一个类型，例如，收入周期。控制与组织结构及其他业务活动接口相关。一个复杂的或者分散的业务可能导致多个业务周期的建立。多条产品线、地理位置等都可能导致一些重复的业务周期。例如，如果组织建立了一个子公司来生产"X"产品，那个子公司可能包括所有的五个业务周期。

5.7 环境控制的目标

这部分列出的环境控制目标使用了由美国注册会计师协会、国际内部审计师协会、加拿大特许会计师协会、COSO，以及其他主要的注册会计师事务所规定的控制目标。

建立了11个环境控制目标来解释控制措施开发和评估的流程。这些都列在了示例2－5－15中，并对其描述如下（注意：无法达到这些控制目标会增加组织所面对的环境风险）。

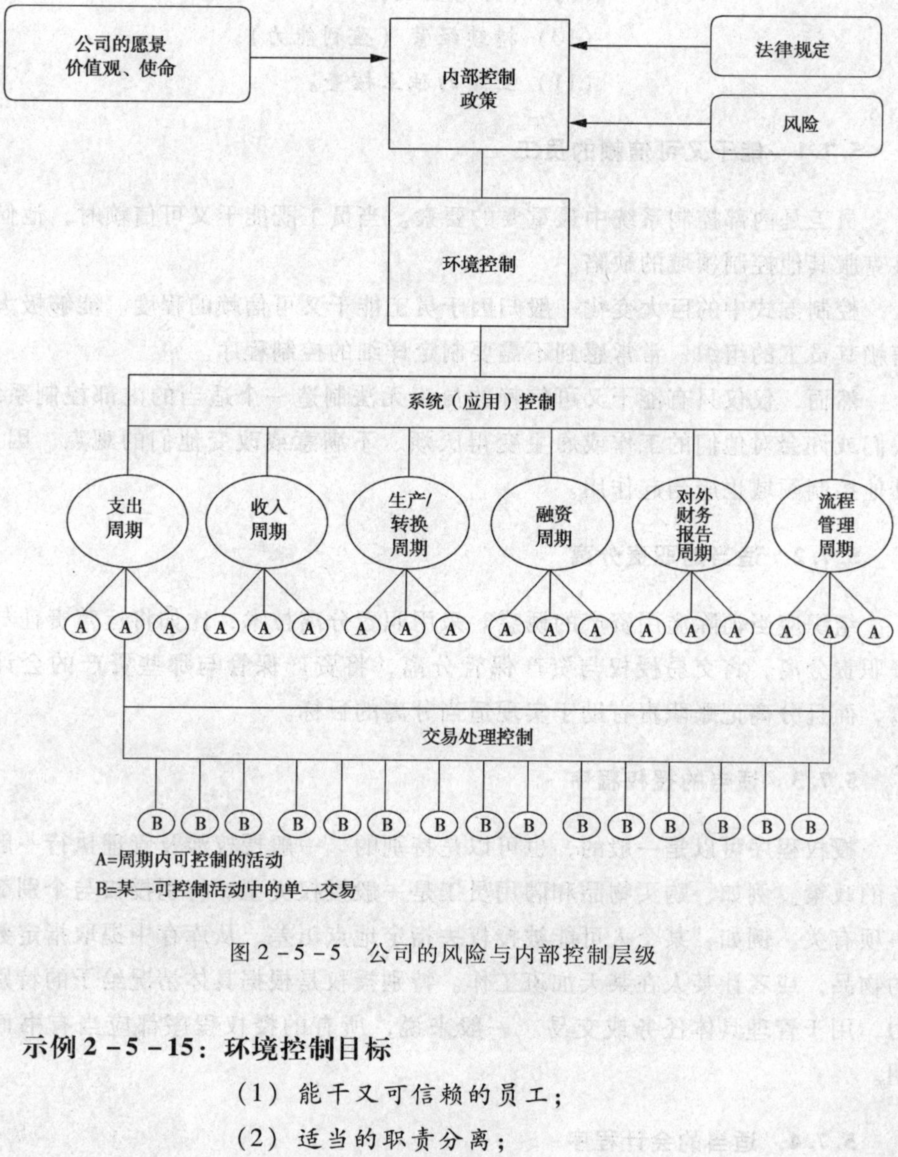

图2－5－5　公司的风险与内部控制层级

示例2－5－15：环境控制目标

(1) 能干又可信赖的员工；

(2) 适当的职责分离；

(3) 适当的授权程序；

(4) 适当的会计程序；

(5) 适当的资产保护程序；

(6) 程序的适当文档记录；

(7) 遵从法规的适当程序；

(8) 有效果、经济的和高效率的运营；

(9) 目标的实现；

(10) 持续经营（盈利能力）；

(11) 业绩的独立核查。

5.7.1 能干又可信赖的员工

员工是内部控制系统中最重要的要素。当员工既能干又可信赖时，他们能够克服其他控制领域的缺陷。

控制方式中的巨大变化一般归因于员工能干又可信赖的程度。能够极大地信赖其员工的组织，常常感到不需要制定详细的控制程序。

然而，仅仅只有能干又可信赖的员工无法制造一个适当的内部控制系统。人们或许会对他们的工作或雇主变得厌烦、不满意或改变他们的观点。因此，其他控制领域也应当起作用。

5.7.2 适当的职责分离

组织应当消除滥用资产的诱惑。采用职责分离技术，比如将运营责任与记账职责分离，将交易授权与资产保管分离，将资产保管与那些资产的会计分离，而且分离记账职责有助于实现适当分离的目标。

5.7.3 适当的授权程序

授权程序可以是一般的，也可以是特别的。一般授权涉及管理执行一般任务的政策。例如，购买物品和聘用员工是一般授权类型。特别授权与个别交易事项有关。例如，某个人可能被授权去指定地点出差，从库存中提取指定数额的物品，或者让某人在某天加班工作。特别授权是根据具体情况给予的特别权力，用于管理具体任务或交易。一般来说，所有的授权程序都应当有书面证明。

5.7.4 适当的会计程序

会计程序执行记账和在组织内部传送信息的功能。程序和单据必须是适当的，以便为交易事项按照管理层的意图被适当地授权、执行和记录提供合理保证。会计程序应当能够正确地指出资产使用的会计责任。

5.7.5 适当的资产保护程序

保护资产和记录的更重要方法之一是使用物理保护的方法，例如，在工厂周围设置围墙、使用保安人员等。难以重置的资产要放在银行的保管箱、防火保险柜或风险低的地方。然而，随着计算机中数据的集中和提供数据访问服务的通讯工具的使用，数据保护在保护记录中变得越来越重要。

5.7.6　程序的适当文档记录

控制环境的程序应当用文档记录为手册、政策和操作流程。正式用文档记录程序的目的是为了消除含糊不定性并促使应用程序的一致性。随着《反海外贿赂行为法》和《萨·奥法案》的发布，控制文档记录已经成为证明遵从立法的内部控制规定必不可少的关键要素。

5.7.7　遵从法规的适当程序

组织应当知道影响其运营的法律和规定，应当建立程序以保证遵从那些法律和规定。在某些情况下，监管机构会发布使用的遵从性程序。组织需要将能够确保遵从那些影响他们运营的法律、法规所必需的规定结合到它们常规的程序中。

5.7.8　有效果、经济的和高效率的运营

管理层有责任使用最经济、高效率和有效果的方式实现组织的目标。这些运营目标支配着那些执行工作的方法。控制措施提供了反馈信息，使得管理层能够指挥和评估实施情况。

5.7.9　目标的实现

组织的管理层负有实现特定目标的责任。这些目标可能是制定一项退休金计划、增加 X% 的工厂生产能力或者满足一定的环境要求。在这些目标的运营或执行阶段，项目可能与希望的结果有偏差。控制措施有助于管理层确保真正能够实现它们希望的目标，或者提醒它们威胁其目标实现的风险。

5.7.10　持续经营（盈利能力）

组织一般期望持续经营。许多已经破产倒闭的组织直到无法挽回时才意识到它们面对的困难。控制措施应当向管理层提供足够的警告，才能及时纠正这类严重的问题。

5.7.11　业绩的独立核查

环境控制的最后一个要素是审查其他控制目标。任何重要的要素都是对控

制措施的适当性和有效性进行独立评价。在某些情况下，这要通过冗余（重复）来实现，比如对库存的实际盘点。在其他情况下，内部审计师和外部审计师执行评价活动。

环境控制一般通过一系列的政策和程序予以执行。财务政策和程序常常包含在财务手册中。然而，也还存在许多其他的环境程序，比如那些由人事部门、安全部门、销售部门等颁发的程序。

大型集成计算机系统的出现，正在使得一些环境控制自动化。全部的手册现在已经被放在网络上，并允许使用“关键字”搜索，其结果是所有的员工都可以马上得到相关信息。密码的使用是在计算机系统中保护信息的一种自动化的方式。密码和加密磁卡的联合使用是授权交易的自动化的方法。随着计算机技术的改进，人们期望越来越多的环境控制将变成自动化的。

5.8 系统（应用）和交易处理控制目标

应用控制包括内部会计控制。会计控制已经在《反海外贿赂行为法》中有所规定。这个法案采用了美国注册会计师协会（AICPA）对内部会计控制的定义。

AICPA 更早的定义似乎更加贴近管理层的需要。这个定义如下：

“会计控制包括组织的计划和主要涉及与资产保护和财务记录可靠性直接相关的所有方法与程序。它们一般包括诸如授权和批准系统，涉及保存记录的职责分离，以及来自参与运营或资产保管、对资产的物理控制和内部会计的那些人的会计报告。”

内部控制的目标在《反海外贿赂行为法》中被确认，并且最近更多地得到了《萨·奥法案》的支持，它主要涉及下面四个领域：

- 授权 —— 根据管理层的一般授权或特别授权执行交易。
- 记录 —— 按照一般公认会计原则或其他适用于这类活动的标准所允许的编制财务报表的方式记录交易，保持对资产的会计责任。
- 使用资产 —— 只允许按照管理层的授权使用资产。
- 资产的会计责任 —— 对资产的记录责任是在合理的时间间隔内与现有的资产进行比较，针对任何差异情况采取适当的行动。

绝大多数组织都试图用最具有成本效益的方式来达到上述的四个目标。哪些方式对这四个领域中构成了合理保证还存在不确定性。由于执行《萨·奥法案》的法律要求和美国证券交易委员会发布的规定，目前许多组织正在执行特定的内部控制文档记录和评估，并且正在增强内部审计的规模和人员的胜任能力。

与环境控制目标相比，更多的努力用在了定义应用控制目标。这是因为传统的重点一直放在应用控制方面、定义系统（应用）和交易处理控制目标，即可控制的活动。

三个主要的控制目标是准确性、完整性和授权。其他控制目标是这三个目标的补充。这些目标的重要性可能取决于评估者是从财务视角还是运营视角出发。

与应用设计的方法一样控制设计的方法也不相同。据估计，美国有50 000种不同的工资支付申请单。如果组织能够针对某个应用开发许多不同的方法，那么，它们也能开发相同数量的控制方法。

数量大的交易易于被准确地、完整地和经过授权地处理。不寻常的或者不重现的交易往往最容易引起诸多的问题。在很多组织中，对于如何处理这些不寻常或不重现的交易的文档记录的程序还没有像处理数量大的交易事项那样广泛。因此，当设计应用控制措施的时候，需要特别注意这些不寻常或不重现的交易事项。

在开发一整套应用控制目标用于解释应用控制设计和评估方面，要学习研究会计联合会的应用控制目标。这些控制目标被选择用来说明应用控制的使用。在示例2－5－16中列出了这些应用控制目标，后面会对它们进行说明。

示例2－5－16：应用控制目标

（1）数据准确；
（2）数据完整；
（3）数据及时；
（4）数据确认；
（5）按照一般公认会计原则（GAAP）处理；
（6）遵守组织的政策和程序；
（7）遵从法律法规；
（8）充分的支持性证据；
（9）有效和便捷的控制。

• **数据准确**

数据准确意味着需要对与数据备份、转换为机器可读的格式、计算机处理、输出备份和交付流程相关的错误进行纠正。

- **数据完整**

数据处理的完整性要求在备份、传输到计算机、处理过程中，在相关计算机系统之间处理或传输给用户的过程中不会丢失数据。

- **数据及时**

数据及时处理确保管理层获得必需的信息，以便能够及时采取行动避免损失。

- **数据确认**

控制措施应当保证在处理之前或处理期间发现任何未经核准的数据。

- **按照一般公认会计原则（GAAP）处理**

财务数据的处理应当符合一般公认会计程序。控制措施应当确保遵循这些程序。

- **遵守组织的政策和程序**

组织应当为如何处理交易数据制定政策和程序。控制措施应当确保这些数据根据政策和程序进行处理。

- **遵从法律法规**

监管机构制定有关交易数据处理的法律法规。在当今的商业环境中，许多被监管的交易是显而易见的，例如，财务报告和滥用组织资金。不正当的交易可能对个人和组织造成直接的影响。控制措施应当确保遵从这些法规和规章制度。

- **充分的支持性证据**

控制措施应当确保存在足够的证据，以便重建交易和确认处理的责任。这种证据也可被用于在计算机化的业务应用中重新启动和恢复的目的。这种证据应当可以从原始单据追踪到控制总额，再从控制总额回到辅助的交易事项。

- **有效和便捷的控制**

控制措施应当确保系统的处理是以有效和便捷的方式予以执行。

5.9 规定业务系统的周期

周期是相关系统的族系列。有很多不同的术语用来定义某一系统中与系统相关的族系列。有时周期也被称为应用。然而，它们的潜在概念是一样的。周期是与系统相关的组合。

这个模型将业务系统的流程梳理为6个周期。这6个周期是：

- 收入周期；
- 支出周期；
- 生产或转化周期；
- 融资周期；
- 对外财务报告周期；
- 流程管理周期。

- **收入周期**

收入周期包含了与以下各项活动有关的职能：接收或接受货物或服务的请求；交付或者提供货物或服务；授信、现金收入和收款活动；开发票；收入的会计处理、应收账款、佣金、担保、坏账、退货和其他调整事项。

- **支出周期**

支出周期可以细分为采购、工资支付、支付款职能。采购职能涉及：货物的初始要求、其他资产和服务（“货物”）；获取针对现成可用的供应商、价格和其他产品规格的信息，发出货物的订单；接收和检验，交付货物；供应商应付账款的会计处理，包括运费、现金折扣、退回货物和其他调整事项。工资支付职能涉及：聘用员工并决定他们直接的和间接的薪酬；报告出勤和完成工作的情况；工资成本的会计处理、工资的扣除、员工福利和其他调整事项。支付款职能涉及准备、签字和签发支票，或支付现金的职能。

- **生产或转化周期**

生产或转化周期包含的职能涉及：生产计划与控制、库存计划与控制、财产和递延成本核算，以及成本会计。

• 融资周期

融资周期包含的职能涉及：发行和赎回股本并记录交易事项；股息的支付；调查和选择合适融资形式，包括租赁交易；债务管理，包括监控契约条款的遵从性；投资管理和有价证券的保管。

• 对外财务报告周期

对外财务报告周期包含的职能涉及：编制分录、记日记账、明细账，将交易过账至总分类账（此类职能不在其他周期中执行）；确定公司应当遵循的一般公认会计原则；收集并合并编制财务报表和其他对外财务报告所需的信息，包括相关的披露；编制并审核财务报表和其他对外报告。这种对外的财务报告周期具有符合《萨·奥法案》要求的极为重要的特征。

• 流程管理周期

流程管理周期包括的业务活动涉及建立单独的系统或应用。在这个周期中，风险得到识别、衡量，并且控制那些风险的方法也得到确认、定义和执行。同样，在这个周期中，将确定业务运营的效果性和效率性。流程管理周期也包括影响当前业务需求和监管要求的正在改变和升级的系统应用状况。

某个周期中的各种应用是可控制的。控制措施只能设置在应用层面。风险也是在应用层面发生。控制措施被设计用来降低风险转化为损失的可能性。

5.10 控制措施如何才能使风险最小化

量化风险的公式同样解释了如何控制或者使风险最小化。量化风险的公式是将令人不愉快事件发生的频率乘以与此事件相关的损失。例如，由于网站设计太差，每天有10位客户中止他们的业务，平均每位客户发出50美元的订单，那么与“不友好的网站”相关的损失将是10×50美元或者说一天500美元，或一年损失为500美元×365天等于182 500美元！

一旦规定变量和损失预期公式，就可以确定控制措施以便使风险最小化（如图2-5-6所示）。这个公式也可以用来计算控制措施的成本与收益。

存在两种方法可以降低令人不愉快事件发生的频率。它们是减少错误的机会和在损失发生前识别该错误。在我们网站的例子中，某个人或许能够重新设计他们的网站，做到任何需要都可以通过“三次点击”或者更少点击次数予以确认，这样就可以减少离开网站的客户数量。另一种方法是在损失发生前识别该错误。例如，如果跟踪一个客户浏览网站的过程，一旦发现这个客户点击次数过多，那么可以将该客户与网站接线员连通，接线员就可以正确地帮助这位客户。

同样有可能减少每次令人不愉快事件发生所导致的损失。损失可以被降低到最小，或者可以尝试弥补损失。为客户提供直接与某个人对话的机会可能会使潜在的损失降低到最小。如果可以获得该客户的电子邮件地址，那么可以给这位客户发一封后续的邮件，尝试重新建立与这位客户的关系，因此就会弥补某一销售的损失。

当估计的损失被计算出来之后，可以将它与控制这一风险的成本进行比较。当已经预计了损失的价值和控制措施的成本时，可以进行简单的成本收益分析，以确定执行这些控制措施是否是经济的。显然，如果控制措施的成本大于预计的损失，那么这些控制措施就不具有成本效益；另一方面，如果控制措施的成本明显地小于预计的损失，那么就存在建立这些控制措施良好的业务理由。

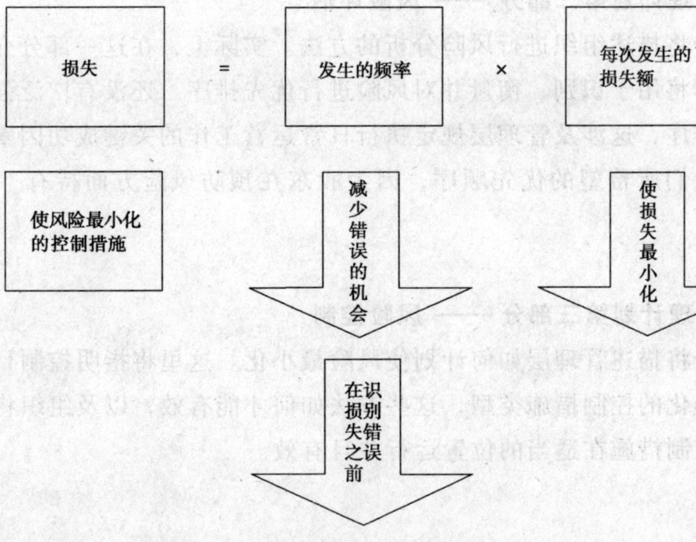

图2－5－6 控制措施如何才能使风险最小化

5.11 制订风险管理计划

风险管理是一种持续的业务活动。因此，制订的计划将是具有可操作性的并且能持续改进的计划。建议每年都要修改该计划。第一年付出的努力将远远超过后面几年所需的努力。

在示例 2－5－17 说明了风险管理计划。它包含了四个部分，即介绍部分、执行风险评估部分、控制风险部分和应变计划部分。下面简要描述每一部分的内容：

- **风险管理计划第一部分 —— 介绍**

这一部分的目的是描述风险管理的管理方法、风险管理中涉及的角色和职责、管理层对计划在时间和资源上施加的限制。应当说明计划要求实现的特定目标以及管理层对风险的承受度。换句话说，管理层在实施日常运营中愿意接受的损失有多大。这一部分描述了涉及制订和执行计划，以及执行该计划的进度和资源的事宜。

- **风险管理计划第二部分 —— 风险评估**

这一部分将描述组织进行风险分析的方法。实际上，在这一部分介绍的各种选项的选择将用于识别、衡量并对风险进行优先排序。还没有广泛强调的是风险的优先排序，这涉及管理层规定执行日常运营工作的关键成功因素，以及股东们描述他们所希望的优先顺序，因为股东在预防风险方面持有“投机股本”。

- **风险管理计划第三部分 —— 风险控制**

这一部分将描述管理层如何计划使风险最小化。这里将指明控制目标和用于使风险最小化的控制措施类型，这些方法如何才能有效，以及组织将如何监控，以确保控制措施在适当的位置运行并且有效。

- **风险管理计划第四部分 —— 应变计划**

应变计划实际上是危机管理的对立面。组织预先确定当问题发生时他们应当怎样应对。例如，如果计算机中心出现突发事件，他们将如何持续运行计算机业务系统？如果某个关键员工由于种种原因无法工作，由谁来完成那部分工作？这一部分必须确认组织认为将面临的主要意外情况，以及如果意外情况发生时，他们将如何应对那些意外事故。

示例 2－5－17：建议的风险管理计划提纲

第一部分　介绍

一、范畴

二、概述

1. 风险计划的目标

2. 风险承受度

三、组织

1. 高级管理层的参与者

2. 职员参与者

3. 职责与义务

四、风险管理计划的限制

1. 时间范围

2. 进展要求

3. 分配的资金

第二部分　风险评估

一、识别

1. 风险的类型

2. 风险的源头

二、分析与估计

1. 风险的概率

2. 风险的后果

3. 使用的估计标准

三、优先顺序

1. 关键的成功因素

2. 股东信息的输入

第三部分　风险控制

一、计划编制

1. 评价方法

2. 假设与参考

二、解决方案

1. 结果评价

2. 提议的纠正方法

三、监控

1. 衡量标准

2. 持续反馈

第四部分　应变计划

一、意外情况列表

二、提议的应变计划

风险管理是高级管理层的责任。它是一种正式流程，在这个流程中管理层需要面对如何识别、衡量和将风险进行优先排序的问题。管理层必须确认需要实现的正面的控制目标，并且采取适当的行动使与实现那些目标相关的风险最小化。COSO 内部控制框架被推荐用于确定那些控制目标的起始点。然而，COSO 框架是高层面的，那些控制目标必须被细分以满足组织特定风险管理的需要。作为执行某一适当控制结构的流程就是制订和施行风险管理计划。该计划应当每年进行审查并重新施行，以确保对组织面临的风险保持适当的控制。

第6章

技能分类之四——评估应用控制

环境控制一旦被认定为适当，应用控制的评估就可能发生。这部分技能分类介绍评估应用控制措施的标准，以及符合这些标准的一种评估方案。

6.1 应用评估方案的概念

当为孩子组装一个玩具时，你会有一份如何组装这个玩具的一系列步骤指示的详细说明书。这些指示说明了玩具的现成部件，组装这些部件的顺序，组装所需要的特殊工具，以及组装这个玩具的详细说明。玩具制造商提供给你的是用来组装儿童玩具的一种"玩具组装程序"。

评估方案是执行某一系统或业务活动评价的一种"程序"，是检查人员在完成某项评估时应遵循的一系列步骤。评估方案是围绕流程期间的目标和为了实现这些目标必需面对的风险而建立的。在评估流程期间，需要收集材料、记录文档和审核证据。需执行的评估任务包括面谈和问卷设计、访谈、文件编制和审查，以及在执行评估和用文档记录评估内容方面所使用的模本。

6.1.1 评估方案的重要性

在执行任何程序的过程中，存在四种业务活动。图 2 -6 -1 中说明了这些活动。

计划—执行—检查—整改（PDCA）循环在评估方案中会发生两次，第一次是执行某一评估，第二次是改进评价项目的标准。评估方案的标准规定了应当在评估方案中包含什么内容。

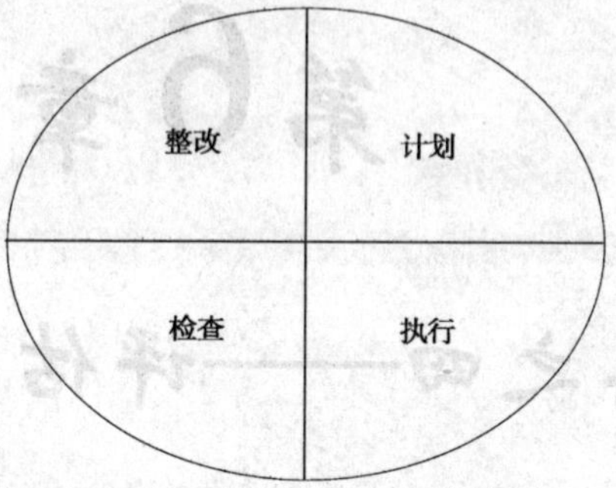

图 2-6-1 计划—执行—检查—整改（PDCA）循环

6.1.2 某一特定评估的 PDCA 循环涉及的四个步骤

- 计划此次评估（PLAN）；
- 执行此次评估（DO）；
- 检查以确保正确地执行此次评估（CHECK）；
- 根据评估结果行事，它通常涉及编制和传送评估报告，评估报告的内容包括发现的问题和需要管理层采取整改行动的建议（ACT）。

评估方案需要面对“计划—执行—检查—整改”循环的所有四个组成部分。除非是新的评估，计划的组成部分可以从以前的评估方案开始。在计划过程中，评估方案按照当前的评估活动来量身定制。这项评估方案应被执行和检查，并根据评估结果采取行动。

PDCA 循环的第二个重要用途是改进评估方案的标准。利用“计划—执行—检查—整改”循环来改进评估方案的标准。

6.1.3 评估方案的改进周期

在某一评估方案中的活动是：

- 收集当前评估的结果，可能适用于评估方案的新评估方法和技术，以及改进评估有效性的建议。这就提供了一个改进的计划（计划）。
- 修改评估方案并纳入改进的建议，以及消除或减少实施先前评估的低效率（执行）。
- 检查以确保计划应包括的事项在已改进评估方案内确实已包括在内（检查）。

- 纠正已改进评估方案中的任何缺陷（整改）。

6.1.4 评估方案框架的必要性

评估方案可以从广泛的多渠道来源获得，包括：

- 先前的评估；
- 评估方面的教科书和手册；
- 互联网搜索；
- 注册会计师事务所；
- 通过专业协会，例如国际内部审计师协会获得可用的方案；
- 朋友和同事提供的评估方案。

如果某个人要审查这些评估方案，显然没有标准格式的评估方案。不存在被普遍公认的定义某一评估方案特定组成部分的标准。事实上，在确定目标、内部控制调查问卷和评估测试的基础之上，对于哪些事项应当纳入到评估方案内很难达成共识。

如果某个人用不同格式的评估方案工作，存在一个使用这些方案的学习周期的问题。因为审查人员必须首先了解该评估方案中提出的格式，然后才能使用它。此外，审查人员还可能认为会有一些需要被执行的任务未被包括在评估方案中。这就涉及需要花时间建立一个原始的评估方案或评估方案的组成部分，然后予以实施。

评估方案的框架是必需的。框架确认了评估方案所有关键的组成部分。该框架还提供了评估方案的指导和实例。

国际内部控制协会的顾问委员会及其专业人员已经开发出一个评估方案的框架。利用这一框架的有利条件包括：

- 结合遵从了由 COSO 和《萨·奥法案》提出的指导方针和法规；
- 合并了由专业协会、公认的专家和世界级组织信任的那些内部审计职能所提供的评估方案的最佳组成部分。

本章的剩余篇幅将说明和描述这个评估方案框架。

6.2 审计标准

适用的专业标准、准则和法律标准必须纳入世界一流水平的评估方案中。几乎所有的专业审计组织都已经制订了审计标准。这些组织包括独立审计师、内部审计以及政府审计。

几乎所有的专业审计标准都有一个标准说明：

“审计应当制订计划”。审计方案是该计划的设想部分。审计方案规定了审计师在实施审计时应遵循的程序。

最专业的标准包括作为计划编制流程部分的以下四个组成部分：

- 风险评估；
- 评价内部控制系统；
- 收集和评价用以支持审计结果的证据事项；
- 完成规定的审计目标。

下面列出国际内部审计师协会和银行管理协会（the Bank Administration Institute）有关审计计划编制的标准。

国际内部审计师协会（IIA）专业标准

410 项：审计工作的实施和编制审计计划

410　编制审计计划

内部审计师应当编制每次审计的计划。

01　编制计划应当用文档记录并包括：

1. 确定审计目标和工作范围。

（1）审计目标是内部审计师开展工作的广泛声明，并规定预期的审计成果。审计程序是实现审计目标的手段。审计目标和程序结合在一起，用以规定内部审计师工作的范围。

（2）审计目标和程序应当提出与正在实施的审计活动相关的风险。本声明中使用的“风险”一词，是指可能会对正在实施的审计活动产生负面影响的事件或行动的可能性。内部审计师应当使用包括在第9号内部审计标准声明中的风险评估指南，评估风险或单独的审计任务。

（3）在编制审计计划期间，风险评估的目的是识别审计活动的重要领域。

银行管理协会的标准

绩效标准

1. 内部审计师应当编制一份包括在某一适当时期内所有重大的组织活动

的正式审计计划。

2. 审计计划应当包括对新系统内部控制措施的评估，以及现有系统在进入操作之前的重大修改。

3. 审计程序应当提供足够的和有效的证据事项，以支持有关控制系统的适当性、效果性和效率性以及持续经营质量的结论。

4. 具有审计职能和相关行政管理实务的组织应当对实施审计的人员提供适当的监督，并且对实施的工作进行适当检查。

6.3 COSO 企业风险管理框架

设计活动是为了完成经营目标。管理层负责制订与使命和业务限制因素相一致的经营目标，以便尽可能制订一个符合组织需要的业务计划。

COSO 为建立这些目标提供了一个企业风险管理框架。任何企业和组织都不存在无风险的经营环境，利用企业风险管理也不会创造出这样的环境。相反，企业风险管理使管理层在充满了风险的环境中更有效地运营。

将 COSO 的企业风险管理框架纳入评估方案的目的是，它有利于增强以下方面的能力：

风险承受度与战略相一致——风险承受度是一个在广泛基础水平上的风险偏好程度，即一家公司或其他实体在追求其目标时愿意接受的风险。管理层在评价战略替代方案时首先会考虑本企业的风险承受度，然后，设定与战略选择相一致的目标，并制订管理相关风险的机制。

与增长、风险和回报相联系——企业接受风险作为价值创造和保存的组成部分，并且他们期望得到与风险相当的回报。企业风险管理有利于增强识别和评估风险的能力，并建立相对增长和回报的目标而言可接受的风险程度。

增强风险应对决策——企业风险管理提供了严格识别风险，并在风险应对时的替代方案：规避风险、降低风险、风险分担或风险接受之间进行选择的要求。

使运营的意外损失最小化——企业增强了识别潜在事件、评估风险和确定应对举措的能力，就会因此降低发生意外的可能性，使相关费用或损失最小化。

识别和管理整个企业的风险——每一个企业面临着各种各样影响组织不同部分的风险。管理层不仅需要管理个别的风险，而且也要理解个别风险之间的相互影响。

提供应对多重风险的整体应对措施——业务流程具有许多固有的风险，企业风险管理有助于确认管理风险的整体解决方案。

抓住机会——管理层通过考虑整体范围潜在的事件，而不仅仅是风险，可以获得对某些事件如何成为机会的理解。

使资本合理化——有关风险更全面的信息有利于管理层更有效地评估整体资本需求和改善资本的分配。

COSO 的企业风险管理在本质上不是一个目的，而是一种帮助组织实现其目标的重要手段。它不是孤立地在一个企业中运行，而是成为管理流程中的促进因素。通过向董事会提供最重要的风险和如何管理这些风险的信息，企业风险管理与公司治理相互联系起来。

6.4 COSO 内部控制框架

对照某一框架评估的内部控制系统将更为有效，然后，根据评估师的判断单独地作出评价。使用某一公认的内部控制框架提供的内部控制评价意见可信度更高。COSO 内部控制框架是美国证券交易委员会目前认可的作为评价内部控制的一个有效框架。

COSO 对内部控制的定义如下：

内部控制是一个流程，受到企业董事会、管理层和其他人员的影响，旨在为实现下列分类目标提供合理保证：

- 经营的效果和效率；
- 财务报告的可靠性；
- 遵从适用的法律和法规。

这个定义反映了某些基本概念：

- 内部控制是一个流程。它是达到目的的一种手段，而不是目的本身。
- 内部控制受到人的影响。它不只是政策手册和表格，而且涉及组织内每一层级的人员。
- 内部控制只能提供合理的保证。它对一个企业的管理层和董事会提供的不是绝对保证。
- 内部控制是为了实现一个或多个单独的但交叠类别中的目标。

COSO 内部控制框架包括五个相互关联的组成部分。这些都来源于管理层经营企业的方式，并与管理的流程相结合。这些组成部分分别为：

控制环境——任何企业的核心是它的员工——他们的个人品质，包括正直性、道德观和胜任能力——以及他们运营的环境。他们是推动企业的发动机和所有事情依赖的基础。

风险评估——企业必须认识和处理它所面临的风险。它必须结合销售、生产、营销、财务和其他活动来设定目标。它还必须建立与设定目标相一致的识别、分析和管理相关风险的机制。

控制活动——必须制订有助于确保管理层的有关指示得以执行的控制政策和程序，以实现企业目标所需的行动得以实施。

信息和沟通——围绕这些活动的是信息和沟通系统。这些系统使企业的员工可以获取和交换经营、管理和控制其运营所需的信息。

监控——整个流程必须受到监控，根据需要进行修改。通过这种方式，系统可以动态地作出反应，根据情况进行变动。

任何企业都不会有，也不应当有相同的内部控制系统。公司及其内部控制的需求因行业和规模、文化和管理哲学的不同而明显不同。因此，虽然所有的企业都需要每一个组成部分以保持对其活动的控制，然而，一家公司的内部控制系统往往看起来与另一家大相径庭。但是，COSO 框架适用于所有的企业。

6.5 法律法规——包括《萨·奥法案》

组织必须在道德价值观和国家法律之下运营。人们很难具体地规定审查人员必须将有关伦理道德、价值观念和法律的哪些事项纳入他们的评估方案，重要的是，他们在制订评估方案期间应当认真考虑这些事项。

《萨·奥法案》在美国颁布，主要是回应一些大公司与会计丑闻。这一法律的目的是针对公司财务报告责任和企业错误行为制订新的和强化的标准。这一立法对企业主管人员和他们的董事会提出了新的要求。

将《萨·奥法案》的要求纳入评估方案应当强调一些道德、价值观和适用于任何评估的要求。然而，审查人员需要考虑到影响他们行业的，如银行业或公共服务事业的具体规定。

在制订评估方案时，审查人员需要考虑《萨·奥法案》的规定，重点评价：

- 内部控制系统；
- 保证会计数据按照适当的规则和法规予以编制和传送；
- 审计委员会和董事会监控审计职能的活动；

• 公司的主管人员没有行使禁止下属人员从事不道德或非法行为的责任；
• 执行管理层具有并遵循企业的道德规范；
• 审查人员知道，并使用适用于他们审计的自行检举人提供的信息；
• 保证公司主管人员对执行的评估活动提供适当的监督。

6.6 将适用的标准、框架和法规纳入应用评估方案

审查人员需要使用一个纳入了审计标准、准则和法规的评估方案的框架。然而，并不是所有的标准、准则和法规都适用于每一次评估。重要的是，评估方案应遵循用于专业指导的合乎逻辑的发展。

任何世界一流水平的评估方案都应当合乎逻辑的发展，应包括以下内容：
• 了解企业正在被评估活动的目标和战略；
• 了解适用于正在被评估活动领域的法律和法规；
• 确保企业风险管理已被执行，其成果在评估中被利用；
• 对照一个可接受的内部控制框架评估控制措施的业务系统；
• 实施那些由风险分析和控制评估结果所指明的评估任务，确保收集足够的证据以支持评估结论，建议确保对于某一业务活动向上至执行管理层和从执行管理层向下传达都有足够的监控；
• 确保评估报告和对该报告反馈的信息与沟通可以向上传送到执行管理层，并从执行管理层向下级传达。

6.7 评估应用控制的评估方案框架

在评估内部控制框架方面不存在一般公认的标准。在本部分呈现的评估方案框架是由国际内部控制协会根据可获得的最佳实务设计的。该评估方案框架被设计用于帮助回答以下问题：

1. 组织的企业风险管理方案遵照 COSO 的企业风险管理框架吗？
2. 正在被评估的活动遵照 COSO 的内部控制框架吗？
3. 正在被评估的活动遵从适用的法律法规吗？
4. 正在被评估的完成其使命和业务目标的活动是以高效率和有效果的方

式完成吗？

图2-6-2中用图解说明了评估方案的框架。

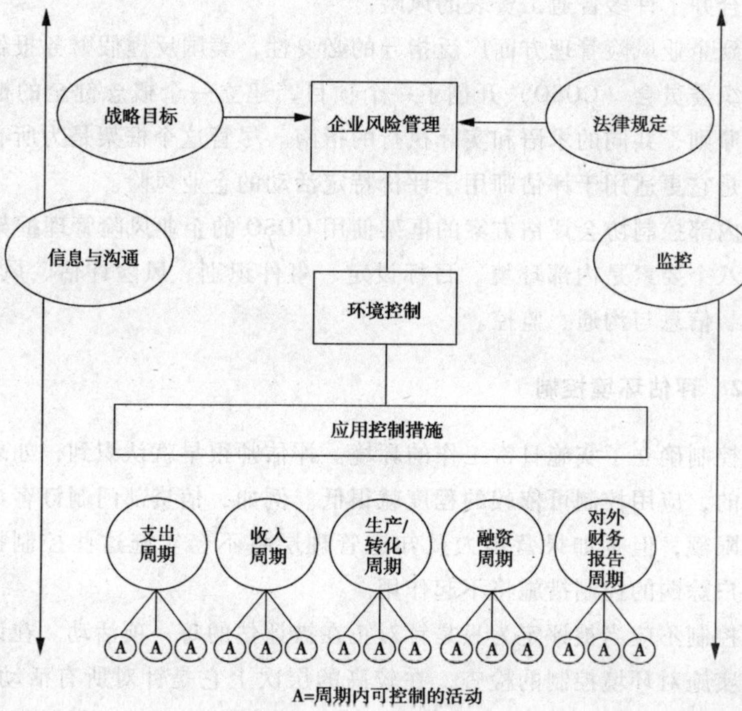

图2-6-2　ICI评估方案框架

下面的主题将简要介绍该评估方案框架的6个组成部分。这个框架确认了评估方案的6个要素，它们是：

- 评价企业风险管理计划；
- 评估环境控制；
- 实施业务评估方案（评估和测试应用控制措施）；
- 评价与正在被评估的活动相关的信息和沟通；
- 评价与正在被评估的活动相关的监控；
- 评价与业务周期内相关活动的交接。

6.7.1　评价企业风险管理方案

评估师通常要识别和评估正在被评估的活动潜在影响的风险。尽管在风险识别和评估方面存在大量的信息，但是对于这种评估并不存在通用的流程，即使有，也几乎没有被普遍公认的原则。许多评估师依赖现有的评估方案，将更多相关的普遍风险与正在被评估的活动合并在一起。例如，现有工资表的评估方案已经合并了许多普通工资表的风险。

认识到企业风险管理方面广泛指导的必要性，美国反虚假财务报告委员会的发起组织委员会（COSO）开创了一个项目，建立一个概念健全的框架来提供风险的原则、共同的术语和实际执行的指南。尽管这个框架是为所有企业开发的，但是它更适用于评估师用于评价特定活动的企业风险。

国际内部控制协会评估方案的框架使用 COSO 的企业风险管理框架的八个要素。这八个要素是内部环境、目标设定、事件识别、风险评估、风险反应、控制活动、信息与沟通、监控。

6.7.2 评估环境控制

环境控制确立了实施日常工作的环境。评估师很早就认识到，如果环境控制是薄弱的，应用控制可依赖的程度就很低。例如，信贷部门制订客户可以赊购的最高限额，但是如果营销人员知道管理层将不会实施这些控制措施，那么，对客户赊购的控制措施将不起作用。

环境控制不应当被评定为只是针对正在被评估的每一项活动。在许多组织中，一旦实施对环境控制的检查，在较高的层次上它是针对所有活动。然而，评估师必须认识到，在确定每一业务层面所需的测试量时，必须评估环境控制的适当性对正在被评估的每一项活动的影响。环境控制较薄弱，评估师则需要在现场作业期间实施更多的测试。

COSO 内部控制框架得到美国证券交易委员会认可，适用于制订和评估环境控制。因此，国际内部控制协会的评估方案框架将 COSO 环境控制的目标结合到每一个评估方案中。

使用 COSO 内部控制框架对于以下两方面是极有价值的。首先，它为评估师提供了具体的指导，确定必须是强有力环境控制的类型，以便减少现场测试的范围。其次，它有助于评估师回答某一特定活动的问题，即“为这项活动设计的内部控制系统遵从了 COSO 内部控制框架吗？”

6.8 评估和测试应用控制

绝大多数业务活动的评估方案将强调测试业务活动中的控制措施。对控制措施的评估应当与评估应用控制措施是否遵循 COSO 框架所规定的控制目标相一致。

COSO 内部控制框架为被评估的活动只提供两个目标，但是，在 COSO 手册中提供了几个例子，作为特定活动扩展这两个目标的指导。

应用控制系统是一种控制措施的结构化组合。控制措施不是彼此相互独立的，而是一个整合成一体的系统。因此，内部控制措施必须作为一个系统来开发和评估。

内部控制应当作为一个层级结构或系统来开发和执行。内部控制政策是由组织的最高层制订，并在整个组织中得到扩展、推广、实施和强化。

控制往往被视为是每一业务系统中的一个独立部分。一项应用或活动如果不利用内部控制“系统”其他部分的便利，往往会导致控制措施重复设置和控制成本费用过高。

例如，许多组织分散经营，在许多地区都建立了生产线。如果一个组织设立了一个子公司生产经营 X 产品，该子公司可能会有 5 个周期。而另一个相同组织的子公司可能制造 Y 产品，并且这家子公司同样也有相同的 5 个周期。

这里所描述的评估方案框架是由国际内部控制协会（ICI）开发的。这个框架的目的在于说明在评估方案中需要强调什么，并且为建立世界一流水平的评估方案提供一个框架。该评估方案合并了 COSO 内部控制框架、COSO 企业风险管理模式、《萨·奥法案》和适当的标准与准则所提供的指导。

图 2－6－2 只说明每个周期的类型，例如，某一收入周期。控制与组织结构密切相关，并且可能导致建立一个以上的周期。

6.8.1 评估与被评价活动相关的信息与沟通

信息必须从执行管理层向下传达至各单独的业务活动层面。信息也需要从业务活动层面上传到执行管理层。有效的信息沟通活动对于组织及其应用系统的成功起着至关重要的作用。

企业风险管理的结果显示出实施日常业务活动的环境。例如，执行管理层需要向下与各项活动的负责人沟通他们的“风险承受度”，以便各项活动在既定“风险承受度”的指导方针下运行。

执行管理层需要知道各项业务活动中现存的问题和利害关系。这些利害关系需有一个正式的向上沟通程序。管理层应当鼓励和简化沟通方式。

评估方案这一要素的设计用来回答这一问题：“该业务活动的信息沟通遵从 COSO 信息与沟通的控制框架吗?”

6.8.2 评估与被评价活动相关的监控

这一要素说明计划—执行—检查—整改循环中的“检查”部分。用于监控的控制类型经常是指“发现型控制措施”。然而，对发现型控制措施如果没有规定纠正行动势必是无效的。

评估方案这一要素的目的是帮助回答这一问题：“正在被评价活动的监控程序遵从 COSO 内部控制框架的监控要素吗？”

6.8.3 评价相关活动的交接

ICI 评估方案框架已经确认了六个业务周期。每个周期中的绝大部分活动具有相互关系。例如，在支出周期中，采购与应付账款相关，应付账款与现金支付相关（见图 2-6-3）。

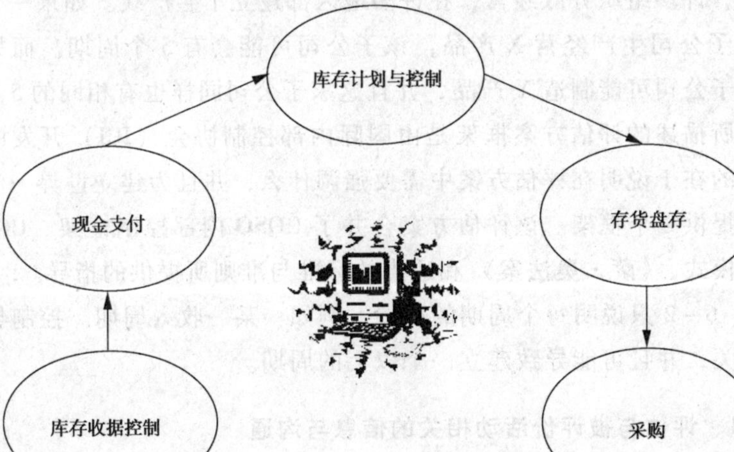

图 2-6-3 支出周期中各项活动的一些关系

在不同周期之间也明显存在着关系；所有周期均与对外财务报告周期相关。在两个或更多的周期中也存在着相关性，例如，收入周期可能推动生产周期。

评估师在评估期间需要理解并指出业务活动之间的这些关系。对正在被评估的活动与另一活动之间可疑的交易或信息，应当作为本次评估的一部分进行调查。同样，正在被评估的活动中注意到的问题可能影响其他活动，应当在那些相关的其他活动中进行调查。

6.8.4　ICI 应用程序的要素

评估方案框架涉及六个要素。建议每个评估方案均应包括这六个要素。本部分为建议的六个要素的每一项内容均提供了评估方案前后关系的指导。

针对每一要素将深入描述评估应关注的事项。世界一流水平的评估方案需要指出这些关注事项。为此，评估师将提供一份核查清单作为评价或建立评估方案的辅助工具。该核查清单的目的是确认需要在评估方案中指出的每一要素的属性。该核查清单被设计成，如果回答“是”，则代表评估方案中期望的属性；如果回答“否”，则应当在组织中调查并确定那些属性的适用性。

在建立 ICI 世界一流水平评估方案的过程中，使用了以下假设。

(1) 企业与业务活动的控制措施之间必须存在某种联系。

正在被评估的业务活动是组织中的组成部分。在企业风险管理与环境控制中提供的指导方向必须从企业连接至业务活动（见图 2－6－4）。

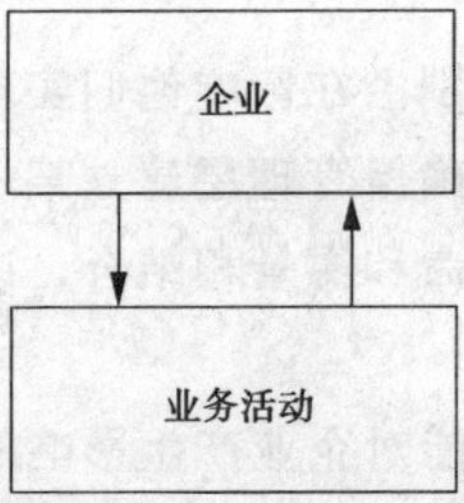

图 2－6－4　企业与业务活动的控制措施之间的联系

在企业风险管理中，执行管理层规定某一基于风险的经营战略。此战略应当为组织中每项业务活动规定以风险为导向的管理方法。例如，如果执行管理层决定采用低风险承受度，意味着他们不愿意接受太多的风险，则该活动的风险与风险承受度必须是一致的。例如，如果组织采用低风险承受度，其信息技术活动则不应当参与高风险软件业。

在组织的环境控制与执行那些环境控制措施的业务活动层面之间也必须存在某种联系。例如，如果该组织制定了组织的道德规范，那么，道德规范必须被业务活动层面理解与坚持。

(2) 在某一活动评估中，评估师必须理解该组织的企业风险管理程序，以及针对该组织制定的环境控制措施。

评估某一业务活动不能只依赖于组织的环境控制或企业风险管理评估。为了实施某一有效的业务活动评估，评估师必须了解管理层的企业风险管理与环境控制战略。

(3) 评估师必须评估组织企业风险管理（ERM）、环境控制和各项业务活动的风险管理与环境控制之间的联系。

每项业务活动的评估应当确定该活动的管理层正在以与组织的风险管理及环境控制战略相一致的方式执行其管理控制的职责。

6.8.4.1 企业风险管理的组成部分

企业风险管理是评估方案框架的第一个组成部分。企业风险管理包含八个相关联的组成部分。这些部分来源于管理层经营企业的方式，并且被结合到管理流程。这些组成部分是：

- 内部环境：管理层设定了风险的宗旨和确定风险承受度。内部环境设立了企业员工如何看待和面对风险与控制的基础。任何企业的核心是员工——他们的个人品质，包括诚信度、道德价值观和胜任能力——以及他们运营中所处的环境。他们是推动企业发展的发动机和每一事物依赖的基础。
- 目标设定：在管理层识别潜在影响他们实现目标的事件之前，就必须设定目标。企业风险管理确保管理层建立某一流程来设定目标，被选择的目标支持并与企业的使命和愿景相结合，以及与企业的风险承受度相一致。
- 事件识别：必须识别可能对企业产生影响的潜在事件。事件识别包括识别内部和外部的因素，即潜在事件如何影响战略执行和目标实现及其影响程度。它包括区分代表风险与代表机会之间的潜在事件，以及可能是二者并存的那些事件。管理层识别潜在事件之间的内在联系，从而创建和加强整个企业风险管理的共同语言，从业务责任的角度形成考虑事件的依据。
- 风险评估：分析已识别的风险，为确定应当如何管理风险奠定基础。风险与可能受到影响的相关目标有关。评估风险包含固有风险和剩余风险，评估应同时考虑风险的可能性及其影响。一系列的可能结果也许与某个潜在的事件相关，管理层的考虑需要有全局观念。
- 风险应对：在战略目标的背景下，管理层根据企业风险承受度选择与被评估风险相匹配的方法或一系列行动。人事甄别和评价可能应对风险的举措包括规避、接受、降低和分担风险。

- 控制活动：建立和执行相关政策及程序，有助于确保高效率实施已经选定的风险应对管理措施。
- 信息与沟通：以某种形式和时限要求识别、获取和沟通相关信息，这有助于增强员工的责任意识。在风险识别、评估和应对的过程中，企业的各个层面都需要信息。有效的沟通必须在更广泛的意义上发生，使信息在整个企业向下、交叉和向上交流。员工需要接到有关他们岗位职责的清晰指令。
- 监控：整个企业风险管理的流程必须受到监控，并进行必要的修改。通过这种方式，系统可以动态地作出反应。在条件许可的情况下，应当及时对系统进行修改。实施监控可以通过持续的管理活动、企业风险管理流程的个别评价或两者结合的方式。

图2-6-5显示的模型中描述了企业风险管理的组成部分以及它们的联系。

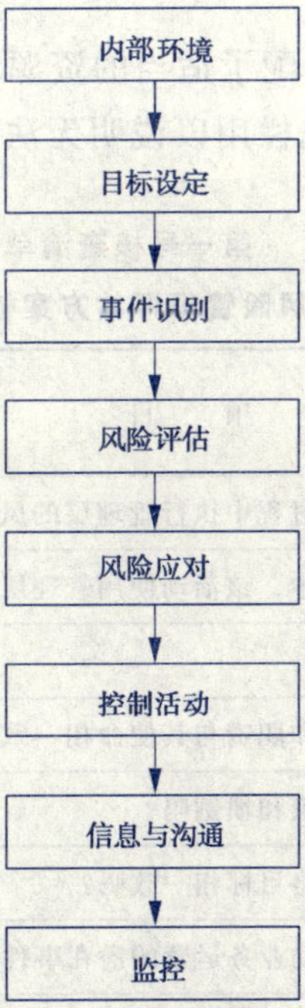

图2-6-5 企业风险管理框架八个组成部分

企业风险管理是一个动态的流程。例如，风险评估产生风险应对措施，可能影响控制活动，并且强调重新考虑信息与沟通的必要性或企业监控活动的方式。因此，企业风险管理不是一个系列排列的流程，一个部分只影响下一个部分。它是一个多重方向的迭代流程，在这个流程中几乎任何组成部分都可能并将影响另一个部分。

任何企业应当以其独特的方式应用企业风险管理。公司及其风险管理的能力和需求会因为行业和规模、文化和管理理念的不同而明显存在着巨大的差别。因此，即使所有的企业都需要每一个组成部分来控制他们的业务活动，但每个企业风险管理框架的应用，包括所采用的工具和技术，以及企业风险管理的作用和职责分配，常常都会明显地不同于其他企业。

企业风险评估方案核查清单

第一号核查清单被设计用于提出企业风险管理评估方案中必需强调的项目。该核查清单被设计为，肯定回答“是”表示良好的商业惯例。肯定回答意味着：

- 理解项目的目标；
- 有实现目标的计划；
- 为成功地完成该目标分配了适当的资源和技术支持。

核查清单设计有一个意见栏用以说明无法回答的情况（见表2－6－1）。

表2－6－1　　第一号核查清单

企业风险管理评估方案核查清单

编号	项　目	答案		意见
		是	否	
1	理解该活动，并在实施该活动过程中执行管理层的风险管理理念吗？			
2	在确定是否执行新的业务运营中，该活动使用管理层设定的风险承受度吗？			
3	该活动遵循组织的道德规范吗？			
4	该活动的组织结构、权力分配和职责与其使命相一致吗？			
5	该活动遵循组织的人力资源政策和惯例吗？			
6	该活动制定的目标与组织的战略目标相一致吗？			
7	该活动已经识别可能影响该活动业务运营的潜在事件吗？			
8	该活动的管理层已经识别和分析风险，并对应当如何管理这些风险作出决定了吗？			
9	该活动的管理层选择应对风险的措施与组织的风险承受度、战略和目标相一致吗？			
10	该活动的流程有助于确保有效地实施风险应对举措吗？			

续表

编号	项　目	答案		意见
		是	否	
11	该活动的流程能确保与风险相关的重要信息以某种形式和时限要求被识别、获取或沟通，促使员工执行他们的职责吗？			
12	组织内部存在向下、交叉和向上沟通与风险相关信息的渠道，使管理层能够有效地运营和控制该活动吗？			
13	设立在适当位置的流程能监控该活动的业务运行吗？			
14	如果是的话，该监控机制包括了有助于确保同时实现组织的战略目标和活动的目标吗？			
15	如果是的话，流程能通过适当监控确保识别与风险相关的问题和关注事项吗？			
16	该活动确认了在实施业务运营中应遵从的标准、法律法规吗？			
17	如果是的话，该活动采取适当的措施来保证活动遵从那些标准、法律法规吗？			

6.8.4.2　评估组织环境控制可以依赖的程度

通用的评估计划

环境控制是 ICI 评估方案框架的第二个组成部分（即图 2 – 6 – 6 中阴影部分）。

控制环境设定了一个组织的基调，并影响其员工的控制意识。它也是提供戒律与结构化的内部控制所有其他组成部分的基础。控制环境的因素包括正直性、道德价值观、企业员工的胜任能力；管理层的理念和运营模式；管理层分配权责的方式、人事的组织与发展，以及董事会提供的方向与关注。

控制环境对形成结构的业务活动方式、制订的目标以及被评估的风险具有普遍性的影响。它同样影响着控制活动、信息与沟通系统和监控活动。控制环境受到企业的历史和文化的影响，反过来又影响着员工的控制意识。

有效控制的企业会致力于发掘有能力的员工，灌输整个企业诚实性的态度和控制意识，以及设定积极的“高层基调”。他们会建立适当政策和程序，包括书面的行为守则，以便促进团队合作的观念，共同追求实现企业的目标。

控制环境包含多种因素。虽然所有的因素都很重要，但是其重要程度因企业不同而每一因素被强调的程度有所不同。例如，企业的首席执行官采用集权式运营方式，员工人数很少，可能不需要建立职责分工制度和详尽的经营政策，但是肯定会有合适的控制环境。

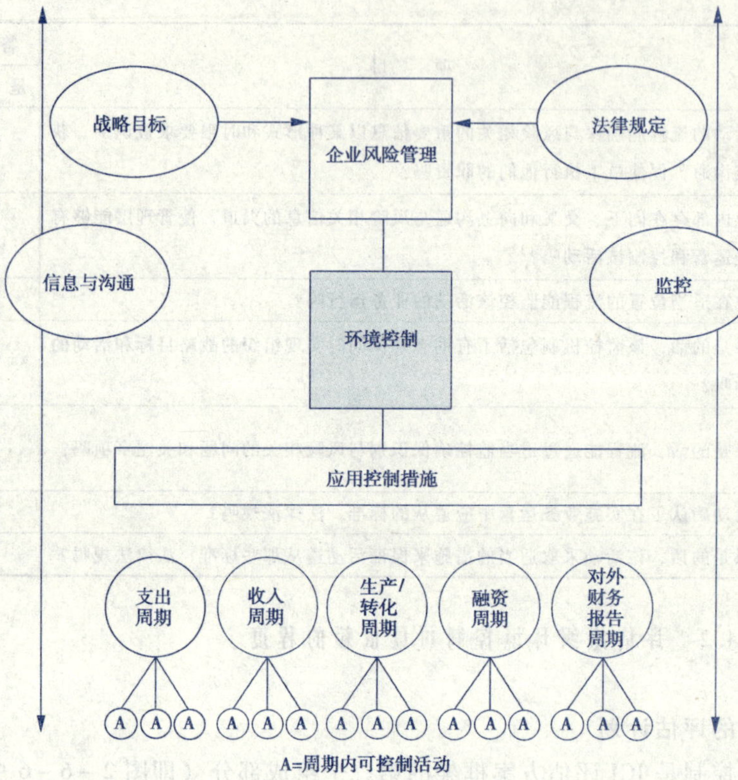

图 2－6－6　ICI 评估方案框架

对环境控制的评估应当在公司或组织层面。针对某个具体活动（例如：工资表评估）的评估方案应当注重公司的控制环境和业务活动的控制环境之间的联系。

对业务活动层面控制环境的评估重点放在以下两个方面：

（1）对正在被评价活动的管理能营造出与公司整体工作环境相一致的环境吗？

（2）基于公司和业务活动两个层面的控制环境足以对该活动的应用控制措施产生信赖度吗？

控制环境评估方案核查清单

第二号核查清单被设计用于提出在控制环境评估方案要素中需要强调的项目。该核查清单被设计为："是"的肯定回答表示良好的经营惯例应当被结合到评估方案中。因为"是"的肯定回答有以下几方面含义：

• 理解项目的目标；

- 有实现目标的计划；
- 为成功地完成目标分配了适当的资源和技术支持。

核查清单设计有一个意见栏用以说明无法回答的情况（见表2-6-2）。

表2-6-2 第二号核查清单

控制环境评估方案核查清单

编号	项目	答案		意见
		是	否	
1	组织制订了书面的行为/道德规范吗？			
2	如果有，管理层坚持道德规范吗？			
3	管理层在实现道德规范中规定的道德价值观方面，如何提供楷模的指导？			
4	管理层及员工以较高的道德水准处理与供应商、使用者和客户之间的关系吗？			
5	如果有任何员工违反道德规范，管理层采取纠正措施吗？			
6	管理层建立流程确保任何超越既定控制措施的行为，在业务范围内，如有必要的话，在组织的高层得到适当检查吗？			
7	管理层避免对该活动的员工设定不切实际的绩效目标吗？			
8	管理层确保员工受到适当培训，并能按照岗位职责规定的要求执行他们的工作吗？			
9	该活动管理层的风险承受度与公司的风险承受度相一致吗？			
10	该活动的人员流动结构与有效管理相一致吗？			
11	在该活动管理层与高级管理层之间存在适当的沟通吗？			
12	该活动的组织结构与其任务相一致吗？			
13	该活动的管理人员和员工具有与他们岗位职务相匹配的职责吗？			
14	该活动有适当的人员来完成他们的任务与当前的工作吗？			
15	该活动中的人力资源政策是否与公司的人力资源政策与程序保持一致？			
16	员工明白他们的岗位职责、授权与预期吗？如果是的话，他们的绩效评价与这些职责与期望值相一致吗？			

6.8.4.3 针对控制活动的评估方案组成部分

针对应用控制措施活动的评估方案是国际内部控制协会评估方案框架的第三个组成部分（见图2-6-7阴影部分）。尽管评估目标存在多样性，但仍然可以制订某些评估目标的广泛分类。

运营目标——这些目标涉及企业运营的效果性和效率性，包括绩效、盈利目标和保护资源避免损失。它们基于管理层对结构和绩效选择的不同而不同。

财务报告目标——这些目标涉及编制可靠的对外公布的财务报告，包括防止欺诈性的财务报告。它们主要取决于管理层的职业道德和外部要求。

遵从性目标——这些目标涉及企业应遵从的法律和规章。它们取决于外部因素，例如，环境的规定，并且在某些情况下倾向于对所有企业大致相同而对各个行业则有不同的方法。

某些目标偏离企业经营的业务。例如，互助基金必须每天评估其持有的股票和债券的价值，而另一种业务可能是每季度评估一次。所有上市公司必须按照美国证券交易委员会的要求将某些文件归档。这些外部强加的目标由法律法规确定，也归属于遵从性目标，或称为财务报告类别。

用于评估业务活动组成部分的通用评估计划

业务活动评估的类型和范围将取决于评估师对于环境控制措施的信赖度，包括企业风险管理策略。如果对环境控制措施不予信赖，那么，评估师必须对业务交易进行广泛的测试。如果认为可以信赖环境控制措施，该活动的评估可以集中评价业务活动范围内的应用控制。然后，评估师可以实施任何他们认为需要验证应用控制是否到位并运行的测试。

业务活动评估将涉及以下任务：

任务一：现场作业活动

现场作业之前，评估师将采取任何有助于保证评估范围的调查。这种事前的现场作业任务一般包括：

检查前几年的工作底稿和评估报告（如果存在）以确认正在被评估的业务活动运行的强度、缺陷和应关注事项：

—— 与高级管理人员会谈，确认有关该活动的潜在关注事项；

—— 与其他评估师讨论他们对评估期间该活动的任何关注事项；

—— 会见相关的业务人员，确认他们对正在被评估活动的任何关注事项。

任务二：确定评估目标

评估师需要制订在评估过程中需要完成的特定评估目标。需要注意的是，作为某一业务评估的一般评估目标已经包括在业务活动评估方案的核查清单中。

任务三：召开进点会议

现场作业开始时，评估师应当会见业务活动的管理层和关键人员，讨论此次评估的内容。在进点会议上至少要求开展以下工作：

- 评估师解释他们希望评估完成哪些工作以及为什么要开展这些工作；
- 业务活动管理层向评估师提供他们已经关注的事项和评估师可能要检查的已确认领域的情况。业务活动管理层要求该活动的工作人员全力支持评估师。

任务四：获得适当的核查清单、工作底稿和自动评估测试工具

在评估目标既定的情况下，评估师应当收集任何能协助他们实施评估所必需的材料。

任务五：开展应用控制审查

根据环境控制可以被依赖的程度，评估师应当审查应用控制措施，然后，作出针对以下事项的评估：

- 应用控制措施可以被依赖的程度；
- 需要进行的测试，以便确认应用控制措施是否到位并运行。

任务六：进行评估测试，提出评估结果和建议

确定必须进行的测试，以证实应用控制措施到位并运行，以及实施评估帅认为必要的其他测试。记录和分析这些测试的结果。根据结果分析提出改进的建议。

任务七：编写评估报告

应当在现场作业结束之前，初步准备和起草评估报告。

任务八：召开结束会议

结束会议为评估师提供了一个机会：

- 公布评估结果；
- 提出改进建议；
- 尝试获得业务活动管理层对评估结果的正确性和改进建议的合理性的支持。

任务九：发布评估报告和后续管理行动

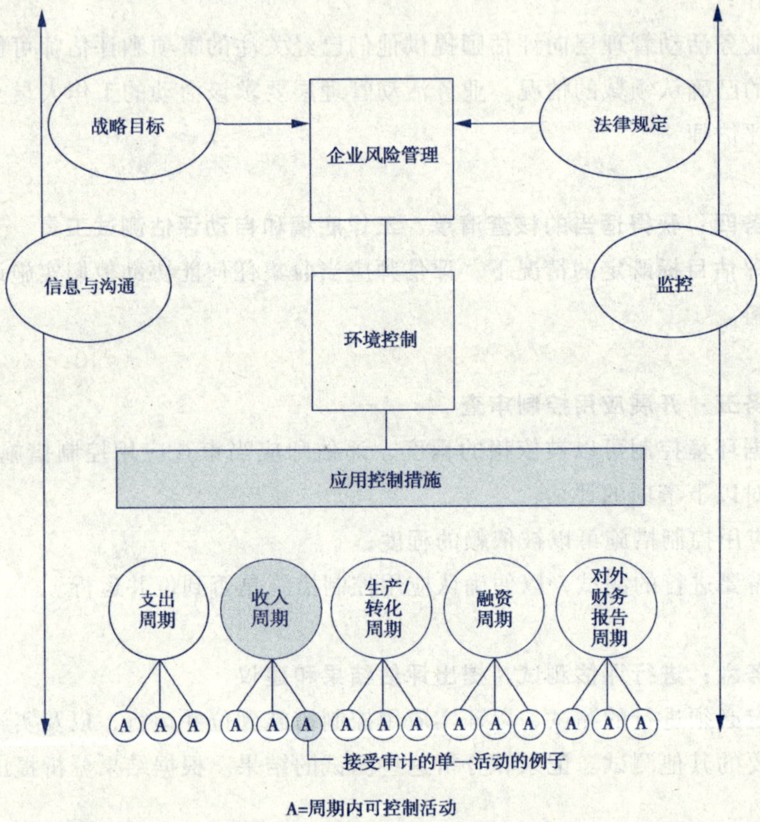

图 2－6－7　ICI 评估方案框架

控制活动组成部分评估方案核查清单

第三号评估方案核查清单被设计用于提出在控制活动评估方案的组成部分中需要加以解决的项目。核查清单被设计为："是"的肯定回答表示良好的商业惯例应当被结合到评估方案中。肯定的回答意味着：

- 理解项目的目标；
- 有实现目标的计划；
- 为成功地完成目标分配了适当的资源和技术支持。

核查清单设计有一个意见栏用以说明无法回答的情况（见表 2－6－3）。

表 2-6-3 **第三号核查清单**

控制活动组成部分评估方案核查清单

编号	项目	答案		意见
		是	否	
1	该活动的业务目标与组织的经营目标相一致吗?			
2	如果是,这些目标在活动中可获得的资源能实现吗?			
3	该活动的员工了解该活动的业务目标吗?			
4	如果是,这些员工在执行日常工作中贯彻这些业务目标吗?			
5	该活动的业务目标彼此之间相一致吗?			
6	该活动的业务目标与组织的战略和战术计划相关吗?			
7	活动层面的业务目标规定足够详细,以便能衡量完成的进度吗?			
8	该活动有足够的资源来实现其业务目标吗?			
9	该活动将其业务目标分成不同等级,以便首先完成那些对实现公司目标最重要的目标吗?			
10	该活动能识别那些可能阻碍实现其业务目标的风险和威胁吗?			
11	如果能,该活动能估计这些风险的重要性和发生的可能性吗?			
12	如果能,该活动制订了如何解决导致该活动潜在损失的风险或威胁的应对方案吗?			
13	该活动有将变革引进活动的流程吗?			
14	如果有,这种流程到位并运行吗?			
	业务活动评估结束			
1	关于正在被评估活动的每一流程所必需的适当政策和程序存在吗?			
2	如果已识别的控制活动都到位,它们正在被正确应用吗?			
3	可以依赖该活动的控制吗?			
4	已经完成需要评估测试以证实控制措施到位并有效的工作吗?			
5	评估目标令人满意吗?			
6	已经完成应用控制的核查清单了吗?			
7	已经审核过正在被评估活动的证据了吗?			
8	已经向识别潜在关注事项的利益相关者提供与他们关注事项有关的评估结果的反馈意见吗?			
9	此次评估中对上一年度工作底稿关注的事项进行过调查吗?			

6.8.4.4 针对信息与沟通的评估方案组成部分

信息与沟通组成部分的通用评估计划

信息与沟通组成部分是国际内部控制协会评估方案框架的第四个组成部分(见图2-6-8中阴影部分)。控制任何业务活动工作流程的一个重要方面是针对该流程利益相关者的信息流。利益相关者包括该活动中的负责人、高级管理层、供应商、客户和那些关注信息适当性的人们。这些信息可被用于多种目的，例如：

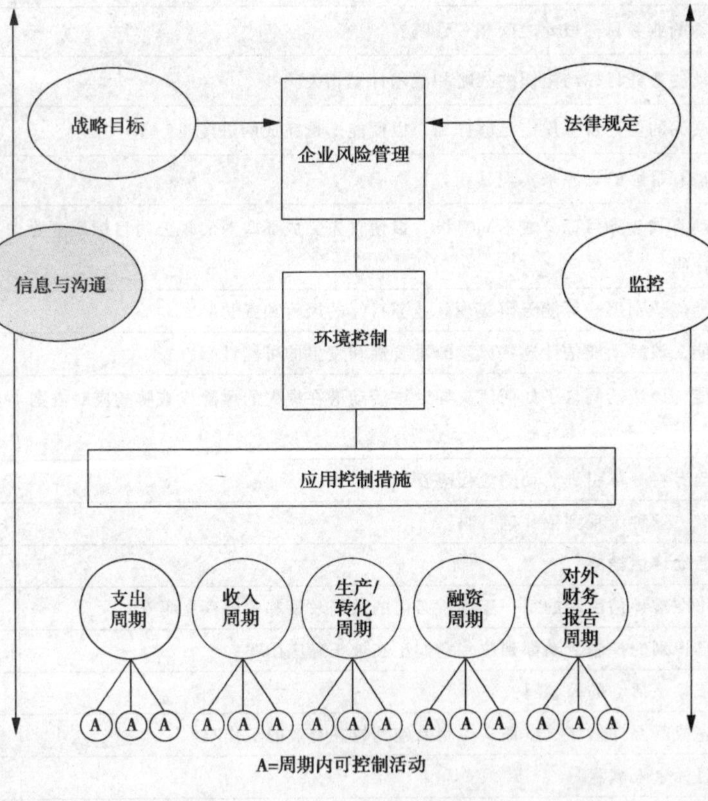

图2-6-8 ICI评估方案框架

- 控制工作流程；
- 向工作流程负责人提出建议；
- 信息处理范围内的问题；
- 向潜在的违反政策或法规责任当事方提出建议；
- 协助负责监控流程绩效的个人；

- 从自行检举者那里获取有关潜在的违反流程的信息，并保护自行检举者；
- 针对正在被评估的业务活动，沟通由执行管理层制订的战略计划和经营目标；
- 沟通相关活动，以确保活动之间存在适当的连接。

信息与沟通组成部分概述

相关信息必须以某种形式和时限要求的方式予以识别、获取和沟通，使员工履行其职责。信息系统生成的报告，包括运营的、财务的和与遵从性相关的信息，使人们有可能运营和控制企业。人们不仅处理内部产生的数据，而且也处理企业的外部事件、业务活动和条件的有关信息，以便作出明智的业务决策和对外披露的报告。有效的沟通同样必须在更广泛的意义上发生，信息在整个企业向下、交叉和向上交流。所有工作人员需要从高层管理人员那里得到一封必须认真对待内部控制职责的明确信函。他们必须明白自己在内部控制系统中的作用，以及个人活动如何与其他人的工作相关联。他们必须有某种渠道向上沟通重要信息。他们也需要有效地与外部当事方，例如客户、供应商、监管部门和股东沟通。

每一活动必须获取相关信息——财务的和非财务的、有关外部的以及内部事件和业务活动的信息。这些信息必须通过管理层以及有关的管理活动予以确认。信息必须以某种形式和时限要求传送给需要它的人们，使他们能够履行各自的职责。

信息

组织的所有层级都需要信息来经营企业，并朝着实现企业所有类别目标——运营目标、财务报告目标和遵从性目标的方向发展。一系列的信息，例如财务信息，不仅被用在编制对外公布的财务报告上，也可以用于经营决策，如监控绩效和分配资源。货币和相关衡量措施的管理报告，例如品牌的盈利能力、按客户类型的应收款业绩、市场份额、客户投诉的趋势和意外事故统计数字，使监控成为可能。可靠的内部财务衡量对于规划、预算编制、定价、评价供应商履约情况，以及评价合资企业和其他联盟都是必不可少的。

相关和可靠的运营信息对于有效的企业管理是必不可少的。这包括例行的采购、销售及其他交易，以及竞争对手发布的产品信息或经济状况的信息，这可能会影响到存货和应收款的估价。可能也需要例如尘埃粒子排放量或人事数据等运营信息，以便同时实现遵从性和财务报告的目标。因此，来源于内部和外部开发的信息，不管财务还是非财务方面的，可能与所有类别的目标相关。

沟通

沟通是信息系统的一个关键因素。如上所述，信息系统必须向适当的人员提供信息，以便他们能履行其运营、财务报告和遵从性方面的职责。但是沟通也必须在更广泛的意义上发生，沟通的内容涉及个人和团体的期望值、职责和其他重要事项。

内部沟通

除了接收相关数据管理他们的活动，所有人员，特别是那些具有重要的运营或财务管理责任的人员，需要从高层管理人员那里得到一封必须认真对待内部控制职责的信函。无论是信函说明，还是有效沟通的这类信息都是很重要的。

外部沟通

不仅在业务活动的内部需要适当的沟通，而且在外部也需要。通过公开交流渠道，客户和供应商可以提供非常重要的有关设计、产品或服务质量的信息，使公司能够应对客户需求或优先权的变化。而且，任何人的交往活动必须意识到不能容忍不正当的行为，例如，回扣和其他不正当支付款项。公司可以与供应商直接沟通，例如，有关公司希望该供应商的员工与他们自己的员工在交往方面应如何采取行动。

外部当事方的沟通常常会提供内部控制系统运行情况的重要信息。评估师了解业务活动的运营情况和相关业务问题以及控制系统，可以向管理层和董事会提供重要的管理信息。

监管机构，例如，银行业或保险机构会报告遵从性审查或重点强调控制缺陷检查的结果。有关发货、收据、发票或其他活动的投诉或质询经常表明运营的问题。应当委派与原始交易没有关系的个人来审查这些事项。员工应当对这样情况下暗示的结论有所认识，并进行调查和采取必要的纠正行动。

信息与沟通组成部分评估方案核查清单

第四号评估方案的核查清单被设计用于提出需要加以解决的信息与沟通评估方案组成部分的项目。核查清单被设计为："是"的肯定回答，表示评估的惯例应当被结合到评估方案中。因为肯定的回答意味着：

- 理解该项目的目标；

- 有实现目标的计划；
- 为成功地完成目标分配了适当的资源和技术支持。

核查清单设计有一个意见栏用以说明无法回答的情况（见表2-6-4）。

表2-6-4 第四号核查清单

信息与沟通组成部分评估方案核查清单

编号	项目	答案		意见
		是	否	
1	该活动收集了管理该活动业务所需的内部和外部的信息吗？			
2	向该活动的管理层提供了所需的报告，以便他们能够有效地评估和管理工作流程绩效吗？			
3	对该活动工作流程的既定目标进行过适当沟通吗？			
4	利益相关者及时详尽地获取了能使他们有效履行职责的信息吗？			
5	组织的信息系统建立在战略计划的基础上，而信息系统连接组织与活动的整体信息战略吗？			
6	该活动的管理层通过承诺包括财力和人力的适当资源，支持该活动所需的信息系统的发展吗？			
7	该活动的管埋层向员工有效地沟通了他们的职责和控制责任吗？			
8	该活动的管理层为员工报告可疑的不适当行为建立了沟通渠道吗？			
9	存在向管理层提供员工建议如何改进工作程序的流程吗？			
10	如果存在，管理层易于接受员工的建议，并对建议作出反应吗？			
11	在该活动和其他关联活动之间存在有效沟通的渠道吗？			
12	在该活动与其客户、供应商和其他外部当事方之间存在公开有效的沟通渠道吗？			
13	该活动的管理层已经使外部当事方知道本组织及其活动的道德标准吗？			
14	存在该活动的管理层收到来自客户、供应商、监管机构或其他外部当事方报告问题和建议的流程吗？			
15	如果存在，管理层对这些沟通情况及时和适当地采取后续行动吗？			

6.8.4.5 针对监控组成部分的评估方案

监控组成部分的通用评估计划

内部控制系统必须加以监控——评估各项活动业绩质量的一种流程。这是通过持续的监控活动、个别评价或两者的组合来实现的。持续监控发生在运营的过程中，它包括常规管理和监督活动，以及员工在履行其职责时所采取的其他行动。个别评价的范围和频率将主要取决于风险评估和持续监控程序的有效性。评估师应当向上级汇报内部控制缺陷，严重的问题应当向高级管理层和董事会报告。

监控组成部分是国际内部控制协会评估方案框架的第五个组成部分。

对某一业务活动的评估实际上是一种监控活动。这是对该活动的一种外部的监控。在评估过程中，评估师需要评价该活动内部的监控情况，需要了解并与其他当事人对正在被评估的活动履行外部监督的情况进行沟通。

内部控制系统随时间而改变。采用的控制方式也可能发生变化。一旦原先有效的程序变得不那么有效，或许就不再被执行。这可能归因于新员工的到来、培训和监督的不同效果、时间和资源的限制或额外的压力。内部控制系统最初设计的环境也可能发生变化，以至于无法对新环境所带来的风险进行预警。因此，管理层需要确定内部控制系统是否仍然与新风险相关，并能够应对这些风险。

监控确保内部控制继续有效运行。这一流程涉及在合理及时的基础上设计和运行的控制措施，由合适的人员进行评价，并采取必要的行动。它适用于某一组织所有的业务活动，有时也同样适用于外部承包商。例如，将健康索赔处理业务外包给第三方管理，这种处理方式直接影响效益和成本，该企业应监控第三方管理人员的活动和控制措施的运行情况。

监控的方式有两种：持续监控和个别评价。内部控制系统通常将在某种程度上建立持续性监控的架构。持续监控的效果越有效，进行个别评价的必要性就越小。为了确保内部控制系统的有效性，管理层需要个别评价。但个别评价的频率取决于管理层自己的判断。作出这种判断应当考虑以下几个既定的因素：发生变化的性质和程度及其相关风险，执行控制措施人员的胜任能力和经验，以及持续监控的结果。通常，持续监控和个别评价的某种结合将确保内部控制系统保持长期有效。

不可否认的是，持续监控的程序已经被“嵌入”正常的和重复运行的业务活动程序中。因为它们以实时的方式运行，对变化的情况作出动态反应，并在企业中根深蒂固。这些业务活动程序是始终如一的，比在个别评价中实施的程序更加有效。由于个别评价是在事后执行，而持续监控使一些问题在例行的监控中就更早地被发现。尽管如此，一些具有健全的持续监控活动的企业每隔几年仍然执行整个或部分内部控制系统的个别评价。认为有必要进行经常性个别评价的企业应当将重点放在增强其持续监控活动的方式上，从而强调“嵌入”式的控制措施，而不总是“增加”控制。

个别评价

尽管持续监控程序通常会提供其他控制组成部分的重要反馈，但是，经常重新审视这些程序，重点直接放在系统的有效性方面可能更有用。这也提供了一个机会，考虑继续执行持续监控程序的效果。

监控组成部分评估方案核查清单

第五号评估方案核查清单被设计用于提出需要加以解决的监控评估方案组成部分的项目。核查清单被设计为：“是”的肯定回答，表示应当被结合到评估方案中的有效经营惯例。因为肯定的回答意味着：

- 理解该项目的目标；
- 有实现目标的计划；
- 为成功地完成目标分配了适当的资源和技术支持。

核查清单设计有一个意见栏用以说明无法回答的情况（见表2-6-5）。

表2-6-5　　第五号核查清单

监控组成部分评估方案核查清单

编号	项目	答案		意见
		是	否	
1	给予有责任履行活动任务的员工足够的数据，以确定内部控制系统是否正确运行吗？			
2	要求该活动的管理层对他们活动财务记录的准确性“签字”吗？			
3	要求该活动的管理层对他们活动的内部控制系统的适当性签字吗？			
4	如果被外部当事方发现他们的财务记录中有错误，该活动的管理层应对此负责吗？			
5	该活动的管理层设有向外部资源（例如，稽核、控制职能）证实内部产生的信息，包括问题的流程吗？			
6	正在被评估活动的实物资产定期地与会计系统中记录的数额进行比较吗？			
7	该活动管理层对内部和外部评估师增强内部控制措施的意见作出反应吗？			
8	管理层从业务会议，例如培训班、发表独创性意见的会议等来收集关于控制适当性或潜在问题的信息吗？			
9	要求该活动的员工定期说明他们对道德规范的理解和遵守本组织的道德规范的情况吗？			

续表

编号	项　目	答案		意见
		是	否	
10	存在合理次数的外部监控，例如，内部评估，以便适当地评估该活动运行的效果吗？			
11	如果存在，外部监控由具备胜任能力与技术的人员来执行吗？			
12	该活动具备获取和报告已识别的内部控制缺陷的机制吗？			
13	如果具备，对那些缺陷及时和适当地采取行动吗？			

6.8.4.6 针对评估相关活动连接适当性的评估方案

相关活动连接组成部分的通用评估计划

评估相关活动之间连接的评估计划是国际内部控制协会评估方案框架的第六个组成部分（见图2－6－9）。

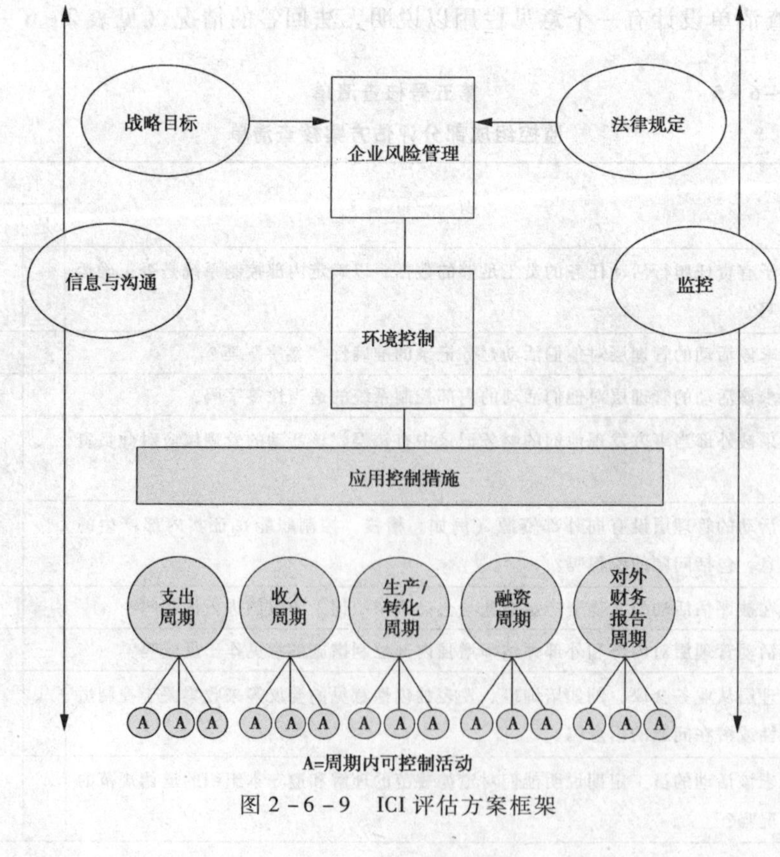

图2－6－9　ICI评估方案框架

周期是指相关交易的系列。有许多术语用以定义组织内相关交易的系列。如有时周期又被称为职能，但其基本概念是相同的。周期是相互关联的交易组合。根据业务活动，许多交易处理分为五个周期。这些周期是：收入周期、支出周期、生产或转化周期、对外财务报告周期、融资周期。

在审计单一活动或某一活动周期的过程中，评估师需要确保实现内部控制的以下四个目标：

- 授权——根据管理层的一般授权或特别授权执行交易。
- 记录——按照一般公认会计原则或其他适用于这类活动的标准所允许的编制财务报表的方式记录交易，并保持对资产的会计责任。
- 使用资产——只允许按照管理层的授权使用资产。
- 资产的会计责任——对资产的记录责任是在合理的时间间隔内与现有的资产进行比较，针对任何差异情况采取适当的行动。

相关业务活动连接组成部分评估方案核查清单

第六号评估方案核查清单被设计用于提出需要加以解决的连接评估方案组成部分中的项目。核查清单被设计为："是"的肯定回答表示有效的经营惯例。因为肯定的回答意味着：理解该项目的目标、有实现目标的计划、为成功地完成目标分配了适当的资源和技术支持。

核查清单设计有一个意见栏用以说明无法回答的情况（见表2-6-6）。

表2-6-6　　　　第六号核查清单

相关业务活动连接组成部分评估方案核查清单

编号	项　目	答案		意见
		是	否	
1	该活动具有与正在被评估活动相连接的所有活动的记录吗？			
2	如果有，文档记录表明了正在被评估活动输入或输出的信息类型吗？			
3	如果是，此文档记录定期更新吗？			
4	当正在被评估活动的程序发生任何变化时，该活动有通知被连接活动的流程吗？			
5	当被连接的活动发生变化时，存在从被连接活动到通知正在被评估活动的流程吗？			
6	此次评估评价对其他活动的潜在影响，并执行必要的后续活动来评价这种连接关系吗？			

6.9 五个业务循环的概述

业务循环五个周期的描述将重点介绍如何实现内部控制这些目标的连接。这种连接可以在任何两个或多个活动之间，或在五个业务循环周期之间。

图 2－6－10 显示了企业风险管理战略在某一组织的中心如何有效运行，以及在业务循环周期中环境控制如何影响着所有的活动。

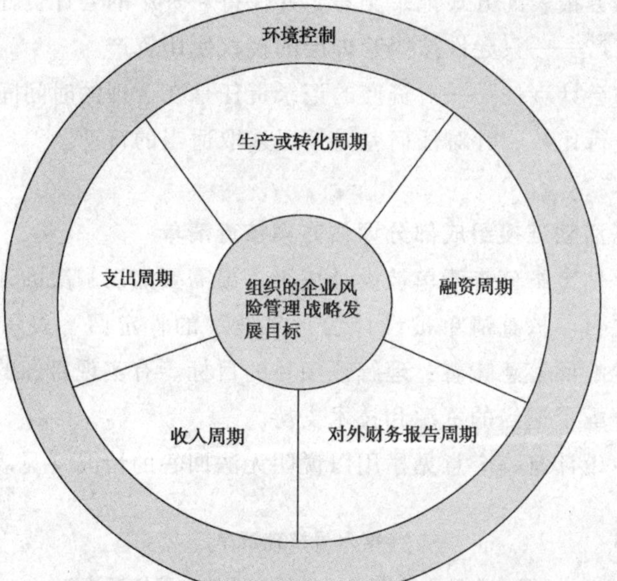

图 2－6－10 环境控制

收入周期

收入周期包括的职能涉及：收到和接受货物或服务的请求；运送或提供货物或服务；授信、现金收入、托收活动；开发票；收入、应收账款、佣金、担保、坏账、退货和其他调整的会计处理。

收入周期中的“授权”包括产品的类型和提供的服务；客户提供服务的类别（包括相关的和国外的当事方）；使用的分销渠道；价格、信贷和其他销售条款；个人客户的接受；与销售相关的调整和相应的政策。此外，还有相关的接受退货的政策；提供给客户的服务，包括保修政策；开发票和托收的惯例；销售补偿政策。

“会计”包括用于控制交易记录和分类的程序与技巧，这些交易与收益及现金收入、收入中的扣除款（例如，营业税、佣金、坏账），以及将这类交易记入到单独的应收账款记录和其他明细分类记录有关。

“资产保护”主要涉及保证现金收入的安全和保护重要记录的控制措施。

支出周期

支出周期可以细分为采购、工资支付和款项支付的职能。

采购包括的职能涉及：提出货物、其他资产和服务（“货物”）的申请；获取有关现有供应商、价格和其他规格说明、货物订单的信息；接收和检查，或接受交付或提供的货物；计算支付供应商的应付款金额，包括运费、现金折扣、退还的货物和其他会计处理调整。工资支付职能包括直接和间接的工资单薪金；报告出勤率和工作完成情况；工资支出、工资扣除、员工福利和其他会计处理调整。款项支付的职能包括准备、签字和签发支票或支付现金。

支出周期中的“授权”涵盖了获得的货物类型和规格；卖方（包括相关的当事方）；价格、规格说明、信贷和其他采购条款；员工的挑选、聘用、解雇和晋升；工资、薪金和佣金比率；员工福利的种类和数额；支票的签署和使用，对供应商的调整、工资和现金账户以及相应的政策；已接收货物的质量控制政策、终止付款和其他特别员工支付款的政策，等等。

“会计”包括用于控制交易记录和分类的程序与技巧，交易分类与采购，工资支出和现金支付，包括应付账款、进货折扣损失、运费、工资总额、工资扣除、与这类账户相关的权责发生额以及将这类交易记入适当的账户，包括个人的工资记录。

“资产保护”主要涉及只对经过授权的货物和经批准的员工支付款项，为重要记录的保护提供合理保证的控制措施。

生产或转化周期

生产或转化周期包括的职能涉及：生产规划与控制、存货计划与控制、财产和递延成本核算以及成本会计。“授权”在生产或转化周期包括生产制造货物的类型和产量，或提供的服务；被使用的各种方法和材料；保持库存水平或服务的能力；货物生产或提供服务的时间进度；相应的调整和政策；陈旧存货的规定或递延成本的注销；财产、废料和陈旧或超量存货处理，等等。

“会计”包括用于控制交易记录和分类的程序与技巧，交易分类与使用的资源，已完成的生产和库存，包括折旧、摊销以及出售或处置财产的收益或亏损。

“资产保护”涉及：(1) 保护公司免受存货和财产损失；(2) 保护重要的记录。

融资周期

融资周期的职能包括发行和赎回的股本及其交易记录；支付股息；调查和选择适当的融资形式，包括租赁交易；债务管理，包括遵守契约的监督；投资管理和有价证券保管。

融资周期中的“授权”包括投资的来源、性质和条件，股息和其他影响资本账户的交易。

“会计”包括用于控制交易记录和分类的程序和技巧。

“资产保护”主要涉及对投资、债务和股本的保管程序和职责分离。

对外财务报告周期

对外财务报告周期的职能包括编制分录、记日记账、明细账和将交易过账到总分类账（此类职能一般不在其他周期中执行）；决定公司应当遵循的一般公认会计原则；收集与合并编制财务报表和其他对外财务报告所需的信息，包括相关的披露；编制和审查财务报表和其他对外报告。

对外财务报告周期中的“授权”包括该公司的会计政策；主要评价、调整和概算的决定；相对于非经常性交易或事件的适当会计处理的决定。

“会计”包括关于在其他周期内所遵循程序的监督或检查责任，编制财务报表和报告，以及编制过程中使用的会计程序和例行事务的直接责任。

“资产保护”主要涉及控制访问的重要记录和适当的实物保管程序的控制措施。

某一周期内的应用是可控制的。控制措施被设置在应用层面。风险也发生在应用层面。控制措施的目的是减少这些风险转变成损失的可能性。

图2-6-10说明了应用和五个周期之间的相互关系。这是对周期描述的一种图形表示。但是，应当指出的是经常会有某个应用程序变成另一个应用程序的处理结果。例如，在支出周期用于库存的资金支出会导致生产或转化周期中存货的增加。

在审计单一活动中，评估师也必须考虑单一的业务循环周期和五个周期之间的其他活动的连接关系。

第7章

技能分类之五——业务系统的控制评估

这一技能分类定义为业务系统的组成部分，并介绍用于控制业务系统的最佳惯例。

建立某一业务系统的内部控制系统可能会像建立处理业务交易系统那样广泛而复杂。对于某些业务系统而言，建立内部控制系统要比建立交易处理系统花费更多资金。不幸的是，很少有系统设计师在建立内部控制系统方面经过适当的培训。因此，他们把控制整合到业务处理中，但到最后却无法证实或用文档记录内部控制系统。

最佳商业惯例和新的政府法规制度使文档记录内部控制系统成为有效管理的一个重要组成部分。法律规定首席执行官和首席财务官必须证明其组织中建立的内部控制系统的有效性。

本部分提出了在业务系统中建立控制措施的流程。这一流程从为业务系统规定控制目标开始。管理者通常宁可要控制目标而不要风险，因为控制目标是积极的，而风险是消极的。一旦阐明了控制目标，控制要求就已经确定。然后，这一流程需要识别与控制目标相关的风险程度，确定哪些损失是可以接受的，选择能够将损失降低至可接受水平的控制措施，选择和实施控制，然后用文档记录内部控制系统。

大多数控制设计是常识。如果有一个较大的风险，你则需要去控制它。例如，如果人们拥有房屋，也就有房屋遭受火灾的风险。这种风险是非常巨大的，与可能的损失相比，保险费用就微不足道了。对于控制设计师而言，这意味着要提出一种广泛的控制设计流程，在许多情况下，风险可以通过使用常识得以减轻。

7.1 业务系统控制词汇

组织中执行的大多数控制是那些管理业务交易处理的控制措施。控制环境、控制措施的监控、审计和沟通有关控制措施的信息，所有这些都围绕着业务交易处理。如果围绕控制的分类是有效的，那么，对业务交易处理的控制通常能够按照设计的要求被使用。

在组织的业务开展过程中，业务交易是最基本层面的事情。这些交易可以是出具支票以支付发票款项，记录员工的工作时间，客户访问该组织的网站，重新进货的订购单，或顾客关于具体产品实用性的咨询。

美国反虚假财务报告委员会的发起组织委员会（COSO）开发了一个内部控制框架。该委员会的成员机构包括：

- 美国注册会计师协会；
- 美国会计学会；
- 国际内部审计师协会；
- 美国管理会计师协会；
- 美国财务执行官协会。

COSO 控制框架把交易处理流程中的控制措施归类为“控制活动”。COSO 控制活动的定义如下：

“控制活动是用来帮助确保管理层的指示被贯彻执行的政策和程序。它们有助于确保采取必要行动来解决面临的风险，从而实现企业的目标。控制活动发生在整个组织的所有层面和所有职能中。它们包括了一系列活动，如不同的审批、授权、核查、调节、审查经营业绩、资产安全和职责分工。”

从学习的角度来看，控制活动可分为两个部分。第一部分是对系统本身的控制措施。在工资管理系统中，它可能是对员工工资的两个支付期之间的调整。第二个部分是对单独交易处理流程的控制措施，例如，计算与发放某人的工资和工资单等。

大部分人在银行都有支票存款账户。这种支票存款账户既是一个系统，也是一个交易处理的手段。该系统是你在银行开立的账户。当你使用支票账户时交易就是发生的事件。阅读完这部分内容，你应当记住系统控制措施（例如，账户调整）和交易控制措施（例如，签发一张支票）之间的关系和区别。

对业务系统各个组成部分的定义，现在还没有一个公认的行业标准。不同的组织使用不同的名字称呼相同的事物。COSO 已决定把系统和交易的组合称为系统处理“可控制活动”。然而，COSO 所指的可控制活动实际上是两种不同的可控制活动。这有助于区分二者间谁对创建系统负责，谁对理解如何控制那些系统负责。

这一部分使用了术语“系统”和“交易处理”作为可控制活动的两个组成部分。下面列出的是这两个组成部分的简短定义：

- 系统（即应用）——被组织用于实施经营部分的活动。该系统中的控制措施旨在“强制实施”和确保该系统目标的实现和标准的遵从。系统也被称为业务活动、可控制活动、业务应用以及程序或工作流程。
- 交易处理——某一具体业务事件的处理。例如，某一客户订单、工资管理系统中增加一名新的员工，以及客户订购该组织可交付的某一产品。控制交易处理对于确保处理符合该系统规定的标准是必要的。如前所述，COSO“可控制活动”的概念包括交易处理。交易也被称为事件、可交付使用的货物和系统产品。

再次说明，“系统”和“交易处理”这两个术语在 COSO 可控制的活动中是同义词。

7.2 系统控制目标

由于“应用”一词也被系统设计师当作“系统”使用，在本部分中这两个词是同义词。应用控制措施包括内部会计控制措施。在会计标准和各项法规中已经对会计控制措施作出定义。

由美国注册会计师协会作出的定义比法律法规中所描述的定义似乎与管理的联系更为紧密。该定义是：

“会计控制包括组织计划和所有直接与资产保护和财务记录可靠性相关的方法和程序。它们通常包括这类控制措施，如授权与审批系统、与记录保管相关的职责分离、与运营或资产监管相关的会计报告、资产的实物控制和内部会计。”

由《反海外贿赂行为法》（1977 年）定义的内部控制的目标最近获得了《萨·奥法案》（2002 年）的支持。《反海外贿赂行为法》针对下列四个领域：

- 授权——根据管理层的一般授权或特别授权执行交易；

- 记录——按照一般公认会计原则或其他适用于这类活动的标准所允许的编制财务报表的方式记录交易，并保持对资产的会计责任；
- 使用资产——只允许按照管理层的授权使用资产；
- 资产的会计责任——对资产的记录责任是在合理的时间间隔内与现有的资产进行比较，针对任何差异情况采取适当行动。

大多数组织感到没有把握实现的目标是资产的会计责任目标。这种不确定性是关于那些构成对资产会计责任的合理保证的事项。为此，许多组织开展了专门的内部会计控制评估。

7.3 交易处理控制目标

定义应用控制目标已经比定义环境控制目标付出了更多努力。这是因为传统上，控制的重点一直放在应用控制措施上。

应用控制的三个主要目标是准确性、完整性和授权。它们由其他控制目标加以补充。这些目标既定的重要性取决于评估人员是从财务角度还是运营角度来看待问题。

控制设计的方法与应用设计的方法是不同的。在美国估计有 50 000 种不同的工资支付应用。如果组织能够针对一种应用开发出许多不同的方法，他们也可以开发出同样多的控制方法。

大量的交易事项容易得到正确地、完全地并且经过授权的处理。反而是那些非经常性的不重复的交易往往造成最多的问题。在许多组织中，有关如何处理这些非经常性交易的文档记录程序并不像大量交易事项一样广泛。因此，当设计应用控制措施时，设计师应将注意力放在这些非经常性交易事项上。

主要会计联合会的应用控制目标是：研究制定一套可以用来解释应用控制的设计和评估的应用控制目标。控制目标被选择用于说明应用中控制的作用。表 2－7－1 中列出了这些应用控制目标，并在下面进行讨论。

表 2－7－1　　应用控制目标

编　号	应用控制目标
1	数据准确
2	数据完整

续表

编　号	应用控制目标
3	数据及时
4	数据确认
5	按照一般公认会计程序处理
6	遵守组织的政策和程序
7	遵从法律法规
8	充分的支持性证据
9	有效和便捷的控制

1. 数据准确

数据准确地表示预定的目标。准确的数据意味着需要对与数据备份、转换为机器可读的格式、计算机处理、输出产品和交付流程相关的错误进行纠正。

2. 数据完整

数据处理的完整性要求在备份、传输到计算机、处理过程中，在相关计算机系统之间处理或传输给用户的过程中不会丢失数据。

3. 数据及时

数据的及时处理确保管理层获得必需的信息，以便及时采取行动避免损失。

4. 数据确认

控制措施应当确保处理那些经过核准的数据，并在处理之前和处理期间发现那些未经核准的数据。

5. 按照一般公认会计程序处理

财务数据的处理应当符合一般公认会计程序。控制措施应当确保遵循这些程序。

6. 遵守组织的政策和程序

组织应当为处理交易数据制定政策和程序。控制措施应当确保这些数据根据那些政策和程序进行处理。

7. 遵从法律法规

监管机构制定有关交易数据处理的法律法规。在当今的商业环境中，许多被监管的交易是显而易见的，例如，财务报告和滥用组织资金。不正当的交易可能对个人和组织造成直接的影响。控制措施应当确保遵从这些法规和章程。

8. 充分的支持性证据

控制措施应当确保存在足够的证据，以便重建交易和指出处理的责任。这种证据也可被用于在计算机化的业务应用中重新启动和恢复的目的。这种证据应当可以从原始单据追踪到控制总额，再从控制总额回到辅助的文档记录。实现这些应用控制目标的方法将在后面的章节详细说明。

9. 有效和便捷的控制

控制措施应当确保系统的处理是以有效和便捷的方式予以执行。

区别系统控制与交易处理控制

每个系统、应用或可控制活动都存在两个组成部分。它们控制着系统和通过该系统处理的交易。系统工程师把某个系统叫做流程，把交易处理结果叫做流程的可交付使用的货物。

如果你审视采购存货的职能，那么采购系统将是可控制的活动。与采购相关的可交付使用的货物或事件是采购订单、存货的收据和在会计周期中的存货记录。

系统和交易处理都需要进行控制。换句话说，当交易开始执行之时，就需要控制该项交易。例如，在交易处理中存在某种控制，以确保被采购的项目是该组织通常购买的项目。根据以往的采购和采购订单上包含的所有必要信息，可以知道该核准的数额是否是合理的。

与此同时，该流程系统需要加以控制。这种流程控制措施可能包括将实际收到的产品与采购订单进行比较，将订购的数量与实际收到的数量进行比较。

在最简单的术语中，交易或可交付使用的控制具有保证被处理的每一项交易都遵从该系统的规则的目的。该系统或流程控制的重点更多地放在规则的强制执行方面。例如，如果某个未经授权的人申请一份采购订单，该系统会拒绝这个人获取采购订单号码的能力。

7.4 单独应用与应用周期比较

业务中存在许多可控制的活动。这些可控制的活动可以被称为一个系统、应用或可控制活动。它们可以用业务循环周期进行分类。

系统模型或周期模型

周期是与系统有关的分类。在某一系统中存在许多不同的专业术语，用于界定与系统相关的分类。有时周期被称为业务应用。然而，其根本的含义是相同的。周期是系统中相互关联的组群。

系统模型的设计按照业务系统流程梳理的为五个业务循环周期，再加上流程“管理”周期。这6个周期是：

收入周期

收入周期包括的职能涉及：收到和接受货物或服务的请求；运送或提供货物或服务；授信、现金收入、托收活动；开发票；收入、应收账款、佣金、担保、坏账、退货和其他调整的会计处理。

收入周期中的“授权”包括产品的类型和提供的服务；客户提供服务的类别（包括相关的和国外的当事方）；使用的分销渠道；价格、信贷和其他销售条款；个人客户的接受；与销售相关的调整和相应的政策。此外，还有相关的接受退货的政策；提供给客户的服务，包括保修政策；开发票和托收的惯例；销售补偿政策。

“会计”包括用于控制交易记录和分类的程序与技巧，这些交易与收益及现金收入、收入中的扣除款（例如，营业税、佣金、坏账），以及将这类交易记入到单独的应收账款记录和其他明细分类记录有关。

“资产保护”与收入周期中的资产有关，例如，保证现金收入的安全和保护重要的记录。

支出周期

支出周期可以再细分为采购、工资支付和款项支付的职能。采购包括的职能涉及：提出货物、其他资产和服务（“货物”）的申请；获取有关现有供应商、价格和其他规格说明、货物订单的信息；接收和检查，或接受交付或提供的货物；计算支付供应商的应付款金额，包括运费、现金折扣、退还的货物和其他会计处理调整。工资支付的职能包括直接和间接的工资单薪酬；报告出勤率和工作完成情况；工资支出、工资扣除、员工福利和其他会计处理调整。款项支付的职能包括准备、签字和签发支票或支付现金。

支出周期中的“授权”涵盖获得的货物类型和规格；卖方（包括相关的当事方）；价格、规格说明、信贷和其他采购条款；员工的挑选、聘用、解雇和晋升；工资、薪金和佣金比率；员工福利的种类和数额；支票的签署和使用，对供应商的调整、工资和现金账户以及相应的政策；已接收货物的质量控制政策、终止付款和其他特别员工支付款的政策。

“会计”包括用于控制交易记录和分类的程序与技巧，交易分类与采购，工资支出和现金支付，包括应付账款、进货折扣损失、运费、工资总额、工资扣除、与这类账户相关的权责发生额以及将这类交易记入适当的账户，包括个人的工资记录。

“资产保护”主要与只对经授权的货物和经核准的员工进行付款，以及为重要记录的保护提供合理保证的控制措施相关。

生产或转化周期

生产或转化周期包括的职能涉及：生产规划与控制、存货计划与控制、财产和递延成本核算，以及成本会计。

在生产或转化周期，“授权”包括生产制造货物的类型和产量，或提供的服务；被使用的各种方法和材料；保持库存水平或服务的能力；货物生产或提供服务的时间进度；相应的调整和政策；陈旧存货的规定或递延成本的注销；财产、废料和陈旧或超量存货处理，等等。

作为转化期间的“会计”包括用于控制交易记录和分类的程序与技巧，交易分类与使用的资源，已完成的生产和库存，包括折旧、摊销，以及出售或处置财产的收益或亏损。

“资产保护”与保护公司免受存货损失和保护重要记录有关。

融资周期

融资周期包括的职能涉及：发行和赎回的股本及其交易记录；支付股息；调查和选择适当的融资形式，包括租赁交易；债务管理，包括遵守契约的监督；投资管理和有价证券保管。

融资周期中的“授权”包括投资的来源、性质和条件，股息和其他影响资本账户的交易。

作为融资周期的“会计”包括用于控制交易记录和分类的程序和技巧。

“资产保护”主要涉及对投资、债务和股本的保管程序和职责分离。

对外财务报告周期

在当今的经营环境中更为强调对外财务报告周期。对外财务报告周期包括的职能涉及：编制分录、记日记账、明细账和将交易事项过账到总分类账

（此类职能一般不在其他周期中执行）；决定公司应当遵循的一般公认会计原则；收集与合并编制财务报表和其他对外财务报告所需的信息，包括相关的披露；编制和审查财务报表和其他对外报告。

对外财务报告周期中的“授权”包括该公司的会计政策；主要评价、调整和概算的决定；相对于非经常性交易或事件的适当会计处理的决定。

作为对外财务报告周期的“会计”包括关于在其他周期内所遵循程序的监督或检查责任，编制财务报表和报告，以及编制过程中使用的会计程序和例行事务的直接责任。

“资产保护”主要涉及控制访问的重要记录和适当的实物保管程序。

流程管理周期

流程管理周期的活动涉及建立单独的系统或应用。在这个周期中，风险被识别和衡量，控制这些风险的方法也被识别、界定并加以执行。同样，在这个周期中，将决定业务运营的效果和效率。流程管理周期也包括对影响当前业务需要和法规要求进行应用的改变和升级。

在流程管理周期需要“授权”，以批准设计和维护业务系统/应用。在许多组织中，需要多重的授权，因为业务系统是通过独立的信息技术组织建立，或通过业务系统供应商建立，或通过外包方式获得的。

作为流程管理的“会计”包括控制或用于建立维护应用的资源，以及与应用的设计、操作和维护相关的会计处理。

“资产保护”主要涉及为了使经营风险最小化而嵌入业务应用的控制措施。

某一周期内的应用是可控制的。控制措施被安置在应用层面，风险的发生也在应用层面。控制措施旨在完成某一业务目标和降低风险转变成损失的可能性。

我们将主要论述某个单独的可控制活动，例如，开发票给顾客，不像收入周期那样是一个完整的业务循环周期。尽管这些周期没有被包含，但你需要理解对单独的可控制活动或它们的系统的控制措施，以及对类似收入周期那样的业务循环周期的控制措施。

7.5 标准、合规性与强制实施的关系

我们在系统控制与交易处理控制中讨论过一些概念（见图2-7-1）。已经提及标准的概念，但还没有进行讨论。标准是衡量测定某事物所参照的尺

度。例如，如果你购买一磅糖，磅就是一个标准。糖被对照标准过秤并确定是否符合标准。经营标准也许意味着超过 40 个工作小时的工作时间应按照 1.5 倍的正常工资支付加班费。

标准 ——→ **需要做的正确的事是什么？**

（管理层职责）

合规性 ——→ **已做了正确的事吗？**

（遵从标准——员工职责——运营管理）

强制实施 ——→ **将正确的事做好了吗？**

（管理层职责——流程管理）

图 2－7－1　标准、合规性与强制实施的关系

控制的目标在于发现与规定标准或标准的意图不相符的情况。控制应当确定可交付使用的物品是否符合标准。强制实施，换句话说，就是对不符合标准的情况采取行动的责任。管理层应决定不符合标准的可交付使用的物品是否可以递送到下一个工作步骤或客户手中，或可交付使用的物品是否在递送到下一个环节之前必须修改使之与标准相一致。

确定可交付使用的物品是否符合通用标准是员工的职责。在许多组织中，对合规性的检查是通过在计算机系统中嵌入的自动化常规程序来执行的。它应当是建造该可交付产品的工人或者小组的责任。强制实施是管理层的责任。然而，管理层可以作出强制实施的预先决定，将强制实施职责委派给员工。例如，在检验的流程中，管理层可以规定在缺陷被纠正之前，任何可交付使用的物品不能发送到下一个工作环节。

7.6 系统和交易处理控制的类型

在讨论标准、合规性和强制实施的基础上，我们将审查系统和交易处理控制之间的差异。让我们首先关注为什么控制设计者需要区分活动控制措施类型的重要理由。

• 职责分工——职责分工的原则是，任何一个人不应当从头到尾执行一个

事件并有可能隐瞒它。由于交易处理执行事件，人们不希望负责交易处理的系统或个人有能力来隐瞒一个存在的事件。因此，我们使用交易处理来执行该事件和系统的控制措施，以确保事件不被隐瞒。例如，某个人或许有可能改变一个员工的工资标准，这是交易处理的一部分。然而，如果系统控制措施能协调什么是应当支付的和什么是实际已支付的，它就可以发现这样一起篡改工资标准的事件。

- 非常规交易——自动化业务系统通常被设计成自动处理日常的交易。管理日常交易处理的控制措施通常是精心设计的。非常规的交易需要特殊的控制措施。例如，采购系统可能包括所有的例行采购活动，但是，购置土地或建筑物这样的非常规活动应当在系统层面，而不是在交易处理层面加以解决。

现在让我们从标准、合规性和强制实施的角度看在控制活动中会发生什么。

- 交易处理控制措施——交易处理控制措施主要强调的是符合标准，并确定交易处理是按照标准执行的。例如，如果有一个标准规定，顾客不能购买超过其信用卡额度的货物，交易处理系统应当针对这个标准检查交易处理情况。这里的标准就是信用额度。交易处理应当识别不符合标准的情况并记录它。如果管理层已经委派代表对交易进行处理，对于不符合标准的强制实施，交易处理控制必须包括那些强制实施的情况。例如，如果前面提到的采购会造成采购人员超过信用额度，就要拒绝信用卡采购。如果管理层没有对交易处理委托代表强制实施，那么，不符合规定的情况应当向上级汇报。
- 系统控制措施——系统控制措施主要关注哪些不符合标准的强制实施还没有被委托给交易处理区域。强制实施很容易理解，因为它涉及管理层的行动。采取行动的管理层通常是职能领域的管理层，他们的活动正在被业务系统处理。但是，如果高级管理层没有授权职能管理层采取行动，那么，该行动必须向上报告。

当在遵从范围内检查系统控制措施的时候，合规性必须从最广泛的范围加以检查。它不仅是遵从标准，而且要确保事件不被隐瞒。被隐瞒的事件可以是有意或无意的。例如，一份船运单据可能被遗失，从而没有向该顾客开账单；或有人故意破坏船运单据，因此某个“受照顾”的顾客就不用付费。

确保事件不被隐瞒的控制措施通常包括对账程序。例如，在支付工资时，如果在最后的付款期有 100 名员工，1 人被解聘，2 人被聘用，那么当前付款期应当有101名员工。保证有101张薪金支票是系统控制措施的一部分。

下面列出的是控制措施的类型，通常被包含在交易处理控制措施中。

- 输入数据验证程序；
- 处理的合理性检查；
- 对不遵从标准情况的自动措施；
- 审核交易的适当授权；
- 拒绝不符合系统规则的交易；
- 编写和提交不合规情况的报告。

通常与系统控制相关的控制措施类型包括：

- 制订在处理交易中应遵循的程序；
- 制订交易处理标准；
- 识别不符合系统标准的交易，但如果要对此类交易进行处理，则需要符合组织的意向；
- 制订和操作对账程序；
- 识别和创建表明系统正确运行的关键指标。

下一步将更深入地了解一个系统的功能。所有系统的复杂程度都不相同，也没有交易处理的定义。我们将看到各种不同类型的处理、可交付产品（即交易处理的结果），以及不同系统所需的控制类型。

7.6.1 流程、可交付产品和控制连续区域

在尝试了解系统控制方面，了解系统上线的所有状态和规模是很重要的。对可交付产品和极容易交易的可交付产品是有着非常精确的定义。同样，控制必须把重点放在书面的和实际意图两者的控制上（见图2-7-2）。书面的控制措施有双重的含义，它们得到遵守或得不到遵守。例如，如果代码是1、2或3，那它就应当是这三个数中的任何一个，否则就不是。实际意图的控制措施更关注是否符合业务目标。例如，如果一个好客户超过了信用额度，实际意图的控制可能是提高信用额度以保留这个客户。

图2-7-2流程的连续区域表示，流程可以是非常严格或非常灵活的。对于严格的系统，所有可交付产品极为相似。对于灵活的系统，可交付产品是具有高度创造性的，并且某一可交付产品可能和其他任何一个看起来都不一样。在控制某一流程时，非常严格的系统大部分使用书面标准。当制造轮胎时，人们不用想每个轮胎之间有什么差异。另一方面，当建立计算机系统时，人们可能更多依赖实际意图的控制措施，而不是书面上的控制措施。例如，对于创造

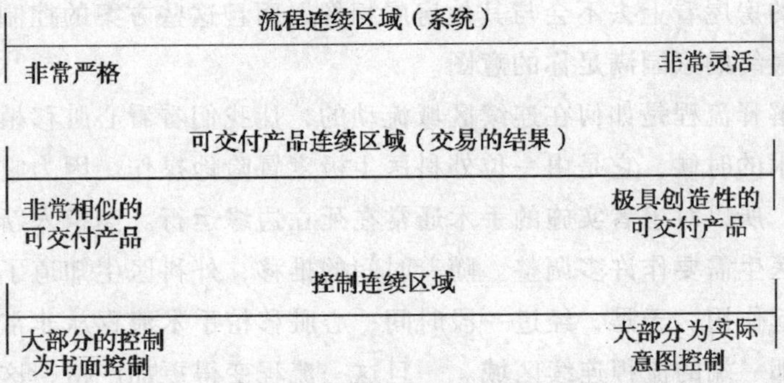

图 2－7－2　流程、可交付产品和控制连续区域

性的产品，例如创建网站，可能更多关注的是用户的满意度（也就是网站的实际意图），而不是书面上可能限制终端屏幕的大小或容量的标准。

连续区域的概述如下：

- 流程的连续区域——流程从非常严格（例如，制造业的流程）到非常灵活（例如，为某一业务系统定义用户需求的流程）的连续区域。
- 可交付产品的连续区域——可交付产品的连续区域从许多类似的产品（例如，印刷一本书）到高度创造性的可交付产品（例如，最终用户的需求说明）。
- 控制的连续区域——当生产许多类似的可交付产品时（例如，单一的书），控制趋于主要按照书面上的或者完全遵从可交付产品的标准；对于高度创造性的可交付产品（例如，最终用户的需求说明），控制主要是实际意图的控制措施，核对这项说明所需事项的准确性、完整性、可测量性和可用性。

我们用一个例子描述两个流程如何适合某个连续区域，然后，察看系统或流程如何在这个连续区域中移动。在连续区域的一端是制造流程。这些流程倾向于非常严格意义上精心定义，它们生产出许多类似的可交付产品，并且大多使用书面上的控制措施。其原因在于不希望在产品中出现差异情况。像麦当劳这样的组织付出巨大的努力来减少他们流程中的差异性。为了做到这一点，他们已经制定了有关如何制作炸薯条、如何将汉堡包合并在一起等等的详细程序。在连续区域的另一端，我们看到了非常灵活的流程，可以生产独特的可交付产品和符合可交付产品目标的控制。例如，如果你希望建筑师为家人设计一个定制的家园，你不希望建筑师拿出一个现成的设计方案，并要求你建造这样的房子。在通常情况下，你希望建筑师具有灵活性，通过演示该房屋的多种方案，使你的房屋看上去不会与其他房屋相像，而且这些方案的控制措施将有助于保证你最终的家园满足你的意图。

为了解释流程是如何在连续区域流动的，让我们看看心脏移植手术。第一次进行手术的时候，它是由一位外科医生极度冒险地操作。因为它是一个高风险的手术，所以对患者实施的手术通常在死亡边缘运行。当植入新的心脏的时候，外科医生需要作许多调整。随着时间的推移，外科医生知道了什么起作用和什么不起作用。于是，经过一段时间，心脏移植手术流程从非常灵活发展到非常严格那一端的流程连续区域。一旦这一流程变得更加严格，这种技能就可以传授给其他的外科医生。随着时间的推移，外科医生学到了越来越多的知识，这一流程也变得更加严格，其结果也变得更加可以预见。

7.6.2 了解内部控制的“系统”

在了解某一内部控制系统的时候，我们首先需要评价建立、运行和改进业务系统的周期。用于解释这一点的最好的示例是计划—执行—检查—整改（PDCA）循环。PDCA循环（见图2－7－3）从计划活动如何被执行开始，然后按照计划“执行”工作任务。检查那些工作任务，如果存在与计划规定的标准不符的差异情况，就必须采取行动来纠正这些差异。

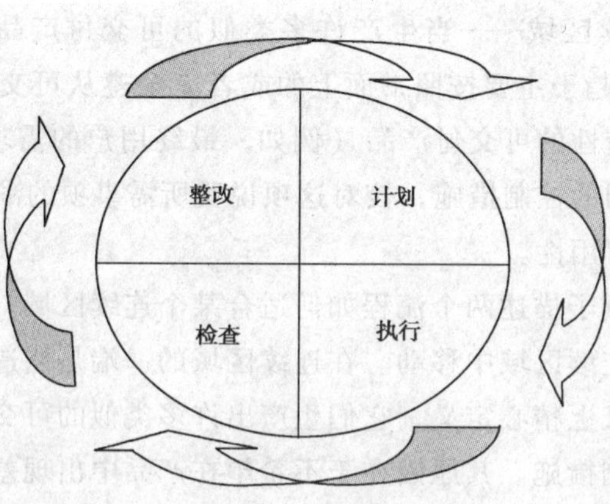

图2－7－3 PDCA循环

周期的概念是当问题被识别之后，将改进计划或系统，以使那些差异或者问题不再出现。然后，执行新的系统并检查是否存在问题或差异。基于这些活动，计划或系统可以得到不断完善。

控制系统是单个控制措施的一个集成系统，必须根据整个系统如何运行来进行评价。单一的控制措施，在某一个点有效，但不能对正在控制的流程提供必要的保证。例如，收入支票可以在收发室进行控制，但如果没有一个总的管理从收发室收到支票到存入银行的运动的控制系统，将无法保证现金收入在控制之下。因此，与单一控制相对比，更重要的是控制整个系统。

图 2－7－4 表示一个作为流程的典型的业务处理流程工作任务，从输入开始到输出结束。在现金收入的示例中，输入被该业务的客户执行，客户送支票给业务部门，现金收入被存放到银行作为系统输出结果之一。

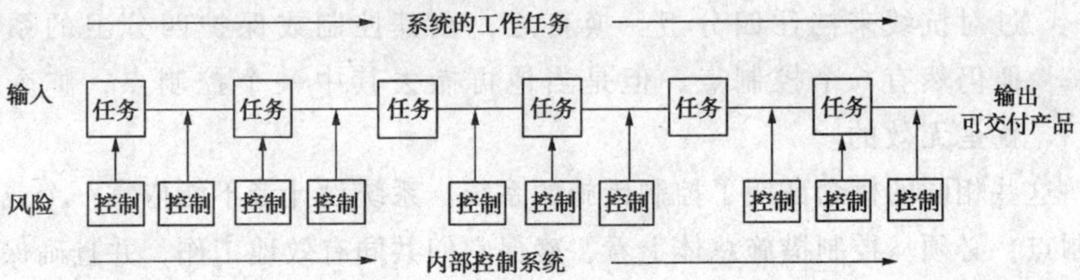

图 2－7－4　控制措施系统的概念

图 2－7－4 同样表明了第二种处理，即内部控制措施的系统。内部控制措施的系统是管理业务流程的控制措施总体。当业务流程开始时，这些控制措施启动，例如，在收发室，不到业务流程结束是不会停止控制的，业务流程可能是银行对账单的合并调整。因此，控制措施系统治理着某一业务流程手工和自动化组成部分。

重要的是要认识到，内部控制系统中的控制措施总体决定该业务流程是否得到适当的控制。内部控制系统可以被比喻为包括各链环的链条。内部控制系统就像链条一样，将在最薄弱的环节断裂。所以，即使系统中有少数特别强有力的控制措施，就好像一些格外有力的链环，也不能提供足够的保障使整个链条不会断裂。

让我们从一个橄榄球队的例子来帮助证实和理解 PDCA 循环和控制措施系统。我们的例子将是进攻的橄榄球队。

- PDCA 循环——在创建球队时，有计划、执行、控制和努力成为尽可能好的球队。计划包括招募球员，训练球员各自的位置，制定在比赛进攻中实施的战术。PDCA 循环的执行部分对球队来说是举行这次比赛。例如，汤姆·兰德瑞制定了一个概念“质量控制教练”，质量控制教练从看台观察球员是否正确地站在他们的适当位置。换句话说，寻找差异。

如果质量控制教练觉得球员没有正确站在他们的位置，或者球员出现受伤的情况，他们会采取行动并换人。在橄榄球赛期间，PDCA 循环将不断重复，因为教练更换队员，随着比赛的进行而改变和改进竞赛状况。

- 内部控制措施系统——当卢·霍兹作为圣母玛利亚橄榄球队教练时，经常讲述他如何向他的进攻线球员解释团队合作的重要性（即某个单一的系统）。卢·霍兹将7名球员放在进攻组负责对抗防守组的7名球员。如果7名进攻球员作为一个团队工作，四分卫将有时间执行其计划。为了证明团队合作的重要性，卢·霍兹将定期从进攻线上撤去一名球员。当这种情况发生时，一名防守球员将调换位置穿过对抗线来挡住四分卫。换言之，在其控制或保护四分卫的系统中他仍然有6个控制点，但是当他再撤去其中一个控制点，整个流程就是无效的。

这些相同的概念证明了控制措施的系统。系统设计者不能依靠一个或两个控制点，必须从控制措施总体上看，确保它们共同有效地工作，并且确保控制措施总体将实现这一目标，始终如一地最大限度降低损失的风险。

7.7 定义系统控制的目标

控制目标是关于风险的积极的声明。例如，如果风险是业务交易被丢失，那么，积极的控制目标可能是“必须正确处理所有的业务交易”。我们先前已经描述了一般系统的控制目标。这些目标通常在会计文献、美国《反海外贿赂行为法》和《萨·奥法案》中有所描述。

单独设计系统控制措施，需要有比上述的一般目标更加明确的业务目标。了解影响控制目标实现的风险暴露类型，将有助于你制订更为具体的系统控制目标。对会计和审计文献的研究确认了10个主要的系统与交易处理的风险暴露，它们可被分为系统风险暴露和交易处理风险暴露。

这些主要的业务风险暴露可以被分为几组。同样，交易处理风险暴露也可分为几组（见表2-7-2）。表2-7-2是系统的目标（9个应用控制目标）和可能影响系统控制目标实现的14个系统与交易处理的风险暴露。

表2-7-2　　　　影响实现应用控制目标的风险暴露

应用控制目标＼风险暴露程度	数据准确	数据完整	数据及时	数据确认	按照一般公认会计原则处理	遵守组织的政策和程序	遵从法律法规	充分的支持性证据	有效和便捷的控制
1. 错误的记录和未经授权的交易	ü			ü					
2. 交易丢失、重复或未被记录		ü	ü					ü	
3. 不正确的估价分类	ü		ü						
4. 无法接受的账目或无法证明的结果、档案丢失或使用错误的文件	ü	ü	ü					ü	
5. 处理不准确或不完整	ü		ü						
6. 输出不准确或不完整	ü		ü						
7. 潜在的欺诈、违规或违法行为、舞弊和盗用行为				ü				ü	
8. 法律制裁					ü		ü		
9. 适当的操作程序和错误的管理决策							ü		ü
10. 成本过高或收入损失							ü		ü
11. 竞争劣势							ü		
12. 计划目标存在缺陷							ü		ü
13. 持续经营和资产损失或破坏								ü	
14. 业务中断					ü				ü

ü＝可能导致无法实现控制目标的风险暴露的较高可能性

“风险暴露”（exposure）一词表明有某个可能“暴露”的，导致组织损失的事件存在。风险暴露并不意味着将会有损失，而是存在潜在的损失。例如，“未经授权交易”的风险暴露并不能断定损失就会发生，因为在系统的某个地方未经授权的交易也许从处理中被发现并删除了。

表2-7-2说明，这些通用系统在哪些方面存在较高的风险暴露可能性，从而影响控制目标的实现。例如，如果存在某种未经授权交易的威胁，交易将很有可能不能准确地进行，因为未经授权的交易可能已经被输入系统中，使用数据确认的目标将无法实现。表2-7-2旨在指出哪里存在较高可能性的业务风险暴露而影响某一应用控制目标的实现。

一旦理解风险暴露的这些主要的类型，系统设计者就可以定义他们认为控制系统需要的控制目标。这些控制目标成为首先确定在系统的哪些地方设置控制点以将风险暴露降至最低的依据；其次，可以帮助选择用于使风险暴露最小化的具体控制。

下面讨论系统风险暴露的主要类型（理解这些常用的风险暴露将有助于你编写所需的控制目标，这些控制目标将成为建立内部控制系统的高水准要求）。

错误的记录

在任何风险暴露起因的背后都存在许多先决条件：天灾、故意行为、偶发错误或遗漏（见图2-7-5）。偶发错误和遗漏是最为常见的情况，可能发生在交易活动流中的任何一点上，例如，在记录、传送或处理中。

错误的记录
- 未经授权的交易
- 交易丢失、重复或未被记录
- 不正确的估价或分类

无法接受的账目或无法证明的结果
- 档案丢失或使用错误的文件
- 处理不准确或不完整
- 输出不准确或不完整

图2-7-5　业务风险暴露的可能性

许多研究已经显示，由于偶发错误或遗漏造成的损失要比任何其他单一原因的损失大得多。错误记录的风险暴露通常被控制设计师认为是最大的风险暴露。正因如此，审计师和业务分析师通常花费大量的审计时间来评估控制措施，目的是减少错误和遗漏与可能造成的错误记录。

由于计算机系统变得越来越完整和复杂，很少有人会去监督处理情况，编好的规则更具有重要性。分析师可以不再依赖人去捕捉电脑的错误。通过在线的应用，像电子转账，甚至进行拷贝核对也不难了。

在计算机化的应用中，错误主要发生在三种活动中。这些活动是记录和转换、处理与使用。出现在其他活动中的错误并不那么普遍。

记录和转换的活动也许是最容易出现的一种错误。正是在这一活动期间，信息被转换成计算机可读的媒体。在很多系统中，将数据转换成机器可识别格式的费用和努力，往往超过处理和输出的费用。

在记录和转换活动中，下列错误类型比较普遍：

- 输入错误的信息；
- 调换数据；
- 将数据输入到错误的字段；
- 使用无效代码；
- 从错误的文件拷贝；
- 曲解难以辨认的笔迹；
- 键入错误字符。

处理活动可能产生错误的数据。当编程的处理规则是错误的时候，问题的严重性可能会非常大。而记录和转换错误倾向于单独的错误，处理错误通常包括某一类型的每一笔交易。例如，如果一个物品的定价有错误，每次销售该物品都将是错误的。造成处理错误情况的类型如下：

- 错误的编程；
- 使用错误的输入；
- 在需要变更之前或之后，将变更放进程序。

在其他活动中出现错误是数据使用错误。然而，使用错误也往往是单独的错误，而不是处理大量类似的错误。在使用数据活动中发生的错误类型包括：

- 使用了某一错误信息；
- 使用了某一错误版本的报告；
- 曲解这些数据；
- 输出错误；
- 丢失输出结果。

应用的其他活动比较不容易出现错误和遗漏。然而，它们对减少错误记录的风险暴露仍然是重要的。下面讨论每一种业务活动，并简要说明业务活动期间错误是如何发生的：

- 传输（问题主要与硬件相关）；
- 线路问题导致乱码或数据丢失；
- 硬件问题导致数据丢失；
- 数据路由问题，发送到错误的位置；
- IT“尾接指令”（即等待被处理）中的信息丢失；
- 数据的保留和存储（问题与特定媒体有关）；
- 记录无法找到（例如，在一个数据库系统的错误指针）；
- 存储介质断裂（例如，磁带或磁盘）；
- 存储介质丢失；
- 访问（主要基于终端）；
- 被批准访问的程序、文件或应当加以限制的资料；
- 应当给与访问时被拒绝。

无法接受账目或无法证明结果的风险暴露

无法接受账目的风险暴露一般不会导致资产损失，但是它会导致无法接受的做法。控制设计师必须知道一般公认的会计原则（GAAP）和计算机应用所运用的会计惯例。在这两者之间可能存在冲突。

在绝大多数情况下，计算机应用主要是由系统分析师和程序员开发的，缺乏足够的用户参与。因此，如果不知道已经违反了一般公认的会计原则，非会计师出身的分析师可能创建一个无法接受的会计状况，或没有“线索”无法跟踪的状况，因而其结果可能是无法证实的。分析师应当知道开发财会方面应用系统的人员背景。

无法接受的账目或无法证明的结果在计算机应用的处理和使用活动中最常发生，最有可能发生在处理无法接受的会计活动中，根据预定的程序在对数据进行分类、累计和操作的处理期间。如果这些规则是错误的，处理结果可能无法接受。此外，如果这种处理不能留下某些类型的文档记录线索（以硬拷贝或机器可读形式），即使它们可能是正确的，其结果可能也是无法证实的。在处理期间，无法接受的账目源于：

- 编程规则不遵循一般公认会计原则；
- 实际执行有别于计划执行。

其他无法接受的会计活动可能发生在会计数据的使用中。在许多组织内，处理结果往往是手工或电子过账到企业的会计系统中。在这个活动期间，无法接受的会计可能由下列原因造成：

- 手工错误过账；
- 会计分类的错误解释；
- 数据错误分类；
- 数据日期错误。

在记录和访问活动中，存在无法接受的会计信息的可能性（不是很大，但仍然是高的）。在这些领域中的原因类型包括：

- 会计信息被编号到错误的账户；
- 会计信息被编号到错误的期间；
- 疏忽大意的访问造成的对会计信息无法接受的改动。

传输和储存活动对无法接受的会计信息的影响微乎其微。这一活动受到的影响主要原因是由于设备故障。

业务中断的风险暴露

随着电脑越来越融入组织的日常运作中，业务中断日渐成为一个更大的风险暴露。例如，如果某一主要航空公司的网上预订系统停止运转任何一段时间，预订机票将受到严重干扰。人们充其量可以维持预订需求目录，但如果电脑系统瘫痪，处理就无法进行。

预测表明计算机甚至将成为业务处理更加不可或缺的部分。“未来的办公室”讨论使我们相信大多数业务功能将是由计算机辅助完成的。因此，虽然业务中断在过去还不是一个重要问题，未来它也许将成为人们更为关心的问题。就IT的角度来说，系统没有适当地“备份”，风险暴露就可以逐渐发展到在财务报告意义上的有持续影响的层面。

业务中断包括造成计算机系统无法运行的任何事件。当系统无法运行时，这个时间段可能持续几分钟到好几个月。然而，一段时间内，业务中断的严重性可能会改变。例如，如果某些系统瘫痪几个小时，对某些业务来说，它可能仅会产生微乎其微的影响，但是，对某些组织来说，几个小时的停机就是一场灾难。

评价对造成业务中断原因的控制措施是更为困难的评估之一。在大多数其他的风险暴露中，控制设计师应付的是那些可能性的准确度只能被估计到某种程度的事情。造成业务中断的因素是更加难以预测的，因此评估控制措施的适宜性就更为困难。

三种应用系统的活动与业务中断的风险暴露具有密切的关系：传输、处理和存储。传输活动中的风险暴露取决于涉及的距离和手段。如果距离很短，中断可能不会太严重。例如，如果信息是通过邮件传递，并且两点之间也只有几英里，如果发生邮件取消的情况，可以制定出替代方法。但是，如果距离很长或传输依赖于电子硬件，传输问题将导致业务中断。传输中断的原因包括：

- 通讯线路故障；
- 通信设备失灵；
- 传输设施的拆除或遭受其他破坏。

处理活动在业务中断的情况下可能是难以取代的。一些组织使用冗余处理部件就是出于这个原因。例如，某些赛马场为维护博弈奇数需要计算机处理，而数据运行不能没有计算机，因此，他们使用两台计算机，每台都有能力处理日常交易。处理中断的原因类型包括：

- 设备故障；
- 某一系统软件的漏洞没有立即修复；
- 在工作无法完成的点位处理超载。

其他三种计算机应用活动，对业务中断只有最低限度的影响。这些活动通常有替代办法以避免业务中断，例如，多种输入记录设施。为了继续业务的运行，这三项活动只需经粗略检查设计者就能保证，高依赖度无需放在这三项活动中的任意一项上。

错误管理决策的风险暴露

许多信息技术系统被称为管理信息系统，并且信息技术人员鼓励他们用管理系统工作的含义。然而，目前高级管理层在其决策流程中同时使用非计算机产生的信息和计算机产生的信息。这是因为高级管理层主要关注的经常是非计算机化的长期计划。

中层管理人员大量地使用计算机信息，他们根据计算机提供的信息作出许多日常的决策。如果信息是错误的，或被管理人员不正确地使用，就将会作出错误的决定。

在错误管理决策的风险暴露中，唯一最重要的活动是使用活动。这是管理层如何理解和使用信息来判断大多数的决定是否会出现错误。如果管理层充分理解数据，作出错误决定的可能性是很小的。错误的管理决策可能会导致：

- 管理层没有得到及时的信息；
- 管理层不理解信息；

- 管理层接收和依赖似乎有理但却是错误的信息。

其他两项活动，记录和处理，具有某种影响错误管理决策的可能性。正是通过这些活动，数据以某种方式被输入或累计，以至于误导管理层。例如，寄售可能被记录为普通销售，或物品可能以这种方式被累计造成错误的结果。造成影响管理决策的记录和处理类型包括不明确的数据记录。

其他三项活动：访问、传送和存储对错误的管理决策只有极小的影响。

舞弊和盗用公款的风险暴露

许多研究使我们相信舞弊和盗用的现象正在增长。研究计算机舞弊的专家指出，我们正处在这样一个时期，商业计算机技术的使用超过了我们控制它的能力。因此，他们说，我们正处在一个由于没有合适的控制措施而使重大的舞弊行为能够得逞的时期。

舞弊和盗用公款是由两类人进行的犯罪活动：一类是不诚实的人或传统的盗用公款者，另一类是一种较新的现象，指有不满情绪的员工。这些员工对他们受聘组织某些方面的工作不满意，通过故意篡改数据来达到心理平衡。由于这些行为不总是为了个人获得私利，所以难以发现。实际上，这些有不满情绪员工的行为经常是将错误和遗漏混淆在一起。

大多数审计师传统上拒绝承担发现舞弊行为的任何责任。然而，舞弊控制是管理层的职责，并且管理层希望审计师和分析师对潜在的舞弊保持警觉。审计师发现舞弊的能力是有限的，因为审计测试在大多数情况下是有限的。然而，认识在哪里会发生和如何发生舞弊可能有助于发现舞弊行为。

盗用公款者可能通过最简单的方法进入计算机化的应用系统，通常是从人工接口部件到计算机应用系统。传送活动对操纵数据而言是最复杂的技术，其次是存储活动。因此，大多数盗用公款者在剩余四个活动之一实施他们的行动。

最容易受到舞弊和盗用公款影响的活动是记录，在这一点上，计算机的控制措施往往是最薄弱的。直到数据已经被输入进行处理，计算机控制通常才能变得真正有效。发生在记录活动中的舞弊和盗用公款的原因包括：

- 蓄意的输入编码错误；
- 伪造授权流程；
- 从记录流程中删除信息。

为了在录入活动后作出变更，需要有权访问计算机应用系统。因此，访问活动对于盗用公款者是一个重要的阶段。造成能够舞弊和盗用公款的原因包括：

- 允许他人使用自己的密码；
- 更改存取资料；
- 允许同一个人访问会计事项的双方；
- 允许员工在电脑室里不受监督；
- 让程序员操作计算机。

在处理期间操纵应用系统技术上是很复杂的，通常是由信息技术专业人员进行处理。在处理活动期间导致舞弊和盗用公款的原因包括：

- 编程的四舍五入或从大量的账户中抽取小金额；
- 欺诈性过账；
- 延缓过账；
- 误导资产，将其转入盗用公款者控制的账户。

在盗用公款中最简单的一项活动就是使用活动。这可能仅仅涉及收拾文件和走出大门。导致舞弊和盗用公款的使用活动的类型包括：

- 盗窃可转让单据；
- 更改计算机的输出谋取个人利益；
- 破坏计算机的输出掩盖欺诈行为。

法律制裁

政府正在越来越多地参与大多数企业的运营。政府通过制定法规参与，而大多数的法规涉及记录的保存。因此，不符合政府法规的记录保存将使得该组织受到法律的制裁。

1977 年通过的《反海外贿赂行为法》使得不适当的内部会计控制成为一种联邦犯法行为。实际上，这要求适当的控制措施，以降低大部分规定的风险暴露达到某一“适当”的水平。遗憾的是，该法案没有规定适当的内部会计控制系统意味着什么。

受管制的行业（银行、保险公司、公用事业等），比非受管制行业受到更多的控制。大多数这类组织要向政府提交大量的文件报告，这些报告必须是准确的，以此来避免法定的制裁。

许多政府报告的信息，例如，为美国国内税务署准备的大量信息（例如，工资数据），是由计算机产生的。在其他情况下，计算机产生的数据仅仅是复制并提交给政府。法律制裁不仅可以强加于被提交的内容，也可以针对无法加以利用的信息。

对法律制裁的风险暴露具有最大影响的是使用活动。这是因为为政府编制报告的人们应当熟悉计算机应用系统和政府的要求。期望计算机程序员具有评判法定要求的能力是不切合实际的。因此，法律制裁的风险暴露会出现在信息使用的过程中。导致法律制裁风险暴露的原因包括：

- 数据不能及时提供，以满足文档整理的最后期限；
- 数据的合并以一种误导的方式或不准确的方式；
- 所需的数据被排除在报告之外；
- 没有限制《保密法》规定的机密数据。

三项其他活动，记录、处理和存储阶段，对法律制裁的风险暴露产生一定的影响。正是在这些活动期间信息被集中到一起，目的就是为了编制法定的报告。然而，这种相同的信息通常也被用于其他目的。

访问和传送活动也受到法律制裁措施的影响，主要是在违反信息保密法规方面，例如，治理银行和金融机构的法律和美国各州与联邦的保密法。当数据处理从国外传入或者传送给国外的时候，同样必须考虑这些法规，因为一些国家已经制定了数据安全性和保密性的法规。

任何时候在处理或传送金融或信贷、医疗、工资、人事和其他类型的“个人敏感”信息的数据时，控制系统的设计师应当特别小心注意。在这些领域存在一些州政府和联邦政府的法律规定［例如，《信息自由法案》（the Freedom of Information Act）和《联邦信息信用报告法案》（the Federal Information Credit Reporting Act）］。

虽然我们在这里不涉及，但是，也应考虑在线计算机应用的整个领域。美国的一些州政府正在这方面进行立法。

成本过高和收入不足的风险暴露

难以量化的损失是由不良的商业惯例造成的。私营部门或公共部门中不良的商业惯例通常是用完成特定的任务或使命的成本超额加以衡量的。不良的商业惯例也可能造成收入的损失。例如，在私营部门可能包括未能将所有费用记账，或不正确地解释成本信息，其结果是不适当的产品定价。同样的情况在公共部门也会出现，例如，未能将所有的地方或州政府的可偿还的费用根据联邦计划宣布，或不适当累计运营成本数据，导致下一年的预算不正确，因而导致不正确的税额评定。

成本过高发生的原因有很多，例如，计划不周、未经训练的人员、部分员工“漫不经心”的态度和浪费。他们也可能因为未能充分了解该计划的目标或任务说明，导致支出无法预期。

如果员工士气低落或者员工培训不足，成本过高的可能性是很高的。控制成本过高的最好方法之一是通过适当的培训加上良好的监督。成本过高也可能发生在预算与实际数的比较，或另一种类型的成本监控系统无法正常工作的情况下。

另一方面，收入不足也许可以衡量，或许无法衡量。很难知道什么时候销售会造成损失，或者是什么时候客户已经因为服务不周而离去。造成这些损失的发生，计算机化的应用也是原因之一。可衡量的损失可能包括正在使用不适当单位的主文件，导致低开销售收入发票造成收入的损失，正在使用不适当的用于制定价格的成本会计系统来确立成本，或使用不适当设计的应收款托收系统，允许托收工作在一个很短时间内可以停止报告。

处理和使用的活动是成本超额和收入不足风险暴露最大的地方。其主要原因是提供所需结果并及时提供的处理能力不足，或者是可以得到现成的结果，但不是可以理解的格式。与成本超额和收入不足的风险暴露相关的具体原因包括：

- 设计拙劣或不准确的计算机应用系统；
- 对用户的需求无应对性处理（例如，反应时间过长）；
- 客户交易损失。

当客户检查计算机化的应用结果时，他们对于该组织的态度是会受到影响的。与使用应用信息相关的风险暴露原因包括：

- 信息不能及时提供；
- 信息未能以可用的格式提供。

记录、传送、存储可能对成本和收益产生影响。与这三项活动相关的原因类型包括：

- 复杂的输入指令；
- 延误传送；
- 过度（或多余）的数据存储成本。

访问计算机应用的能力对成本过高和收入不足只有很小的影响，除非因为它可能涉及一个关键的计算机系统，如航空公司订票系统。

资产损失或毁坏的风险暴露

资产损失或毁坏与舞弊和挪用公款具有相同的最终结果。一个关键的区别是他们行为的意图。舞弊和挪用公款总是故意行为。在资产损失或毁坏方面，遗失或毁坏可能是有意的或无意的。

组织购买保险以保护自己免受资产的损失或毁坏。然而，保险往往只涉及部分损失。此外，当某些资产遗失或毁坏时，交易的损失可能也会发生。例如，在一个连锁零售商店，如果一个存储器丢失，与存储相关的业务也就丢失了。保险有助于减轻损失，但几乎无法完全弥补它的损失。

计算机应用控制着大部分企业的资产，计算机文件本身是宝贵的信息资产。在许多计算机应用中，计算机系统的完整性能够确定资产，包括信息资产是否被损失或被毁坏。所以，这一点最大的风险暴露经常是在手工和计算机应用之间的接口点，即记录活动。

在记录活动方面，损失有时是由于错误的信息进入；在其他时候，它是由与计算机应用相关的问题造成的。控制设计师需要警惕在记录活动期间资产的潜在损失或毁坏。原因的类型包括：

- 误导性的资产存储或交付；
- 交付超过账单的金额；
- 交付没有开账单；
- 记录但没有收到货物。

提供使用组织资产的机会会创造不同原因的风险暴露。与使用活动相关的原因类型包括：

- 未经训练的人员疏忽造成的资产损失；
- 资产被无意破坏。

资产可以在存储活动期间被遗失或毁坏。在许多计算机应用中，资产的唯一记录是在计算机存储空间里的磁条记录。如果这一记录被损坏，它几乎与资产破坏具有相同的效果。例如，如果某一应收账款记录被破坏，可能没有其他记录说明哪些客户欠款。与存储阶段相关的损失原因包括：

- 通过操作员的错误无意间破坏存储；
- 电脑或手动存储管理系统中的错误。

计算机化信息的使用也可能造成资产的损失或毁坏。在使用活动期间发生的这种风险暴露的原因包括：

- 报告没有提供给有关当事方；
- 用户不理解或在输出报告中不正当地使用该信息。

传送和处理的活动可能影响资产的损失或毁坏，但不那么严重。因此，系统控制设计师应当集中精力放在计算机应用的输入、存储、使用活动这些方面的风险暴露上。与传送和处理相关的原因种类通常反映在其他四种活动中。

竞争劣势

某一公司与其他公司竞争的能力是影响其成功的主要因素。提到竞争优势，我们经常想到是与产品竞争相关的其中一部分。重复性业务经常同样与该业务的支持或服务方面有关系，因为它确实与产品本身有关。

商品销售是公司销售能力的重要方面。如果正确的产品在正确的时间里摆放在正确的地点，该产品将肯定会被销售掉。这是事实，即使有更好的产品在别的地方存在，但不是现成可得到，人们还是会购买该产品。

计算机应用在组织的竞争力方面起着重要的作用。一旦产品被设计和包装后，计算机应用就接收了。处理规则会自动地补充库存、留意客户的订单、监督及时交付，并处理其他大量的其他细节问题，以确保客户满意。

企业竞争劣势的风险暴露与计算机应用的记录、访问以及使用活动的效率性、效果性和经济性有关。产品的经济实惠十分关键，因为如果产品无法以合适的价格交付，那么，这个组织将失去与其他组织竞争的优势。

近年来，在改进信息记录的竞争经济性优势有了巨大的进步。某一类系统允许客户在家里或工作地点通过使用按键式电话或者电脑下订单。有的公司使用接线员接待客户的来电，并及时记录信息。一个无法及时记录订票需求信息的航空公司是不具备竞争优势的。记录期间风险暴露的原因包括：

- 缺乏及时记录信息的能力；
- 过于复杂的记录程序；
- 使用技术上落伍或者不经济的记录方式。

除了信息记录以外，顾客还需要从计算机应用中读取信息。比如在某一航空公司的订票系统中，顾客需要了解某一趟航班的座位情况。如果没有这类信息，客户的需求就无法快速得到满足。而非授权的人员如果能够读取专有的公司信息也可能导致大大削弱企业的竞争优势。与访问活动有关的风险暴露的原因包括：

- 经授权的用户被拒绝访问；
- 非授权用户被允许访问有限制要求的信息；
- 信息读取过于复杂；
- 信息读取速度过慢。

客户使用的信息必须是有用的并且及时的。比如，计算机应用必须通知产品通过合适的运输方式按时发送到正确的地点。与使用活动相关的竞争劣势风险暴露的原因包括：

- 无法及时获得信息；
- 信息无法满足客户需求。

剩余的活动（运输、处理及存储）影响竞争劣势风险暴露主要在时间安排上。如果信息的传送和处理无法及时实施，组织将在与客户的关系及其竞争力方面处于不利的地位。要求信息存储使之现成可得是为了满足终端用户对信息的需求。

无法实现项目目标的风险暴露

许多组织没有很好地考虑编制程序所面临的风险暴露，而只是考虑为什么没能实现预期目标。信息科技工作者们忍受着巨大的挫折感，他们完成了构思完美和架构优良的计算机系统，却只是为了证明这些系统不能满足当前的或未来的用户需求。不幸的是，在很多情况下，没有人意识到这种全面的影响（或者说，因为害怕确定这种“全面”的影响有多大而从不去考虑这个问题）。

大部分人学会与系统妥协，他们使用着那些与说明的目标不相符的计算机系统。而这些系统不能满足目标，因为其目标在项目开发初期没有明确地予以规定，在“建设”期间又没有经过检查，然后，在系统建设完成后，也没有和实际的项目结果进行比较。

除非程序目标在项目开发前就清晰地予以规定，否则很难去衡量最终的产品。因此，在评价（包括审计）任何程序的第一步是要求要有用文档记录的目标。只有这样，用户、审计师或任何小组才可以在项目可以运行时，核实是否已经实现那些既定目标。

某一计算机应用（或任何其他程序或项目）可能很经济、便捷、高效并易于控制，但是与此同时，它可能无法满足用户的目标。这个问题很难被传统的检测所确定。然而，在传统的检测流程中，检测人员可以查看一些外部标准，至少以总结的方式来判断该程序是否明显地符合其目标。可以通过部分地检查记录和使用活动实现这一目的。

系统控制设计师需要同时查看记录和使用记录这两种活动。系统控制设计师应当检查被提供的信息类型（例如，计算机应用系统），然后，检查这些信息是如何被终端用户使用的。如果这些报告被忽略，或许多信息没有被用户所使用，那么，系统控制设计师将可以初步认为这个程序的目标还没有被实现（无法实现项目目标的风险暴露可能具有内部控制的含意）。

在记录和使用活动中，无法实现项目目标风险暴露的原因包括：

- 未被使用的记录数据；
- 报告书没有被使用；
- 用户绕过计算机应用系统，独立地执行他们设定的功能（例如，存在阴影系统）；

- 未能记录某些特定的交易。

在计算机应用中的中间活动对无法实现项目目标有着极其微小的影响。如果执行情况未能符合程序的规格说明，只会对传送、处理和存储活动有某种影响。然而，如果整个应用程序都脱离了目标，那么，这些中间活动仅仅是更为严重的某一问题的征兆。

负责设计、运行和维护系统的人员必须编写该系统的控制目标文件。当然，这些控制目标就是建立内部控制系统的一些要求。已经被列出的控制目标，以及所描述的风险暴露，对于负责设计系统控制目标的人来说都是有用的信息。而控制目标对于系统和交易处理都是必不可少的。

7.8 控制活动的交易处理部分

某个交易是在业务运营的正常行为中发生的一个事件。比如说，某一事件可以是某一组织的顾客访问他们的网站获取一些产品信息。该交易流转从这一事件的初始到交易处理的那一点，表示需要被控制的这一事件或交易。

交易处理期间，该事件要经过 6 个不同的阶段。这部分将描述这 6 个阶段，还会规定在这些阶段的控制区域中所需的控制措施。在这一部分中，对每一控制区域将会给出一个控制示例。

这六个阶段描述如下：

- 初始交易——应用控制措施调节：源文件开始、审批和处理，信息技术输入交易的准备工作，以及相关的错误预防、发现和纠正程序。
- 信息技术交易的入口——应用控制措施调节：远程终端和成批数据输入、数据证实、交易或成批验证及平衡、错误识别与汇报以及错误纠正和重新输入。
- 数据通信——应用控制措施调节：数据通信的准确性与完整性，包括各种信息的责任、数据保护、硬件和软件、安全性和保密性、错误识别和报告。
- 计算机处理——应用控制措施调节：交易处理的准确性、适当性和完整性，包括针对主文件、错误识别和报告的交易证实。
- 数据存储与检索——应用控制措施用以确保主文件数据的准确性和完整性，更正交易或主文件删减，数据安全性（保密性、错误处理和备份、恢复以及保存）。注意：文件的完整性控制措施反映了数据库软件和伴随着一种把处理程序当作独立数据文件的趋势。

- 输出处理——应用控制措施调节：手工平衡及调节信息技术的输入输出（包含在信息技术输入/输出的控制部分和用户所在的位置），信息技术输出的分布、控制那些可转让的单据（包含在信息技术输入/输出的控制部分以及用户区域），以及输出的数据保存。

这6个阶段的每一个阶段都是不同的控制区域。每个区域与要求控制的某种一般功能有关。在所有控制区域中是解决特定功能的控制类型。最后，为每一控制类型列出了其特定的控制。

7.8.1 初始交易

初始交易的控制措施用于确保数据进入计算机应用系统之前的准确性和完整性。初始交易控制领域的范围包括直到将数据转换成可以机读格式的所有控制措施。管理层、系统人员和控制设计师越来越多地强调初始交易控制措施的重要性，以确保准备进入系统的原始信息的合法性、可靠性、具有成本效益以及不易于泄露秘密。

初始交易控制措施是支配5个控制区域的流程的那些控制措施：源文件初始化、授权、技术信息输入准备、源文件保存和源文件错误处理。其中3个区域直接位于交易处理的流程中。源文件保存是主流程的一个分支，并且源文件错误处理是源文件初始化的反馈环路的一部分。

接下来是交易入口阶段。在这两个阶段的一些控制措施是手工的，因为在数据入口进入应用系统之前受到它们的影响。某些控制措施是自动化的，在数据入口进入或尝试进入应用系统期间自动进行。

初始交易控制和交易入口控制的区别在于初始交易控制发生在数据转化成交易入口格式之前（例如，键盘敲击、终端输入等）。初始交易和交易入口控制措施两者都有可能限制入口数据进入计算机应用系统。直到数据已经进入应用系统，应用程序开始处理数据时，计算机处理控制措施才开始生效。

初始交易控制的必要性

为了确保信息在准备进入计算机应用系统前的准确性和完整性，初始交易控制措施是必要的。计算机应用系统的有效性直接取决于其依据的源数据的可靠性。在计算机应用系统中，数据的合法性和准确性与初始数据控制措施的运行有着直接的联系。其结果是，建立数据控制尽可能靠近初始点是很重要的。

在开发初始交易控制措施的过程中，某一组织可能希望确保以下几点：

- 初始交易的授权不会由资产保管人或访问记录的人员实施；
- 初始交易不会由计算机操作人员实施；
- 指导源文件准备的说明有具体的书面描述。

为了检查如何通过使用应用系统控制措施来满足控制目标，初始交易流程被分为几个控制区域。在这些控制区域内的每一种控制是一种或多种控制措施的类型。每种控制类型又包括一个或多个具体的应用控制措施（见表2-7-3），被组织用于控制初始交易。

表2-7-3 初始交易控制结构

控制区域	控制类型	控制
源文件初始化	书面程序	用户程序与手册
	源文件设计	交易识别
	源文件存储	可解释说明的源文件存储
	源文件处理	双重保管
授权	源文件准备	职责分工
	书面程序	书面授权
	源文件审批	批准证明
信息技术输入准备	交易识别	用户识别
	输入用户的审查	人工审查
	成批	在初始点的成批和源数据平衡
	运行记录	源文件的运行记录在组织之间的传输
	传送	传送文件
源文件保存	源文件保存的特点	源文件的保存日期
	源文件归档	接原件保存的源文件
	保留存储	限制访问保留设施
源文件错误的处理	错误程序	书面错误处理程序
	错误检测	错误运行记录
	错误更正处理	错误通知
	重新提交已更正的数据	错误更正的监控

控制区域——源文件初始化

这些控制措施包括程序和方法，用以确保适当和及时地记录数据。这种数据的记录可能是直接以机器敏感的形式或可能在最初数据记录人类可读的文件之后发生。被讨论的控制类型包括书面程序、源文件设计、源文件存储和源文件处理。

控制类型——书面程序

用户程序与手册——书面的用户程序是用来指导正确的启动、审查和授权输入交易。这种书面指示包括的控制措施必须用于：

- 准备文件；
- 规范文件流程；
- 促进遵守时间进度表（例如，截止日期）；
- 控制特殊代码的使用（例如，超控）；
- 描述输入密钥的要求。

书面的用户程序是业务功能程序分析的结果，它能精确地决定什么是必须完成的步骤来实现功能的目标。书面的用户程序通常是用户手册的一部分。除了书面的用户程序之外，用户手册还可能包含文件的示例、系统控制的职责、行政管理组织和授权的责任。

控制类型——源文件设计

交易识别——进入一个计算机系统的每一交易必须进行交易识别。这种交易识别可以采用各种形式（即序列号、顺序号、交易代码）。这是必不可少的，交易识别应包含所有必要的信息，以便独特地识别某个特定的交易。

控制类型——源文件存储

可解释说明的源文件存储——可说明的文件是那些已经被组织规定为某种形式的必须有严格的会计核算的文件（例如，预先编号的空白支票储备）。可说明的文件都被存储在一个安全位置。安全存储结合使用其他控制措施（例如，顺序编号）提供了一种机制说明这些文件的原因。

控制类型——源文件处理

双重保管——双重保管的系统是用来维持可说明形式的控制。这种方法要求信息技术成员和使用部门的成员共同授权发布从存储区域预先编号的表格。然后，在处理周期采用这种方法，直至未被用完的表格被退回到储存区域。

双重保管也需要由那些与先前流程不相关的个人来维护其他物品（如钥匙、签名章）。

控制区域——授权

这一源文件授权的流程可细分为控制各类型相关的源文件准备、书面程序和源文件审批。

在这一领域的控制措施包括程序和方法，用以确保源数据已经得到适当的授权。在源文件创造出来后，控制技术被用于确保源数据已得到适当授权。授权的证据可以通过人工程序（内部控制小组）或计算机处理（交易识别）进行审查。鉴于当今先进的计算机硬件和软件，计算机正被越来越多地用于验证输入的授权。随着这一趋势持续下去，控制设计者在这样的环境中用工具进行测试就变得更为重要。这里讨论的授权程序只适用于那些与源文件初始相关的部分。编程处理控制措施和授权程序与以后章节讨论的终端使用有关。

控制类型——源文件准备

签名——源文件的签名是用来提供证据追踪源代码。源文件的审批签字是用来为适当交易授权提供证据的。

授权等级通常意味着个人批准的具体交易事项的权力。输入处理程序提供授权的证据。这种授权证据可能是指明在输入文件上的签字、电子签名或在某个终端环境中通过使用特殊的安全性和密码控制。

控制类型——源文件审批

批准证明——具体交易的审批可能会通过一些手段发生。

输入文件提供核准的证据。这种核准可能与授权流程相关。例如，假设该公司的组织规定，各级管理部门可以授权具体的交易事项。信用管理人员有权批准退款的最高额为25美元。信用部经理有权批准退款的最高额为500美元。助理主计长可以批准退款超过500美元的交易。

重要的一点是不管选择什么机制，审批流程都有书面的文档记录。

控制区域——信息技术输入准备

在源文件已被创建和授权后，有必要进一步为信息技术输入准备数据。在信息技术输入准备中包括的控制措施是必要的，确保数据从起点到数据转换流程的准确性和完整性，以便为进一步的计算机处理做好准备。被讨论的控制类型包括：交易识别、输入用户的审查、成批、运行记录和传送。

控制类型——交易识别

用户识别——某个独特的用户身份认证（即员工编号和/或用户部门的安全代码）和密码是用来限制交易的，处理用户可以访问的文件。

控制类型——输入用户的审查

人工审查——源文件的人工审查由用户人员执行，以便在技术输入之前保证信息的完整性和准确性。

控制类型——成批

在初始点的成批和源数据平衡——源数据是成批的和平衡的，尽可能紧挨初始点，以便制定对源数据初始的控制。交易根据输出分类编组，例如，公司总部、地区办公室或者公司分部。信息技术交易被组织成为成批的形式，促进它们进一步的处理。在处理期间，成批处理是一种用来避免个别交易损失的方法。

控制类型——运行记录

源文件的运行记录在组织之间的传输——运行记录的技术（例如，记录清点、控制总数）被用于记录在组织处理的源文件之间的交易流程或批处理。主要用户区中的运行记录被用于在初始源附近建立控制。

控制类型——传送

传送文件——正式的传送文件是用来控制在各个用户和数据入口功能之间日常文书工作的流动。在初始或接近初始准备的传送文件被用于整个处理周期。这意味着它们跟随着交易流程在从用户部门输入，通过信息技术输入/输出控制功能并返回到用户区的运动期间流动。

控制区域——源文件保存

这些控制措施包括确保源文件适当保存的程序和方法，保持源数据的适当备份以便在数据处理期间数据丢失或被毁坏时，可以提供再创建的能力。被讨论的类型包括了源文件保存的特点、源文件归档和保留存储。源文件识别和存档为历史性参考资料所需的必要的法规、公司的政策或恢复的目的提供了便利。

控制类型——源文件保存的特点

源文件的保存日期——保存日期通常直接放在源文件中，它们被放置在附属单证，例如成批地长卷纸条或源文件容器中。每一份文件中都包含了保存期作为某一识别特征。源文件的保存日期是基于法律要求和/或管理政策而设定的。

控制类型——源文件归档

按原件保存的源文件——保存源文件的原件副本，以便在出现源文件在随后的传输流转及处理期间被丢失或毁坏的情况下提供备份材料。无论何时源文件离开该部门，在用户部门中都应保留源文件的副本。

控制类型——保留存储

限制访问保留设施——记录保留存储设施被控制和限制在经授权的人员才能访问。

控制区域——源文件错误的处理

这些控制措施包括用于确保系统中在这一点位被拒绝的所有交易都能及时地被更正和重新输入的程序和方法。该区域的控制措施确保在任何处理周期结束之时能说明所有错误的原因。这里所讨论的区域包括：错误程序、错误检测、错误更正处理，以及重新提交已更正的数据。

控制类型——错误程序

书面错误处理程序——书面错误处理程序被用于向用户提供关于源文件错误检测、错误更正和已更正数据重新提交操作的全面说明。

书面程序正式手续的程度及细节通常取决于以下两个主要方面：

- 数据的关键性；
- 所遵循的计算机编辑程度及形式。

例如，大多数公司倾向于拥有为财务应用系统专门开发的程序核对（例如，对审批签名的视觉验证程序）。但是，这种趋势实际上是使计算机尽可能多地执行此类合规性以及验证的程序。

控制类型——错误检测

错误运行记录——错误运行记录被用于跟踪未解决的错误，并确保它们被更正并及时地重新输入系统。这类错误的运行记录被保存在用户区域，以记录和监控由信息技术输入预备功能所报告的错误。

控制类型——错误更正处理

错误通知——用户能够及时得到所有源文件错误情况的通知。

控制类型——重新提交已更正的数据

错误更正的监控——所有已发现错误的运行记录被用于监控已更正的数据及时地重新提交。当每一已更正的源文件被重新提交时，它越过了运行记录，并且在运行记录中输入的是重新提交的日期。在每一处理周期结束之前，在错误更正重新提交之前，所持有的源文件报告被提供到用户区域。这个报告被用于在处理周期结束之前清除该系统，以便观察适当的系统截止日期。

在计算机应用系统中包含的数据准确性、完整性和有效性取决于某一内部控制系统的适当运行。

某一组织为了对计算机应用系统范围内控制措施的高度有效性感到放心，就有必要启动一套为上述组织精心开发的内部控制目标。然后，在开发计算机应用系统中必须贯彻这些控制目标。例如，如果某个组织良好的内部控制要求，记录现金的会计人员不应当负责现金收入的职能。这种职责分工同样必须保持在计算机应用系统运行中（例如，收银员不能批准日记账分录的交易，以防止减少总账中的现金数字）。

7.8.2　信息技术交易的入口

交易入口控制被用于确保数据在进入计算机应用系统期间的准确性和完整性。交易入口控制区域的范围包括进入通信链接的数据点，或者是在非数据通信环境中为了下一步的处理而进入计算机应用程序的控制措施。

交易入口控制是人工和自动化控制例行程序的一种组合。它们具有特别的重要意义，因为它们控制着两个重要的应用区域：数据转换和编辑与验证。越来越重要的是，要尽可能多地实现控制例行程序的自动化，以便能利用计算机硬件的容量，以及提高控制措施应用中的一致性。

交易入口控制是在以下几个控制区域支配着交易数据入口程序的控制措施：数据录入（终端或成批）、交易数据的验证、成批检验和平衡，以及交易入口的错误处理。

从初始交易阶段开始，流量主线通过终端或成批数据入口，再通过交易数据验证到达数据通信阶段或计算机处理阶段。交易错误处理控制是针对交易数据入口或初始交易的反馈循环的一部分，它取决于该错误的性质。

一些在交易入口流程中的控制措施可能在数据进入该系统时被设立。就这点而论，它们将会成为人工和自动化的控制例行程序的一种组合。许多较新的在线系统倾向于将大部分控制措施设定在交易入口程序中，这些控制会在数据进入应用系统时自动应用。

交易入口控制和随后的数据通信或计算机处理控制措施之间的区别在于：交易入口控制发生在数据转换成交易入口格式期间（例如：键盘穿孔机、终端入口）。当交易入口控制可能限制数据进入计算机应用系统时，计算机处理控制措施，直到数据已经进入，并且应用程序试图对数据进行处理时才开始生效。

交易入口控制措施的必要性

交易入口控制措施对于确保完整准确的数据进入计算机应用系统是非常必要的。数据的有效性和准确性取决于从数据初始开端的控制措施运行状况。

交易入口流程具有特殊的重要意义，因为它涉及数据转换的阶段。关于这一点，数据转换是一个把原始数据转换成机器可读格式的流程。其结果是，建立控制措施是重要的，它确保了准确实施这种转换。

在开发交易入口控制措施时，以下是某一组织可能希望达到的最重要的控制目标：

- 对所有接收到的源数据准确地实施交易入口处理；
- 交易入口处理允许源数据的最佳验证；
- 交易入口错误处理程序允许错误的发现、错误数据更正以及及时重新提交已更正的数据，以便进行下一步的处理。

通过使用特定应用系统控制措施来检查交易入口控制目标的满意程度，交易入口的流程被分离成几个控制区域。在每一个控制区域里是一个或多个控制措施的类型。每一控制类型包括特定应用控制措施，这些措施目前正在应用系统处理阶段中使用。表 2－7－4 说明了交易数据入口的结构，按区域里的控制类型和类型中的个别控制进行分析。

表2-7-4　交易入口控制结构

控制区域	控制类型	控　制
交易（成批）数据入口	书面程序 物理硬件	用户程序 同步记录
终端数据入口	终端软件特征 硬件控制特征	终端签字程序 终端特征
交易数据验证	转录验证技术 数据内容验证技术	密钥验证 编辑和验证例行程序
成批验证和平衡	数据输入控制措施 验证和平衡方法	运行记录 成批控制
交易入口错误处理	错误检测 错误更正 重新提交已更正的数据	错误清单 更正行为 已更正数据的编辑

控制区域——交易（成批）数据入口

这些控制措施包括用于确保作为记录数据适当采集的程序和方法。作为计算机处理的数据采集通常取决于应用系统流程的周期。控制数据的入口，以便允许输入数据的适当截止。将要实现的这一目标是在适当的地方安置准确有效的信息。例如：在程序进行现金应用处理之前，运行某一应收账款账龄分析的报告几乎是没有意义的。数据入口的控制允许数据从启动到进入计算机应用系统的适当移动。

控制类型——书面程序

用户程序——书面用户程序被用于指导输入交易的适当记录。这种书面指令涵盖了必须使用的控制措施、数据入口设备、必须遵守的时间进度表（截止日期），以及其他交易入口流程的独特程序。这种用户程序可能描述以用户名义的输入键入要求、反应解读和所要求的行动。

书面用户程序是对业务职能的程序性分析的结果，它准确地决定了必须完成什么，以及完成交易入口流程所使用的步骤。

控制类型——物理硬件

同步记录——计算机可读的媒介（例如卡片、磁带、磁盘）上的同步记录被用于在其初始来源记录信息。

例如，按键式电话系统的使用允许在指令入口信息进入电话线路，在计算机输入媒介（卡片）上直接获取信息，而不需要直接的人工干涉。然后，在创建源文件（客户指令）的同时在计算机媒介上记录数据。

同步记录是用来最大限度地减少在交易入口流程期间发生的人工错误的一种方法。

控制区域——终端数据入口

在数据入口终端当前的发展代表着另一个潜在控制机制的系列。在数据入口控制措施应用中，这些发展为利用计算机处理的速度和准确性提供了机会。

控制类型——终端软件特征

终端签字程序——监督管理层的签字程序被用于在任何运营可以签字之前启动终端设备。同样要求监督管理人员在一天的使用结束后停止活动。

控制类型——硬件控制特征

终端特征——终端被用于增强控制数据输入和数据入口错误更正的能力。这些特征包括：

- 删除和退格键以及相关的文字编辑的特征；
- 终端运行记录—— 这些运行记录允许终端记录所有处理过的交易；
- 内部终端 ID——为终端提供电子标识，可以由计算机对其提出查询请求。这种标识被用于验证适当的终端授权。

控制区域——交易数据验证

交易数据入口信息在数据被输入计算机应用系统之前，经受综合编辑和验证例行程序确保其准确性和完整性。控制分为两种：一种是解决从人工可读形式正确地转录成机器可读形式的那些控制措施；另一种是解决数据内容到确保其正确性的控制措施。

控制类型——转录验证技术

密钥验证——密钥验证被用于交易入口流程删除人工的错误。为了验证键控运行的准确性，第二位操作员阅读相同的源文件的密钥把数据输入一个校验器。该机器将凹下的按键与穿孔卡上的孔（或其电子相等物）作比较。在初始和验证数据之间的区别是明显的。在卡片右侧边缘的孔眼（或作为磁带或光盘数据的电子相等物）标明该媒介已经通过了验证程序。

控制类型——数据内容验证技术

编辑和验证例行程序——鉴于当今的硬件容量，编辑和验证例行程序成为越来越重要的由计算机应用系统执行的程序。编辑和验证例行程序通常被执行于所有输入数据字段，即使在某一入口字段中可能发现某一错误。

编辑和验证例行程序可能在远程软件中被执行，例如，数据入口输入终端，或可能是计算机应用程序的一部分。当今，在数据流程中存在尽可能早地编辑和验证数据入口交易的倾向，以确保该系统在入口进入系统进行更新前，拒绝任何不正确的交易。

尽管某些一般用途的例行程序会被结合进来，对于正在被使用的应用系统来说，编辑和验证例行程序通常是独特的。应用程序或智能终端可以执行编辑和验证的例行程序，可能包括核对编码的有效性、记录长度、范围、顺序、某一记录中的字段数量、估值的合理性，等等。

智能终端有足够的容量来执行终端位置的错误检测和更正，而不用把数据转送到中央计算机位置进行错误检测。

编辑和确认例行程序被安置在某一系统里，协助确保数据的完整性和准确性。因此，编辑例行程序的仪器过载不应被忽视。在大多数系统中，都不给用户提供这种容量。只有主终端和特定用户部门人员才允许使编辑仪器过载。

控制区域——成批验证和平衡

交易进入计算机处理前通常会经过成批验证和平衡操作。执行这些操作在用户和信息技术部门之间充当一种接口。成批验证和平衡操作可以由一个控制员或控制组执行，或者由计算机自动操作。

控制目标一般由以下成批验证和平衡操作来实现：

- 输入按照时间进度表被提交；
- 适当的控制字段达到平衡；
- 交易入口错误处理流程受到控制。

控制小组实施的典型功能可能是接收信息技术的输入，为验证成批控制的总数而保留控制运行记录，并且协调对信息技术部门识别和报告的错误的更正和重新录入。

控制类型——数据输入控制措施

运行记录——一种显示数据接收和数据实际配置情况，并且为会计提供所有接收到的批次的记录。这些文件收据的运行记录被用于在系统中建立审计线索。这种运行记录一般包含批号、接收时间、任务名称、来源、接收方式以及数量。

控制类型——验证和平衡方法

成批控制——要求终端操作员按成批的方式进行他们的工作。以这种方式，成批控制的总数就能保持接近起始点。终端操作员在数据字段内创建成批、各类处理控制措施、系统编辑例行程序和核对总数。控制总数被重新计算并与手工统计的总数进行比较。这种功能预防在源数据转换成机器可读格式期间丢失数据。

控制区域——交易入口错误处理

这些控制措施包括一些程序和方法，用于确保在系统这一点被拒绝的交易得到更正，并且及时地重新提交。在这一区域的控制措施保证所有的错误在处理周期结束时都被解决。这个区域包括三种控制措施：错误检测、错误更正和重新提交已更正的数据。

控制类型——错误检测

错误清单——预处理编辑错误清单在数据在线处理之前发出，有助于清除错误。这个清单可以包括有效和无效的数据。因此，该清单可能包含所有输入交易、无效数据的确认以及失衡的控制措施。

控制类型——错误更正

更正行为——当交易被处理时检测到某种错误，它会显示检测到的时间。整个交易在终端被显示。显示的内容包括一条错误的信息，以及针对该错误每一数据字段建议应采取的纠正措施。

控制类型——重新提交已更正的数据

已更正数据的编辑——已更正数据的编辑是通过与处理原始交易相同的方式来完成的。当需要重新提交整个交易时，该更正情况会以与用于原始交易相同的模块进行编辑。即使检测到某一错误，处理也会继续编辑该交易所有的字段。

计算机应用系统中所包含的数据的准确性、完整性和有效性取决于内部控制措施系统的适当运行。交易入口控制措施可以保证完整和准确的数据从初始交易流程运行进入数据通信链接，或者通过应用程序进行计算机处理。交易入口流程对控制计算机应用系统具有特别的重要意义，因为它必需两个重要阶段：一是数据的转换流程，需要将数据转换成可机读的格式；二是编辑和校验例行程序，在交易被录入计算机应用系统前发生。

7.8.3 数据通信的控制措施

数据通信控制措施主要参与保证从信息输入设备到信息接收设备通过通信线路传递数据的完整性。这些控制措施很重要，因为大部分的数据通信设备是由组织所拥有和控制，而不是由发送或者接收的组织所拥有。为了保证整个应用系统数据的准确性和完整性，许多组织使用数据通信服务作为构成他们计算机应用系统所必需的部分，成为一种快速发展的趋势。

数据通信控制措施是支配信息的输入、传送、接收与计算三个部分的那些控制措施。在这部分，使用了“信息”而不是“交易”的术语，因为信息是一种更恰当的通信单位。一个信息可能包括一个或者多个交易，或者可以只包含一个交易的一部分。当然，信息是在远程终端和计算机之间双向传输的。为了使问题简单化，本章讨论的信息是指从一个终端到计算机的控制措施。当信息向相反方向传输时，控制措施于此仍然适用。

信息输入区域是指数据被键入通信系统（如：数据录入控制措施）之后的终端导向的输入。信息传输区域是指将报文从终端传输到目的地所需的硬件和软件。信息接收与计算区域是指计算机实际应用信息之前，接收和说明所有通过该系统发送的信息所必需的软件、硬件和程序。

从传统意义上说，数据通信控制措施更密切地与应用相关，而不是与计算机操作系统相关。计算机操作系统软件设计方面的技术先进性已经创建了适合属于常规类别而不是应用控制措施的数据通信控制措施系列。然而，数据通信控制措施无论归属于哪一类别都将集中在本部分讨论，而不会每次涉及时都加以区别。

每一阶段的控制措施都分为两种形式：相关的硬件和相关软件与程序，取决于执行的方式或手段。

数据通信控制措施的必要性

数据通信控制措施必须保证数据的完整性，从数据在终端被录入一直到被计算机接收处理都不得丢失或遭损。数据在传输期间通常超出初始或处理组织的控制之外（例如：大部分的通信线路或者是商业拨号服务或者是从普通传输线公司租赁）。正是因为缺少物理控制，适当的利用现成的通信控制措施来确保在通信系统中被传输数据的准确性和完整性显得尤为重要。

组织使用通信系统试图达到以下目的：

- 确保适当的数据通信控制措施在每一应用系统支持下运行，对组织内被传输数据和通过普通传输线公司被传输的数据产生影响；
- 证实使用中的数据通信控制措施按规定运行；
- 识别和符合数据通信控制不断变化的要求。

为了向组织提供可以协助他们达到这些控制目标的信息，这一部分介绍的是目前被组织使用可以信赖的数据通信的控制措施。表 2－7－5 显示按照控制区域、控制类型和具体控制措施的数据通信结构。相关硬件控制类型是指那些在他们的应用中明显取决硬件的控制措施。相关软件与程序控制类型是指那些主要基于软件与程序的控制措施，但是在某些情况下也可能涉及使用硬件。

表 2－7－5　　　　**数据通信控制结构**

控制区域	控制类型	控　制
信息输入	相关硬件	电子标识
	相关软件与程序	通信系统控制运行记录
信息传输	相关硬件	自动拨号备份
	相关软件与程序	传输的成批控制
信息接收与计算	相关硬件	重新传输检测
	相关软件与程序	信息的顺序号

控制区域——信息输入

这一区域的控制措施包括与终端标识与安全，以及监控信息活动的软件机制和程序有关的控制。

控制类型——相关硬件

电子标识——在终端内嵌入无需人工介入的硬件标识码，计算机定期进行验证和核对标识码，以保证没有使用任何未经授权的终端。

控制类型——相关软件与程序

通信系统控制运行记录——网络主管会定期收到由终端命令发出的通信系统控制运行记录。审查这些命令包括禁止或允许某一线路或者工作站的那些指令，以便及时确定在任何点位的网络状态，被用于指导交换线路或者站与站的通信线路的指令，以及被用于改变线路的次序或频率，或者终端查询。

控制区域——信息传输

这一区域的控制措施或者技术与通过通信系统进行信息处理的信息核对以及与通信线路本身的某些物理特征有关。

控制类型——相关硬件

自动拨号备份——某种自动拨号备份的容量和租用线路一起使用，以保证在租用线路失败时，针对拨号装置的自动开关能在停电期间实现正常运行。

控制类型——相关软件与程序

传输的成批控制——传输的成批控制使用于信息在区域集线器和中央计算机之间的高速传输中。许多终端把实时对话馈入区域集线器。将区域集线器成批的交易组和创建内部成批控制总数传输到中央主机。

控制区域——信息接收与计算

在这一区域的控制措施通常与接收与说明计算机中所有信息的中央计算机系统相关的硬件和软件有关。

控制类型——相关硬件

重新传输检测——重新传输检测是检测和报告数据通信错误的重要形式之一。检测涉及使用冗余校验来检测传输中的错误。当接收单位确定信息中存在错误时会发生重新传输。接收单位反馈给传输单位，并且要求重新发送相同的信息。以这种方式，只有没有错误的信息才能被传输。这是数据通信控制当中最有效的一种检测错误的方法。

控制类型——相关软件与程序

信息的顺序号——某一信息的顺序号由中央电脑自动分配给所有进出该计算机系统的信息。区域终端或区域集线器也可以为所有从上述设备发出的信息指定信息的顺序号码。这为在通信系统内传输某一信息的每一站或终端提供了可追踪的信息运行记录。它同样允许在中央计算机和每一终端或者传输的集线器之间保持平衡。

通过通信线路由计算机应用系统接收用于处理的数据的准确性、完整性和有效性，不仅取决于数据处理和数据录入期间使用的控制措施，而且也取决于数据通信系统本身内部所使用的控制措施。当很多数据通信控制措施对于用户来说是透明的时候，控制措施对于保证数据的完整性依然重要，因此，用户和信息技术人员必须保证数据通信控制措施处于适当位置。良好的数据通信控制措施同样是很重要的，因为通过通信系统的数据会脱离发送和接收组织的控制。用户区域经理们正扩大他们数据通信的专长领域，以便了解保持数据完整性的数据通信控制措施的使用类型和适当性。

数据通信方面关注的主要控制区域是信息输入和信息接收区域。控制在数据传输期间使用的控制措施很重要，但是，因为几乎所有控制措施都是由硬件实施的，绝大部分的数据通信供应商提供的控制性能很相似，经理们主要关心的是保证他们组织使用数据通信控制性能与通过数据通信系统的数据价值相称。

在信息输入区域，控制措施基本上是参与确保使用中的终端是经过授权的，并且所有通过终端发出的信息是可识别的。在信息接收区域，控制措施基本上是参与确保发送的数据是完整的和准确的，并且保证所有信息的运行记录或日志被保存其可追踪性和可恢复性。

数据通信的使用和快速发展的趋势使计算机应用系统成为不可缺少的组成部分。可以预期这种趋势将会持续下去，它正在促使经理们开发新的专长领域，以便监控从初始交易到输出处理的整个应用系统。显然，经理们正不断地被要求控制数据传输，他们已经以相同的方式建立了数据准备、处理和录入的控制。只有在数据通信控制措施适当正常之后，才有可能保证由完整的应用系统处理的数据的准确性、完整性和有效性。

7.8.4 计算机处理

用于确保计算机处理期间数据的准确性和完整性的计算机处理控制措施，是指那些支配计算机流程的完整性和计算机流程错误处理的控制措施。因为应用程序处理这些数据，所以在数据输入计算机应用系统后才应用这些控制措施。本部分同样包括文件接口和程序接口。

这里讨论的计算机处理控制措施的范围包括中央处理部件内部和周围的应用层面的控制措施。这些控制措施被嵌入在每个单独应用程序，并且控制应用程序数据的输入、处理和输出。在每个应用中的应用控制措施都是独特和具体的，因此，可能会或可能不会在应用之间转移。在计算机处理控制措施不断发展期间，重要的是确保内部控制原则（例如，职责分离）被贯彻落实到计算机应用系统所执行的功能。

处理控制措施的必要性

计算机处理控制措施对于确保从数据输入到输出流程中处理信息的完整性和准确性很有必要。如前所述，计算机应用系统中数据的完整性取决于从数据初始的发端直至输出处理的控制措施运行状况。因此，在发生的每一流程期间建立适当的控制显得极为重要。

在开发计算机处理控制措施的过程中，组织可能想达到以下重要控制目标：

- 核对作为处理输入而进入的全部交易；
- 核对重大控制总额；
- 使用有效性检测技术核对处理情况；
- 核对不能回避的处理控制措施；
- 核对作为应用领域控制所需的职责分离原则被贯彻到计算机运行所实施的功能。

计算机处理具有诸多特征，使应用控制措施的开发和审查成为一项挑战性的任务。人们无法对计算机执行的运行顺序进行物理性观察，而在手工系统可以这么做。此外，运行结果用磁性记录文件保存，这同样无法进行视觉验证。因此，在这一阶段的控制措施是间接性的、预防性的或具有事后性质。

为了通过使用应用系统控制措施来协助达到控制目标，计算机处理控制阶段被分为几个控制区域。在每个控制区域有一种或几种类型的控制措施。每种控制类型又包括组织用于控制计算机处理的一个或几个特定控制措施。表 2－7－6列出这一阶段所有的控制区域，按区域内的控制类型和类型中单个控制进行分析。

表 2-7-6　计算机处理控制结构

控制区域	控制类型	控　制
计算机处理的完整性	交易识别	计算机生成交易的监控
	计算与逻辑	预期控制
	文件维护	平衡计算机文件
	计算机操作人员	操作人员指令
计算机处理错误的处理	错误报告	生成错误的报告
	错误更正	自动的错误暂停文件
	重新提交已更正的数据	错误中止重新输入

控制区域——计算机处理的完整性

这些控制措施包括应用系统的计算机处理期间用于确保数据完整性和准确性的程序和方法。被讨论的计算机处理控制类型包括交易识别、计算与逻辑、文件维护以及计算机操作人员。

控制类型——交易识别

计算机生成交易的监控——对计算机生成的交易由程序控制，该程序打印出所有计算机生成的交易，直接反馈给用户。这种控制为计算机生成的输出结果提供数据，这些数据由人工进行检查。

计算机生成的交易同样受到建立程序模块之间的平衡控制措施的控制。这些平衡控制是自动化的内部相互校验。这类控制措施可能采取合理性检查的形式，或者特定的两次运转（run-to-run）对比控制总额。

控制类型——计算与逻辑

预期控制——预期控制措施被用于作为一种保证输入责任的方法。顺序核对是这种控制的一个常见的例子，计算机应用系统编程为可预计每一笔交易，并且检测任何缺失的交易。在另一个例子中，在更新某个主文件之前，应用程序预计更新的结果，并将它同该字段的合理性范围相比较。在范围之外的所有数额都被拒绝，或者报告一个预警信息。

控制类型——文件维护

平衡计算机文件——使数据文件打开时的记录数与当天所产生的变化数和

期终余额相平衡。控制记录包括字段数量的总数和每一字段所维护的总记录读数。详细记录的总数定期和控制记录的总额进行比较。报告所有的差异现象。例如，营业日和停业日的主控制记录读数所包括的主控制记录以及日常交易处理都得到维护。这种记录通过增加当天被处理的所有交易来平衡营业日和停业日之间的差异。

控制类型——计算机操作人员

操作人员指令——每项应用都使用一套明确的操作人员指令，以限制计算机操作员的干预。这些程序包括系统开始工作、终端备份转让、紧急信息广播、系统关闭、通信调试以及系统和工作状况报告。这些计算机指令可能阻止操作人员非法访问计算机系统。

控制区域——计算机处理错误的处理

这些控制措施包括确保对所有在计算机处理期间被拒绝的交易进行更正，并及时重新输入所使用的程序和方法。这一区域的控制措施为检测数据损失和交易的非处理准备。即将讨论的控制类型包括错误报告、错误更正以及重新提交已更正的数据。

控制类型——错误报告

生成错误的报告——提供一份将确保对所有错误已经进行更正和重新提交以及已经使用适当截止日期的生成报告。

控制类型——错误更正

自动的错误暂停文件——自动的错误暂停文件包括所有被拒绝的交易都得到信息技术的维护。这种错误暂停文件以带有日期成批号的交易顺序号的形式予以准备。

控制类型——重新提交已更正的数据

错误中止重新输入——通过对错误中止列表上的错误进行更正使错误得到更正和重新输入。已更正的错误中止列表随后重新提交至信息技术部门，对错误中止文件的更正附在对应的错误交易上。

计算机应用所包括的数据的准确性、完整性和有效性取决于整个控制系统措施的适当运行。计算机处理控制措施开始于交易数据输入中央计算机，结束于数据维护（数据存储和检索）或者输出处理。本区域的应用控制措施被用于保证应用系统的计算机处理阶段期间数据的完整性。

计算机处理控制是整个控制系统中越来越重要的组成部分。随着技术的迅猛发展，当前组织面临数个计算机使用模型（例如：分布式系统、集中式处理、数据库使用、终端网络以及整合系统）。目前，许多组织都要面对决定分配很多或者很少资源用于开发计算机处理控制措施的政策和程序。除了内部审计师和外部审计师的审查，很少有具体的反馈现成可用于衡量这种资源分配的效果性或效率性。

此外，缺少控制效果性或效率性的“标准”或“措施”，计算机处理控制措施具有一些特征（例如，介质存储、介质处理、数据通信）使得用传统方法审查变得困难。

随着技术的进一步发展，管理层、控制设计人员、数据处理人员需要协同工作，开发计算机处理控制措施以及评价效果性或效率性的方式。

7.8.5 数据存储与检索

数据存储与检索控制措施是重要的，它保证在存储与检索期间数据的准确性和完整性。

关于计算机数据存储与检索控制措施的范围包括在文件处理和文件错误处理期间那些有效的控制措施。这些控制措施支配着文件处理流程，而这些程序不是与应用系统的计算机处理直接关联的。

数据存储与检索控制措施有着非常重要的意义，因为他们涉及很深程度的人工干预和数据处理。因此，在存储和检索期间，提供给设备和人员必要的程序来控制数据文件的完整是很重要的。

数据存储与检索控制措施是支配着文件处理和文件错误处理的流程。在数据存储与检索流程里的一些控制措施取决于在计算机程序中的人工干预。同样的，这些控制措施可以是人工和自动控制例行程序的组合。很多最新的在线系统都倾向于在数据存储与检索流程包括大部分这些控制措施，以便在应用系统的计算机处理期间能够自动校验。计算机生产商已经开发出更复杂的以数据库为导向的软件，这种软件对审计能力和控制都提出了增加的要求。如此重视文件控制措施的另一个原因是不断增加的对一般用途文件处理的使用，数据库软件和值机员倾向于将处理程序看作是独立于数据文件之外的。

数据存储与检索控制措施和计算机处理控制措施的区别在于：数据存储与检索控制措施是在存储文件的准备阶段和从存储中删除期间，才被应用系统使用；计算机处理控制措施直到数据已经进入应用系统，并且即将被应用程序处理时，才会开始生效。

数据存储与检索控制措施的必要性

数据存储与检索控制措施必须保证数据在计算机应用系统内不被使用期间的完整性和准确性。这些数据的有效性和准确性取决于从某一个计算机处理周期结束到下一个周期开始控制措施发挥的作用。

数据存储与检索流程非常重要，因为它涉及人类的高度干预，特别是媒体管理员和计算机操作人员。因此，建立能保证文件处理任务得到准确实施的控制措施很重要。

随着数据存储与检索控制措施的发展，组织希望能达到下列重要控制的目标：

- 提供数据存储设备和人员程序，保护数据文件和程序免于丢失、毁坏或未经授权的修改；
- 数据存储与检索程序允许在使用文件和程序时有最大限度的容易度；
- 数据存储与检索程序允许对重建文件的备份设施和程序；
- 数据存储与检索的错误处理程序保证检测错误、校正错误状况并及时重新处理。

为了检查如何通过使用应用系统控制措施来满足数据存储与检索的控制目标，数据存储与检索的流程被分为若干控制区域。在每一个控制区域内都有一个或多个控制类型。每一控制类型又包含一个或多个特定的应用控制措施，这些控制措施目前被组织用来控制数据存储和检索。

表2-7-7列出了本部分讨论过的所有控制措施，按控制区域和控制区域内的控制类型分成几组。

表2-7-7　　数据存储与检索控制结构

控制区域	控制类型	控　制
文件处理	程序库	源程序语句库
	文件访问	密码
	文件维护	活动过多
	备份	灾难计划
文件错误处理	错误报告	比较程序
	错误更正	重新启动程序
	重新输入已更正的数据	作业流日志

控制区域——文件处理

计算机化的记录在当今的商业组织中是信息的基本来源。当前的数据和历史数据都记录在计算机文件上。

文件处理控制措施是很重要的。原因有两个：其一是基础文件（数据库或其他文件结构）的丢失可能严重到足以造成某一组织破产，或导致组织花费数千美元来修复丢失的数据。因丢失各种文件而导致的金钱损失，对于使用能与数据库文件互相影响的在线实时系统的组织而言，会使其出现财务困难或者面临破产。

其二是文件处理控制措施对于符合政府规定的要求是必需的。例如，《保密法》（Privacy Act）影响政府的计算站，使政府机构对访问数据和如何使用数据的用户强加严格的控制措施成为强制性的要求。《保密法》增加了对文件完整性控制措施的必要性。

文件处理控制区域包括用于保证数据文件适当存储和检索的程序和方法。

控制类型——程序库

源程序语句库——当一个新的应用源程序进入时，源程序语句库被用于保存旧的应用源程序。源程序语句库程序追踪做过修改的日期、顺序和更新或修改数字，以及新旧应用程序列表。

控制类型——文件访问

密码——敏感性文件使用密码来保护。

控制类型——文件维护

活动过多——系统报告显示活动过多的记录和数据字段。过多的活动可以只用有关被使用的业务功能来加以判断。

控制类型——备份

灾难计划——基于特定应用需求准备一份灾难计划。这个计划结合了一些在应用数据丢失或硬件丢失的情况下实行的程序。

控制区域——文件错误处理

这些控制措施包括用于保证检测到的文件错误得到更正并及时被重新输入

的程序和方法。这一区域的控制措施保证所有错误在任何处理周期结束时都得到解决。这里讨论的控制类型包括错误报告、错误更正程序以及重新输入已更正的数据。

控制类型——错误报告

比较程序——这个程序是用一个控制复制的应用程序与当前正被用来保证文件完整性的应用程序进行比较。用该程序进行比较的频率因该程序关键性的不同而不同。这种比较的类型也被用在连续的数据文件组代之间。

控制类型——错误更正

重新启动程序——由计算机操作员使用所有重新启动的程序都保存为一个记录。

控制类型——重新输入已更正的数据

作业流日志——信息技术部门保留一份打印的应用作业步骤，用以保证所有错误都被更正。计算机操作员有责任更正错误并输入被遗漏的数据。此作业流日志是一个自动的系统，在错误被报告、更正和重新输入时生成一个记录。

文件处理控制措施对于保护在数据存储与检索流程期间数据的准确性、完整性和真实性是必要的。必须对数据存储与检索控制措施加以重视，因为在计算机流程中，它是一个高度取决于适当的人工干预的区域。信息技术文件的特征使控制措施的近距离监控成为必需。例如，计算机媒体文件的物理体积要比人工的记录小得多。这就增加了因某一单独的小错误或故意行为而导致的对大量数据的破坏或滥用的风险暴露。

计算机化的记录是当今经营中基本的信息来源，因此，外部力量［例如，美国证券交易委员会、美国国内税务局、保密（保护）研究委员会］正在开始深刻地影响着组织的控制实务。

7.8.6 输出处理

输出处理控制措施是用来确保从计算机处理结束直到数据提交给其功能用户之前输出数据的完整性。

功能用户有赖于及时接收完整的和准确的数据来处理其日常商务职能。如果组织有适当的输入和处理控制措施，计算机输出通常都是正确的。但是，在实现那些与所有计算机化的记录保持系统有关的控制目标方面，输出控制起着很重要的作用。输出控制的功能是保证经过处理的信息包括授权的、完整的、和准确的数据。输出控制措施的范围包括：信息技术的平衡与协调、输出分配、用户的平衡与协调、记录保留、会计单据控制和输出错误处理的控制区域。

输出控制措施与功能用户和信息技术之间的控制接口一样重要。通过信息技术和用户来确保在处理期间数据的完整性已经得到维护这一主要方法是监控应用系统的输出。

输出控制措施是那些可用于控制源自计算机应用系统的信息输出和分布的控制措施。

输出控制采用多种方式，包括：

- 控制被调整的总数回到输入处理；
- 控制报告在印刷之后的分配；
- 确保处理后的数据只包括经过核准数据的证明。

输出控制可以是一种在处理发生后可被证实的物理控制，也可以是只有在特殊情况被处理时才会起作用的一种控制。这也是输出控制和与其相应的输入和处理控制措施的区别。另一方面，输入控制限制数据进入该系统，并且处理控制直到数据进入并被系统接受，各种应用程序、系统水平程序试图处理这些数据以后才会运行。

输出控制的必要性

需要输出控制措施来确保计算机化记录保持系统的信息是完整的和准确的。此外，输出控制措施还应保证只向经过授权的人员分发，并且维护信息的秘密性和安全性。

用户对正确输入该系统数据的准确性负责，而数据处理人员负责在输入准备期间、整个处理过程，以及输出准备与最后结果分发期间数据的准确性。

这一阶段被分为6个控制区域：

- 信息技术方面的平衡与调整；
- 输出分发；
- 用户部门的平衡与调整；
- 会计单据控制；
- 记录保留；
- 错误处理。

在信息技术和用户部门的平衡和调整、输出分发和记录保留在于主要的处理流程。会计单据控制具有影响上述三个区域的方面。错误处理是前一阶段计算机处理的反馈链的一部分。表 2－7－8 列出了这一阶段的所有控制措施。

表 2－7－8　　输出处理控制结构

控制区域	控制类型	控　制
平衡与调整	控制组	调整
输出分发	输出处理	输出报告分发
用户平衡与调整	监控程序	控制总数
	测试程序	最终报告的统计抽样
记录保留	用户保留和处理方法	废弃物处理程序
会计单据	会计单据的处理	可转让单据的存储
输出错误处理	错误报告	分期公开条款
	错误更正	错误更正的责任
	重新输入已更正的数据	已重新输入数据的核对

控制区域——平衡与调整

这一功能负责监控与信息技术有关的控制措施。作为信息技术部门的一部分，这项功能决定了数据的完整性在信息技术循环期间不会被丢失。通过检查应用系统输出，这组功能使数据在移交功能用户之前保持其完整性和准确性。例如，这个功能的责任之一是协调输出文件的数量到生成文件的应用系统的计数。

近年来，向整合应用系统发展的趋势已为这一控制区域增加了新的职责。监控关键性系统接口（例如，发票登账系统的输出变为应收账款的输入）也已为这一区域增加了重要的控制责任。

控制类型——控制组

调整——在发布来自信息技术的报告之前，将每一应用的输出控制总数和输入总数调整一致。例如，进入到应用系统的现金总金额通过控制组进行核对，以确保所有现金已通过该应用系统进行处理。

控制区域——输出分发

输出分发控制被用于确保及时地向经授权的接收人员交付完整的和准

确的报告。这一功能通常是计算机服务中心的职责。然而，实现这一功能所必需的指令必须由信息技术和应用系统用户共同开发，并且使他们能够理解。

控制类型——输出处理

输出报告分发——应用系统的输出报告只交付给经授权的接收者。准备一份列有不同报告号码和每一报告的接受者的清单。这一清单说明了这些报告是每日的、每周的还是每月的。收到通知的收条被用于确认列出的报告产品已经被适当的人员接收。此外，提供一份正式的产品分发核查清单以表明每一份报告分发的结果。

控制区域——用户平衡与调整

用户平衡与调整的控制措施被用于确保数据在被应用系统处理期间没有被丢失，保持其完整性。这一用户功能通常是被指定去完成检验输出完整性的特殊任务。近年来的发展趋势是，许多验证性控制措施已经移到了用户区域。对于用户区域的控制责任的指派促进了用户更易接受应用系统，并且推动了应用系统错误的更正。

控制类型——监控程序

控制总数——用户部门安装了一个报告设置，会比较由人工保持的成批总数和由计算机应用系统生成的相当的累计总数。

控制类型——测试程序

最终报告的统计抽样——核对最终应用报告以确定采用统计抽样技术抽取交易的准确性和完整性。例如，在发票登账系统检查中，可能有2%的发票被抽取进行人工审查与验证。

控制区域——记录保留

记录保留控制措施被用于指导计算机应用系统输出的保留和处置。被用于这种情况下的控制措施只能管理功能用户区域接收的那些输出。

控制类型——用户保留和处理方法

废弃物处理程序——适当的废弃物处理程序被用于确保可以适当地处理每

一应用系统的机密数据。这些程序还特别包括出故障计算机运行的敏感信息的处理。这些信息通过送到碎纸机或焚烧来消除。

控制区域——会计单据

对会计单据处理的控制措施（比如，空白支票储备）可能是计算机服务、用户，或是两者（双重保管）指定的责任。

会计单据需要分别讨论，因为它们的处理通常会使某一特定的控制责任的开发增加到其他应用系统控制措施之上。

控制类型——会计单据的处理

可转让单据的存储——可转让单据的存储包括单据从存储区域转移到计算机行式打印机再回到双重保管的存储区域。在单据移动和处理期间，许多信息技术和功能用户部门会出现在存储区域。

控制区域——输出错误处理

这些控制措施包括用于确保在系统处理期间被拒绝的所有交易及时被更正并且重新输入的程序和方法。保证这个区域的控制措施在处理周期结束时提供交易的会计责任是特别重要的。要讨论的这个区域包括错误报告的程序、错误更正和更正后重新输入。因为这是一个例外的阶段，大多数公司倾向于拥有特定的程序来检查、更正和重新输入。

控制类型——错误报告

分期公开条款——关于错误报告的分期公开条款应当定期通过用户进行调查，以确保它们的更正和及时地重新输入系统。

控制类型——错误更正

错误更正的责任——用书面（例如，用户手册）规定错误更正责任的任务。这包括具有多输入信源交易的更正责任。

控制类型——重新输入已更正的数据

已重新输入数据的核对——重新递交的源文件上的数据字段要经过与原始源文件相同的核对程序。

输出控制措施是非常有必要的，它们确保来自计算机处理的结果直到它们返回功能用户的数据是完整的。通常，如果应用控制已经有效地做到这一点，那么输出将包括完整和准确的数据。输出控制措施强调平衡和调整、输出分发和记录保留。

鉴于功能用户负责数据的准确性达到已经正确输入的程度，数据处理员负责在输入、处理和输出期间保持数据的完整性。输出控制措施是功能用户和数据处理员之间一个非常重要的接口。输入控制措施对于数据的完整性已经在处理、输出处理和分发期间得到维护是非常必要的。

7.8.7 编写交易处理的控制目标

这一部分描述的控制措施包含系统控制和交易处理控制两方面。例如，在初始交易时，作为“授权”的控制类型，职责分离就是一种系统控制。然而，在“源文件”控制区域内，交易识别就是一种处理控制。上述两者的区别在于，交易处理控制措施支配着单一交易的处理，而系统控制措施则支配多组交易的处理。

此次讨论最终的产品是关于控制目标的列表。控制目标将作为业务系统中选择与执行控制措施的必要条件。

被称为“控制区域”的事物实际上是控制目标。例如，交易处理的初始交易系列文件处在被称为“源文件生成”的控制区域。这种控制区域已经被转换成符合管理层对那一科目的目标。例如，源文件生成是一种类似于“所有初始生成的文件应当被正确地输入业务系统”的控制目标。

7.9 确认在业务系统中控制措施应处的位置

确认控制措施在业务应用中的位置是设计和建立一个系统努力的主要部分。在许多业务系统中，越来越多的资金被投资于设计控制系统而不是用于设计业务交易处理系统。因此，在系统中为控制措施选择合适的位置是很重要的，因为这样才能使控制系统的总体成本最优化。控制措施系统不应被视为一种“增加”的支出，而应当是系统正常运行必需的支出。

控制措施应当被置于系统中风险暴露损失最大的地方。完成这一任务还没有一般公认的最佳途径。不同的组织选择了不同的办法，包括：

- 增加内部审计师或质量保证控制师参与系统开发，努力保证控制措施被安置在合适的风险暴露点位。

- 使用“利益相关者”的知识和经验作为业务系统确认必需的、能保证交易处理的、有效便捷的控制措施类型。
- 要求功能单位负责业务系统，开发具体的业务需求，然后将建立控制措施的职责交给 IT 系统设计人员。

如果有适当的个人参与，这些办法都能实现。但是，在开发控制系统时，这些办法都需要使用具有高度创造性的流程，因此，最后的结果会有很高的可变性。这就意味着在此业务系统到另一业务系统中，内部控制系统基本不会具有一致性。某一业务系统可能控制得很有效，而另一个系统则控制得很无效。

一种确定控制应当处于什么位置的办法是“控制目标—风险暴露点模型”(Control Objective - Exposure Point Matrix)。这个办法还没有被广泛用于确认控制的位置，但过去使用的情况已证明它是有效的。这同样是一个很好的方法，可用于说明在建设和实施控制措施方面，独立单位和个人如何才能确定他们的资源应投在哪里。

7.9.1 识别潜在控制缺陷的风险暴露点模型

这个方法是帮助在设计人员系统中确认点位的一种工具，这些点位因系统的风险暴露会有损失的高风险。此方法没有必要达到统计学的准确度，但是知识经验丰富的专家其个人在易于遭受损失的领域使用该方法时，已经证明其具有很高的可靠性。

此方法是建立一个模型。控制目标在一维，另一维是系统中损失的潜在风险暴露点。该模型的研发人员评估了在交叉点上损失的风险暴露变为实际损失的可能性。通过识别具有最高损失可能性的点位，组织可以洞察业务系统最有可能遭受损失的地方，从而确定实施控制措施的位置。

控制目标——风险暴露点模型的目的是使组织关注最高风险点的控制。没有任何业务系统愿意成为损失的证据，因此，将大部分的控制资源集中在高风险点，可以提高预防或发现损失的可能性。

7.9.2 四个步骤的流程

这个流程包括建立和使用一个控制目标—风险暴露点模型的四个步骤(见表2-7-9)。该模型的主要目的是，重点讨论潜在损失的高风险点，并且辅助确定最需要控制的点位。这个工具可应用于项目组、被召集确认控制措施的特殊团队，或由审计人员用于评估内部控制的适当性。

表 2-7-9　　渗透点矩阵程序的四个步骤

第 1 步：确认控制目标
第 2 步：确认潜在风险暴露点
第 3 步：创建一个控制目标—风险暴露点模型
第 4 步：确认高风险点位以便建立或评估控制措施

第 1 步：确认控制目标

需要定义业务系统的控制目标。理想情况是，可以在业务系统的需求阶段定义这些目标。它们应当用文件记录在案，并且应当成为在系统中建立控制措施的依据。

一些组织在他们的商业系统中采用普通的控制目标。许多团体，包括大型的注册会计师事务所，针对特殊商业系统的控制目标有现成能用的文档记录。例如，针对薪酬系统，他们有薪酬系统控制目标一览表。

其他一些组织正在使用的是 COSO 框架，作为开发他们控制目标的起点。鉴于 COSO 框架对许多控制活动尚未提供具体的控制目标，该框架对某一特定组织在定制控制措施时应当使用的控制目标类型提供指导。

在控制目标—风险暴露点模型中运用控制目标的目的，实际上是因为它们是一种风险的积极表述。未能实现控制目标可能导致损失。实现某一特定控制目标的难度越大，该控制目标无法实现的可能性就越高。

这一步骤的最终结果，是针对被检查业务系统控制目标的一份详细清单。这些控制目标将包括控制目标—风险暴露点模型的一维数。

第 2 步：确认潜在风险暴露点

关于内部控制的前提之一，是控制系统将会在最薄弱的环节断裂。这一步骤的目的是要识别所有可能发生损失的点位。如果在这些点位的损失可能性高，那么控制措施将在这些点位实施。

本章的前面部分已确认了交易程序的 6 个阶段。它们是初始交易、信息技术交易的入口、数据通信、计算机处理、数据存储与检索，以及输出处理。这 6 个阶段可作为业务系统的控制点。

建议将这 6 个交易阶段用作确定业务系统中控制目标—风险暴露点的依据。使用该控制目标—风险暴露点模型，需要先确定这 6 个阶段是否适当，或是否需要被细分为分步骤。例如，在交易入口阶段，可能会有三种不同的方式来录入交易，即可以通过网站、电话或邮件传递。因此，与其说是一个单独的交易点，不如说它可能有三个不同的交易录入点更合乎需要。同样地，在第 7.8 节列出了交易处理 6 个阶段各自的分步骤。

下面列出的是在业务系统中对潜在损失点位的讨论。被列出的点位基本都是交易处理 6 个阶段的再次说明，但是，除了描述阶段之外，它们也已经按许多业务系统损失发生的顺序列出。该表可能有助于确定最高损失风险的风险暴露点。同样，还有一个关于故意的和无意行为的讨论。经验已经表明，业务系统中的大部分损失都是由员工造成的，而不是外部破坏者造成的结果。

这一步骤的最终结果是在业务系统中最有可能是损失风险暴露点位的一览表。这些点位将成为控制目标—风险暴露点模型的一维数。

风险暴露的定位

数据和报告准备区域以及计算机运行设施——人工职能最高度集中的物理位——被发现是最薄弱的位置。

根据定位的潜在薄弱性，表 2－7－10 中列出、描述并排序了 9 个主要功能定位。

数据准备和报告准备

薄弱的区域包括键盘到磁盘输入器（key－to－disk）、计算机任务设置、输出控制与分发、数据采集和数据传输。与在线远程终端相关联的输入和输出区域不包括在其中。

计算机终端操作

这一类别中所包括的所有的功能定位，关系到在立即区域或在安装中央计算机系统的机房里运行的计算机。分离的区域包括外部设备与通过电缆相连的计算机，以及计算机硬件维护区，办公室也包括在内。在线远程终端（通过电话线与计算机相连接）不包括在其中。

非 IT 区域（用户区域）

许多损失涉及商业决定，其损失的风险暴露发生在这类非 IT 区域，诸如市场营销、销售、办公室和其他用户区域。

在线终端系统

这个薄弱的功能区处于在线系统内部，执行按照终端命令生成的这类编程指令而发生行为的地方。

编程办公室

该区域包括办公区，在那里多个程序编制员编制并存储程序清单和文档记录。

在线数据准备和输出报告生成

这一类别包括在数据准备设施的第一次讨论中确认的相同的功能，但是与这里相关的是在线终端，而不是计算机。

媒体存储设施

该区域包括数据库和任何包含可用数据的存储位置。

中央处理程序

这些功能区域都是在计算机系统内部，在计算机操作系统中发生的行为（不是从终端引入）。

表 2－7－10　　根据业务系统中功能位置潜在损失严重性的排名

位　置	排　名
数据准备和报告准备	1
计算机终端操作	2
非 IT 领域	3
在线终端系统	4
编程办公室	5
在线数据准备和输出报告生成	6
媒体存储设施	7
中央处理程序	8

意外损失与故意损失

错误和遗漏一般发生在劳动密集型的职能中涉及具体工作的人们身上。薄弱点发生在要求精力高度集中的具体、琐碎而又紧张的活动中。它们常常表现为数据错误、计算机程序错误（故障），以及设备或供给的损坏。这就需要某一任务经常地重新运行、错误更正，以及替换和修复设备或供给。

尽管如此，仍然很难区别意外损失和故意损失。事实上，一些报告的故意损失来自破坏者发现并利用导致对他们有利的错误。在系统设计师、编程人员、维护工程师和用户之间很少看到举行非正式会议，来讨论谁应当开始调查损失的原因。许多人从未想过损失是故意造成的。

许多员工不理解意外损失、错误与遗漏和故意造成的损失之间的明显区别。自从自动化数据处理开始以来，使用计算机的组织已经与意外损失斗争了很多年。解决方案是众所周知的，通常是更好地采用有关控制措施的动机与成本效率的关联程度。然而，可预见的是，用同样的方法来使用相同的控制措施，也能对故意从事导致损失行为的人产生作用。这又体现了另一种不同的薄弱性，一种更具挑战性、更需要适当的安全保障，但又尚未完全开发和实现的控制措施，更不要说能充分应用了。

自然力导致的脆弱性

业务系统在广泛的自然力以及人为力量面前显然是脆弱的。业务系统和设施的脆弱，使得侵犯者可以通过简单的方法利用损坏的风险暴露对他人财产蓄意损毁、纵火、破坏、玩弄阴谋和敲诈。自然事件，包括极端天气到地壳运动都可能导致损失。

第 3 步：创建一个控制目标—风险暴露点模型

为了建立一个控制目标—风险暴露点模型，要完成模型的一个横轴与纵轴。纵轴是控制目标—风险暴露点模型在第 1 步中确认的控制目标列表；横轴是在第 2 步中确认的在系统中存在损失的风险暴露点的列表。控制目标—风险暴露点模型的完成涉及两项任务（表 2 – 7 – 11 作为一个示例）。

任务 1：确认每个点位损失的概率

风险分析小组必须检查该模型中每个点。在控制目标—风险暴露点模型的示例中（见表 2 – 7 – 11），该小组要确定在点位 1 上的损失概率。这个估算应当基于该小组对本次以及其他类似应用的经验和判断。概率应当按如下标准打分：

表 2-7-11 控制目标—风险暴露点模型

风险暴露点 / 控制目标	1	2	3	4	5	6	7	总数
A	1	2	3	—	—	—	—	6
B	1	2	1	3	1	1	1	10
C	—	—	3	2	1	1	—	7
D	1	1	1	1	—	—	—	4
E	—	—	—	—	1	2	3	6
F	—	—	1	1	1	2	—	5
G	3	1	1	—	—	—	—	5
H	—	—	2	2	2	—	—	6
I	1	1	2	—	—	—	—	4
J	3	2	3	1	2	2	1	14
K	—	—	—	—	1	2	1	4
L	3	2	3	1	—	—	—	9
M	—	—	1	—	2	1	1	5
总点数	13	11	21	11	11	11	7	

3　在该点位的损失概率很高；

2　在该点位的损失概率一般；

1　在该点位的损失概率较低；

0　在该点位的损失概率极少或为0。

任务2：添加纵轴与横轴

概率评分应当被添加到纵列和横行上。在控制目标—风险暴露点模型的示例中，控制目标A在控制目标总数行中的得分为6；1号风险暴露点位总得分为13。所有的行和列的数字都要被合计。添加概率虽然在统计资料上不是很精确，但这一步的目的是确认有最高损失概率的控制目标点位。而且经验表明，这种部分违背了典型统计学的做法，仍然是改进控制的一种很有用的工具。

第 4 步：确认高风险点位以便建立或评估控制措施

控制目标—风险暴露点模型可以用来确认最有可能损失的点位和最难以实现的控制目标。控制目标—风险暴露点模型基于以下两个假设：

- 最难实现控制目标的地方就是发生最多问题的地方。
- 系统在其最薄弱点可能会发生损失。

这些假设适用于许多组织。理解这些假设很重要，因为在此讨论的控制方法论是建立在概率的基础之上的。

第 4 步的目的是选出最需要控制的点位。在示例中，只有一点被选中，但在实际情况里，可能会选中许多点。这个选点的方法要确认最高的控制目标总数和最高的风险暴露点总数。在圈出高的总数后，被圈出的总数之间需要确认它们的交叉点。

风险分析小组需要找出概率为 3 或 2 的交叉点。概率为 3 的点是最有潜在损失的可能性的点位。

在这个步骤结束时，风险分析小组已经确认出最有可能损失的点位，以及对控制资源进行分配的排序。这个次序是从最高分的总数开始往下排的。例如，在一个控制目标—风险暴露点模型中，在划圈的区域，某一点的总数值为 35（即 21 加 14）。因为该点概率是 3，并且总数值为 35，所以它应当被作为第一个设置控制措施的点位。

控制目标—风险暴露点矩阵可以被用于以下两种方式之一：

业务系统的设计人员可以决定在哪个位置投入最多的控制资源。决定可以是在所有风险暴露点都应当设置控制措施。但是，显然没有必要对所有的风险暴露点实施强度相同的控制。控制目标—风险暴露点模型将使设计师把他们认为可能发生较大损失的点位按顺序排列。因此，排列的次序越高，越应当获得最多的控制资源。

控制设计师可以利用控制目标—风险暴露点模型来确定控制是否到位和有效。通过使用控制目标—风险暴露点模型，控制设计师可以对最可能发生损失的点位按顺序进行排序。因此，控制设计师可以着重评价那些在最高风险点的控制措施，因为他们不可能有那么多资源来评估某一业务系统中所有位置的控制状况。

7.10 选择单独的交易处理控制

这部分概述的流程是针对选择单独控制措施来实现在选定控制点上的控制目标。这部分描述的流程使控制设计师及其执行人员能够选择单独的控制或那些符合既定控制目标所需的控制措施。

交易处理被分为6个阶段。某一单独的控制被定义为在一个阶段中实施的实际控制。控制措施的功能是把风险降低到可接受的水平，帮助确保实现组织的目标。如果控制分析师已经选定某个普通的控制类型，并且已经确定用户可接受的风险水平，选择和实施单独的控制就是一个简单的流程。

前面描述了如何识别需要设置控制措施的点位，其目标是把控制措施设置在风险暴露或损失最大的点位。一旦这一点位被确定，选择某一控制的目的就是最大限度地降低那一点位的风险暴露，然后付诸实施。

控制设计师在选择单独控制中应当评价控制的特征。评价的控制特征包括：

1. 交易处理阶段——设置在交易处理阶段的控制；
2. 控制强度——控制实际运行的总体效果；
3. 控制类型——控制是预防型的、发现型的，还是纠正型的；
4. 一般控制的种类——为需要的控制类型选择一种一般控制的种类；
5. 成本效益考虑——正在受到保护的风险和保护该风险的成本之间的关系；
6. 敏感性考虑——从非实质性的角度观察被保护资源的重要性；
7. 重要性考虑——涉及美元金额的风险，该风险影响到控制措施所需的数量和强度。

上述的7个控制特征将被用于控制选择的流程中。通过详细讨论这7个控制特征，将提出每一特征属性编码的方法。假定此时你知道将要实现的控制目标和需要降低到最低程度的风险暴露。已知的信息将用文档记录，然后，将选择和记录这7个方面的适当的属性。

本通用知识与技能指南不包括控制措施的详细目录。可以从国际内部控制协会（ICI）的网站获得一份控制措施的详细目录，还可以从大多数大型注册会计师事务所、各种控制导向的网站、审计和控制的书籍中获得。

大多数人在设计控制措施时选择和使用他们熟悉的控制措施。在这部分建议的流程具有更多的方法，使一个人能够根据被定义的属性搜索到适当的控制，这些属性实际上变成了控制选择的要求。

这些控制特征的每一项都将被单独讨论。

7.10.1　交易处理阶段

应用系统可分为各阶段的控制目的。这种分割是实现可控制活动的基础。具备风险及其系统目标业务活动的知识，对于有效地匹配控制与风险是强制性的要求。风险只能通过控制的适当阶段来进行控制。当某一风险在系统中被确认，它就可以得到控制。控制措施应当定位在那些风险暴露最大的方面。

出于控制的目的，交易处理被分为 6 个阶段（见表 2－7－12）。这些活动通过应用系统履行不同的职能。例如，应用系统执行的一个功能是数据授权。数据必须经过授权才能处理，因此，授权在应用系统中成为一个可控制的活动。授权是初始交易阶段的组成部分。

一些授权活动的方法是：

- 要求在授权文件上签字；
- 要求在计算机终端输入密码；
- 要求主管插入钥匙打开终端；
- 委派和授权给某个人，负责接受某个系统的交易。

7.10.2　控制强度

所有的控制措施不是同样有效的。控制的优越效果被定义为控制强度。这是一个判断决定。有人认为提供这些信息给控制设计师可能有助于他们的控制选择流程。控制强度将分为 5 个类别。需要提醒的是，控制强度应当仅作为某种指导使用，因为应用和环境控制将影响到控制的强度。

一个符合逻辑的问题是，“为什么会有人使用控制，但并不采用最大的强度？” 这个问题的答案取决于正在被控制的风险类型。此外，有必要为高风险情况预留强有力的控制。

盘尼西林（青霉素）是一种非常强劲的药。然而，盘尼西林不被用来治疗每一个小的传染病或疾病。它留在真正需要它的时候；否则病人可能会对该药品构成抗扰性。如果这种情况发生，当需要盘尼西林时它可能无法奏效。同样的比喻对于控制强度也是如此。

需要检查对强有力控制的使用。强有力的控制是解雇违反了公司政策的员工。如果该控制被同等地应用于所有违反政策的行为，下列情形将会发生：

- 员工在标有“禁止踩踏草坪”牌子的草坪上行走。这是一种违反了公司政策的行为，该员工被解雇。
- 员工向公司的竞争对手出售公司的商业秘密。这违反了公司政策，该员工被解雇。

表 2-7-12　　交易处理阶段

代码	说　明
1	初始交易——应用控制支配着起源、核准、源文件处理、输入交易的信息技术准备，以及相关的错误预防、检测和更正程序。
2	信息技术交易入口——应用控制措施支配着远程终端和成批数据的入口、数据验证、交易或成批检验和平衡、错误识别和报告、错误更正和重新输入。
3	数据通信——控制措施支配着交易处理的准确性、恰当性和完整性，包括信息的会计责任、数据保护、硬件和软件、安全和保密、错误识别和报告。
4	计算机处理——应用控制措施支配着交易处理的准确性、恰当性和完整性，包括对违反主文件的交易验证、错误识别和报告。
5	数据存储与检索——应用控制措施确保主文件数据的准确性和完整性，更正交易/主文件截止、数据安全（保密、错误处理、以及备份、恢复和保留）。请注意：文档的完整性控制措施反映数据库软件，及其将处理程序视为独立数据文件的趋势。
6	输出处理——应用控制措施支配着手工的平衡与信息技术输入和输出的调整（在信息技术的输入/输出控制部分和用户的位置两个方面），信息技术输出的分发，可转让单据的控制（在信息技术和用户区域），以及输出数据的保留。

显然，将商业秘密泄露给竞争者的员工应当被解雇。而员工在草地上散步引发的风险显然没有必要成为解雇该员工的理由。因此，必须使控制的强度和风险的严重性相对称。

控制强度已经被分为以下5类（见表2-7-13）。

表 2 – 7 – 13　　　　控制强度代码

代码	说　明
1	非常强硬的控制——控制的执行将对组织的员工或顾客产生直接的影响。例如，解雇员工是一个非常强硬的控制（在前面的示例中说明了这一点）。当这个控制被强制执行时，所有其他有关方面会知道该组织是严肃认真去实现特定的目标，因此，讨论中的控制将是有效的。
2	强有力的控制——一种难以迂回绕行的控制。例如，在计算机系统中使用密码，前提是密码处于保密状态。依靠这些强有力的控制措施可以在大多数商业环境中实现控制的目标。
3	正常控制——在大多数时间将会有效的控制。正常的控制通常不能达到 100 % 有效，但对确保运营成功已经足够有效了。例如，支票的预先编号是一种正常强度的控制，它为支票不会在未发觉的情况下被滥用提供了合理的保证。
4	最小值控制——控制为一种目标服务，但是，控制的有效性是不确定的。例如，如果编写和传播书面操作程序，这些程序本身将是一个最小值的控制。程序向人们解释了他们应当做什么，但仅仅是发行并不能保证这些程序将被人们遵守。这种类型的控制确实有某些价值。
5	可疑值控制——这种类型的控制是否可用作任何有用的目的还不确定。当使用自动签署程序时，要求在工资支票上签署两个名字，这就是一种可疑值控制（预先刻好的签名模板用作此目的）。签名模板的控制是一种有效的控制。控制措施通常分为上述几个类别。然而，有时候薄弱控制的执行会影响其他控制措施的强度。因此，该手册提醒使用者注意解释控制强度值，因为某件事可能会受到某一特别控制的应用或执行方法的影响。

7.10.3　控制类型

控制目标在控制选择中是一个重要的考虑因素。控制设计师应当为那些作为选择流程组成部分的控制制订目标。例如，设计师可能规定，控制必须防止未经授权使用该公司的可转让票据。因此，在这种情况下“预防”是目的，成为一个重要的控制选择特征。

控制类型是某一控制目标规定部分的另一种方式。控制措施有三个总体目标，因而可分类为以下类型（见表 2 – 7 – 14）。

表 2-7-14 控制类型代码

代码	说明
P	预防型——防止不良事件的发生
D	发现型——揭露已发生的不良事件
C	纠正型——提供必要的证据或信息，以纠正不良事件。发现是纠正控制措施应用的基础

7.10.4 一般控制的种类

为需要的控制类型指定一个通用名称有助于选择实际的控制。例如，如果你正在试图找到一家很好的酒店入住，而你走进一家书店，这将有助于你在“旅游”类别一般性书籍中找到这种信息。在控制区域中，如果你知道面对的风险暴露是可能会被处理的未经批准的交易，你就可以选择一种“授权”的一般控制作为你要寻找的控制种类。当实际开始寻找某一种类的控制时，你可以查看到各种不同的控制措施，以确保交易的适当授权。

在表 2-7-15 中列出了所选择的控制种类。

表 2-7-15 一般控制的种类

号码	一般控制	
1	Access	访问
2	Authorization	授权
3	Containment	牵制
4	Limit	限制
5	Procedures	程序
6	Segregate	分离
7	Standards	标准
8	Void	无效
9	Accounting	会计
10	Confirm	确认
11	Compliance	遵从
12	Identify	识别
13	Simulate	模拟
14	Observe	观察

续表

号　码	一 般 控 制	
15	Redundancy	冗余
16	Feedback	反馈
17	Sample	抽样
18	Tag	标识
19	Verify	验证
20	Scan	查阅
21	Copy	复制
22	Defaults	缺省
23	Prompt	提示
24	Retain	保留

7.10.5　成本效益考虑

控制的成本不应当超过受保护的价值。确定控制措施成本效益的支持信息是难以积累的。难以确定控制成本和相关利益的主要因素包括：

- 某一控制的定义——控制措施与操作程序频繁地交互混合，使之难以确定何时应当停止某一程序而开始另一种控制。
- 系统也许包括数以百计的控制措施——在许多情况下，某些效益不是某一单独控制的结果，而是控制措施的整个系统产生的。这使得成本确认更加困难。
- 控制措施为多种功能服务——某一单独的控制可以至少解决两个或更多的不同风险。
- 运营成本是难以估计的——控制措施被设计用来预防也许只在特定环境中运行的风险。因此，运营成本可能取决于侵入的次数、计划外发生的事件等，而这些是难以估计的。
- 许多效益是无形的——例如，改善客户服务是无形的效益。因此，效益通常是很难估计和很难证明是正当的。
- 许多效益是避免开支——当避免开支的效益，例如不雇佣一定数量的新员工，是控制效益的一部分时，很难估计和核实那些避免的成本。
- 作为控制措施一般公认的成本效益程序的实用性——虽然人们认识到的控制措施的成本应当不超过其带来的效益，但是，还没有现成的一般公认的进行这种统计的程序。

执行这种成本效益计算方法有很多障碍，效益的计算也是如此。许多组织还没有认清从这些控制措施得到的回报，就已经在控制措施的执行和运营上花费了大量的资源。人们相信通过成本效益分析，将建立更加有效的控制措施，因为在控制措施执行之前对成本和效益两方面可以进行评估。

确定某一控制的成本效益并不是一个过于复杂的流程，可以将风险划分为下列类别：

- 灾难性风险；
- 高风险；
- 中等风险；
- 低风险。

可以通过快速的成本效益分析将控制成本分类为灾难性风险、高风险、中等风险、低风险。假设你在风险和所设的控制措施上投入大致相同的美元价值。例如，低风险被设定在1 000美元之下，这种低风险的控制成本也许就设定在1 000美元之下。因此，低风险与低成本的控制可能是符合成本效益的。另一方面，如果低风险和高成本的控制相匹配，它很可能就不具有成本效益。

7.10.6 敏感性考虑

组织正处在被员工、客户、公共利益团体、政府监管机构以及新闻界人士不断的监视之中。组织被要求遵守许多对业务开展方法有影响的法律法规。同样重要的是，组织也有义务以适当方式开展业务活动。

这些社会势力，以及管理层的直觉，将交易的某些类型置于接受额外的控制关注之下。这是因为这些法规监管着交易处理的方法，或因为组织政策或公共利益的原则需要上述特殊处理的发生。这些类型的交易经常被称为敏感性交易事项。

敏感性交易事项的类型和数量的变化不仅是在组织与组织之间各不相同，而且每天都在发生变化。一些不太敏感的事项由于负面的新闻报道，或是政府对在公营部门或私营部门发生的某一事件的反应，可能会在一夜之间发生变化。例如，一位银行职员被起诉，原因是他涉嫌滥用银行资源，这将对其他银行职员所做的类似行为造成很大的影响。

其他敏感性交易的例子包括：

- 处理商业秘密；
- 价格制定惯例；

- 产品安全；
- 员工及客户记录的保密；
- 管理层的特别津贴；
- 误导性或虚假促销行为；
- 聘用和晋升惯例；
- 政治捐献款；
- 可能被认为可疑的公司行为。

当存在某种合理的可能性时，即交易的性质使某一可能会给组织带来伤害的外部团体产生兴趣时，任何交易都可能变成一种敏感性交易。这些交易的类型需要特殊的管制措施，以保证它们被正确处理。作为敏感性交易情况中控制措施的成本效益原则往往会被暂停使用。

例如，当行政人员的开支账户成为一个高度敏感的问题时，组织会对那些支出设定额外的控制措施。一些企业会安排一位高级管理人员对每一行政人员的开支账户进行详细检查和质疑，并且通过外部审计组织对开支账户进行审计。这些支出账户的控制措施不能通过减少行政人员开支来证明其已节省价值的合理性，但是可以在消除坏的广告影响，或消除政府对行政人员滥用开支账户的制裁方面证明其价值的合理性。

7.10.7 重要性考虑

作为控制措施的主要考虑是确定交易的重要性。重要性被定义为，被保护事项的价值是否关系到公司的总价值。受到保护事项的价值与组织总价值之间的关系越密切，越多的控制措施将用于保护这些事项。在控制措施的强度和由这些控制措施所保护的货币价值之间应当建立起一种控制的高度相互关系。

重要性除了用货币金额衡量外，还可以通过很多方式进行衡量。确定交易重要性的一些其他标准包括：

- 在组织中留住员工的重要性；
- 竞争优势；
- 服务速度；
- 设备可靠性；
- 保护客户名单；
- 防止资产意外遭受破坏；
- 安全程序。

每个组织需要从“持续经营”的角度考虑和研究重要性。一个事件控制类型和强度的选择，通常会受到重要性考虑的影响。

7.11 控制选择流程

独立的控制选择流程是一个系统分析类型的程序。作出控制选择的人员必须收集相关的信息，分析那些信息，然后选择和执行某种控制。这类似于系统分析员/程序员在设计系统，然后编写程序来完成设计内容方面所遵照的流程。

本部分已经介绍了出于这种目的所需要的信息类型。建议将信息按照作为选择个别控制程序组成部分的一种单独格式统一整理并用文件记录。控制选择流程的四个步骤如下：

- 步骤一：用文件证明控制的选择标准；
- 步骤二：分析已收集到的信息；
- 步骤三：记录将要被实施的控制特征；
- 步骤四：选择实际控制。

步骤一：用文件证明控制的选择标准

控制措施被设置在各个控制点。因此，应当收集和记录某一具体控制点的相关信息。这种类型的信息通常在风险分析流程中收集，并且应当在该流程期间用文件予以记录。当已经收集到所有必需的资料时，它是用以实施控制措施的一个简单流程。被收集的信息说明如下：

- 控制点——应用系统中的控制点，即损失的风险暴露最大的地方就是需设置控制点的地方。
- 风险暴露——在目前条件下可能造成的损失。风险暴露应当尽可能明确地加以说明。
- 损失可接受的程度——负责应用系统的个人愿意接受的损失数额。这也应当尽可能明确地加以说明。
- 涉及的关键区域——需要加以控制的区域，以便将风险的损失降到可接受的程度。
- 控制状况描述——以叙述的方式描述涉及应用、风险、损失可接受的程度，或已涉及的关键领域的情况或事件。即可能对控制设计师在选择控制时有帮助的任何信息。

- 已选择的一般控制措施——将风险降低到可接受的水平所建议的一般控制。
- 敏感性考虑——由于有关参与当事方的潜在影响，使得某些情况成为一种不寻常的情况。
- 重要性考虑——在风险暴露情况下已涉及的资产/资源的类型。这些类型应当尽可能明确地加以说明。
- 成本效益考虑——在风险暴露情况中涉及的已得到利益的预计或成本的特点，如果知道应当加以说明。在选择将要执行的控制之前，可能需要更多的信息，因为直到知晓实际的风险暴露之前，谁都无法作出最后的估计。
- 完成人/批准人/日期——完成的个人、批准这一表格的个人，以及材料获得批准的日期应当在表格中指明。

步骤二：分析已收集到的信息

负责选择控制的个人应当分析"个别控制选择分析表"（见表 2-7-16）中已收集到的信息。

表 2-7-16　　　　个别控制选择分析表

控制点	
风险暴露	
损失可接受的程度	
涉及的关键区域	
控制状况描述	
已选择的一般控制措施	
敏感性考虑	
重要性考虑	
成本效益考虑	
完成人：　　　　批准人：　　　　日期：	

分析流程的结果应当用文件记录在个别控制特征表（表 2-7-17）中。"个别控制特征表"设计用于帮助控制设计师制定选择某一实际控制所需的标准。

表 2-7-17　　个别控制特征表

一般控制	
控制类型	
控制强度	
系统的习惯活动	
成本效益标准	
解释说明	
已选择的实际控制措施	
实施考虑	
完成人：　　批准人：　　日期：	

步骤三：记录将要被实施的控制特征

- 一般控制——一般控制应当从“个别控制选择分析表”（表 2-7-16）中选取。应当使用一般控制代码，该代码来自一般控制类型的代码（表 2-7-15）。
- 控制类型——使用控制类型代码（表 2-7-14）。
- 控制强度——使用控制强度代码（表 2-7-13）。
- 控制的习惯活动——使用交易处理阶段习惯活动代码（表 2-7-12）。
- 成本效益标准——可归属为这种风险状况的特定成本和效益。
- 解释说明——信息从这一表格的其他类别中看不太明显，但有助于选择将要被执行的控制。
- 已选择的实际控制措施——已选择的具体控制。
- 实施考虑——可能对应用系统控制执行产生影响的系统或其他特征。
- 完成人/批准人/日期——完成这个表格的个人、批准这个表格的个人，以及选定的控制措施被批准的日期。

步骤四：选择实际控制

系统设计者可以有许多方法选择某一单独的控制。最常见的方法是利用系统设计者的经验。但是，如果设计师的经验有限，他们可能希望在项目小组中增加一名审计人员或是顾问，以便在控制选择方面提出有效的建议。

许多资料是现成的，可以用来帮助控制设计者识别和使用某一具体的控制。这些辅助手段包括互联网，其中包含许多控制列表；一些企业的会计公司是控制清单和这种资料的开发者；国际内部控制协会具备相关的产品，可以帮助控制设计者识别和选择一个符合具体控制目标的有效控制。

记录交易处理的控制措施

应用系统编制的文档记录的种类和格式在各个组织中可能会有很大的差异。一些组织购买文档记录的程序包。这些程序涵盖整个应用开发流程。在流程期间会按照一个标准化的格式生成被编制的文档记录的类型和方法。

特别需要注意的是，即使不是所有人，也是绝大多数参与内部控制评估的个人认为他们遵从了《萨·奥法案》的要求，组织必须用文件证明这一点，并且定期检查和评价他们的内部控制系统。

7.12 应用控制文档记录模型

模型已被证明是针对记录和评估内部控制的一种有效方法。应用控制文档记录模型的优点是，可以说明两个变量之间的相互关系。

模型是一种工具，有助于说明控制的关系。该模型可以用来说明所有的关系，因此，它可以识别控制措施与控制缺陷。建立模型可以说明任何两个变量之间的关系。

模型在记录控制方面已证明其有价值，包括：

交易使用模型——交易使用模型显示数据项和使用这些数据的电脑程序之间的关系。该模型的一边列出每一单独的数据项，例如，员工的姓名、员工人数、净工资、社会保障号码等；另一边列出了各个可以执行的被插入功能数据的访问程序。比较常见的程序数据访问功能包括：

- 该程序不允许访问数据项；

- 该程序是只读数据；
- 该程序可以读取和更改数据；
- 该程序可以读取和删除数据；
- 该程序可以添加新的数据到文件中；
- 该程序可以做上述任何的数据操作。

表 2－7－18 中说明了这类模型的一个示例：交易使用模型。该模型表明了一些数据之间的关系。例如，程序#3 只能阅读数据项#1。然而，程序#7 可以对数据项#1 执行所有可能的程序操作。这个模型同样可以被用来说明人的操作行为和数据项之间的内在关系。

表 2－7－18　　交易使用模型

数据项	程序可以进行的操作					
	不允许访问	只读	读取和更改	读取和删除	添加新数据	进行任何操作
数据项#1	#1 #2	#3	#4	#5	#6	#7
数据项#2	#3 #4	#1	#2	#2	#18	无
数据项#3	所有操作除了#8 #9	#8	#9	#9	#9	#9
数据项#4	没有程序	#21	#26 #27 #28		#31	#40
数据项#5	#18	#2 #7 #13 #14	#51		#52	#75

交易冲突模型的目的在于显示财务导向交易职责的适当分离。该模型说明的功能是，可以执行的交易和在哪些财务账户会发生上述行为。当相同的交易可以在同一账户执行太多的功能时，在职责分离的适当性方面就存在一种潜在

的“冲突”。

表2-7-19是一个交易冲突模型示例，它针对应收账款应用。在这个示例中，我们看到，#62交易可以把应收账款记入账户借方和贷方，对这种“冲突”的类型有必要作进一步的调查，以确定是否真的存在职能分离的问题。

表2-7-19　　　　交易冲突模型

行为/账户	交易可以进行的操作				
	记入账户借方	记入账户贷方	创建一条详细记录	删除一条详细记录	说明
应收账款	#62 #89 #90	#60 #62	#18	#15 #18	
到期应纳税款	#38	#39 #40	#18	#15	
折扣	#67	#19	#28	#25	
运输费	#68	#19	#29	#26	

交易控制功能模型的目的在于说明在交易处理流程中，什么控制措施支配着交易。控制功能被分为7个处理部分，它们是：

- 初始；
- 授权；
- 输入；
- 处理；
- 存储；
- 输出；
- 使用。

交易被列在交易栏的一侧，而7个处理部分则被列在该模型的另一侧。该模型可以用于记录支配某一单独交易事项的所有控制措施。这是前面描述过的交易流分析流程的一个简化版本。

在表2-7-20中解释的交易控制功能模型的示例，说明了两个交易事项。一个交易被称为“现金收入”，而另一个交易被称作“现金支付”。该模型列出了所有支配这些交易处理的控制措施。在示例中用控制号码进行说明。在实际的做法中控制的名称可能被包括在该模型之中。在一个文件中显示了所有支配某一具体交易的控制措施。这可能是在数据库环境中的某一数据元素级别完成的。

表 2-7-20 交易控制功能模型

控制功能交易	初始控制	授权控制	输入控制	处理控制	存储控制	输出控制	使用控制
现金收入	#1 #3 #5	#6 #12	#17	#26 #29	#43 #62	#70	#16
现金支付	#1 #5 #7	#6 #14 #12	#13 #17	#29 #31 #32	#38 #41	#70	#16

应用文档记录的要素

许多应用文档记录程序包中被发现的文档记录要素，在这部分解释说明如下：

- 表 2-7-21——处理是准确的文档记录。
- 表 2-7-22——处理是经过授权的文档记录。
- 表 2-7-23——处理是完整的（和不重复的）文档记录。
- 表 2-7-24——交易流量的文档记录。
- 表 2-7-25——风险的文档记录。
- 表 2-7-26——用户政策和程序手册的文档记录。
- 表 2-7-27——计算机运行说明书的文档记录。

这些图表及其相关的文档记录要素将证明是有助于建立和评估适当控制的文档记录。介绍它们不是表明所有这些要素都是需要的，而是表明在准备各类文档记录的时候，一些组织已经提出要关注的类型。这些文档记录只是被当作示例进行介绍。

表 2-7-21 处理是准确的文档记录

文档记录需要解决以下问题：
• IT 处理收到的文件包括不准确的数值或分类
• 数值和分类不能准确地转换为机器可读的格式
• 交易事项在错误的会计期间被接收（或记错日期）
• 使用错误的主文件

续表

文档记录需要解决以下问题：
• IT 逻辑和计算不准确或不恰当
• 在内部产生的交易事项包含了错误的数值或分类
• 电子交易和文件没有在正确的会计期间予以处理
• 报告没有包括准确的数值或分类
• 报告在错误的会计期间产生
• 报告包括错误会计期间的交易

表 2-7-22 处理是经过授权的文档记录

文档记录需要解决以下问题：
• IT 处理收到未经批准的文件
• 采用未经批准文件或电子交易
• 使用未经授权的电脑程序
• 在内部产生的交易事项不符合授权程序
• 使用未经授权的主文件
• 报告或计算机生成的可转让单据被散发给未经授权的当事方
• 被未经授权的当事方远程查询

表 2-7-23 处理是完整的（和不重复的）文档记录

文档记录需要解决以下问题：
• 文件在移动到 IT 的流程中，或是在 IT 内丢失
• 所有文件没有被转换成电子媒体
• 转换操作进行了一次以上
• 文件或电子交易事项由于没有更正错误而被驳回或重新提交
• 电子交易事项和 IT 档案丢失
• 电子交易及 IT 档案被复制
• 所有内部有效产生的交易并未生成
• 报告没有包括所有交易事项
• 报告或计算机生成的可转让单据丢失
• 报告或可转让单据被复制

表 2－7－24　　交易流量的文档记录

文档记录需要解决以下问题：
• 会计事项处理的数量和类型
• 开始 IT 交易流量的活动和源文件
• 在转交给 IT 之前，处理所应用的源文件
• 将数据转换成机器可读的格式
• IT 内部的交易流量
• IT 执行的会计程序
• 重要的 IT 计算
• 内部产生的会计交易
• 被更新或提供追加信息的主文件
• 创建输出的文件
• 与 IT 处理无关的输出报告
• 与更正和编辑的重新提交、成批，以及处理错误有关的程序
• 审计线索的性质和范围

表 2－7－25　　风险的文档记录

文档记录需要解决以下问题：
• 相关交易的性质
• 个别交易和产生结余的货币金额
• 各个处理阶段典型的误差率
• 对于盗窃或诈骗资产的敏感性
• 对隐私保密的必要性
• 潜在的与 IT 相关的业务威胁
• IT 中断对收入和服务水平可能产生的影响
• 处理的复杂性
• IT 部门人员的胜任能力
• 使用部门的 IT 控制能力

表 2－7－26　用户政策和程序手册的文档记录

文档记录需要解决以下问题：
● 系统的说明性描述
● 说明或列表描述主要控制功能
● 全面概括层面的系统流程图
● 所有处理的详细流程图
● 每一输入文件的复制，已完成的示例和说明
● 每一输入文件/交易类型所需要的审批表
● 成批复制或其他控制形式，或与输入成批（或其他）编辑报告的编制和调整的说明书一道使用的传输形式
● 计算机化输入和已执行的处理编辑、导致的错误信息和更正说明、重新提交和平衡已重新提交的交易事项的一览表
● 备份每一编辑报告、工作文件和其他描述目的、复制份数、分发和平衡输入的指令
● 每个输入文件和输出报告保留期目录表

表 2－7－27　计算机运行说明书的文档记录

文档记录需要解决以下问题：
● 系统的说明性描述
● 概括的流程图
● 详细的计算机系统流程图
● 个别程序详细的规格说明书
● 单一程序和子程序的逻辑框图和判定表
● 从手工文件到机器可读格式的输入转换说明
● 机器可读的记录格式
● 程序修改的文档记录与批准
● 测试数据的规格说明
● 源代码列表
● 中断/恢复说明
● 操作说明

7.13 计算控制措施的成本效益

本部分介绍确定控制措施成本效益的方法。在本部分中建议的这套方法符合控制开发流程的纲要。这是在控制目标层面检查成本效益的一种实用的方法。利用这一方法，可以花费最少的努力进行实际可行的成本效益计算。如果某一组织的控制态势需要法律辩护，这种计算程序的存在将会对这个组织的讼案提供帮助。

使用这种计算程序能够使用户、审计师、控制专家和系统设计人员衡量和制订纪律要求，以便能够减少改进措施，并最大限度地减少纠纷。

计算成本效益控制措施的方法是一致的，但不能过于详细和复杂。考虑成本效益控制措施是非常重要的，理由如下：

- 分配足够的资源来建立控制措施——许多人将控制看作是一种支出，而不是一种能够提供积极的投资回报的活动。通过控制措施的成本效益计算，控制设计师可以向管理层证明，在控制上的资源分配是一项值得投资的支出。
- 遵从《萨·奥法案》——该法案要求管理层证明本组织的内部控制系统的有效性。如果一个组织能够证明他们的控制措施是具有成本效益的，或者他们经过了一个合乎逻辑的流程来证明已执行控制措施都具有成本效益，该组织就应当能够证明其遵从《萨·奥法案》的意图。
- 消除无效的控制措施——有些控制措施实际上妨碍了工作流程的有效性。如果这些控制措施不能被证明是具有成本效益的，它们就不应当被执行。因此，消除某些控制措施的活动可能会变得更有效和更具有成本效益。

如果人们理解了计算控制措施成本效益的流程，可能就不用经历整个流程来作出某一决定。在许多情况下，一个或更多经验丰富的人可以在几分钟内就完成成本效益的计算。例如，如果某个人可以预计损失的风险暴露是重大的，而控制该风险暴露的成本是微不足道的，可能就没有必要进行详细的计算。

7.13.1 成本效益考虑事项

很少有企业已充分解决了确定控制措施成本效益的问题。一个主要原因是难以界定和分离出个别的控制措施，以及相关的成本和效益。这取决于不同定义，在任何一个应用系统中可能确实存在数以千计的控制措施。事实上，预计某一控制的成本效益比设计、实施和运行该控制更加昂贵。

阻碍组织计算控制措施的成本效益的障碍包括：

- 控制措施的识别——在确定控制的成本效益之前，事实上必须要建立某一控制的存在。从某一操作程序中分离出某种控制往往是很困难的。尤其是当单一的流程被用于多种目的时，将变得更加困难。例如，如果有一个人报告时间是为了记录出勤（即控制），也作为这个人工资的计算（即行政程序），还为了计算客户或工作的收费时间（即记账功能），在时间报告服务的三个功能上应当分配多少费用？那么时间报告算是一种控制，或是一个记账程序，或是行政程序，还是三者都包括？
- 控制与控制措施——很少由一种单一的控制管理一个具体事项。通常存在许多控制措施结合起来对该事项进行管理。在我们先前的报告时间的例子中，存在着诸如使用员工号码来保证时间被对应记录到正确的员工身上的控制措施、监管者对签署考勤卡的授权控制措施，以及核实数据已经被正确地输入到应用系统数据的编辑控制措施。问题是应当从单独的控制措施，还是系统层面的控制措施来确定成本效益？
- 确认控制成本——公司中任何控制的成本通常由直接和间接成本组成。直接成本是个人执行某一控制所花费的时间，而间接成本对那个人而言则是房屋的租金、供暖和照明。确认所有的成本可能是一个非常耗时和昂贵的工作。
- 确认控制措施的效益——效益可以是有形的和无形的。减少人员是一种有形的效益，而增加客户信任度则是一种无形的效益。试图（用货币）定量衡量控制中获得的效益往往是困难的，而且通常是非常主观的。
- 成本和效益的记录——执行控制措施所花费的时间往往是微乎其微的。例如，当一位监管者为8到10名员工草签考勤卡时，花费的时间可能只是两分钟。那么，这位监管者如何将如此短的时间分配到某一特定的控制中呢？与收益相关的现金托收可能会更加困难，特别是如果该效益没有按照条例执行（例如，不做一些事可以避免返工）。人们如何才能准确地记录他们没有做的那些事？

这些成本效益计算的障碍的确给人以强烈印象。组织必须设法通过一致的和实际可行的方式来收集和使用成本效益的信息。已开发的成本效益计算程序同样必须符合良好的商业惯例和常识。

7.13.2 确认针对成本效益计算的控制措施

计算控制措施成本效益的前提条件是确认将对其进行计算的控制措施。虽然这看起来可能是一件容易的事，实践证明它可能是相当困难的。识别一个控制很容易，困难的是作出某种确认，但这对成本效益分析是很有意义的。

可用于识别控制措施的四种方法是：

- 识别单独的控制措施——每一单独的控制被确定为一项控制。例如，单独控制措施会是在支票上预先打印好编码数字、主管在考勤卡上的签字、核实员工号码为数字的程序编辑。
- 识别关键控制措施——这是在某一应用系统中更为重要的控制措施。例如，在薪酬系统中的一个关键控制是对账控制，将在工资支付期间已支付工资的员工总数与已批准的员工总数进行比较。
- 识别控制措施的组合——这是被单一个人所执行的所有的控制措施，位于单一的职能、物理位置或在计算机应用的程序段中。例如，在看守所的警卫执行包括许多实际安全方面的形形色色的或一种组合的控制措施；被用于证实数据输入应用系统完整性的计算机应用中的编辑程序包括控制检查许多不同交易类型的控制措施组合。
- 识别实现某个控制目标的控制措施——设计用来实现既定控制目标的控制措施的组合。例如，如果控制的目标是确保所有发货都进行记账，那么，实现这个目标所需的所有控制措施被视为一个单独的子系统或控制措施种类。

所有这些控制的定义，可以形成成本效益分析的基础。这四种定义中，识别单独的控制措施是效果最差的。这是因为存在大量的单独控制措施，并且成本效益的计算可能变得极为复杂和昂贵。识别关键控制措施似乎是一种好方法，但是它没有考虑到有助于实现控制的补偿性或辅助控制措施。识别控制措施组合的方法在预计大量密切相关的控制措施成本上最有价值。然而，组合概念的控制识别观念未能承认补偿性或辅助控制措施。

7.13.3 控制确认方法

推荐用于识别控制措施的方法是将其组合在一起进行分析，所有这些控制措施与某一单独的控制目标相关。因此，控制目标成为成本效益计算的焦点。在预计与控制目标相关的成本方面，将控制措施组合成一个或多个集合群可能使成本估算更为容易和更为经济。

执行控制措施的成本效益计算在控制目标层面上与其他商业成本效益惯例是一致的。高级管理层习惯于在项目、目的或目标层面上累计成本。当使用目标时，效益计算变得非常容易定量和说明。对管理层意味深长地描述某一单独控制的效益可能是很困难的。

具体控制目标的使用与本部分中提出针对控制措施的设计流程是一致的。因此，控制设计流程和成本效益方法使用的是相同的基本方法体系。计算所需的控制目标是先前讨论过的那些提纲。目前，只有少数的控制目标可用于任何特定的应用程序。成本效益的计算流程或与这些主要控制目标相关的控制措施不是一种复杂和昂贵的流程。

7.13.4 成本效益计算方式

确定控制目标成本效益的方法归纳为三个工作底稿。第一个是汇总工作底稿，对控制目标以及相关必要的信息进行识别，以作出有关控制措施执行或不执行的决定（见表2-7-28）。但是，如果分析流程表明，实施某一控制是具有成本效益的，那么，这一控制应当得到执行。

第二个工作底稿用于制定与执行某一控制相关的费用（见表2-7-29）。第三个工作底稿用于计算提供成本效益信息的效益（见表2-7-30），然后再转换到汇总表中。

成本效益计算工作底稿

成本效益计算工作底稿（汇总工作底稿）用文件记录了成本效益的计算。该工作底稿提供支持控制执行决定所需的文档记录。

表中包括的信息有：

- 识别号码——将三个成本效益的计算工作底稿联系在一起的一个独特的号码。
- 控制目标——正在被执行的成本效益的控制目标。这些通常是针对某一业务应用的主要控制目标。在更大的系统中，组织可能希望将这些主要控制目标分为子目标。例如，控制目标“所有发货要计价”可以被分为以下几个子目标：

——所有发货经过授权；

——所有发货进行记录；

——所有已记录的发货可以说明原因；

——所有已记录的发货为客户开了发票；

——所有已开票的发货都记录在应收账款系统。

- 被控制的关键区域——控制的实际执行情况将发生在关键的区域。例如，“所有发货要计价”的控制目标使用的关键区域有：

——客户编号；

——订单号码；

——装运日期；

——金额。

单独设计的控制措施围绕着这些关键区域建立控制措施。在第 7.13 节概述的控制措施与成本效益可参照本部分关键区域中的控制目标模型。

- 已识别的风险暴露——损失的风险暴露与控制目标是相反的。例如，控制目标“所有发货要计价”相对的风险暴露是“将进行发货却没有计价”。识别该风险暴露的目的是确保该控制目标实际上能够预防该风险暴露的发生，从而保证实现这一控制目标。正如控制目标可以分为子目标，对任何具体的控制目标也可以有许多的风险暴露。制订一个详细的风险暴露清单将有助于控制设计流程。
- 损失可接受的程度——在确定损失可接受的程度之前，无法设计控制措施。如果实现控制目标的负责人不愿意指明损失的可接受程度，那么，控制措施的某一“理想”系统必须被设计成目标是无任何损失级别的系统。然而，这种“理想”的控制措施系统可能会是非常广泛的和昂贵的。如果该负责人不希望接受那种非常昂贵的执行情况，那么，他们必须说明何种程度的损失是可以接受的，以便能够开发一个更切合实际的控制系统。
- 成本——这些成本来自控制成本工作底稿（见表 2－7－29）。
- 效益——效益来自效益工作底稿（见表 2－7－30）。
- 控制执行的决定——这包括决定流程、已作出的决定，以及为什么作出该决定的一个简短的对照表。这对于是否应当作出不再执行对控制目标或子目标进行控制的决定是极其重要的。
- 制表人——负责完成工作表的人员姓名。
- 日期——工作表的完成日期，换句话说，控制执行的决定日期。
- 批准人——实现既定控制目标负责人在表明同意该控制执行决定时，应当签署其姓名首字母缩写或全名。

表 2－7－28　　　　成本效益计算工作底稿

		识别号码：
控制目标		
被控制的关键区域		
已识别的风险暴露		
损失可接受的程度		
成本		
效益		
控制执行的决定		
制表人：	日期：	批准人：

控制成本工作底稿

控制成本工作底稿可以用于帮助计算控制成本（见表 2－7－29）。该工作底稿的目的是帮助组织收集和提供与实现某一控制目标相关的费用。然而，在完成这一工作底稿之前，控制解决方案，换句话说，提出实施执行完成控制目标的相关控制措施必须确定下来。在许多情况下，控制设计师可能想提出可替代控制的解决方案。在这种情况下，将编制一些工作底稿来预计替代方案的成本。这也是商业惯例。

在表中包括的信息有：

- 识别号码——将三个成本效益计算工作底稿联系在一起的一个独特的号码。
- 一般控制（措施）——具体的控制解决方案被推荐用于实现规定的控制目标。建议使用一般控制措施以便使各种表格之间存在一致性和明确性。
- 控制（措施）描述——本部分的工作底稿为描述一般控制的实际执行情况提供了空间。例如，如果控制目标是试图实现准确地输入，而一般控制是"冗余"，那么，冗余控制的描述可能是关键字的验证。

- 成本——推荐6种成本类别，这与通过应用系统的关键字段流量相符。同样，这些成本类别与前几节建议的控制设计方法相一致。6种成本类别是：
  ——初始成本；
  ——输入成本；
  ——处理成本；
  ——存储成本；
  ——输出成本；
  ——使用成本。
- 制表人——完成这个表格个人的姓名。
- 日期——完成填表内容的日期。
- 总成本——在工作底稿的成本部分列出了所用成本的总和。

表2-7-29　　控制成本工作底稿

		识别号码：
一般控制（措施）		
控制（措施）描述		
成本		
初始成本		
输入成本		
处理成本		
存储成本		
输出成本		
使用成本		
制表人：	日期：	总成本：

效益工作底稿

效益工作底稿（见表2-7-30）的工作是以通过分析效益方面来引导个人执行成本效益为目的，收到的效益应当通过控制目标的执行获得。因此，控制目标成为效益分析流程的中心。使用这个工作底稿的个人通常会采访并与熟悉该应用系统的人们合作。

该工作底稿中包括的信息有：

• 识别号码——将三种成本效益计算工作底稿联系在一起的一个独特的号码。

• 控制目标——正在被执行的成本效益计算的控制目标。

• 收入——所产生的收入总额，作为实施这一控制目标的结果。

• 成本降低（有形的成本）——可能直接关系到实现这个控制目标成本的降低，例如，人员时间方面的减少。

• 成本降低（无形的成本）——与控制目标实施相关的成本，但不能与控制目标直接挂钩的成本。例如，如果由于良好的控制需要人员更少了，这将会减少与房间、照明、供暖等相关的无形成本。

• 成本避免（有形的成本）——因为执行某一控制，使得实际费用没有发生。例如，如果因为某一控制目标已经实现，所以不需要雇佣新人，这就是一种有形的成本避免节约。

• 成本避免（无形的成本）——这些已避免的成本与某一控制目标的实施没有直接的关系，但也需要被考虑到。例如，因为不必聘用新人而不需要房间、供暖、照明这些成本支出。

• 制表人——完成效益工作底稿的个人的姓名。

• 日期——效益工作底稿被完成的日期。

• 总效益——与所有类别的效益相关的货币总金额。

许多无形成本可以使用风险分析的概念进行计算。

组织通常在估计效益方面比计算成本方面有更多的困难。成本估计往往比效益预计有更高的精确程度。以这种方式执行成本效益计算会导致对成本的依赖，但是却不相信效益。例如，如果成本估计为12 318美元，而效益等于25 000美元，某个人看到这个数字会觉得在成本上已经投入了大量的工作，而在效益方面则收获很少。必须让成本估计和效益预计具有相同的精确度。如果效益无法用较高的精确度进行预计，那么，就不值得努力试图用较高的精确度来量化成本。

表 2－7－30　　效益工作底稿

	识别号码：
控制目标	
收	
成本降低——有形的成本	
人员成本 其他成本	
成本降低——无形的成本	
人员成本 其他成本	
成本避免——有形的成本	
人员成本 其他成本	
成本避免—无形的成本	
人员成本 其他成本	
制表人：	日期：　　总效益：

7.13.5　成本效益决定

当已经确定成本和效益时，就具备了必需的事实用以作出决定。最后的决定可能会是非常明显的。如果成本明显超过其带来的收益，该控制可能就不应当执行。当效益明显超过成本时，控制措施应当得到执行。在成本和效益差不多相等的情况下，作出决定是比较困难的。在这种情况下，成本和效益几乎相等，谨慎精明的商人将选择控制执行以帮助确保实现组织的业务目标。

由于估计通常不太精确，货币金额的估计可能应当被假定在一个范围内。一个合理的范围将取决于每个项目相关的复杂性和风险暴露，再加上或减去一定的百分比（例如 10 % ）。合理范围可以有很大的差异，对于常规项目从 10 % 到 50%，对于“首次”被使用的原型项目甚至可以到 100%。例如，如果某一估计的成本或收益被计算将达到 10 000 美元 ，那么，出于决策的目的，应当考虑的范围为 9 000 ~ 11 000美元（即正负 10%，或加上或减去 1 000 美元）。

有许多因素会涉及决策流程。成本/效益只是其中的一个因素，但应当是一个非常重要的因素。控制执行决策流程考虑因素核查清单（见表 2 - 7 - 31）为决策流程提供帮助。决策者能够利用这一数据更有信心地作出最后的决定。

表 2 - 7 - 31　　控制执行决策流程考虑因素核查清单

项　目
1. 成本看上去合理吗？
2. 收益看上去合理吗？
3. 这一控制是否归类在内部会计控制中，从而使决策流程遵从《反海外贿赂行为法》或《萨·奥法案》的规定？
4. 下一年收益明显增加是否会影响到决策流程？
5. 下一年费用增加过快是否会影响到决策流程？
6. 实现这个控制目标是否有非成本的隐含因素？
7. 组织中是否有新的产品、政策、制度等将会受益于实施这一控制目标？
8. 组织中是否有新的产品、政策、制度等将会受到执行这一控制目标不利的影响？
9. 未能执行控制目标是否会导致应报告的控制缺陷？

第8章

技能分类之六——风险评估

风险管理涉及三项活动。第一，必须识别风险；第二，确定该风险的重要程度；第三，确定该风险发生的概率。本部分的技能分类介绍了这三项活动，并且确定了风险管理的角色和责任。

在风险术语中，有一个概念叫“风险偏好”（Risk Appetite），即风险承受度（译者注）。这一概念的意思是个人或企业愿意接受多大的风险。对于某个人的保险政策而言，风险承受度可以被定义为在保险政策上可扣除的金额。在企业中，风险承受度将有助于确定我们所处的企业类型、新产品的介绍、需要什么样的市场营销策略，等等。

8.1 管理层的作用

风险分析的成功与否取决于高级管理层在项目中所发挥的作用，该作用包括：

1. 管理层向公司各级部门表示支持这个项目；
2. 管理层说明风险分析的目的和范围；
3. 管理层选择一个合格的小组，并正式授予权力和职责；
4. 管理层审查该小组调研的结果。

管理层不应当没有任何疑虑地完全依赖风险分析小组的调研结果。项目界定的范围应当包括所有部门和所有用户，以及信息技术设施、设备和人员。

8.2 意外损失与故意损失的比较

错误和遗漏一般发生在人们参与具体工作的劳动力密集型职能上。当具体的、琐碎的、紧张的活动需要集中注意力的时候，这种薄弱性尤其会发生。他们通常表现在数据错误、电脑程序错误（故障），以及设备或用品损坏。这就需要经常返工、更正错误，并对设备或用品进行更换和维修。

区分意外损失和故意损失往往是很困难的。事实上，一些故意损失的报告来自肇事者，他们发现和利用了错误来为自己牟利。当损失发生时，员工和管理人员往往首先归咎于计算机硬件，因为这将免除他们的责任，使这一问题变成由供应商来解决的问题。“计算机”的问题很少会是硬件错误，但要证明这一点通常需要在其他地方寻找损失源头。另一个最常见的被怀疑的领域是用户部门或生成数据的源头，同样是因为 IT 部门可以指责另一个计算机系统的工作人员。最后，当所有可责备的其他目标都已经解除了，IT 员工才会怀疑他们自己的工作。

人们经常会看到，在系统设计者、程序员、维修工程师和用户之间的非正式会议上，这些人互相争吵应当开始从谁那里寻找损失的原因。很少有人会想到损失是故意造成的这一点。

许多员工不了解由错误和遗漏产生的意外损失和故意造成的损失之间的重要差异。自从数据自动化处理开始以来，使用计算机的组织就一直和意外损失进行斗争。解决方案是众所周知的，即较好地采用相对的激励和成本效益控制。他们预期，通过相同的方式使用相同的控制措施会对实施故意行为造成损失的人员有一定影响。

由于故意行为造成的损失产生了一种不同类型的薄弱性，它更加富有挑战性，需要适当的保障，而控制措施目前尚未充分开发出来，更不用说适当应用了。

大自然力量所造成的薄弱性

业务系统显然容易受到自然范围和人为力量的损害。业务系统和设施是脆弱的，盗窃信息者可以使用简单的方法进行恶意损害、纵火、肆意破坏、故意损坏机器以及威胁破坏进行敲诈。自然事件，如极端恶劣的天气或地壳运动，所造成的后果也可能导致损失。

控制威胁（风险）

在风险分析中所犯的一个普遍错误是同等地估计所有威胁。威胁的类型提供了在某一较高层次上识别可以用于控制某种威胁的控制类型。这种分类也可以用来帮助评估威胁的重要性。

三大类别的威胁是：

- 访问威胁——发生未经授权或不恰当处理的威胁。外部风险经常被称为安全风险或易接近性风险。未经授权的行为是指某个人或项目没有获得管理层实施这一行为的授权就擅自执行的那些行为。这可以是有意或无意地执行。故意执行未经授权的行为经常被称为欺诈或盗用。不恰当的行为是未经授权行为的变种。无意执行未经授权的行为通常被称为错误和遗漏。被授权执行某事的某个人可能通过不适当使用这一授权而滥用权力。例如，某个人可能被授权允许其更改员工的工资。然而，这一授权可能被滥用在不适当地更改和提高其自己的工资，而这是没有得到管理层授权的行为。
- 控制威胁——对数据准确性和完整性，以及应用系统的操作性能的威胁。这些威胁涉及系统内数据的完整性以及系统运行其职能的效果性、经济性和效率性。
- 审计能力威胁——阻止交易处理重建的威胁。这种威胁涉及数据存储的目的而不是数据处理。存储数据用作审计线索、备份和其他的历史数据的目的。审计能力威胁的风险使这类信息无法用来向管理层、审计师和监管机构证明处理情况。需要对这些数据进行监控、检查和审计处理，以确定它们是否已按照组织的政策和程序、法规要求和一般公认会计原则进行处理。

8.3 风险分析流程

携手增强控制必要性的意识已经变成对组织及其业务系统潜在威胁的影响进行量化的方法。风险分析提供了这样一种方法。即它考察一个组织在发生可能影响到自然环境、人员、设备、文档内容和处理能力的情况时，正确和及时地履行其使命和任务的能力。

执行这类分析有许多技巧，但是必须考虑到三个关键要素：

（1）不利事件可能造成的风险暴露或损害；

（2）这类事件发生的可能性；

（3）这类风险的大小等级。

风险分析的目标是帮助管理层努力在风险影响和保护措施的成本之间保持一种经济平衡。风险分析可用于指出风险，风险的存在促使管理层选择所需的保护措施。分析列出当前的控制态势；然后集合必要的基本事实用于选择适当的、符合成本效益的保障。风险分析的第二种好处是将会明显增强组织各个部门的控制意识。

风险分析向管理层提供基本决策的信息（例如，最好避免某一种情况的发生，包括控制它可能产生的影响或简单承认存在一种潜在的损失）。由于风险分析是决策的基础，所以必须以一种定量的、可比较的方式提出对风险造成的损失和损害的估计，以及判断风险可能出现的地方。

还有其他一些检查、测试或评估风险的方法，例如，穿透率测试、内部控制审计、核查清单和调查问卷。然而，由于这些方法的目的不同，并且其中的大多数方法都没有考虑损害的关键要素和发生的可能性，因此，它们都不能取代风险分析。

风险分析不是一个任务，只完成一次就一劳永逸。它必须定期进行，才能跟上形势、任务、设施和设备的变化。事实已经证明，在系统开始时设计的控制措施要比系统建成之后叠加上去的控制更加有效，因此，风险分析应当在每一系统的设计阶段就安排。

进行风险分析所需的主要资源是人力资源——高技能人才。由于这个原因，初步分析将是最昂贵的，随后的分析由于可以基于先前的部分工作和已经获得的经验知识，因此时间和花费也将会减少。

完成风险分析所需要的时间应当与其目标相一致。具有复杂的、多班次操作业务和许多文件的大型设施，将比单一班次、小规模的生产设施需要更多的时间来完成。如果想得到有意义的分析结果，管理层必须愿意承诺提供完成风险分析任务所需的资源。

风险分析小组的作用

风险分析小组的选择对项目的结果是至关重要的。重要的是从负责下列工作的组织部门抽调代表人员：

- 业务系统运营管理（例如，计算机操作人员、分包人等）；
- 系统设计和维护；

- 内部审计；
- 物理安全；
- 运营中使用数据文件的人员；
- 职能管理（业务系统和控制活动）。

应当向这些实体部门提供风险分析小组成员名单，哪些成员将负责通报自己部门的任务及其与整个组织任务的关系。该任务小组的领导人应当同样知识渊博，人选来自上面提到的前三个部门之一，并且他不是代表一个部门。换句话说，该小组的领导人不应当身兼两职——一方面作为小组的领导人，另一方面作为部门代表。上述安排并不意味着将排除其他人员参与风险分析小组，当然，至少应当咨询法律和人事部门的意见。

任命风险分析小组的领导和成员，应当以书面文件的形式明确指定其任务、职责以及相关的权力。还应当认识到，如果委派的职责不断轮留替换，其工作效果反而会变得更糟。当该小组的部分成员中有一种倾向，即尽力把工作做得充分彻底，收集的信息比所需的要求绝对更多时，应当提醒他们注意避免这种倾向，因为这可能延长完成该任务的时间。

现在有专门进行企业风险分析的值得信赖的商业公司。管理层可能决定优先选择这样的商业公司以外包的形式执行这项工作。作出这种选择不应当改变风险分析目的和技术，而只是为了有效地利用资源。为风险分析小组服务的人员与提供信息给外包商业公司的人员应当是相同人员，要弄清楚该产品是风险分析，而不是薄弱性漏洞清单连同一份凭直觉选择的解决方案。虽然，组织的成员可以在维护组织中许多应用系统及其支持性文档方面少花一点时间，但是，在整个风险分析过程中，他们仍然应当随时提供外包商业公司所需的信息。

时间分配

风险分析是一个耗时的过程，无法草率匆忙完成。以往的经验或先前的风险分析将有助于节省时间。准备好所有必要的信息将有助于风险分析小组有效地利用时间。根据困扰某一系统的危害性来考虑每一交易或文件是一项繁琐的业务，由于在决策过程中需要相应的知识和经验，委派下属代表某一部门的做法应当慎重考虑。风险分析是一项非常有启发作用的任务，但也可能会导致系统简单化。

抽调一些人到风险分析小组可能会造成组织各部门被迫面对缺少人员服务的困难。双方可以达成协议，只在风险分析小组花一部分时间，这样可以减轻各部门的一些负担。

管理层审查

高级管理层应当在正式制定保护计划之前，对风险分析小组的初步调查结果和最终结论的合理性、坚持政策的情况和组织的一致性进行审查。该计划至少需要与财务部门和行政部门进行协调，并且将计划包含在组织的长期规划中。

8.4 识别风险、薄弱点与威胁

与风险相关的薄弱点和威胁是控制的必要条件。换句话说，直到知道风险以及相关的薄弱点和威胁之前，人们无法有效地开展控制。

必须识别和衡量某种威胁才能对其进行有效控制。设计用于降低三种类别威胁的控制措施是不同的。设计用于降低访问威胁的控制措施往往具有预防性质，因为它们试图预防未经授权的访问发生。设计用于降低控制威胁的控制措施主要是发现型控制。发现型控制措施试图在问题变得严重之前发现问题。例如，详细记录与控制总数的核对是一种发现型控制，从经营中没有引起注意的地方发现问题。设计用于减少审计能力威胁的控制措施主要是纠正型控制。因此，它们试图提供可用于纠正错误情况的信息。例如，如果详细记录与控制总数核对有误，那么，审计能力类型的控制措施可以按原样进行重新处理，以确定为什么会出现不相吻合的情况。

组织进行风险识别需要一个流程。最好的风险识别方法之一是组成风险分析小组。风险分析小组应当包括所有实施控制具体活动/系统/设施的负责人。该小组可以补充各知识领域的专家，例如，审计师、咨询顾问和律师。

这部分将描述风险分析小组的形成和职能运行，还将介绍风险分析小组识别风险和相关的薄弱点和威胁所使用的三种最常见的方法。这三种方法是：

- 发表对风险的独创性意见，并且评估消除和降低与风险暴露相关的控制措施的适当性（注意：风险分析小组将在风险分析过程中使用风险、薄弱点和威胁的清单）。
- 风险暴露——威胁图表。
- 威胁点模型。

8.4.1 识别风险的调查

为了创建一个坚实的基础以实施风险分析，该小组应当将调查组织的现有控制措施、资产的价值，以及组织交易处理中较为薄弱的实际威胁作为一个项目开始的工作。他们将从调查中获得相关信息，这有助于减少风险分析所需的时间。该小组开始工作的自然惰性很容易克服，因为初始阶段需要拿出三种具体的工作成果——资产的重置成本目录、设施有实际缺陷的威胁表以及现有的安全措施清单。

资产的成本

检查的工作成果之一应当是资产的重置成本目录，或是电脑、相关的设备、数据、建筑物等资源与设施的最佳概算表。因此，所有资产的总数都应当予以关注。此时，这种数字比任何其他现成的信息更有用，它表示控制的必要性。如果在系统设计阶段进行风险分析，在已完成系统中就会有数据的增加价值，并且还可能增加应当考虑的购置成本。

威胁

初始阶段的另一种工作成果是暴露出的实际威胁和资源目录。例如，龙卷风在内陆平原发生的可能性很大；而在大多数沿海地区，这种可能性微乎其微。确定实际威胁将使风险分析小组对于薄弱性或损害的可能性，以及他们将进行分析的设施和系统有一种直观的感觉。同样，如果风险分析工作是在系统设计阶段进行，不仅应当努力识别现有的威胁，而且还要预测该系统的执行或运行可能导致的任何未来结果。出于这一目的，组织中应当进行调查的领域包括：

- 人事部门——聘用与解雇程序、培训的范围和数量、各级监督的质量。
- 物理环境——设施的周边地区、质量和可靠性，建筑设计，运营和维护，物理访问控制措施。
- 硬件/软件系统——操作的可用性、变更控制、软件特征、文档记录。
- 数据通信——硬件和传输线路、验证和控制信息分发的程序。
- 自动化应用——技术设计、文档记录和标准。
- 运营——源文件保护的标准与程序、信息传播、输入/输出控制、数据文件、表格、计算机机房处理、用户界面、内务整理与维护、生产控制、应急计划。

了解这些有助于克服系统缺陷的因素，对风险分析的执行是很重要的。这些因素难以分离而且关系密切。下面是这种方法的一个例子，可以用于搜寻薄弱点。

- 自然灾害——合理地预期可能会发生什么类型的自然灾害？这些设施、处理的可用性、数据、供给、公用设施、当地交通等会受到何种程度的影响？
- 环境——附近会有什么特别的危险物，例如，爆炸物、易燃产品、闲置或无人看管的建筑物？在附近地区发生火灾会有什么后果？最近的消防部门在哪里？
- 设施的机房——该设施是唯一为该大楼配备的吗？如果不是，使用该设施的其他用户是哪些机构？谁负责管理该大楼？谁负责维护该大楼？大楼的结构是怎么样的？安装了什么预警装置和预防性设备？该设施与它的供暖设备、烹调设备和其他火灾隐患的距离有多近？地板和天花板是什么类型的材料？
- 访问——访问处理是本地的还是远程的？盗窃信息者是否可以对处理、数据、软件、设备、存储介质、预先印制的表格、耗用品、文档记录、输出、垃圾桶进行访问？员工是否也可以这样做？意外地？故意地？还是为了牟利？
- 工作场景——员工与管理层的关系是否令人满意？部门主管对员工是否了解？管理层对人事变化是否了解？部门主管如何向管理层转达员工的问题？员工是否忠诚？
- 数据值——盗窃信息者通过穿透系统或泄露数据或干扰运行可以获得多大的价值？某一主题由于未经授权的数据披露或是错误的数据将会遭受多大的损害？某个组织由于数据泄露，或根据错误数据作出的决定，或操作的可用性被延迟将会遭受多大的损害？

现有的控制措施

这一阶段的最终工作成果应当是一份所有目前实施中的安全控制措施清单，不管这些特征（例如，存储介质运行记录、打印输出分布的控制、数据入口的质量控制是出于何种最初目的）。事实上，人们将看到良好的管理实践会普遍有效地促进控制。

管理层审查

调查结果完成后应当立即提交给管理层。这些结果可能指出需要设置临时的控制措施，直到建立在完整风险分析基础上的最终的控制计划可以被设置并实施为止。

8.4.2 风险分析小组用于识别风险的方法

三种最常用的方法为发表独创性意见（brainstorming，也有人直译为头脑风暴法）、风险暴露——威胁图表和威胁点矩阵。在这三者之中，对风险发表独创性意见的方法迄今为止运用最为普遍。风险暴露——威胁图表和威胁点矩阵也是非常有效的工具，但还没有像对风险发表独创性意见的方法那样被风险分析小组广泛使用。

风险分析将不仅识别风险、薄弱点和威胁，而且试图衡量那些风险的严重性，继而衡量那些已经采用或正在考虑采用的控制措施的有效性，以降低与那些风险相关的风险暴露。

如果风险分析小组正在察看某一现有的组织及其系统，可以重点关注风险、薄弱点及威胁等方面。但是，如果该系统正在进行开发或其中的某个部分正在建设之中，风险分析小组则应特别关注与未来环境相关的风险、威胁和风险暴露。

当风险分析概念由某些专业人士组成的小组实施时，通常使用其他的名称。例如，内部审计师和独立审计师可能称之为“运营检查”或简称为“审计”。审查某一业务系统控制措施适当性的质量保证人员可能称之为“系统开发审查”。设计用于评估控制措施适当性的所有方法的实际效果大致都遵循相同的流程。

关于风险暴露——威胁图表和威胁点矩阵的描述请看下文。

8.4.2.1 风险暴露——威胁图表

风险是指发生令人不愉快事件的可能性。威胁是指引发损失（即潜在的损失成为风险暴露）的某一事件或活动，其结果是造成损失。因此，我们可以用图表解释这种“原因——结果”之间的关系，以便更好地解释风险的组成成分。

图 2-8-1 是风险暴露——威胁图表，该图表显示了四个原因及其结果或由于其中的一个或多个原因而引发的相关损失。

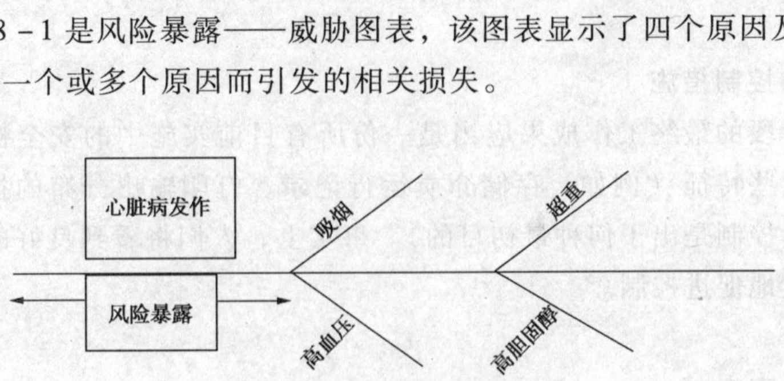

图 2-8-1 以心脏病发作风险为例的风险暴露——威胁图表

如果这种原因成为事实，它将导致损失。原因能够成为事实基本上是由于两个理由：一是流程中的某一内部要害；二是受到来自流程外部的某种影响。

为了增强我们最初的理解，让我们审视非业务的风险暴露——威胁图表，了解心脏损害的风险。心脏损害的四种潜在威胁为：

- 吸烟；
- 超重；
- 高血压；
- 高胆固醇。

以上任何一种或全部四种威胁的后果可能是心脏病发作。让我们来看高胆固醇带来的威胁，其致命性在于胆固醇可能会阻塞动脉。威胁还可能是某种情绪化的情况，例如，收费高的体育赛事；或者是生命受到威胁的情形，例如，高尔夫球场附近发生的闪电、雷击等。无论是受到恐吓或易受伤都可能引起心脏病发作。

这种类型的风险暴露——威胁图表可开发用于任何商业风险的状况。对于风险分析小组和控制流程设计者而言，该图表是一种很有用的工具，可以解释风险状况的原因与结果之间的关系。

风险暴露——威胁图表也被称为原因——结果图表。该图表用于进行风险分析时，风险暴露的“原因”是威胁，“结果”是某一风险可能产生的风险暴露或损失。

图 2－8－1 显示了一个非常简略的风险暴露——威胁图表。图 2－8－1是两个层面图表。它可以延伸至三个、四个乃至五个层面。例如，“超重”的威胁实际上可能存在与它相关的两种威胁（原因），即（1）饮食过量和(2）遗传性质。

风险暴露——威胁图表的目的是识别那些可通过控制而极大地降低风险暴露可能性的威胁。在现实生活中，几种威胁可能都需要加以控制以便将风险暴露降低到最小。

确定威胁导致风险暴露的最大可能性的方法有时被称为“多问几个为什么”（“why－why”）流程。在图 2－8－1 中，我们会问：“为什么某个人会心脏病发作呢?”这个问题。存在的四个答案分别是吸烟、超重、高血压和高胆固醇。原因还可以继续说明下去，例如“为什么那个人会超重呢?”答案可以是“饮食过量”或者“遗传性质”。

如果风险评估小组认识到心脏病发作的最大威胁来自饮食过量，那么，它们就会对这个威胁因素加以控制。这种逻辑是：如果控制过量的饮食能够减少超重的程度，而减少体重能降低心脏病发作的危险，那么，心脏病发作的情况就得到了控制。

8.4.2.2 使用威胁点矩阵识别潜在的控制缺陷

矩阵的目标

威胁点矩阵是一个用于识别系统中由于控制缺陷而产生损失的高风险点。当某些专业人士将该矩阵用于可能易遭受损失的领域时，事实证明该技术具有极高的可靠性。

该技术包括建立一个矩阵。矩阵的一方面是控制点，而另一方面是潜在的威胁点。该矩阵的开发者评估这两方面的交叉点，即威胁转变为损失的可能性。通过识别具有最高损失可能性的威胁点，组织可以洞察业务系统中最可能蒙受损失的地方。

威胁点矩阵的目标是使组织能够重视对高风险点的内部控制。虽然没有任何业务系统可以完全避免损失，但是，将大部分控制资源用于高风险点能够增加避免风险或发现损失的可能性。

四步骤的流程

建立与使用威胁点矩阵包括四个步骤的流程（参见表2－8－1）。该矩阵的首要目标是集中讨论潜在损失的高风险点，并且协助确定哪些点需要最多的控制。这一流程工具的使用可以通过项目小组、特别团队召开会议确认控制措施，或通过审计人员评估内部控制的适当性。

表2－8－1 四步骤穿透点矩阵流程

步骤1：确认控制目标
步骤2：确认潜在的威胁点
步骤3：创建威胁点矩阵
步骤4：确认高风险点以便建立或评估控制措施

步骤1：确认控制目标

需要规定业务系统的控制目标。理想的做法是在某一业务系统的需求阶段就对这些目标进行定义。用文件记录控制目标，并且将这些控制目标作为在系统中建立控制措施的依据。

一些组织将一般控制目标用于其业务系统。许多组织，包括大型的注册会计师事务所在控制目标方面，针对特别的业务系统有现成可用的文档记录。例如，就工资系统而言，它们将会有一份工资系统控制目标的清单。

目前，其他组织正在使用 COSO 框架来制定它们的控制目标。尽管 COSO 框架并没有对许多控制活动提供具体的控制目标，但是，它在应当被定义的控制目标类型方面提供了相关指引。

在威胁点矩阵中使用控制目标的目的实际上是因为它们是风险的正面声明。未达到控制目标的后果可能是导致损失。实现某一具体控制目标的难度越大，该控制目标将无法实现的可能性就越高。

本步骤得出的最终结果是作为被检查业务系统控制目标的详细清单。这些控制目标将包括该威胁点矩阵的某一层面。

步骤 2：确认潜在的威胁点

内部控制的前提之一是控制系统将在最薄弱的环节断裂。本步骤的目标是识别可能发生损失的所有环节或点位。正是在这些损失可能性最高的点位应当实施控制措施。

先前的研究已识别了交易处理的 6 个阶段。它们是初始交易、交易入口、数据通信、计算机处理、数据存储及检索和输出处理。这 6 个阶段可用作业务系统控制点的模型。

交易处理的 6 个阶段可以被用作确定业务系统中威胁点的依据。使用该威胁点矩阵的小组将需要确认上述 6 个阶段是否适当，或者它们是否需要被进一步划分为子阶段。例如，在交易入口阶段，可能有三种不同的方法参与交易。例如，通过网站、电话或邮件。因此，与其是某个单独的交易点，不如希望它可能有三种不同的交易入口点。

以下列出的是关于业务系统中潜在损失点的讨论情况。列出的这些点基本上就是交易处理的 6 个阶段，但除了本阶段的描述之外，这些点已经按照损失发生的次序运行。这个表格有助于确定首先应当解决哪个威胁点。同样存在故意与非故意行为的讨论。经验已经表明，业务系统的大部分损失是由于员工行为而发生的，并不是外来犯罪者造成的结果。

本步骤的最终结果是列出在业务系统中损失的可能性较高的威胁点。这些点将成为威胁点矩阵的一个维数。

威胁点定位

数据与报告准备区域和计算机操作设施——手工功能集中度最高的物理区域——被发现是最易受到攻击的位置。

表2-8-2中按照薄弱点、描述及排序列出了8个主要的功能位置。

表2-8-2 按功能定位列出的计算机安全要害

位置	排序
数据准备和报表准备设施	1
计算机终端操作	2
非信息技术区域	3
在线终端系统	4
编程办公室	5
在线数据准备与输出报表处理区域	6
媒体存储设施	7
中央处理器	8

数据准备和报表准备设施

易受到攻击的区域包括：键盘—磁盘输入机；计算机作业安排；输出控制及分布；数据采集以及数据传输。此处不包括与在线远程终端相关的输入及输出区域。

计算机终端操作

此类别包括在安装中央计算机系统机房中与操作计算机有关的所有功能区域，既包括计算机的外部设备通过线路与计算机相连接的分离区域，也包括计算机硬件维护区域或办公室。此处不包括在线远程终端（通过电话线路连接到计算机）。

非信息技术区域

许多损失涉及到业务决策，即在非信息技术区域决策中发生的威胁，例如，在市场营销、销售、业务办公室和其他用户区域。

中央处理器

这些功能区域是在计算机系统内，即动作发生于计算机操作系统中（而不是从终端引入）。

编程办公室

该区域包括程序人员创作与存储程序列表及文档记录的办公区域。

媒体存储设施

该区域包括数据库及任何容纳有用数据的储存位置。

在线终端系统

易受攻击的功能区域处于在线系统内。在此区域中，执行由终端命令生成的编程指令而发生的行为。

在线数据准备与输出报表处理区域

这一类别包括在数据准备设施第一次讨论中确认的相同功能，但在这里与在线终端相关，并不是与计算机相关。

步骤 3：创建威胁点矩阵

要建立一个威胁点矩阵，应先完成该矩阵的横行与纵列。该威胁点矩阵的纵列为步骤 1 中确认的控制目标清单；横行为步骤 2 确认的威胁点清单。威胁点矩阵的完成涉及两项任务（参见表 2－8－3）。

表 2－8－3　　威胁点矩阵示例

威胁点 / 控制目标	1	2	3	4	5	6	7	总分
A	1	2	3	—	—	—	—	6
B	1	2	1	3	1	1	1	10
C	—	—	3	2	1	1	—	7
D	1	1	1	1	—	—	—	4
E	—	—	—	—	1	2	3	6

续表

威胁点 控制目标	1	2	3	4	5	6	7	总分
F	—	—	1	1	1	2	—	5
G	3	1	1	—	—	—	—	5
H	—	—	2	2	2	—	—	6
I	1	1	2	—	—	—	—	4
J	3	2	3	1	2	2	1	14
K	—	—	—	—	1	2	1	4
L	3	2	3	1	—	—	—	9
M	—	—	1	—	2	1	1	5
点位总分	13	11	21	11	11	11	7	

任务1——确认每一个点损失的可能性

风险分析小组必须检查矩阵中的每一个点。在威胁点矩阵的示例（见表2-8-4）中，该小组将确定在点1位置损失的可能性。此项预测应当建立在该小组此次或其他类似的应用过程中获得的经验和判断的基础之上。损失可能性应当按照以下标准进行打分：

3分——在这一点位损失的可能性较高；

2分——在这一点位损失的可能性为平均水平；

1分——在这一点位损失的可能性为一般；

0分——在这一点位损失的可能性为最小或没有损失的可能性。

任务2——加算纵列与横行的得分

纵列与横行的可能性得分应当进行相加。在威胁点矩阵的示例中，控制目标"A"在控制目标总分一栏中的得分为6；威胁点"1"得到的总分为13。应当计算所有横行与纵列的总数。尽管可能性相加的做法并不具有统计的准确性，但这一步骤的目标是识别损失最大可能性的控制目标点。经验表明：这种局部偏离统计学的做法在改进控制方面仍然不失为一种非常有帮助的工具。

步骤4：确认高风险点以便建立或评估控制措施

威胁点矩阵可用来识别那些可能发生损失的和最难以实现的控制目标的点

位。威胁点的确定基于以下两点假设：

- 最难以实现控制目标的点位将是发生问题最多的地方。
- 系统将会在其最薄弱的点位蒙受损失。

这些假设在许多组织中都适用。理解这些假设很重要，因为在这里讨论的控制方法是建立在可能性基础之上的。

步骤 4 的目标是选择最需要进行控制的一个或多个点位。在表 2－8－3 的示例中，只选取了一个点位，但是，在实践操作中可能需要选择许多个点位。选择这些点位的方法是识别最高的控制目标总分和最高的威胁点总分。当圈定最高总分之后，应当能够在已圈定的两个最高总分之间确认其交叉点。

风险分析小组应当寻找那些可能性为 3 或 2 的交叉点。数字 3 的可能性表示为潜在损失的可能性最大的点位。

在这一步骤结束时，该小组已经确认了损失可能性最大的点位以及应当分配控制资源点位的排序。次序开始于较大的数字总分。例如，在威胁点矩阵示例中，被圈出的区域总分值为 35（即 21 加上 14）。由于其为数字 3 的可能性，并且总分为 35，该点将被用作制定控制措施的第一个点位。

威胁点矩阵的总结

威胁点矩阵可按以下两种方法之一进行使用：

(1) 负责设计业务系统的人员可以确定在哪些点位使用最具有成本收益的控制资源。也许会得出在所有的威胁点都应当有控制措施的决定，但是，并不需要对所有的威胁点施加同等力度的控制。使用威胁点矩阵将使系统设计者对他们认为将发生巨大损失的点位按顺序进行排列。因此，排序较高的点位将得到更多的控制资源。

(2) 审计师可以使用威胁点矩阵来确定设置的控制措施是否适当。通过使用威胁点矩阵，审计师可以将发生损失最多的点位按顺序进行排列。于是，审计师能够将他们的重点放在评价最高风险点的控制措施，因为他们可能没有足够的资源来对某一业务系统中所有点位的控制措施进行评估。

8.4.3　人员风险（职责冲突分离矩阵）

计算机应用系统中固有风险的一个主要原因是无法进行职责分离。传统的职责分离的概念在计算机化业务应用中可能无效或甚至不可能。原因在于各种职能被集中，这就需要运用新的方法来执行职责/控制的分离。这仅仅是风险的一个特征，由于其很重要，它将被挑选出来进行专门分析。

可以通过在数据元素上限制员工行为的方式，来实现数据处理环境中的职责分离。与手工操作系统相比，在计算机系统中可以同样或是更好地控制职责分离。这样做是可能的，因为可以在计算机系统中安装其允许的控制粒度（即在与记录层面相对的数据元素层面进行控制）的控制机制。

冲突矩阵可以用于确定应进行分离的职责，并且评估分离的适当性。冲突矩阵说明了谁将在哪个数据元素上行使何种职责，可以使用员工的工资率数据元素作为示例。冲突矩阵显示了哪些员工能够创建、改变、使用或删除某一部分数据元素。该矩阵同样显示了控制的冲突。例如，如果同一个人既在工资主文件中添加一个新员工（即创建一个工资率字段），又为该员工创建了一份薪金支票，这就构成了控制冲突。

冲突矩阵在顶端列出数据元素，并将人员姓名从上到下列在纵列的一边。该数据元素是易受控制的那些元素。这些是通常的关键数据元素而不是所有的数据元素。在该矩阵中显示了由员工对关键数据元素实施的活动。代表所实施的这些活动的代码是：

C —— 创建数据元素

U —— 更新（改变）该数据元素

D —— 删除数据元素

P —— 控制那些允许访问数据元素的密码库

R —— 读取数据元素

M —— 将数据元素移动到审计线索

T —— 将数据元素转换为其他应用系统

A —— 审计、监控或控制该数据元素的准确性、完整性及授权

这些交易冲突矩阵应当被用于一个业务周期中的所有关键数据元素，例如，收入周期或支出周期。周期内的每一数据元素都将被列入该数据元素的横行中，而参与的人员名字从上到下列在该矩阵的纵列的一边。然后，完成该矩阵并检查其潜在的控制冲突。

如果某一业务周期内的数据元素数目过于庞大，该周期则可以依据其构成进行分析。但是，在要素之间，例如，现金收入和应收账款之间存在某种关系时，应当同时检查该冲突矩阵的各个不同要素。

冲突矩阵示例

表 2-8-4 说明了在某一工资系统中应用的职责冲突分离矩阵示例。该示例只列出了几个数据元素及几名员工姓名。在该矩阵中也列出了由人员对数据

元素行使的职责。

表 2-8-4　　职责冲突分离矩阵

员工姓名 \ 关键数据元素	员工人数	部门	工资率	截至当日收入	工作小时数
比尔	C、D	C、D	C、D	D	D
史科特	R	R	R	U	
杰斐	R	R			C
马萨	R	R	R	R	U
辛迪	M	M	U	M	M
迪布拉	R	R		U	U
罗德	A、U	A、U	A、U	A、U	A、U

可以从职责冲突分离矩阵示例中得到如下分析结果：

- 与所有其他工资职责分离的员工增加或删除的情况（较强的控制措施）；
- 马萨可以更新工作小时数和读取工资率数据（应考虑分离这两种职责）；
- 迪布拉可以更新工作小时数和对截至当日的收入进行更新（应考虑分离这两个职责）；
- 罗德的职责可以控制与更新所有关键数据元素（应对这两种职责进行分离）。

8.5 衡量风险大小的等级

本部分讨论的是风险分析流程和用以衡量风险的方法。在衡量风险的大小等级之前是无法适当控制风险的。采用很强的控制措施来降低损失较小的风险是无效的做法。例如，针对员工将办公用品带回家的风险暴露或损失，可能还无法保证为办公用品的储存间配备保安警卫或对办公用品建立具体的会计及分配系统。另一方面，一架商业飞机坠毁带来的相关损失则是巨大的，就需要保证采取非常强有力和昂贵的控制措施。

衡量风险的大小等级不存在单独的一般公认的方法。在一些组织中，将风险等级分为低级、中级、高级及灾难级。许多组织认为，该方法足以测量风险的大小等级。一些企业的做法是在风险分类中添加美元数额，例如，低级风险为1 000美元以下，中级风险为25 000 美元以下，高级风险为25 万美元以下，以及灾难级风险为25 万美元以上。

8.5.1 衡量风险大小及可能性的方法

某个应用系统的风险水平决定了该应用系统将给组织带来的潜在影响。全面评估为分配控制设计资源提供指引。用于衡量应用风险暴露的方法包括：

- 风险评分（使用外部应用特征）——通过评价与应用开发、运行及使用环境主要相关的特征来确认风险的方法。
- 风险评分（使用内部应用特征）——通过评价应用系统及其数据控制的数据处理的特征来确认风险的方法。
- 人员风险（职责冲突分离矩阵）——用以确认因不适当的职责冲突而引发风险的方法。此方法是基于“系统本身不会引发问题，只有人员才会”这个事实。
- 量化风险——用于计算与风险暴露相关的货币金额预估数的方法。

为了更好地全面了解风险，以上方法可以同时进行，尽管这么做不是强制要求的。使用外部特征进行评分的方法运用起来最为简单、快捷。使用内部特征进行评分以及通过职责冲突分离矩阵评估人员风险的方法需要对被评估的应用系统有更深层的了解。而获取必需的应用知识，需要花费相当多的时间、努力以及经费支出。

在设计控制措施之前必须完成确认具体业务风险的流程。

8.5.2 风险评分（使用外部应用特征）

风险评分为每一风险、基础设计以及控制措施的评估提供量化的估计。通过设计、实施及操作控制措施来降低某一风险的影响。

对应用系统进行风险评估有两种方法。第一种方法是使用内部应用特征，即必须通过对（现行的或计划中的）系统进行初步审查，以理解系统的数据和功能及其所包括的控制措施。审计师通常使用这种方法来确认潜在的控制缺陷。

另一种方法是评估系统的外部特征。此方法不需要掌握关于系统内部运行的很多知识。此类评估的目的在于获取对某一应用系统的风险水平的全面评价。

类似的情形和人寿保险单的发放一样。为了确定某人是否符合投保条件，需要了解其外部特征，例如年龄、体重、性别、职业、烟酒嗜好及家庭史等。保险公司也许在未对受保人进行体检，甚至与受保人未经谋面的情况下，就能够决定是否向其签发人寿保险单。这是对个人受保度的外部评估。内部评估则要求详尽的体检，包括拍 X 光片、测量血压、心电图以及血液分析。内部检查很明显更为彻底和全面，但在很多情况下不是很有必要。如果一个人的受保度在很大程度上可以通过外部检查就能查明，那么，保险公司就没有必要为体检支付费用了。

表 2－8－5 是一个软件系统评分计算表的例子。该计算表中列出了一些被评估的属性来对某一应用系统的潜在外部风险进行分级。这些属性已被证明与风险密切相关。然而，它们是广义的，可能需要通过调整以满足一个组织的特别需求。标准和权重都可以进行更改或删除，新的标准也可添加进来。

表 2－8－5　　　　风险评分计算表

——使用外部特征方法评估风险

风险类别	评级因素		得分
	1. 财务应用		
	受控制的组织的收入/支出百分比%		
	0	=0	
	<5%	=2	
	6%—15%	=4	
	16%—25%	=8	
	26%—40%	=16	
	> 40%	=24	
	2. 损失（欺诈）披露		
访问	无	=0	
	有形资产	=1	
	保密数据	=2	
	即期可售证券	=4	
	现金	=8	
	3. 技术——硬件/软件		
	磁带批处理系统	=1	
	磁盘批处理系统	=2	
	在线磁盘系统	=4	
	通讯在线磁盘系统	=8	

续表

风险类别	评级因素		得分
访问	4. 应用损失历史记载		
	历史记载优秀	=0	
	历史记载良好	=2	
	历史记载无功无过	=4	
	历史记载较差	=8	
	历史记载非常差	=16	
	5. 访问安全性		
	访问数据时需要密码	=0	
	访问系统时需要密码	=4	
	对访问区域的物理安全防护	=8	
	最低安全防护	=12	
	6. 保密要求		
	非常高	=8	
	高	=6	
	平均	=4	
	低	=2	
	非常低	=0	
	访问风险（最高得分值）总计得分	76	

表 2-8-5 风险评分计算表

——使用外部特征方法评估风险（续）

风险类别	评级因素		得分
控制	1. 应用系统类型		
	非常重要	=20	
	重要	=12	
	平均水平	=5	
	不重要	=1	
	极不重要	=0	

续表

风险类别	评级因素		得分
控制	2. 系统人员的技能		
	技能非常低	=18	
	技能低	=13	
	一般	=8	
	技能高	=3	
	技能非常高	=0	
	3. 用户技能		
	技能非常低	=18	
	技能低	=13	
	一般	=8	
	技能高	=3	
	技能非常高	=0	
	4. 系统可视性		
	非常高	=8	
	高	=6	
	一般	=4	
	低	=2	
	非常低	=0	
	5. 法定机构的报告		
	没有法定的报告	=0	
	受一个法定机构的影响	=2	
	受两个法定机构的影响	=4	
	受三个法定机构的影响	=8	
	受超过三个法定机构影响	=16	
	6. 应用年限（在当前状态下）		
	10 年以上	=0	
	7—10 年	=2	
	4—6 年	=4	
	1—3 年	=6	
	未满 1 年	=8	

续表

风险类别	评级因素	得分
控制	7. 系统逻辑 非常难懂 =8 难懂 =6 一般 =4 易懂 =2 非常易懂 =1 8. 技术经验 非常难以证实 =8 未经证实 =6 一些未经证实的经验 =4 一般水平 =2 非常高水平的经验 =0 9. 交易量 非常大 =8 大 =6 平均 =4 小 =2 非常小 =0 10. 系统的复杂程度 非常高 =8 高 =6 一般 =4 低 =2 非常低 =0	
	控制风险（最高得分值）总计得分 120	

表 2-8-5 风险评分计算表

——使用外部特征方法评估风险（续）

风险类别	评级因素		得分
审计能力	1. 用户参与监控		
	指派全职人员负责	=0	
	大量参与	=2	
	一般参与	=4	
	少量参与	=6	
	没有参与	=8	
	2. 内部审计参与		
	指派全职审计师	=0	
	大量参与	=2	
	一般参与	=4	
	少量参与	=6	
	没有参与	=8	
	3. 系统变更的数目		
	非常高	=8	
	高	=6	
	一般	=4	
	低	=2	
	非常低	=0	
	4. 获得数据的难易程度		
	极难	=8	
	难	=6	
	一般	=4	
	容易	=2	
	极容易	=1	

续表

风险类别	评级因素		得分
审计能力	5. 对系统的投诉/态度		
	非常差	=8	
	差	=6	
	一般	=4	
	良好	=2	
	非常好	=0	
	6. 决策者对系统的依赖度		
	非常高	=16	
	高	=12	
	一般	=8	
	低	=4	
	非常低	=0	
	7. 系统的范围		
	整个组织范围	=20	
	多个部门/处室	=12	
	完整的部门/处室	=5	
	部门的一部分	=2	
	8. 系统故障的影响		
	主线业务处理停止	=20	
	业务处理能力显著降低	=15	
	业务处理能力降低	=10	
	妨碍业务的处理	=5	
	未造成直接影响	=0	
	9. 所要求的应答时间		
	非常少	=8	
	少	=6	
	一般	=4	
	多	=2	
	非常多	=0	
	审计能力风险（最高得分值）总计得分	104	
	总计——所有风险（三类风险）	300	

开展如表 2-8-5 所示的风险评估，我们要审视以下三类风险，即：

- 访问风险
- 控制风险
- 审计能力风险（重建/监控）

访问风险

被评价的标准包括：

- 财务应用 —— 由应用系统所控制的资源/收入/预算/资产的百分比。
- 损失披露 —— 正在受控制资产的变现性。
- 技术——硬件/软件 —— 硬件/软件允许访问数据的程度越容易，风险越高。例如，在公用传输线上进行在线数据的应用可以被任意一台电话访问。
- 应用损失历史记载 —— 如果应用系统显示了损失的历史记载，在逻辑上可假设这类亏损模式将会继续下去。
- 访问安全性 —— 应用系统的安全性越高，发生未经授权或不当行为的风险越少。
- 保密要求 —— 信息的机密程度影响控制需求，因而会降低不适当的或未经授权行为带来的风险。

控制风险

被评价的标准包括：

- 应用系统类型 —— 应用对于一个组织业务的重要性。控制组织中主要产品/服务的应用系统将是非常重要的系统。例如，在储蓄和贷款协会（银行），网上银行系统将被视为一个非常重要的系统。随着系统从组织中的主线业务脱离，它们所承担的重要性就会降低，而风险也会随之减少。
- 系统人员的技能 —— 系统人员技能越高，他们建立起一个控制优良的可审计应用系统的可能性就越高。
- 用户技能 —— 用户的熟练程度越高，他们建立起一个控制优良的可审计应用系统的可能性就越高。
- 系统可视性 —— 组织内部或外部系统的可视性越高，来自应用系统的风险将越大。这是因为人们将能够快速地识别将会引发的问题。
- 法定机构的报告 —— 法定机构从应用系统受到报告的数量将影响该应

用系统的风险。如果错误信息被发送到法定机构，它可能会导致该机构进行调查和实行制裁。

- 应用年限（在当前状态下）—— 在设计、实施和运行这些系统时，能够全面理解某个应用系统来龙去脉的组织，通常会遇到较少问题。例如，年复一年持续使用相同的方式支付员工工资的组织，面临的问题较少，即使制作工资条的技术发生了变化。
- 系统逻辑 ——系统逻辑越难懂和越复杂，风险就越高。
- 技术经验 —— 如果用户和系统人员在组织中非常熟悉用于系统的技术，他们往往会有较少问题。用户和系统人员对技术不熟悉，问题发生的可能性就会增加。
- 交易量——交易量越大，发生问题的机会就越多。
- 系统的复杂程度 —— 系统接口要求的技术水平越高，出错的风险越高。换句话说，如果该系统没有针对系统使用者的类型而过度设计，因为人们难以理解系统，将可能犯错误或无法利用系统的控制特征。

审计能力风险

被评价的标准包括：

- 用户参与监控 —— 用户参与监控系统结果的程度越深，错误被忽视的风险就越低。
- 内部审计参与 —— 内部审计参与审计系统结果的程度越深，错误被忽视的风险越低。
- 系统变更的数目 —— 系统变更的数目越多，由变更引发问题的风险就越高。
- （从系统）获得数据的难易程度 —— 从系统选取信息的难度越大，监控和重建处理的难度越大。
- 对系统的投诉/态度 —— 如果人们认为一个系统无法满足他们的需要，对该系统的信心就会降低，这样的系统很可能会遭遇失败。这通常被称为自我履行诺言的预告。
- 决策者对系统的依赖度 —— 决策者作出日常决策时，对系统信息的依赖度越强，当系统发生问题时作出错误决定的风险越高。
- 系统的范围 —— 系统的范围越大，换句话说，在组织中受到系统影响的部门/处室越多，系统错误造成重大问题的风险越高。
- 系统故障的影响 —— 应用系统越是被全面整合到组织的日常运营中，

系统故障造成的影响就会越大。例如，当机票预订系统瘫痪时，航空公司就不可能接受预订。当计算机系统瘫痪时，设有在线终端的银行在继续提供服务时就会遇到更大困难。

- 所要求的应答时间 —— 当系统在现成可用和无可用方法之间切换的时间越长，作出错误决定的风险也会随着增加。

对计算表中评价每一属性的反馈在性质上是很笼统的。例如，评价反应时间的风险，要求评估师在非常少、少、一般、多和非常多几个等级中作出选择。在实际操作中，组织可能需要更为明确的选择标准，例如，在反应时间风险评估的这一例子中，反应选择定为 5 秒、5 分钟之内、1 小时、1 天或 1 个星期内可能更有意义。但是，由于这些特点根据组织机构的不同而不同，使用常规标准，可使计算表更方便地得到修改，以满足组织的特定需求。

外部风险评估评分计算表

外部风险评估评分工作表给对计算机应用的外部评定等级因素的评分提供了空间。评估师可使用表中全部三种风险类别或所需要的一种或两种类别。表 2－8－6列出了所有外部风险的属性和每一标准以及每一类别可以得到的最高评分值。该表显示所有风险属性的相关价值。

如果在所有三类风险类别中评价某一应用系统，最高得分值为 300 分。300 分意味着该系统将存在非常多的风险。得分降低，风险也随之降低。

当分析某一应用系统时，应当为该系统得出一个分数。在分数被用来比较两个或更多的应用系统时，该得分数最有价值。如果为单一应用系统评分，以下指南可用于评价这一得分的意义。

表 2－8－6　　外部风险特征评分

评级因素	最高得分值
访问风险：	
财务应用	24
损失披露	8
技术 —— 硬件/软件	8
应用损失历史记载	16
访问安全性	12
保密要求	8
共计	76

续表

评级因素	最高得分值
控制风险：	
应用系统类型	20
系统人员的技能	18
用户技能	18
系统可视性	8
法定机构的报告	16
应用年限	8
系统逻辑	8
技术经验	8
交易量	8
系统的复杂程度	8
共计	120
审计能力风险：	
用户参与监控	8
内部审计参与	8
系统变更的数目	8
（从系统）获取数据的难易程度	8
对系统的投诉/态度	8
决策者对系统的依赖度	16
系统的范围	20
系统故障的影响	20
所需的反应时间	8
共计	104
总计 —— 所有风险	300

总计得分说明			
风险类别	低风险得分	中等风险得分	高风险得分
访问风险	0—25	26—50	51—76
控制风险	0—40	41—80	81—120
审计能力风险	0—34	35—68	39—104
所有风险组合	0—100	101—200	201—300

对应用系统进行比较时，得分越高的应用系统风险性越高。然而，评估人员应当认识到，在鉴别应用系统之间的风险时，应当忽略分数分布中的细小差异。例如，如果考虑了所有的风险后，一个应用系统得分为 208 分，第二个得分为 205 分，评估人员不应当认为得到 208 分的应用系统就比得分 205 的应用系统具有更高的风险。分数评级中相差不到 25 的分数，应被考虑与评价目的有关系。评级中引起细微差异意见的数量是没有意义的。然而，在应用系统之间的分数分布超过 25 分时，评估人员可以认为这两个应用系统之间的风险存在一个真正的差异。

8.5.3　风险评分（使用内部应用特征）

内部风险评估需要评估人员对应用系统有一个相当深入的了解。使用内部应用特征执行风险评分，通常要求对文档记录和系统特征做初步审查。直到评估人员了解该系统，否则就无法作出对应用的详细风险评估。

美国政府会计总署（GAO——现更名为美国政府责任署，译者注）开发出一种计算机应用控制纵断面图的评估文件。美国政府会计总署的努力为评估应用系统内部风险所使用的计算表提供了基础。这种计算表默认应用系统是计算机化的。如果不是，该系统的一些特征将需要被删除或修改。风险评分计算表（参见表 2－8－7）用于为单一应用系统的风险评分。

计算表包括对被评估属性的说明材料以及评估的依据。计算表中的说明栏是：

- 属性（重要的特征）—— 评估系统的标准。
- 高风险预示 —— 表明为高风险系统的重要特征属性。
- 中等风险预示 ——表明为中等风险系统的重要特征属性。
- 低风险预示 —— 表明为低风险系统的重要特征属性。
- 评级得分 ——计算表中的 5 个风险评级栏提供了作为风险评分的依据。

这就允许评估人员将高风险区分为“非常高风险”和“高风险”，将低风险区分为“低风险”和“非常低风险”。

评估人员应当对与正在被评估应用系统的每一个重要特征相关的风险程度作出判断。

注意：这些计算表不是完整的，但是有助于说明风险特征的类别。

表 2-8-7　　风险评分计算表

——使用内部应用特征

应用________ 制表人________

地区/部门/处________ 日期________

属性（重要特征）	高风险预示	中等风险预示	低风险预示	风险评级 非常高	高	中	低	非常低
首创性方面（大范围，或在新形势下应用新的，困难的和未经试验的技术，因此，在以下方面有大量需求： ——非 IT 部门 ——系统和编程小组 ——IT 操作人员 ——顾客或供应商等）	积极首创——应用相当多相对而言未经试验的设备或系统软件组件或系统技术或目标，其中至少有一个是至关重要的	适中——很少应用未经试验的系统组件，它们的功能重要性适中；有一些首创性系统的目标和技术	保守的——没有应用未经试验的系统组件，缺乏首创性系统的目标或技术					
系统稳定性								
（1）系统的年限（从开始或最近一次大的变化算起）	不稳定，很多是少于 1 年的新事物	变化程度适中，大部分不是新事物 1 至 2 年	稳定，几乎没有新的组件 2 年以上					

续表

属性（重要特征）	高风险预示	中等风险预示	低风险预示	风险评级				
				非常高	高	中	低	非常低
(2) 重大变化的频率	每年超过 4 次	每年 2—4 次	每年少于 2 次					
(3) 上年总的变化范围	影响到25%以上的项目	影响 10%到25%的项目	影响不到 10%的项目					
(4) 用户对说明书的认可	粗略的，基本上没有通知用户	合理地笼统地通知用户，但没有详细说明；用户认可趋于非正式	根据被通知用户的判断和书面材料形成正式的书面批准文件，有相当精确的说明书					
用户需求的满意度	满意度低，存在许多问题	基本满意，存在一些问题	非常满意					
(1) 完整性	不完整的，相当多的项目没有在适当的阶段处理	偶尔出现问题，但通常没有太大困难	没有发生重大的数据遗漏或在错误的阶段进行处理					
(2) 精确度	相当多的错误问题，伴随暂停或处置不当的项目	偶尔出现问题，但通常没有太大的困难	错误并不多，或没有引发重大后果					

续表

属性（重要特征）	高风险预示	中等风险预示	低风险预示	风险评级				
				非常高	高	中	低	非常低
（3）需求的及时性	报告和文件延迟，以至于几乎毫无用处；被迫依靠非正式记录	报告和文件并不总是能按要求提供；现行的时间表不方便，但尚可容忍	报告和文件提供及时，足以满足业务需要					
（4）详情可获得性（回答询问，审查其合理性，纠正等）	很难获得交易或余额的详细资料，即便取得也有相当延误	每月：期中提供完整的详细资料；获取详细资料有一些困难和延误	详细情况现成可见					
（5）参考源文件（审计线索）	很难迅速地找到文件	审计线索极好，归档和存储有些问题	审计线索极好，归档和存储好					
（6）与制定的系统规格说明书相符	在重要方面的实际程序和操作中有差异	有限的测试表明，在非重要方面实际程序和操作有轻微差异的不同，操作产生理想的结果	有限的测试表明实际程序和操作产生理想的结果					

内部风险评分计算表

在完成内部风险评分计算表的结论时，评估人员将评级系统的重要特征在"非常高风险"和"非常低风险"之间进行分类。五个风险等级每一类（即非常高、高、中、低和非常低）的检查次数都应当汇总，然后，已检查的每一个评分等级次数的总数应当被转记到应用系统内部风险评分汇总计算表中，见表2-8-8。

表2-8-8　　应用系统内部风险评分汇总计算表

应用＿＿＿＿＿＿＿＿＿＿＿＿＿＿＿＿＿＿

风险评级类型	已检查的次数（共46次检查）	乘以该值	等于这一数值
非常高	10	-5	-50
高	5	-3	-15
中等	20	0	0
低	5	+3	15
非常低	6	+5	30
共计			-20
评估计算			
		共计	-20
		除以（风险属性的数量）	46
		风险结果得分	=-0.43
分析风险结果得分		非常高风险系统	-5
		非常低风险系统	+5

该计算表是为得出一项应用的风险评分而设计的。风险评分是通过把每一风险等级的被检查次数乘以计算表中包括一个数值而得到的。例如，一个非常

高风险等级的评分值为负 5 。如果非常高风险在计算表中被检查出 10 次，就应当乘以负 5 得到数额为负 50。这一数额应填写在风险评分计算表中的“等于这一数值”一栏。当所有乘法完成，以代数法将数值相加（即将负数从正数减除）得出总得分。然后，总数应当除以风险属性的个数得到一个在 -5 和 +5 之间的结果。

负数得分表示一个高风险的应用系统，正数得分表示一个低风险的应用系统。风险得分越接近 -5，风险越高；风险得分越接近 +5，该风险就越低。

风险结果得分可以单独使用，也可以与其他应用系统的风险结果得分进行比较。与外部评分一样，两个应用系统之间的细小差异应当忽略。然而，随着差异的增大，应用系统之间风险差异也显著增加。

8.5.4 量化风险的步骤

量化风险就是估计由具体业务风险造成的可能损失。它衡量风险的严重性。同时也提供必要的信息来评价将风险降低到可接受水平所需控制措施的类别和范围。大金额风险警示需要加大控制措施，而小金额风险则可能不需要任何控制。

控制的发展和评估过程始于量化风险。在风险确认后，下一步就是确定具体风险的严重性。确定风险严重性的首选方法，是（从金额上）量化风险可能造成的损失。如果要将成本降到最低，就需要在控制措施建立之前充分认识风险的严重性。

控制实施没有充分量化风险的一个例子是在计算机室配备哈龙气。哈龙气被安置在许多计算机室，用来降低火灾风险。哈龙是一种气体，当释放时可以灭火。在使用哈龙气之前，许多计算机房用的是二氧化碳气体，它也可以扑灭火灾，但会有威胁生命安全的消极副作用。哈龙不是一种致命气体，从而可以克服二氧化碳的缺点。一个一般大小的计算机室，配备哈龙气约需 50 000 美元，每一次释放后重新充气的费用为 5 000 美元。由于成本太高，对小型机房来说，使用哈龙灭火效果相对较差。为此，许多机房安装了延迟报警开关，在探测到火灾 30 秒内不释放哈龙气体。警报声音为 30 秒，之后释放哈龙气体。这 30 秒的等待时间为操作员提供了一个停用哈龙而使用灭火器扑火的机会。因此，对小火情来说，哈龙没有效。如果一个大的火灾发生或进入配备哈龙气体的计算机室，哈龙将会灭火。然而，一旦哈龙气体的作用停止，火灾将会重新进入和破坏计算机室。因此，哈龙气体对大规模火灾也没有效果。换言之，配备了既不能对抗小火也不能消灭大火的控制。如果组织进行火灾风险量化发现范围在大于废纸篓火情和小于整栋大楼烧毁之间，它们也许就会发现使用哈龙可能并不是一个具有成本效益的控制措施。

大多数的管理决策涉及风险假设；风险是事情或许不会按照预期方式实现的机会。管理层的成功依赖于尽量减少这种发生意外事件的风险。第一步是识别和量化风险因素，使它们能够以一个合乎逻辑的方式进行处理。这就是风险管理、分析、量化，并使风险降低到最小的过程。

8.5.4.1　风险分析目标

来自分析的理想目标应当在风险分析之前予以建立。这些目标应当陈述所期望的结果和如何使用这些资料。重要的是，所有参与者应充分了解什么是分析所要获得的结果。

同样重要的是，通过风险分析了解什么可以实现和什么是无法实现的。也许我们应当先看看风险分析不能做什么：

- 确定实际将会发生什么；
- 提供完整准确的损失额。

风险分析是一个用于决策过程中的工具，而非决定本身。在基于分析结果作出决定前，需要对风险分析所提供的信息进行评价和解释。风险分析相比传统方法而言是一种更为科学的决策方法。它提供所需信息的类型作出明智的决定。风险分析可以做什么：

- 提供可行的风险分析技术——这一过程是一个循序渐进，通俗易懂，并易于使用来分析组织所面临的风险的程序。
- 开展潜在问题的定量分析——该程序量化组织每一潜在风险或问题。这项技术使用户能够定量衡量每一种风险，以便所有各方在参与决策过程中可以依据相同的风险信息作出自己的决定。
- 制定年度可归因于风险的损失金额——所有的风险都将换算为相同货币单位的金额数。风险的所有类型和大小程度将转换成年度经济损失。这是琐碎的事件，不论一天发生多少次或几百年才出现一次。最终结果将会是具有可比性的风险造成的年度损失金额。
- 比较潜在风险的大小等级——每一风险在相同货币单位下的年度损失金额，使得风险可以相互比较。这也可以用来确定每一风险的大小等级和严重性。
- 将控制资金应用于可能最有效的地方——与每一风险相关的年度损失金额使组织能够将资金分配用于开发防范这些高金额风险损失的保障措施。

- 选择最具成效的保障措施 —— 每一风险的年度损失金额可以帮助评估分配用以降低预计的年度损失金额的资金，使风险降至可接受的水平。实行控制应用前后在资金损失方面所收集的信息，能够帮助快速展示哪些防范措施是最具有成本效益的。

这些现实风险分析的目标提供了一种对待风险的方法。这种方法消除了在承担风险的决定中的一些直观的判断。该办法将向组织说明，哪种风险会使它们受到的损失最大，并说明在那里进行防护措施是最具有成本效益的。

8.5.4.2 风险分析方法

风险分析方法设计的目标是：提出组织中每一有价值项目的年度损失金额。这种金额价值可以用来确定是否有必要进行保障措施，如果是的话，多少费用可分配用以保障该项目。

风险分析方法包括三个步骤：

(1) 风险识别；

(2) 确定一项损失的平均经济影响；

(3) 确定一项损失可能发生的频率。

人们普遍认为，风险分析技术必须得出一个具体风险后果的量化说明。对于一个有用的风险评估，对特定事件发生概率的陈述是至关重要的。风险分析有两个关键因素。它们是：

- 影响的说明，也就是说，具体事件所造成的损害。
- 在指定时期内遇到这种情况的概率说明。

这两个参数需要用来描述单位时间成本的风险，如每年的金额。

信心十足地确定一个意料之外事件发生的可能性，往往比衡量它产生的影响要难得多。我们已经非常习惯于以主观判断作出决定，因而很难接受该流程的正规化。不过，没有对事件相关概率的说明而只有对其潜在经济影响的声明，就不能引导出对最有改正价值的安全漏洞的确认。事件发生的概率是一个重要因素。有许多活动可能产生灾难性的后果，但发生的概率非常低，所以就不需要常设的保护措施。

例如，假设一个虚拟的大公司将大部分的数据处理设施集中在同一个地方。同时假设，也没有制定当设施发生灾难性损失时数据处理的支持计划。假如公司这类损失的所有费用总额第一次估计为1.5亿美元。这一数字不仅包括更换硬件的费用，而且还包括失去的商业机会，客户的不满意情绪，中断的正当现金管理和其他重要活动。1.5亿美元的数字，有趣的是，这并不意味着多少费用可以合理地用于减少风险暴露。如果我们乘以频率0.003次/年，就得到一个采取纠正行动的决定依据。很显然，我们在这上面的花费大约需要450 000美元/年。

继续我们的例子，在面对风险暴露方面，我们有三种选择，我们可以：

• 容忍；

• 实施费用低于每年 450 000 美元的措施来降低经济影响；

• 通过实施费用低于风险暴露的保护措施来降低损失发生的可能性。

关键在于，除非我们已经量化了事件发生的影响和可能性，否则，我们无法从三个选项中作出有根据的选择。

附带说明，应当指出的是，保险并不是第四个选项。保险提供了当风险发生时缓解亏损的影响。因此，它是在其他的选择权选定之后才予以考虑的一个问题。保险的现成可用性并不需要减少通过其他措施把风险降低到最小的客观需要。在风险评分等级向下调整已降低损失影响的情况下应当减少所需的保险费，或在已降低风险发生概率的情况下，降低保险费率。万一这种风险降低措施不会改变保险的费用，这应当会影响作出投保的决定，或采用其他更具有成本效益控制措施的决定。

第 1 步 —— 风险识别

每项活动/应用系统控制设计或评估的第一步是识别风险。在先前哈龙气体的例子中，具体的风险是火灾，当我们审视控制时，在这一例了中的控制措施为哈龙气体，我们需要区分小型、中型、大型火灾的风险。

表 2 – 8 – 9 是一个工作底稿，可用于记录已识别的风险。工作底稿留有空白用于填写所采用的业务活动/应用系统。这项业务活动/应用系统中，与业务活动相关的每一个风险都应当记录在工作底稿中，并用一个特定号码予以识别。描述这种风险的信息应当被记录在描述栏中。

表 2 – 8 – 9　　风险确认工作底稿

业务活动/应用系统＿＿＿＿＿＿＿＿＿＿＿＿＿＿＿＿

编号	风　险	描　述

第 2 步 —— 确定损失的平均经济影响

这是每一次风险事件发生时预计的平均损失的计算。例如，如果风险是火灾，我们必须确定火灾的平均损失金额。如果风险是一项交易中的一个错误，那么我们必须确定这一错误将会带来什么损失。例如，一家银行收到一张空头支票，就必须确定这张空头支票的平均金额来评估经济损失风险。

当一个事件发生时，很难确定其具体金额的影响。例如，如果文件“X”丢失，这个损失将会带来什么经济影响？要在这个问题上得到答案是极为困难的。如果我们让员工从一系列数值中进行选择，工作就会变得容易得多。

我们建议用10倍金额递增法来选择总额。首先考虑的损失将是10美元，第二次100美元，第三次1 000美元，第四次10 000美元，依此类推。

使用10倍的概念，个人只能选择一个损失变化的数额，系数为10。例如，他们必须选择丢失文件“X”的损失将是10美元，100美元，1 000美元，10 000美元等。他们就可以开始并问自己一系列问题，如：

- 损失将超过10美元？
- 如果答案是肯定的，该损失将超过100美元吗？
- 如果答案是肯定的，该损失将超过1 000美元吗？
- 如果答案是肯定的，他们必须决定该损失是否将超过10 000美元。
- 当上一个答案是否定时，例如，损失将不超过10 000美元，那么他们必须回答损失是否接近10 000美元的问题。
- 作出了这些回答，在这个例子中，文件“X”的损失结果将会是1 000美元或10 000美元。

一些组织还可以使用10倍、5倍、两倍或其他任何适合自己组织的倍数。

表2－8－10是一个用于记录损失的经济影响的工作底稿。建议工作底稿上第一个因素为10美元。组织可以使用任何他们想用的倍数乘以其余的因素，例如，如果他们选择倍数为10，那么第二个因素将是100美元，第三个因素为1 000美元等等。但是，如果他们选择倍数为5，第二个因素是50美元，第三个因素为250美元，等等。组织的规模和对风险分析的敏感性，决定应当使用哪一种倍数因素。倍数因素10是一个很好的开始。这里将限制使用7的因素的数字。表2－8－11显示的数额使用的因素为10倍。

表 2-8-10　　表示事件的经济影响因素

因素	经济影响（美元）
1	$ 10
2	
3	
4	
5	
6	
7	
8	
9	
10	
11	
12	
13	
14	
15	

表 2-8-11　　10 倍因素表示事件的经济影响因素

因素	经济影响（美元）
1	$ 10.00
2	100.00
3	1 000.00
4	10 000.00
5	100 000.00
6	1 000 000.00
7	10 000 000.00
8	
9	
10	
11	
12	
13	
14	
15	

第 3 步——确定损失可能发生的频率

这包括确定风险发生的频率。频率可以通过两种方式中的一种来表现。第一种方式，发生事件数量与总数的关系。例如，如果 100 件处理事件中发生一个错误，那么，频率为 1/100。第二种方式，是以在给定时间段内事件发生的频率来表示其可能性，例如，计算机室发生火灾的可能性为每 50 年一次。因此，今年计算机室发生火灾的概率是 1/50。计算概率第二种方法是保险公司用来确定保险费率使用的方法之一。例如，如果假设一栋楼房每 50 年会发生一次火灾，它们将收取足够的保险费以支付损失。在这个例子中，保险公司每年将以平均房屋价值2%的价格向每个屋主收取保险费。这样，它们就能够有足够的资金每 50 年重建所有的楼房，每个屋主 50 年所支付的保险费，与他们房屋的价值相等。当然，保险公司也将收取费用弥补开支并留出利润。

下一个要考虑的是事件发生的概率。与经济损失的影响一样，如果要求很高的精确度，概率的确定是非常困难的。然而，使用可比较的因素对比经济影响，就可以简化这一程序。

表 2－8－12 是一个用于预计事件发生概率的文档记录工作底稿。正如设计的那样，工作底稿只能显示三种概率，剩下的概率由使用的组织机构填写。

表 2－8－12　事件发生概率的工作底稿

编　号	风　险	概率描述
	1 000 年/次	0.001
	1 年/次	1
	1 000 次/年	1 000

这三个给定事件的发生概率为每 1 000 年一次，一旦每年一次，已识别风险的损失 = 风险发生概率 × 每年发生 1 000 次的每次损失。表 2 - 8 - 13 显示事件发生的概率从每 1 000 年一次到每年 30 000 次。

表 2 - 8 - 13　　　　事件发生概率的工作底稿

编　号	风　险	概率描述
1	1 000 年/次	0.001
2	300 年/次	0.0033
3	30 年/次	0.033
4	3 年/次	0.33
5	1 年/次	1
6	3 次/年	3
7	30 次/年	30
8	300 次/年	300
9	1 000 次/年	1 000
10	3 000 次/年	3 000
11	30 000 次/年	30 000

风险分析程序的预期结果是年度损失金额。因此，概率是由事件每年发生次数来表达的。一个“1”表示该事件一年发生一次。如果觉得符合它们的需要，一个组织可以尽可能添加事件发生的概率。

一旦确定期望发生的概率是多少，这个概率应当为年率。例如，如果它们要列出每10年事件发生的概率，那么每年的概率将是1。不要提供超过15个概率范围，7到10个概率范围是最可取的。

风险定量算法

这三个步骤结束时，可能的损失数额可以使用下列公式进行量化：

许多组织在年度基础上计算这些风险损失。保险公司按全年计算损失。例如，在我们的火灾说明中，如果我们假定火灾每50年发生一次，那么每年发生火灾的概率为0.02。如果我们进一步计算，预计火灾的损失为100 000美元，可以很容易地使用下列公式计算出平均每年的损失。

2 000 美元（每年损失）= 0.02（概率）× 100 000 美元（损失）

年度损失工作表

在风险分析三个步骤结束时，已经完成所有需要用来计算每年损失的信息。这一年度亏损金额将构成控制评估和设计的基础。年度损失有两个目的，它们是：

（1）确定风险的严重程度。在风险的严重性了解清楚之前，不能确定是否值得投入时间和精力进行设计或评估控制，以防止这种危险。例如，地震的风险可能是最小的。因此，尽管地震带来的损失可能会非常巨大，并不能保证开发控制程序将地震带来的影响降低到最小；另一方面，错误投入的风险可能会很高，大量努力可能会使控制设计和/或评估的范围扩大。

（2）确定用于控制的最大支出额。如果控制措施是符合成本效益的，那么，估计的年度损失就是用于控制的最大支出额。

年度损失工作底稿，参见表2-8-14，用文档记录预计的应用系统中所有风险的年度损失。工作底稿提供了空白处以注明正在被评估的业务活动/应用系统。该系统的风险用文档记录在表2-8-9中。这些记录应当由表2-8-9誊写到表2-8-14。风险的概率随着每次发生的损失一起记录在三个按年计算的风险栏中，然后再相乘得出风险每年的总损失。假设没有控制存在，这就是已确认风险在年度基础上可能遭受的损失总额。了解风险和该风险可能发生的年度总损失，可以使控制发展和评估流程延续，得出一个符合逻辑的成本效益结论。图 2 - 8 - 2 总结了如何进行控制以便使损失最小化。

表 2 - 8 - 14　　年度损失工作底稿

编　号	风　险	按年计算的风险		
		概率	每次发生损失额	损失
	火灾	0.02	$ 100 000	$ 2 000

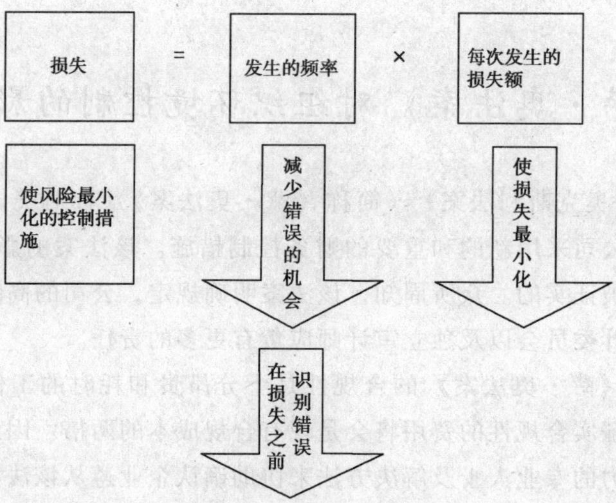

图 2 - 8 - 2　控制措施如何才能使风险最小化

第9章

技能分类之七——内部控制衡量与报告

由管理层建立并强制实施的控制环境对应用控制的真实有效是很有必要的。本技能分类将在控制衡量及报告领域中使用环境控制目标，并以此作为框架对内部控制系统的有效性进行评估。

9.1 《萨·奥法案》对组织环境控制的影响

《萨班斯—奥克斯利法案》（简称《萨·奥法案》）针对美国证券交易委员会监管下的公司采用新的和重要的财务控制措施。该法案的影响是广泛的、复杂的和还未被证实的。众所周知，该法案明确规定，公司的高级职员、董事会，特别是审计委员会以及独立审计师应负有更多的责任。

评估遵从《萨·奥法案》的合规性是十分昂贵和耗时的工作。绝大多数的估计表明，证实合规性的费用将会是现有合规成本的两倍。因此，公司正在努力寻求有能力的专业人士及解决方法来协助确认企业遵从该法案的合规性。

《萨·奥法案》需要从两个视角来看待。首先，法案中的法律条文以及美国证券委员会相关的规定。其次是法案的“精神”实质。在评估合规性的过程中，评估人员需要同时兼顾法律的条文与该法案的精神实质。

《萨·奥法案》依照评估目的可以分为八个组成部分。这项工作已经完成，因此，评估人员能够同时审视法律的条文和精神实质。一旦美国证券交易委员会决定对违法行为提出诉讼，这两方面就显得尤为重要。

《萨·奥法案》首要的目标是针对企业的社会责任制定新的或强化的标准，以及对企业的错误行为规定惩罚措施。该法案在很大程度上是针对许多大公司会计丑闻，其中也涉及到一些美国最大的公司和会计师事务所的破产而作出的回应。

这些丑闻的出现导致公众对公司会计与报告实务失去信任。2002 年《萨·奥法案》的出台有助于在公司会计与报告实务方面重新恢复公众的信任。

作为这些丑闻的结果，民意转向对上市公司及其高级管理层持反对态度。除这些丑闻之外，出现丧失公众信任的结果是由于公众对以下几点深信不疑：

- 首席执行官的薪水上涨得太多；
- 公司管理层将其自身利益置于股东之上；
- 董事会，特别是审计委员会与公司的首席执行官关系过于紧密，以至于无法恰当地行使其监管职责；
- 公司操纵财务报表是普遍行为，但却只有少数公司被认定为违反会计规定；
- 独立审计师事实上并不独立，他们与管理层的关系十分密切。

9.1.1　法案条文所表达的法案意向

评估是否遵从该法案的规定时，评估人员需要审视法律条文与法律的精神实质。这样做的原因在于，公司操纵财务的行为也许合法或者不合法，但肯定是不道德的。举一个明显的例子，泰科（TYCO）公司的首席执行官将为其妻子举办的生日宴会的大部分开销列为营业费用，理由是泰科公司的员工出席了这次宴会。无论这样做是否合法，看上去都不像是一个首席执行官负责任的行为。

让我们审视关于法律条文与实质意义之间差异的一些例子。例如，财务报告应当是“易读的”。那么，财务报告应当是“易读的”将是该法律的意图或精神实质。为了确保这一点，我们可能写下一条规定，包括以下几点内容：

- 不能使用技术性难懂的术语；
- 每句话不得超过 12 个词；
- 每个词不得超过两个音节；
- 每段不得超过三句话。

可能有人编写了一份符合上述规定所有要求的财务报告，可是仍然晦涩难懂。这样，就出现了符合法律条文要求却未达到其精神实质的情况。

事实上，在《萨·奥法案》的一些条款中，法律条文与其精神实质是一致的。例如，《萨·奥法案》中写道：

“为了出具与上市公司相关的审计报告，会计师事务所必须首先在上市公司会计监管委员会登记备案。”

这是一条很容易确认其遵从性的二元规定，因为法律条文及其精神实质实际上是互相吻合的。

让我们再看另一个例子，在这个例子中法律的条文与其精神实质并不是那么明确。例如，《萨·奥法案》规定：

“审计师应当将用于支持审计结论的审计工作底稿保存7年。”

7年是很容易确认的二元条件。但是，具体地说，应当保存何种审计工作底稿就是一个问题。审计师必须保存中期的工作底稿吗？审计师必须保存那些在以后的时点被证实是错误的工作底稿吗？审计师能够确认哪些结论需要工作底稿的支持吗？

如果审计师回头看看法律的精神实质，即“改善公众对公司会计与报告实务的信任”，那么，审计师很可能会选择尽可能多地而不是少地保留审计工作底稿。

9.1.2 《萨·奥法案》的意向目标

显而易见，该法案的意向是增强投资者及公众对财务报告和公司治理的信任感。通过阅读该法案、采访以及该法案的颁布，我们已经认识到《萨·奥法案》的七个意向目标包括如下内容：

1. 改善公众对公司会计和报告的信任感

在过去，公司往往在寻找法律漏洞方面耗费许多时间与财力，以求利用法律漏洞获得在盈利或减免税款方面短期效益的改善。这种做法已经被证明对公司的生存能力造成了长期的严重后果。他们并非股东的最佳利益。法案起草者显然希望公司管理层能够将更多的精力集中在实现法案意图目标而不是识别法律漏洞上。

2. 使公司高级管理层能够对其行为更加负责

公众很难理解，在公司业绩下滑的同时，为何公司高级管理层的薪水和奖金反而能够上升？当公司高级管理层为了使财务报告看上去更加受欢迎而伪造财务记录时，法案的起草者希望公司高级管理层能够对那些财务操纵行为负起责任。

3. 增强财务系统、披露以及内部控制措施

法案起草者认为，如果内部控制系统能够更强有力并被贯彻执行，那些已经发生的丑闻可能根本不会出现。法案起草者希望能引入更多的创新思维及资

源投入来开发有效的内部控制措施，使得凌驾于内部控制系统之上的行为变得困难或者不可能。

4. 鼓励和支持自行检举者

在公司偶尔进行不适当的会计处理时，许多人并不知道这一情况。然而，在许多公司中，编制对组织正面财务报告不利的报表是不被接受的。在过去，许多自行检举者（whistleblowers）被解雇或失去晋升的机会。该法案的起草者希望能够鼓励自行检举的行为，并确保这些人能够得到保护，甚至因为他们的举报行为而得到奖励。

5. 确保保留必需的证据

在过去几年发生的公司丑闻中，有些清楚记录了不正当行为的证据已经被销毁。该法案的起草者希望能够在足够长的时间内妥善保存调查或起诉所需要的证据，以使调查得以进行。

6. 增强董事会，尤其是董事会审计委员会的监管职责

许多公司的董事会主要由内部董事组成，并且许多外部董事与公司也有着密不可分的关系。该法案的起草者希望增强董事会成员，特别是董事会核心委员会的成员，例如审计委员会的独立性。该法案也旨在使董事会对其监管职责负有更多的责任。

7. 增强独立审计师的独立性

许多独立审计师在公司建立应用系统时收取巨额咨询费用，而该应用系统正是他们及其事务所日后必须审计的对象。由于这些高额咨询费，许多人认为审计师难以反对公司管理层不适当的会计行为。该法案的起草者希望通过取消或最大程度上削减独立审计师的“非审计”业务来增强独立审计师的独立性，以及禁止执行管理层与独立审计师之间的关系，这种关系可能极大损害审计师的独立性。

本技能分类中所包括的评估办法主要侧重于前面所描述的《萨·奥法案》的七个意向目标，针对每个目标都将提供一个评估方案。评估方案由以下内容组成：

（1）意向目标——本部分提供《萨·奥法案》意向目标的子目标。

（2）适用的萨班斯—奥克斯利条款——本部分将列出《萨·奥法案》和美国证券交易委员会颁布的法规中对这种意向目标最适用的条款。

（3）评估关注事项——检查人员在评估是否遵从法案意向目标时应当考虑的关注事项。

（4）评估指南——检查人员在评估是否遵从法案意向目标时可能采纳的

建议。

(5)《萨·奥法案》评估遵从性核查清单——评估核查清单用于帮助检查人员评价法案意向目标的遵从性。

9.2 内部审计在评估环境控制和《萨·奥法案》意向目标方面的作用

确保企业行为遵从《萨·奥法案》需要涉及许多群体。这些群体包括：董事会、审计委员会、公司执行管理层、首席财务官、会计主管、法律部门人员、独立审计师以及内部审计师。

从评估的视角来看，在确保合规性方面涉及到的群体中存在两种明显的结论。首先，某人或某个群体应当被指派来“负责”确保遵从该法案的规定。其次，在确保遵从该法案规定方面，内部审计师担负着某些作用。

针对评估职能推荐使用的做法如下：

(1) 了解《萨·奥法案》以及美国证券交易委员会的相关规定。

评估人员应当了解《萨·奥法案》的规定，以及美国证券交易委员会管理该法案实施的规定。

(2) 调查公司中确保遵从该法案规定涉及到的相关人员。

评估人员应当调查所有可能或应当涉及确保遵从该法案的潜在群体，并确定他们正在采取的行动来保证合规性。

(3) 确认谁负有主要的责任。

毫无疑问，首席执行官对确保遵从该法案负责。但是，首席执行官通常需要帮助，以便协调和领导确保该法案合规性的总体努力。这并不意味着所有的个人或小组需要对根据法案采取的行为负责，而是确定某个人作出保证并完成适当的职责和委派任务。这个人可能是首席内部审计官。

(4) 定义内部审计师与独立审计师之间的合规性职责。

许多公司的首席执行官和审计委员会主席将审计视作在内部及外部审计师之间进行划分的一种行为。从这一角度考虑问题，内部审计师所做的那些工作应当比独立审计师执行的工作更有效率和有效果。

(5) 建议通过内部审计的合规性评估来验证遵从《萨·奥法案》意向的合规性。

通过评估该法案的实质与条文，内部审计师可提出不同的合规性分析。这样的“第二种意见”有助于向高级管理层及董事会的审计委员会提供公司已符合法案实质要求的可靠性程度。延伸的评估则可以直接把重点放在遵从法案的条文上。

（6）开展合规性评估并将结果呈递给首席执行官及审计委员会主席。

9.3《萨·奥法案》在改进公众对公司会计与报告实务信任方面的意向目标

《萨·奥法案》在改进公众对公司会计与报告实务信任方面的意向目标如下：

- 及时报告财务状况或经营方面发生的重大变化；
- 应当及时披露表外交易事项；
- 表外交易事项包括所有重大交易、协议、债务，以及可能对公司当前或未来产生实质性影响的其他关系；
- 所有的财务报告都应当遵循一般公认的会计原则，作出的任何可能偏离一般公认会计原则的调整都应当在公司的财务报告中进行披露；
- 所有试算的报告应当根据一般公认的会计原则进行调整和计算经营成果。重要的是试算报表中不应包含任何可能误导试算信息的遗漏。

《萨·奥法案》的适用条款：

表 2－9－1 列出了《萨·奥法案》内含意向及其相应的表述条款：

表 2－9－1 《萨·奥法案》内含意向及相对应的条款

《萨·奥法案》的意向	《萨·奥法案》相对应的条款
对不符合一般公认会计原则的财务信息应当进行披露	《萨·奥法案》第 401 条
充分披露总体合同责任的财务事项	《萨·奥法案》第 401 条
证券发行者应当进行“实时”信息披露	《萨·奥法案》第 409 条
应当对财务报告重大调整进行披露	《萨·奥法案》第 401 条
加速执行第 16 条的内容	《萨·奥法案》第 403 条
披露第 15 条所要求的表外交易事项	《萨·奥法案》第 401 条

9.4 评估环境控制的效果

在评价环境控制方面有许多不同的方法。所有这些方法的共同之处在于，评估都是依照预先确定的环境控制目标而进行的。在本技能分类中的评估使用的是《萨·奥法案》中的环境控制目标。然而，内部控制师仍然需要理解，在评估坏境控制方面，如果他们面对《萨·奥法案》意向目标时，另一套内部控制目标可能同样有效。

9.4.1 评估关注事项

在公司会计与报告实务方面，评估人员应首先关注以下内容：

- 披露的控制措施设置到位并且有效。

评估人员应当检查财务披露控制措施，以确保依照《萨·奥法案》确认交易事项的类型，识别可疑的或违法的交易，并报告给适当的当事人进行披露。

- 会计惯例与一般公认的会计程序有差异时应当进行披露。

评估人员应当确认任何与一般公认会计原则不相符的会计惯例，向适当的当事方报告并进行披露。

- 公开报告的财务信息应当与公司正式财务报告相一致，任何可能导致财务信息被误解的重要事实也应当进行披露。
- 披露的控制措施将确认所有的表外交易事项，向适当的当事方报告并进行披露。

评估人员应当确保存在某一流程，以便确认和向适当的当事方报告所有重大表外交易事项并进行披露。

- 确保已向适当的当事方报告所有可疑或非法交易事项，应披露事项已恰当地得到披露。

9.4.2 评估指南

在评估的准备过程中，建议采用下列指南：

（1）熟悉掌握《萨·奥法案》的内容。

（2）确认所在公司对表外交易事项、重大调整和不符合一般公认会计原则的财务信息的标准披露流程。

（3）开发和执行需定期开展的评估方案，以确认应当披露的潜在项目正在进行披露。

(4) 确保在会计职能中存在某一流程，以识别任何偏离一般公认会计原则的差异事项。

9.4.3 评估核查清单

表2-9-2的核查清单列出了《萨·奥法案》中关于公司会计与报告实务的意向目标。该核查清单包括两类项目：第一类与法案条文相关的活动是二元性的条件；第二类与符合《萨·奥法案》的意向有关。

对与《萨·奥法案》"条文"相关的项目选择"是"的肯定回答，必须符合二元目标的要求。例如，如果某事物要求保存7年，回答"是"将意味着该事物将要被保留7年。

在意向目标方面，要得到肯定回答必须设置某一流程符合该意向目标。仅凭某一个人回忆做过某事或做过某一实时决策，并不能保证得到一种肯定的答案。例如，如果工作底稿必须保存以便支持评估人员的结论，那么，就必须存在一个流程来特别定义必须保存那些工作底稿。

通常地，对某一问题肯定回答所需的流程必须符合以下标准：

(1) 该流程必须用文档记录。

(2) 整个流程必须告知所有负责执行该流程的人员。

(3) 该流程必须按照文档记录要求予以执行。

(4) 该流程的结果必须经过检验达到《萨·奥法案》的意向目标。

调查问卷上有一栏用以解释"是"和"否"的回答。对需要调查的事项或令人质疑的回答，无论是肯定还是否定回答都应当进行澄清。在核查清单完成之前，应当对所有无法回答的事项作进一步的调查，并且得出能证明进一步调查结果的意见。

表2-9-2 第1号核查清单：遵从《萨·奥法案》关于公司会计与报告实务意向的合规性核查清单

编号	项目	答案		意见
		是	否	
1	公司是否已经为美国证券交易委员会进行常规的和更为细致的审查准备好相关的档案？			
2	是否有专业知识的团队，例如内部审计师，审查提交给美国证券交易委员会档案文件的错误遗漏？			

续表

编号	项 目	答案		意见
		是	否	
3	用于确保及时和准确地披露美国证券交易委员会指定信息的某一流程是否设置到位，以便能以及时准确的方式披露信息？			
4	某一流程，例如由内部审计师或公司法律顾问执行的流程是否设置到位，以确保公司会计人员没有违反美国证券交易委员会的任何规定？			
5	在适当的位置是否存在监控流程，当证券分析师推荐公司股票时，监控其推荐股票的行为是否存在利益冲突的现象？			
6	公司高级管理层及董事会是否知道《萨·奥法案》中规定的针对高级管理层欺诈行为增强的犯罪处罚？			
7	如果公司股价出现明显波动，公司是否能就此向美国证券交易委员会作出解释？			
8	是否有专人审阅预计的财务信息，以确保其中未含有任何不实的声明，或陈述的事实可能对预计报表中所包含的财务信息产生误导？			
9	公司是否按照一般公认会计原则，使所有的预计报表与计算出来的公司业绩结果相一致？			
10	所有财务报告编制是否遵照一般公认的会计原则？			
11	财务报告中与一般公认会计原则的任何实质性差异是否被确认进行披露？			
12	公司财务报告是否披露了独立审计师提出的所有调整事项，并指明哪些已经编入报告，哪些尚未编入？			
13	所有的年报和季报是否披露了所有重大的表外交易事项、协议、契约义务（包括意向义务）以及可能对公司产生重大影响的其他关系？			
14	公司财务报告的编写是否能让非财务专业人士读懂？			
15	公司内部审计师是否相信公司发布的所有的财务信息和报表公允表达了公司的财务状况？			

9.4.4　评估促使公司执行层对其行为更负责任意向目标的合规性

《萨·奥法案》许多重点强调的原因在于，人们认为公司执行层可能批准可疑行为或从事欺诈行为，并且可以完全不用对那些行为负责。通过使公司执行层、董事会和独立审计师对他们的行为更负责任的方式，《萨·奥法案》已经引起他们的注意。尽管一些执行层和董事会声称该法案过多地占用了他们的注意力及资源，但这正是改善公众对公司财务惯例信任度的开端。

该法案的意向很明确，即要使企业执行层对其行为更加负责。这一点将通过两方面来实现。首先，对一些特殊行为，企业执行层必须采取措施验证内部控制的适当性。其次，可能更为重要，该法案的意向是改变企业执行层的行为，使他们集中精力做正确的事，而不是一味寻找法律漏洞。

企业执行层完全理解《萨·奥法案》的意向是很重要的。应当建议他们不仅关注该法案的条文，同样也要理解该法案的实际意向。

适用的《萨·奥法案》条款：

表 2-9-3 列出了《萨·奥法案》内含意向及其相应的表述条款。

表 2-9-3　《萨·奥法案》中使企业执行层对其行为更加负责的相应条款

《萨·奥法案》的意向	《萨·奥法案》相对应的条款
必须制定企业执行层的道德规范	《萨·奥法案》第 406 条
首席执行官/首席财务官签署财务和内部控制的书面声明	《萨·奥法案》第 906 条 《萨·奥法案》第 302 条
实施禁止向执行层提供个人贷款	《萨·奥法案》第 402 条
重编报表改变相关红利奖金时，首席执行官/首席财务官将丧失奖金和红利	《萨·奥法案》第 304 条
在养老基金限制交易期间的内部人交易	《萨·奥法案》第 306 条
公司执行层不得对公司审计施加不正当的影响	《萨·奥法案》第 303 条

9.4.4.1　评估的关注事项

在促使公司执行层对其行为更负责任方面，评估人员应关注的首要事项为：

(1) 公司执行层不能误导或不正当地影响独立审计师。

对最近发生的会计丑闻的调查表明，在独立审计师与公司执行层之间有着某些不恰当的关系。尽管全面的调查迟早会完成，但显然不是公司执行层影响了审计师，就是独立审计师与管理层之间的某种特殊的关系，使得他们忽视或不报告那些可疑的行为。尽管内部审计师通常不负责某一调查，但他们和公司职员应当认识到，内部审计师可以提供有助于确保实现该法案意向目标的重要作用。

（2）首席执行官与首席财务官提供并完成公司财务年报与季报的证明。

该法案的目标是，确保首席执行官与首席财务官能够充分理解财务报告及其相关的披露内容。这些财务报表和披露内容应当公允地和完整地表述公司的财务状况。这一意向目标强调的一个重点是，这些报表不会在金融界对股东产生误导。

（3）存在为公司高级职员设立的道德规范，并且高级职员遵守道德规范。

该法案的意向是公司高级执行官将成为积极向上的公司道德及价值观的领导者和楷模。道德规范应当明确地定义道德价值观的涵义，并且要求高级职员遵守，通过某一流程以确保遵循那些价值观及道德规范，或者对违背道德的行为进行披露。

（4）首席执行官应当了解内部控制系统，并证明该系统的适当性。

大多数公司高级执行官声称他们完全知道所在公司发生的事情。另一方面，他们又不太情愿在说明公司内部控制系统是适当的声明上签字。在首席执行官作出相同的证明之前，许多首席执行官要求他们直接报告以证明内部控制的适当性。这一事项具有一定的复杂性，美国证券交易委员会认为内部控制系统应当参照某一控制框架。

（5）公司首席执行官和其他高级执行官的薪酬应当代表公司的业绩。

《萨·奥法案》中有许多条款提到薪酬方面的细节。然而，其意向是基于公司业绩的薪酬才是合理的。尽管法案并没有对此提供现行的指引，但执行层的薪酬应当依照公司的业绩表现进行评估并判断其是否合理。

9.4.4.2 评估指南

评估这一意向目标的合规性可能很难得到证实。原因在于需要评估首席执行官及其他公司高级执行层的业绩。授权审计《萨·奥法案》的这一意向目标应当得到董事会审计委员会的批准，并且要与独立审计师协作完成。

在对“促使公司高级执行层对其行为更加负责任”这一意向目标进行评估时，评估人员可能需要遵循的一些附加指南是：

（1）将首席执行官和高级职员的薪酬基准与相同行业内类似公司的薪酬基准进行比较；

（2）评价高级执行层在验证财务报表和内部控制系统适当性时使用的流程；

（3）审阅由外部人士，例如证券经纪人、金融分析师编制的关于公司业绩以及预计的未来业绩的分析报告。

（4）审阅所有向证券交易委员会、监管机构提交的归档文件，以及对金融分析师编制的报表和报告。

9.4.4.3 促使公司管理层对其行为更加负责的评估核查清单

表2-9-4的核查清单主要针对《萨·奥法案》中关于“促使公司执行层对其行为更加负责”的意向目标。该核查清单包括两类项目：第一类与该法案条文有关的活动是具有二元性的条件；第二类则与符合《萨·奥法案》的意向目标有关。

为了对与《萨·奥法案》“条文”有关的项目选择“是”的肯定答案，必须达到二元目标的要求。例如，内部审计师是否保留涉及管理层或其他员工欺诈行为的记录？如果回答“是”，则意味着内部审计帅将保留涉及管埋层或其他员工欺诈行为的记录。

为了得到意向目标方面的肯定回答，流程必须设置到位以便符合意向目标。仅凭某一个人回忆做过某事或做过某项实时的决策，并不能保证肯定答案的质量。例如，如果工作底稿必须保存以便支持评估人员的结论，那么，就必须存在一个流程来特别规定必须保存那些工作底稿。

对问题进行肯定回答通常所需的流程必须符合以下标准：

（1）该流程必须用文档记录。

（2）整个流程必须告知所有负责执行该流程的人员。

（3）该流程必须按照文档记录要求予以执行。

（4）该流程的结果必须经过检验达到《萨·奥法案》的意向目标。

调查问卷上有一栏用以解释“是”和“否”的回答。对需要调查的事项或令人质疑的回答，无论是肯定还是否定回答都应当进行澄清。在核查清单完成之前，应当对所有无法回答的事项作进一步的调查，并且得出能证明进一步调查结果的意见。

在完成这一工作时，应计算选择“是”与“否”答案的总数，计算出选“是”答案所占百分比（即选择“是”答案的总数除以问题总数）。

表 2-9-4 第 2 号核查清单：遵从《萨·奥法案》关于促使公司高级职员对其行为更加负责的合规性核查清单

编号	项目	答案		意见
		是	否	
1	公司高级职员及董事是否知道，倘若他们采取任何欺诈性行为影响、强迫、操纵或误导审计师，他们都将违反《萨·奥法案》？			
2	是否已设置某一流程，以确保如果重新编制公司财务报表时，必须重新说明执行层分享的红利及利润？			
3	是否已设置某一流程，禁止高级职员和董事在养老金计划管制期间购买或转售公司的股份？			
4	首席执行官与首席财务官用以确保公司财务年报和季报的完整性与公允性的流程是否适当？			
5	是否已设置某一流程，向首席执行官与首席财务官提供充分的信息，以便对公司内部控制系统的适当性进行验证？			
6	是否已设置存在某一流程，监控财务经营活动，以确保识别和披露所有的重大例外事件？			
7	是否已设置某一流程，以确保识别和披露所有的重大例外事件？			
8	内部审计师是否保留涉及管理层或其他员工欺诈行为的记录？			
9	如果是，是否已向独立审计师以及董事会的审计委员会披露了上述欺诈行为？			
10	内部审计师是否保留有公司内部控制系统发生重大变化的运行记录？			
11	如果是，是否已向独立审计师以及董事会的审计委员会披露了上述的重大变化？			
12	公司是否为高级管理层制定了指导公司行为的道德规范？			
13	如果是，是否已设置确保合规的某一流程，并在违反规定时对不合规的情况进行披露？			
14	首席执行官是否负责签署公司的纳税申报单，以便在如果出现证券或公司欺诈行为时，首席执行官将负责根据美国国内税务局的规定进行说明？			
15	公司是否制定有政策或流程，禁止向公司高级职员及董事发放贷款？			
已回答的问题总数				
选择“是”答案所占的百分比				

9.4.5 评估强化内部控制系统和披露缺陷意向目标的合规性

关于“内部控制系统”的准确定义，并不存在一致的意见。美国注册会计师协会就这一概念发布了多个不同的定义。它们同样将“控制”分为几种不同的类型，例如会计控制。

目前，最广为接受的内部控制定义，是由美国反虚假财务报告委员会的发起组织委员会（简称“COSO”）提出的。COSO 对内部控制的定义如下：

“内部控制是一个流程，受到企业董事会、管理层和其他员工的影响，旨在提供实现下列分类目标的合理保证：

- 运营的效果性与效率性；
- 财务报告的可靠性；
- 遵从适用法律及法规。

该定义包括以下几个基本概念：

- 内部控制是一个流程。它是达到目的的一种手段，而不是目的本身。
- 内部控制受到人的影响。它并不仅仅是政策指南和表格，而是关乎组织内部每一层面的人员。
- 内部控制被预期只能向企业的管理层和董事会提供合理的保证，而并非绝对的保证。
- 内部控制适用于实现一个或多个单独的但内容有所交叠的分类目标。

上述内部控制的定义被广泛使用有两个原因：一是这是被采访的大多数公司高级执行层认为在管理公司业务时内部控制应采取的方式。实际上，他们经常谈及的术语是“控制”和“正在控制中”。

- 此处使用的“业务”术语属于任何实体的活动，包括政府及其他非营利组织。
- 上述定义成为一般公认的内部控制定义的另一原因是因为美国证券交易委员会已经使用 COSO 的内部控制框架作为评估内部控制系统的可接受的框架。

9.4.5.1　强化内部控制系统适用的《萨·奥法案》的条款

表 2-9-5 列出了《萨·奥法案》内含的意向及其相对应的条款。

表 2-9-5　《萨·奥法案》中关于强化内部控制系统的条款

《萨·奥法案》的意向	《萨·奥法案》相对应的条款
发布内部控制报告	《萨·奥法案》第 404 条
扩展的首席执行官/首席财务官的证明	《萨·奥法案》第 404 条
首席执行官/首席财务官披露控制措施及程序的书面证明	《萨·奥法案》第 404 条
开发和披露控制措施及其程序	《萨·奥法案》第 302 条

9.4.5.2 强化内部控制系统的评估关注事项

在强化内部控制系统及披露其缺陷的意向目标方面，评估人员应当关注的主要事项是：

(1) 执行管理层应当充分地熟悉内部控制系统。

执行管理层需要具备内部控制方面足够的技巧及背景，以便他们能够开展以下工作：

①评估该系统是否有效；

②确定内部控制系统中已经作出的重大改变；

③确定内部控制系统中现存的重大缺陷；

针对上述事项作出决定的信息，应当由公司高级执行层、内部审计师和独立审计师提供给执行管理层。

(2) 执行管理层设有一个流程或依据，以确定公司现行的内部控制系统是否有效。

依照惯例，审计师就内部控制系统的适当性发表意见。现在，执行管理层必须作出内部控制有效性的证明。在证明内部控制系统的有效性之前，管理层必须确定将如何作出上述证明的决定。

(3) 执行管理层设有一个流程，将评估其内部控制系统中已收集到的信息用以改进该系统。

鉴于《萨·奥法案》的要求，美国证券交易委员会管制的公司和独立审计师都已记录了在公司成本方面明显的增加。该项成本的大部分与内部控制系统相关。显然，公司执行管理层参与能够获得的一个好处是改善内部控制系统的业务活动计划。

管理层应当审视整个内部控制系统，而不仅仅是关注财务报告或披露的控制措施。

可能有人从《萨·奥法案》中看到，只需要对财务控制措施进行评估。尽管这也许是真实的，但是，《萨·奥法案》的发起人显然从一个更为广泛的意义来考虑内部控制。尽管管理层可能不需要证明整个内部控制系统的有效性，但他们应当对此作出评价，因为其中并非直接属于财务控制的许多方面实际上影响着《萨·奥法案》中的许多规定。

美国证券交易委员会证明规则中使用了一个新的术语——“披露控制措施及其程序”——其规定如下：

“某一证券发行者的控制措施及其他程序被设计用于确保证券发行者报告中披露所需的信息，按照《证券交易法》要求归档或递交，按证券交易委员会的规则和表格中规定的时间内进行记录、处理、汇总和报告。‘披露控制措施及其程序’包括但不限于旨在确保由证券发行者对《证券交易法》报告中要求披露的信息已经汇集并向证券发行者的管理层进行沟通……以便适于及时作出与所需的披露有关的决定。”

根据这一规则，披露控制措施及其程序的要求如下：

“……目的是包括比证券发行者关于财务报告的内部控制措施所包括的内容范围更加广泛的信息……它们的目的是确保证券发行者保持适当的程序，以便收集、分析和披露《证券交易法》报告中要求披露的所有信息。”

9.4.5.3 **强化内部控制系统的评估指南**

评估人员用于评价管理层是否识别和披露缺陷的指南如下：

确定执行管理层、内部审计师及独立审计师对内部控制系统有效性的评估的意见是否相一致。

（1）上述三方中的每一方都对内部控制系统进行评估。应当对这三种评估结果进行比较，并对任何差异进行调整。在首席执行官签署内部控制系统有效性的书面证明之前，这三方应当对内部控制系统的有效性达成一致的结论。

（2）确定存在一个流程，用于记录和披露内部控制系统的重大缺陷，以及该系统发生的重大变化。

收集控制缺陷及变化的相关信息应当是一种持续进行的流程。最好是内部审计职能的相关人士，应当负责保留流程运行的记录。该记录中记载的事项应当与执行管理层、独立审计师和审计委员会进行讨论，以确保披露声明是完整的。

（3）虽然多方参与内部控制有效性评估工作，但仍然应当将评估工作作为一项单独的行为予以促进。

董事会审计委员会的某一指定人员应当监督内部控制系统的评估工作。除了涉及到的审计职能部门之外，仍然存在其他小组查看控制措施，例如，国际标准化组织（ISO）的审计师、从事内部控制评估或建议的顾问，以及公司内部的研究人员等。

9.4.6 强化内部控制系统的评估核查清单

表2-9-6介绍的核查清单，主要针对《萨·奥法案》中关于“强化内部控制系统和作出适当的控制决定”方面的意向目标。该核查清单包括两类事项：第一类涉及到该法案条文具有二元性条件的活动；第二类则与符合《萨·奥法案》的意向有关。

为了在与《萨·奥法案》条文相关的事项上选“是”的肯定回答，则必须符合二元目标的要求。例如，如果需要公司的内部审计职能负责审查内部控制系统适当性，回答“是”，则意味着公司的内部审计职能将负责审查内部控制系统的适当性。

为了得到意向目标方面肯定的回答，某一流程必须设置到位。仅凭某一个人回忆做过某事，或做过某项实时的决策，并不能保证肯定答案的质量。例如，如果工作底稿必须保存以便支持评估人员的结论，那么，就必须存在一个流程来特别规定必须保存那些工作底稿。

对问题进行肯定回答通常所需的流程必须符合以下标准：

（1）该流程必须用文档记录。

（2）整个流程必须告知所有负责执行该流程的人员。

（3）该流程必须按照文档记录要求予以执行。

（4）该流程的结果必须经过检验达到《萨·奥法案》的意向目标。

调查问卷上有一栏用以解释“是”和“否”的回答。对需要调查的事项或令人质疑的回答，无论是肯定还是否定回答都应当进行澄清。在核查清单完成之前，应当对所有无法回答的事项作进一步的调查，并且得出能证明进一步调查结果的意见。

在完成这一工作时，应计算选择“是”与“否”答案的总数，计算出选“是”答案所占百分比（即选择“是”答案的总数除以问题总数）。

表 2－9－6　　第 3 号核查清单：遵从《萨·奥法案》关于强化内部控制系统和披露缺陷的合规性核查清单

编号	项目	答案		意见
		是	否	
1	公司是否对“内部控制系统”有单独的定义？如果有，该定义是否在公司全范围内使用？			
2	公司的内部审计职能是否负责审查内部控制系统的适当性？			
3	公司是否有政策或声明来规定管理层在建立和保持内部控制和财务报告程序方面的职责？			
4	在确定内部控制系统的有效性方面，是否有一个可供执行管理层遵守的流程？（即管理层用以评价财务报告控制措施及其程序的流程）			

续表

编号	项　目	答案		意见
		是	否	
5	公司的独立审计师是否对管理层的内部控制评价和财务报告程序进行验证并出具报告？			
6	执行管理层关于公司的内部控制和财务报告程序有效性的书面证明是否与内部审计师得出的评估结论相一致？			
7	执行管理层是否通过某一流程来识别、报告和披露公司内部控制系统的缺陷？			
8	执行管理层是否通过某一流程来识别和披露内部控制系统中的任何重大变化？			
9	执行管理层是否收到来自内部审计师和独立审计师双方关于他们认为内部控制系统中存在的任何重大缺陷的报告？			
10	执行管理层是否采取某种措施来确认内部控制系统中的某一缺陷是否应被考虑为重大缺陷？			
11	执行管理层是否采取某种措施来确认内部控制系统中发生的任何变化是否属于该系统的重大变化？			
12	内部审计职能是否认为管理层已经根据《萨·奥法案》要求对所有应披露事项进行披露？			
13	公司是否保持有必要的程序，用以收集、分析和披露《萨·奥法案》所要求披露的所有信息？			
14	公司是否将其内部控制框架与 COSO 的内部控制框架进行比较，并识别出潜在的应披露的差异情况和内部控制的改进措施？			
15	如果公司希望达到 ISO9001 或 14001 体系的申诉要求，它们是否对 ISO 申诉所需的控制评估与公司内部控制系统有效性评估所使用的程序进行协调？			
已回答的问题总数				
选择“是”答案所占的百分比				

9.4.7　评估鼓励与支持自行检举者意向目标的合规性

从传统上看，公司执行管理层并不尊重自行检举者（whistleblowers，直译为吹哨子的人）。特别是当自行检举者向外部机构报告公司潜在违法行为时，情况更是如此。《萨·奥法案》对自行检举者直接提供保护。

关于自行检举者，公司有两个方面的忧虑。首先是从自行检举者那里收集信息，并在同一时间保护这些人免受公司管理层的报复行为所采用的流程。其次是如果未能适当地保护自行检举者，可能不仅将导致受到《萨·奥法案》的制裁，而且自行检举者还可能因为未得到适当保护而对公司提出法律诉讼。例如，某一员工被解雇，他可能声称被解雇或停职是因为检举了公司违法行为造成的后果。

内部审计职能对于帮助实现《萨·奥法案》中的“自行检举者的职责”而言是一种非常合乎逻辑的职能。员工需要在管理组织架构之外找到一个地方来报告潜在的违法行为。鉴于内部审计职能的独立性，以及许多内部审计职能拥有向董事会审计委员会直接报告的职责，内部审计师成为帮助报告和保护自行检举者方面的理想人选。

9.4.7.1 关于鼓励和支持自行检举者的《萨·奥法案》适用条款

表2-9-7列出了《萨·奥法案》内含的意向和与该意向表述相对应的条款。

表2-9-7 《萨·奥法案》中与鼓励和支持自行检举者相关的条款

《萨·奥法案》的意向	《萨·奥法案》相对应的条款
自行检举者受到适当的保护，对提供信息者不能打击报复	《萨·奥法案》第806条和第1107条

9.4.7.2 评估有关鼓励和支持自行检举者的关注事项

关于鼓励和支持自行检举者这一目标，评估者应当主要关注以下几点：

(1) 自行检举者在公司中将不会有一个独立的职能来报告潜在的错误行为。

现在，许多自行检举者向公司外部机构报告公司潜在的违法行为。这可能极大地增加与这些问题相关的调查成本，一旦这些问题被公开披露，同样将增加危机管理方面的成本。甚至当检举的违法事实不属实时，其调查成本也可能是巨大的。

(2) 应当完整地用文档记录检举的流程。完整文档记录的必要性在于：

①针对违规行为展开调查。

②确保已经充分了解自行检举者举报的问题。

③记录自行检举者举报的问题的持续运行情况，以便通知适当的当事方。

④确保自行检举者将受到保护而不会遭受公司的任何打击报复。

(3) 确保存在某一流程，保护那些合法报告了公司潜在违法行为的员工不受到歧视。

自行检举者可能在组织的内部或外部。他们可能是员工、承包商、分包商、代理人等等。对于不同类型的自行检举者可能遭受不同方式的歧视。公司的流程必须保护所有的自行检举者免受歧视。

9.4.7.3　关于鼓励和支持自行检举者的评估指南

用于公司针对鼓励和支持自行检举者的流程的评估指南如下所示：

列出所有可能接收检举材料人员的名单，并协调以确保他们确定不忽视任何一起举报事件。

(1) 无论公司如何告知员工可以通过适当的途径进行检举，员工很可能不愿意使用该途径。例如，一名想要检举的内部审计师，可能不愿意向内部审计的主管报告检举事项。报告问题的其他潜在途径是公司内部的法律顾问、首席执行官、独立审计师和人力资源部门。上述的每一单位都应当设有流程，受理报告检举的事项，并将该事项转交给协调小组处理，除非这种协调出现某种潜在的冲突。

(2) 确保通过适当的方法建议员工向谁报告他们可能知道的潜在错误行为。

公司应当设有教育员工检举违法行为的积极培训计划。这种培训可列为新员工教育的组成部分；还可在公司的专刊上发布公告或者提供一个网站，使员工可以在该网站上以匿名方式报告不恰当的行为。

(3) 应当定期进行评估，检查员工的记录和承包商状况的变化，以确保公司对员工的处罚与举报行为没有关系。此项评估应当包括对所有自行检举者的后续关注，以确保他们得到与其他员工相同的待遇。

9.4.7.4　鼓励和支持自行检举者的评估核查清单

表 2－9－8 介绍的核查清单主要针对《萨·奥法案》关于“鼓励和支持自行检举者”的意向目标。该核查清单包括两类事项：第一类涉及该法案条文具有二元性条件的各项活动；第二类则与符合《萨·奥法案》的意向有关。

为了在与《萨·奥法案》条文有关的事项上选“是”的肯定回答，则必须符合其二元目标的要求。例如，如果某类档案需要保存 7 年，回答“是”则意味着该档案将要被保留 7 年。

为了得到意向目标方面的肯定回答，某一流程必须设置到位以符合该意向目标。仅凭某一个人回忆做过某事，或做过某项实时的决策，并不能保证肯定答案的质量。例如，如果工作底稿必须保存以便支持评估人员的结论，那么，就必须存在一个流程来特别规定必须保存那些工作底稿。

对问题进行肯定回答通常所需的流程必须符合以下标准：

(1) 该流程必须用文档记录。

(2) 整个流程必须告知所有负责执行该流程的人员。

(3) 该流程必须按照文档记录要求予以执行。

(4) 该流程的结果必须经过检验达到《萨·奥法案》的意向目标。

调查问卷上有一栏用以解释“是”和“否”的回答。对需要调查的事项，或令人质疑的回答，无论是肯定还是否定回答都应当进行澄清。在核查清单完成之前，应当对所有无法回答的事项作进一步的调查，并且得出能证明进一步调查结果的意见。

在完成这一工作时，应计算选择“是”与“否”答案的总数，计算出选“是”答案所占百分比（即选择“是”答案的总数除以问题总数）。

表 2-9-8　　第 4 号核查清单：《萨·奥法案》关于鼓励和支持自行检举者的核查清单

编号	项　　目	答案		意见
		是	否	
1	公司是否有关于自行检举者的政策？			
2	公司是否指派专人或小组负责保证公司行为符合《萨·奥法案》中检举的规定？			
3	公司是否通过专门的流程来记录自行检举者对公司的申诉/指控？			
4	公司法律顾问是否提供指导，如何从合法关注公司运营的员工中区分对公司不满的员工？			
5	是否设置了流程，用以跟踪和保护自行检举者，确保其不受歧视？			
6	是否设置了程序，用以跟踪和监控承包商、供货商、代理人等，确保他们不会遭受歧视？			

续表

编号	项　　目	答案		意见
		是	否	
7	公司是否设置了流程，倘若员工举报的违法行为属实，公司将对该员工进行奖励？			
8	检举行为是否包括向公司股东及金融界报告可能误导投资者及股东的信息？			
9	检举行为是否包括要求管理层关注会计和财务报告的错误？			
10	检举行为是否包括管理层对独立审计师隐瞒信息而应承担的报告压力？			
11	公司中是否有专人开发某一正式的系统以记录及追踪自行检举者的不满意见？			
已回答的问题总数				
选择“是”答案所占的百分比				

9.4.8　评估确保保留所需证据意向目标的合规性

安然公司和安达信会计师事务所的案件涉及到对销毁证据问题的关注。提出的一个问题是，销毁证据的目的是避免刑事控告，或者是证据在日常经营过程中就被销毁了。鉴于此案以及其他涉及销毁潜在有用证据的案件，《萨·奥法案》要求保留证据。

《萨·奥法案》中这一条款重点关注会计师的证据。尽管该法案主要是针对独立审计师而起草的，但仍然有理由认为该法案同样关注内部审计师的工作底稿。特别是，如果独立审计师依赖内部审计师的工作，那么，人们可以认为内部审计师的工作底稿也应包括在接受《萨·奥法案》监管的范围内。当然，这一点仍需要在庭审的案件中得以证明。

我们无法从该法案中确切得知独立审计师应当保留何种证据。该法案规定，需保留的证据应当是用以支持评估者得出结论的那些资料。此外，我们不了解所谓“结论”究竟意味着何物。安全的做法是：尽可能多而不是尽可能少地保留工作底稿。

9.4.8.1　确保保留所需证据的《萨·奥法案》适用条款

表2－9－9列出了《萨·奥法案》内含的意向及其相对应的条款。

表 2-9-9 《萨·奥法案》中关于确保保留所需证据的条款

《萨·奥法案》的意向	《萨·奥法案》相对应的条款
保留支持结论的会计师的记录	《萨·奥法案》第 802、第 824 和第 1102 条
律师应遵守律师职业行为准则	《萨·奥法案》第 307 条

9.4.8.2 确保保留所需证据的评估关注事项

在确保保留所需证据方面，评估人员应当主要关注以下几点：

(1) 依照《萨·奥法案》的规定，要保留独立审计师适用的审计工作底稿。

要求保留工作底稿基于两个目的：一是为支持审计结论提供证据；二是在对公司不利的调查中可能需要查看工作底稿。由于上述两个目的涉及到审计师实施的大部分工作，按照《萨·奥法案》的要求保留这一期间所有工作底稿就很有意义。

(2) 内部审计具有与《萨·奥法案》目标相一致的记录保存政策。

尽管《萨·奥法案》中并没有专门提到内部审计师，但是在调查中传阅内部审计工作底稿仍然被认为是合理的。因此，内部审计师应当在其记录保存政策方面遵从《萨·奥法案》的相关指南。

(3) 代表公司的律师应当报告违反证券法或违背司法责任的重大违法行为的证据。上述违法行为都将报告至适当的管理层及董事会，直到采取行动为止。

《萨·奥法案》要求律师发觉不正当的行为，并向公司首席法律顾问报告这些行为。律师还应当负责确保对此采取适当的行动。如果首席法律顾问并没有对证据作出适当的反馈，律师有责任向董事会的审计委员会报告此事。应注意的重点是向董事会报告的内容应当同样告知独立董事。

(4) 遵守职业联合会或协会的准则。

依照《萨·奥法案》要求，设立的美国上市公司会计监管委员会有权采用或修改职业会计联合会或协会的审计准则。审计师应当持续地跟踪董事会的公告，以便确定公司采用了哪些审计准则，如果采用，应保证遵守那些准则的要求。

9.4.8.3 确保保留所需证据的评估指南

用于确保保留所需证据的评估指南如下：

(1) 审查内部审计和公司记录的保存政策。

需要对上述政策进行审查，以确保其与《萨·奥法案》的目标相一致。

评估人员应寻找那些在《萨·奥法案》规定的期限之前，根据该记录保存政策可能已经被销毁的证据。

(2) 审查公司法律顾问关于律师披露潜在欺诈行为的政策。

公司应当制定指导律师向上级管理机构报告潜在欺诈行为的政策，这是非常重要的。倘若没有这样的政策约束，公司只能指望每一位律师个人能够尽到《萨·奥法案》的义务。

(3) 确定在《萨·奥法案》实施之前已有的工作底稿都依照《萨·奥法案》的要求进行保存。

内部审计师应当确保依照《萨·奥法案》规定的期限要求，保存内部审计工作底稿。

9.4.8.4 确保保留所需证据的评估核查清单

表2-9-10的核查清单列出了《萨·奥法案》关于确保保存适当证据的意向目标。该核查清单包括两类事项：第一类涉及该法案条文具有二元性条件的各项活动；第二类则与遵从《萨·奥法案》的意向有关。

为了在与《萨·奥法案》条文有关的事项上选"是"的肯定回答，则必须符合二元目标的要求。例如，如果需要公司的法律委员会制定一项政策，以确保律师将向上级管理机构报告重大的违反证券法或违背司法责任行为的证据，回答"是"，则意味着公司的法律委员会确实制定了这样的政策。

为了得到意向目标方面的肯定回答，某一流程必须设置到位以符合该意向目标。仅凭某一个人回忆做过某事，或做过某项实时的决策，并不能保证肯定答案的质量。

对问题进行肯定回答通常所需的流程必须符合以下标准：

(1) 该流程必须用文档记录。

(2) 整个流程必须告知所有负责执行该流程的人员。

(3) 该流程必须按照文档记录要求予以执行。

(4) 该流程的结果必须经过检验达到《萨·奥法案》的意向目标。

调查问卷上有一栏用以解释"是"和"否"的回答。对需要调查的事项或令人质疑的回答，无论是肯定还是否定回答都应当进行澄清。在核查清单完成之前，应当对所有无法回答的事项作进一步的调查，并且得出能证明进一步调查结果的意见。

在完成这一工作时，应计算选择"是"与"否"答案的总数，计算出选"是"答案所占百分比（即选择"是"答案的总数除以问题总数）。

表 2-9-10　第 5 号核查清单：《萨・奥法案》关于确保保留所需证据的评估核查清单

编号	项　目	答案		意见
		是	否	
1	独立审计师是否声明将依据《萨・奥法案》的规定来保存审计工作底稿？			
2	内部审计职能部门是否将依据《萨・奥法案》的规定来保存审计工作底稿？			
3	对那些可能记录或记载意在阻碍、干扰或影响现行或预期进行的联邦调查的公司工作底稿，是否依照《萨・奥法案》的规定进行保存？			
4	内部审计师是否请求公司法律顾问审查其工作底稿的保存政策，并就其是否遵从《萨・奥法案》的规定提出法律意见？			
5	内部审计职能部门是否设立一个项目来指导内部审计人员如何保存中期及最终的工作底稿？			
6	负责审阅工作底稿的审计师是否进行审查，以确保依照《萨・奥法案》的规定保存所需的工作底稿？			
7	内部审计负责人是否认为，公司已经保存了联邦检察官在起诉证券欺诈时需要用到的所有证据？			
8	如果是，在证券欺诈行为被发现的情况下，那些工作底稿是否依据《萨・奥法案》规定的关于证券欺诈诉讼时效的延长状况进行保存（即在违法行为被发现之后的两年，或违法行为首次发生之后的五年）？			
9	公司的法律委员会是否制定了一项政策，以确保律师将向上级管理机构报告重大的违反证券法或违背司法责任行为的证据？			
10	公司的外部法律委员会是否保证它们将遵守《萨・奥法案》第 307 条的规定？			
11	公司的法律委员会是否对律师必须向上级报告的重大的违反证券法或违背司法责任的行为有明确的定义？			
12	内部审计是否对上市公司会计监管委员会发布的公告进行追踪，以确定它们是否采用或修正了审计准则？			
13	如果是，内部审计是否遵循董事会通过或修正的准则？			
	已回答问题的总数			
	选择"是"的回答所占的百分比			

9.4.9 评估对董事会及其审计委员会日益增强监管职责意向的合规性

许多个人或小组对于董事会成员缺乏独立性表示担忧。这种缺乏独立性的潜在原因如下：

- 某些董事是公司高级职员；
- 某些独立董事与公司有着密切的关系。这种密切的关系可能是业务关系也可能是与公司首席执行官的个人关系。

有些人发现，公司首席执行官和董事会主席为同一人时会有职责冲突。另一方面，许多首席执行官认为，只有首席执行官才能正确制定董事会的日程安排。然而，真正利害关系是，董事会可以实施恰当的监管活动，并且不受到首席执行官及/或公司业务关系的不正当影响。

《萨·奥法案》的重点集中在董事会及其审计委员会的三个方面：第一，独立董事必须和公司没有任何关系；第二，独立董事担任董事会的重要职务，例如审计委员会、薪酬委员会及提名委员会的主席；第三，确保对独立审计师和内部审计师的工作提供更多的监管及指导。

9.4.9.1 针对日益增强监管职责的《萨·奥法案》适用条款

表2－9－11列出了《萨·奥法案》内含意向及其相对应的条款：

表2－9－11 《萨·奥法案》关于董事会日益增强的监管职责的条款

《萨·奥法案》的意向	《萨·奥法案》相对应的条款
审计委员会使用证券交易规则来定义其独立性与职责	《萨·奥法案》第301条
独立审计师向审计委员会报告	《萨·奥法案》第204条
审计委员会成员必须包括一名财务专家	《萨·奥法案》第407条

9.4.9.2 针对日益增强监管职责的评估关注事项

关于日益增强的公司监管责任方面，评估人员应当主要关注以下内容：

（1）董事会的审计委员会要由独立董事和至少一名财务专家组成。

根据《萨·奥法案》、《纽约证券交易所指引》和美国证券交易委员会公告的规定，独立董事应当与公司没有任何关系，财务专家必须在财务方面拥有实务经验。

（2）董事会的审计委员会必须选择独立审计师，并对其开展的业务活动进行监管。

《萨·奥法案》明显地限制独立审计师的作用，严格限制咨询工作，尤其是负责审计的合伙人的任期。审计委员会应当设立一个流程来确保独立审计师遵从《萨·奥法案》的意向。

(3) 董事会的审计委员会要履行其在财务及会计事务方面的职责。

审计委员会已经被授予职责，确保其能够得知所有重大的投诉、有关财务会计和内部控制的关注事项以及对上述投诉及关注事项采取的行动。这本质上要求审计委员会设立一个流程，对财务会计和内部控制的投诉进行审查、监控并采取行动（即投诉可能来自自行检举者、独立审计师和内部审计师，以及公司内外的其他相关人士）。

9.4.9.3 针对日益增强监管职责的评估指南

用于评价董事会及其审计委员会日益增强的监管职责合规性的评估指南如下：

(1) 应当审查公司与独立审计师之间签订的协议。

独立审计师的角色应当由董事会的审计委员会规定说明。独立审计师的事务所应当向审计委员会提交一份声明，表明其遵从《萨·奥法案》的规定。如果尚未提交，公司的法律顾问应当对这份文档记录的合法性及完整性提出意见。

(2) 有关财务会计和内部控制投诉的记录，应当由适当的股东进行审查。

最熟悉或了解财务会计和内部控制投诉的个人或小组包括：负责的独立审计师合伙人、内部审计主管、首席财务官、首席法律顾问、首席信息官、首席执行官以及这些人的直接报告。

9.4.9.4 针对日益增强监管职责的评估核查清单

表 2 -9 -12 的核查清单列出了《萨·奥法案》关于董事会及其审计委员会日益增强的监管职责方面的意向目标。该核查清单包括两类事项：第一类涉及该法案条文具有二元性条件的各项活动；第二类则与符合《萨·奥法案》的意向有关。

为了在与《萨·奥法案》条文有关的事项上选“是”的肯定回答，则必需符合其二元目标的要求。例如，如果需要由审计委员会聘任独立审计师，回答“是”，则意味着公司的独立审计师将由审计委员会聘任。

为了得到意向目标方面的肯定回答，某一流程必须设置到位以符合该意向目标。仅凭某一个人回忆做过某事或做过某项实时的决策，并不能保证肯定答案的质量。例如，如果工作底稿必须保存以便支持评估人员的结论，那么，就必须存在一个流程来特别规定必须保存那些工作底稿。

对问题进行肯定回答通常所需的流程必须符合以下标准：

（1）该流程必须用文档记录。

（2）整个流程必须告知所有负责执行该流程的人员。

（3）该流程必须按照文档记录要求予以执行。

（4）该流程的结果必须经过检验达到《萨·奥法案》的意向目标。

调查问卷上有一栏用以解释“是”和“否”的回答。对需要调查的事项或令人质疑的回答，无论是肯定还是否定回答都应当进行澄清。在核查清单完成之前，应当对所有无法回答的事项作进一步的调查，并且得出能证明进一步调查结果的意见。

在完成这一工作时，应计算选择“是”与“否”答案的总数，计算出选“是”答案所占百分比（即选择“是”答案的总数除以问题总数）。

表2-9-12 第6号核查清单：《萨·奥法案》针对董事会及其审计委员会日益增强的监管职责的核查清单

编号	项目	答案		意见
		是	否	
1	在审计开始之前的一年里，公司现任的首席执行官、总稽核师、首席财务官或其他处于同等职务的人士是否被实施本公司审计的独立审计师事务所聘用过？			
2	如果是，这一信息是否已经提供给审计委员会，以便审计委员会能够采取适当的行动？			
3	是否由审计委员会聘任独立审计师？			
4	是否由审计委员会决定或同意支付给独立审计师的费用？			
5	审计委员会是否设有监管流程，以确保独立审计师依照业务约定书中的要求来开展工作？			
6	审计委员会主席是否为独立董事？			
7	审计委员会是否全部由独立董事组成？			
8	审计委员会成员除了领取董事薪酬外，是否被禁止接受公司给予的任何形式的顾问、咨询或其他费用？			
9	是否禁止所有的审计委员会成员与公司的任何子公司有关联关系？			
10	是否禁止审计委员会成员与公司的主要供货商有关联关系？			

续表

编号	项　目	答案		意见
		是	否	
11	审计委员会是否设立一个流程，用以接收、保存运行记录，并解决关于公司会计、内部控制或审计事务的投诉？			
12	如果有，审计委员会是否制定专门的政策确保员工提交的上述投诉将得到适当的保护？			
13	公司是否有政策规定，禁止向董事或执行管理高级职员提供信用贷款或发放贷款？			
14	如果董事和高级职员拥有10%以上某一分类的权益性证券，公司是否有政策要求他们对任何种类权益性证券的指定交易作出书面公告？			
15	审计委员会是否至少拥有一名财务专家？			
16	如果有，该财务专家是否完全理解一般公认会计原则和财务报表的内容？			
17	如果是，该财务专家是否在可比公司的财务报表编制或审计方面具有经验，以及在与会计相关的概算、权责发生额和准备金方面应用一般公认会计原则？			
18	如果是，该财务专家是否具有内部会计控制方面的经验？			
19	如果是，该财务专家是否理解审计委员会的职能？			
20	公司调查董事会成员的直系亲属是否与公司有任何财务关系吗？（公司是否对董事的直系亲属是指哪些人作出明确定义？）			
21	公司是否制定相关指引，以确定董事或其直系亲属与公司之间哪种类型的关系是可接受的，或是必须禁止的？			
22	关于由董事所在的主要关联企业进行的投资，在交易中公司是以委托人或创办人形式参与，对此类事务公司是否制定了相关指引？			
已回答的问题总数				
选择“是”答案所占的百分比				

9.4.10　评估增强独立审计师独立性意向目标的合规性

许多人对独立审计师的独立性提出质疑，原因有两点：第一，他们是由被审计公司聘用并支付费用的；第二，许多独立审计师事务所收取正在接受他们审计的同一公司支付的巨额咨询费用。此外，值得关注的一点是，如果独立审计师事务所与公司管理层的意见明显不一致时，他们可能被公司的管理层解除合约。上述行为均造成了利益冲突现象。

独立审计师应当代表公司当前的和未来的股东利益。同样地，董事会也应当代表股东的利益。在此前提下，《萨·奥法案》确保董事会的审计委员会（即股东代表）应当是负责独立审计师的聘用、费用支付，并对其工作进行监管的机构。

《萨·奥法案》主要强调排除在独立审计师履行工作中可能造成利益冲突的任何阻碍因素。排除潜在冲突的做法如下：

- 取消或最大限度地减少咨询工作；
- 确保独立审计师事务所的成员不能成为公司的员工，并随后立即聘用该审计事务所；
- 更换负责审计的合伙人。

上述立法的变化，再加上独立审计师的职业标准，应当能够增强审计师的独立性。

9.4.10.1 增强独立审计师独立性的《萨·奥法案》适用条款

表 2-9-13 列出了《萨·奥法案》内含的意向及其相对应的条款：

表 2-9-13 《萨·奥法案》关于增强独立审计师的独立性的条款

《萨·奥法案》的意向	《萨·奥法案》相对应的条款
不得存在因公司聘用独立审计师事务所前任雇员而产生利益冲突的现象	《萨·奥法案》第 206 条
审计师的费用由审计委员会决定	《萨·奥法案》第 203 条
轮换审计合伙人	《萨·奥法案》第 203 条
要求审计师提供经事先批准的服务	《萨·奥法案》第 202 条
禁止提供该法案中所提及的某些非审计服务	《萨·奥法案》第 201 条

9.4.10.2 增强独立审计师独立性的评估关注事项

关于增强独立审计师的独立性，评估人员应主要关注的事项有：

（1）独立审计师不得从事《萨·奥法案》所禁止的业务。

该法案规定了独立审计师不应当从事的咨询业务类型。例如，不允许提供税务处理等咨询服务。此外，审计委员会可以批准某些咨询服务。但是，其目的是取消或最大限度地减少咨询服务。

(2) 遵守审计委员会与独立审计师签订的“合同”内容。

审计委员会应规定对独立审计师的报酬方案，可以指明他们需要独立审计师提供何种验证报告，规定独立审计师可以提供的咨询服务种类等。审计委员会应当确定独立审计师在“合同”范围内开展其业务工作。

(3) 不存在规定的潜在的个人冲突。

《萨·奥法案》指出，负责委派任务的审计合伙人应当进行轮换，并且公司聘用的独立审计师事务所的雇员不得协助聘用独立审计师。还存在一种隐含的冲突，即分配审计任务的审计事务所成员，或其直系亲属与公司正在开展的业务有某种利益关系。

9.4.10.3 关于增强独立审计师独立性的评估指南

用于评价独立审计师独立性的指南如下：

(1) 获取审计委员会与独立审计师之间签订的合同协议与证明文件的复印件。

此类信息将用于确保遵守独立审计师与审计委员会之间签订的协议。

(2) 审阅或获取独立审计师关于其员工利益冲突的证明文件。

独立审计师应当提供一份关于分配审计任务的员工无利益冲突的声明，即说明该员工本人及其直系亲属与被审计公司正在取得的业绩无利益冲突关系。

(3) 获取独立审计师对其服务收费开具发票的所有文件副本。

对这些发票应当进行审核，以确保仅对授权许可的服务付费开票，并且支付的费用报酬依据审计委员会提供的指引。

9.4.10.4 增强独立审计师独立性的核查清单

表2-9-14的核查清单列出了《萨·奥法案》关于增强独立审计师独立性的意向目标。该核查清单包括两类事项：第一类涉及该法案条文具有二元性条件的各项活动；第二类则与符合《萨·奥法案》的意向有关。

为了在与《萨·奥法案》条文有关的事项上选“是”的肯定回答，则必需符合其二元目标的要求。例如，如果需要由审计委员会决定独立审计师的审计费用，回答“是”，则意味着该公司的审计费用将由审计委员会决定。

为了得到意向目标方面的肯定回答，某一流程必须设置到位以符合该意向目标。仅凭某一个人回忆做过某事或做过某项实时的决策，并不能保证肯定答复的质量。

对问题进行肯定回答通常所需的流程必须符合问卷的标准。

表 2-9-14　　第 7 号核查清单：《萨·奥法案》关于增强独立审计师独立性的核查清单

编号	项　目	答案		意　见
		是	否	
1	独立审计师事务所是否从事在上市公司会计监管委员会注册的审计活动？			
2	如果审计的任何一部分正在由某一非美国的独立审计师事务所实施，该事务所是否向上市公司会计监管委员会登记？			
3	审计委员会是否知道《萨·奥法案》关于独立审计师工作底稿的规定；由另一合伙人审阅并批准审计报告；以及内部控制的评估规则？			
4	如果是，审计委员会是否正式要求独立审计师确认遵守上述程序的情况？			
5	审计委员会是否聘用独立审计师事务所？			
6	审计委员会是否设立了流程，对独立审计师实施的审计工作进行监管？			
7	审计委员会是否规定独立审计师事务所的报酬方案？			
8	如果是，是否有专人确保按照上述方案支付报酬？			
9	独立审计师是否被禁止提供以下非审计服务：（1）与审计无关的专家服务；（2）会计服务，例如，编制财务报表；（3）估价或评价业务；（4）内部审计外包业务；（5）精算业务；（6）法律服务；（7）投资建议；（8）投资银行业服务；（9）行使或协助执行管理职能？（存在允许独立审计师提供非审计服务的一种例外情况，如果其收取的服务费用少于公司支付给独立审计师费用的 5%）			
10	如果独立审计师提供许可范围内的非审计服务，例如税务处理，上述服务是否事先得到审计委员会的许可？			
11	是否设有专门的流程，确保独立审计师不会提供被禁止的非审计服务？			
12	是否设有某一流程，确保对负责的独立审计师合伙人在实施审计项目连续 5 年后将进行轮换，离开该审计项目？			

续表

编号	项 目	答案		意 见
		是	否	
13	如果审计委员会事先批准非审计服务，它们是否将这种决定在定期报告中向投资者进行披露？			
14	如果职员或其直系亲属在公司正在取得的业绩中有既得利益，独立审计师事务所是否有禁止委派该职员参加公司审计的政策？			
15	如果公司聘用独立审计师事务所的雇员，在聘用后至少一年内，他们是否被禁止参与选择独立审计师事务所的决策？			
16	是否保存了公认的优秀杰出人士的名录？			
17	如果是，是否对例外的业绩（例如，完成销售定额、利润的快速增长等）的措施进行调查，以确保他们没有为了个人利益而篡改财务记录？			
已回答的问题总数				
选择“是”答案所占的百分比				

9.5 汇总《萨·奥法案》的意向合规性评估结果

通过实施以下三个步骤，可以很容易编制对《萨·奥法案》的意向合规性评估的快速分析（见表2-9-15）：

步骤1：汇总每一《萨·奥法案》核查清单中“是”的肯定回答总数；

步骤2：计算选择“是”的肯定回答总数占7张核查清单所有事项总数的百分比；

步骤3：将百分比填到《萨·奥法案》合规性评估工作底稿，汇总评估结果。

当完成上述三个步骤之后，工作底稿将有7栏表示“是”肯定回答的百分比。依据这部分概述的意向目标，可进行任何或所有以下的分析。

（1）合规性最好的意向目标；

（2）合规性最差的意向目标；

（3）集中针对合规性最差的意向目标，使用“无法回答”项目作为改进的依据，可以开发相应的改进计划。

表 2－9－15 汇总 7 张核查清单结果的《萨·奥法案》合规性评估工作底稿

100%							
75%							
50%							
25%							
0%							
审计核查清单中回答“是”的问题所占的百分比	公众对会计的信任	公司执行层负有的责任	强化内部控制系统	保护自行检举者	保留证据	董事会的监管	独立审计师的独立性
	《萨·奥法案》的意向目标						

注：（表 2－9－15）百分比应当用柱状图的形式表示。

第10章

技能分类之八——公司治理实务

这一部分阐明组织应当选择的公司治理实务类型。

10.1 公司治理的定义

当今存在两种关于公司治理的绝对真理，它们是：

真理一：不存在通用的公司治理定义；

真理二：没有任何一种公司治理方法能够对所有的公司奏效。

词典把治理（governance）定义为“控制或支配”。对治理一词的许多定义是：（1）对……行使权力；支配、控制、管理等等；（2）影响……的行动或行为；指导；（3）牵制（to hold in check）；抑制；（4）规则或法律。

公司治理方面的许多文献与公司的董事会有关。讨论最多的问题倾向于董事会成员的独立性和首席执行官的职务与董事会主席的分离。在许多情况下，股东正通过在公司年度会议上提出董事长与首席执行官职责分离的提议来引导这种改革。许多股东情愿看到担任董事长而不是公司首席执行官的某位独立董事。许多股东认为董事会的主要目标是，通过规定对首席执行官和管理层的独立监督，以此保护股东利益。反面意见认为，首席执行官是公司最有见识的个人，因此，理想地应适合担任董事长。独立董事提供治理的独立见解，但是许多人却不能为公司提供最好的发展方向。新的治理方法正在审查之中，底线要求是增加对治理的关注。

当不存在一般公认的公司治理定义时，却存在涉及公司治理的两个团组达成一致意见：

• 公司的董事；
• 公司的高级职员。

我们可以高度简化地把公司治理定义为董事会和公司高级职员治理公司所遵循的那些惯例。根据这一定义，我们需要把看问题的重点放在董事会，以及董事会与高级职员这两方面。本部分将包括董事会和高级职员，重点强调高级职员如何治理公司。有大量的文献介绍董事会应当如何组成以及如何运作，却很少有文献和指南介绍公司的高级职员应当如何治理公司。

在绝大多数的例子中，董事会是回应来自公司管理层的提议。对于绝大部分董事会来说，董事长确定董事会的议程。因此，董事会成员通过修正、改进或拒绝董事长的提议来回应董事长动议。

时事明显地会影响董事会的议程。例如，《萨・奥法案》导致许多董事会花费大量的时间来保证董事会及其成员遵从该法案的规定。

10.2 从良好公司治理获得的价值

立法者的共识是，要求已增强的治理重点应避免重复出现最近几年会计丑闻和其他的公司不适当行为。公司治理方面的法律重点包括以下要点：

• 授予董事会更大的独立性；
• 禁止会计师事务所从事接受其审计的公司的咨询业务；
• 改进公司需提交的财务报告；
• 首席执行官和首席财务官应对内部控制系统的适当性负责；
• 鼓励并且保护自行检举者；
• 更加重视组织内部控制系统的适当性。

把重点更多地放在公司治理方面的推动力量是监管者与立法者，以及在组织的业绩方面有既得利益的个人与组织，例如股东。立法者可以规定治理实务的惯例和报告，而在公司中有既得利益的股东和其他人则想要得到保证，即公司的董事和高级职员正在作出的决定是公司既得利益者的最佳利益。

最近几年，开展了许多研究来确定公司治理对公司的利润增长是否是一种促进因素，结果是多样化的。一些研究表明，在改进的治理和利润增长之间不存在任何关系；其他的研究表明，已改进的治理事实上导致了增加的利润率。然而，由于最近非常强调的公司治理是全新的实践，在未经过一段时间的检验之前，人们还无法感受到已增强治理的效果。

10.3 三种广泛被接受的公司治理模型

本部分将讨论的这三种模型对如何治理一个公司提供指引：

(1) 马科姆·波多里奇（Malcolm Baldrige）国家质量奖管理模型（National Quality Award Management Model）；

(2) COSO 内部控制模型；

(3) COSO 企业风险管理模型。

这三种被推荐的公司治理模型还没有被正式确立为公司治理模型。每一种模型都把重点放在管理方面，但是，还没有被设计成为一个全面的公司治理模型。然而，这三种模型的组合为公司治理提供了卓越的指引。

10.3.1 马科姆·波多里奇国家质量奖管理模型

马科姆·波多里奇国家质量奖管理模型被确立为改进美国公司的效率和效果的基础。在波多里奇模型之前，日本已经建立了以一个管理模型为基础的戴明（Deming）奖。戴明奖和马科姆·波多里奇国家质量奖的目的都是双重的。首先，承认在各行各业中是领袖的那些公司；其次，通过分享最佳实务，有助于提升其他公司的效果和效率。

美国国会的法律确立了马科姆·波多里奇国家质量奖。这一模型的建立来自企业和质量专家许多会议被输入计算机的数据。该模型每年更新一次，把上年度审查期间没有被公开的和新的“最佳管理惯例”包括进去。

研究已经表明：马科姆·波多里奇国家质量奖的优胜者，其公司业绩都优于主要证券市场的指标。当审查对奖项的标准时，你将会承认在评估公司方面所使用的核心价值观和标准与那些被认为是最佳治理实务的标准相类似。

美国反虚假财务报告委员会的发起组织委员会（COSO）在 1992 年开发和公布了企业内部控制框架（a framework for corporate internal control）。该委员会的成员组织包括：美国注册会计师协会、美国会计学会、国际内部审计师协会、美国管理会计师协会和美国财务执行官协会。该框架用于设计和执行以及评估内部控制系统的目的。

随着（2002 年）《萨·奥法案》的出台，COSO 的企业内部控制框架具有更重要的意义。负责监管《萨·奥法案》遵从性的美国证券交易委员会要求公司具有一个内部控制框架。尽管美国证券交易委员会并没有要求公司必须使用COSO的框架，但是，该框架得到了美国证券交易委员会的认可，因此，COSO框架已经成为一种最广泛被公认的模型。

COSO在2004年发布了企业风险管理框架。因为控制的目的是消除或者降低风险，对风险的管理方式是开发有效的内部控制系统的重要方面。注意：许多立法，例如，《萨·奥法案》重点解决在控制会计丑闻和公司不适当行为的风险方面。管理层如何定义和面对风险是公司治理的一个重要方面。

人们很少把注意力放在讨论公司治理的风险。然而，许多未用书面文字写明的董事会和高级管理层的责任就是管理风险。

企业风险管理框架谈到了许多“风险承受度”。风险承受度是管理层在企业日常经营管理活动中愿意接受的风险程度。许多领域存在高风险，如果管理层决策失误，对企业会造成负面的影响；如果管理层认为他们能够有效管理遇到的风险，其决策可能对企业有积极的影响。正因如此，企业风险管理战略成为公司治理的一个重要组成部分。

10.3.2 COSO内部控制框架

使用公认的内部控制框架有助于极大地增加内部控制系统的可依赖程度。COSO内部控制框架目前已被美国证券交易委员会认可为评价内部控制的有效框架。

COSO定义的内部控制如下：

内部控制是一个流程，受到企业董事会、管理层和其他人员的影响，旨在提供有关下列分类目标的合理保证：

- 运营的效果性和效率性；
- 财务报告的可靠性；
- 遵从适用的法律法规。

这一定义反映了某些基本概念：

- 内部控制是一个流程。它是达到目的的一种手段，并不是目的本身。
- 内部控制受到人的影响。它不仅仅是政策手册和表格，而是涉及到组织每一层面的人员。
- 内部控制可以被预期对企业的管理层和董事会提供合理保证，而不是绝对保证。
- 内部控制适合于实现一个或更多单独的但又重叠分类的目标。

COSO内部控制框架包括五个相关的组成部分。这些组成部分起源于管理层经营一个企业的方式，并且与管理流程整合在一起。这些组成部分包括：

- 控制环境——任何企业的核心都是人，他们的个人属性，包括正直性、道德价值观和胜任能力及其运营环境。他们是推动整个企业发展所依赖的发动机。
- 风险评估——企业必须知道并处理它所面对的风险。它必须设立目标，整合销售、生产、营销、财务和其他的活动。与设立的目标相一致，也必须建立识别、分析和管理相关风险的机制。
- 控制活动——必须建立和施行控制的政策与程序，以便帮助管理层确认实现企业目标的行动能得到有效执行。
- 信息与沟通——围绕这些活动的是信息和沟通系统。这些使企业的员工能够捕获并交换、执行、管理和控制其运营所必须的信息。
- 监控——必须对整个流程进行监控，并且进行必要的修改。只有这样，该系统才能动态地根据条件许可的情况作出变更。
- 任何两个企业将不会或者也不应当有完全相同的内部控制系统。公司及其内部控制需要明显地根据行业与规模、文化与管理理念的不同而不相同。因此，当所有的企业需要对其业务活动的所有组成部分都保持控制时，每个公司的内部控制系统经常会非常独特，完全不同于另外一个企业。然而，COSO 的框架适用于所有的企业。

10.3.3 企业风险管理框架

业务活动被设计用于完成经营目标。管理层负责制定与企业使命和经营战略相一致的经营目标，而经营战略将产生实现组织经营计划的高度可能性。

由 COSO 开发的企业风险管理框架提供了创建这些目标的框架。任何企业组织都不可能在一个无风险环境中生存，并且企业风险管理的利用也不会产生这样一种环境。相反，企业风险管理使管理层能够在充满风险的环境中更有效地运营。

COSO 企业风险管理框架的目的是：

——企业的风险承受度和战略相一致。风险承受度是一个在广泛基础水平上的风险偏好程度。即一家公司或其他实体愿意在追求其目标时接受的风险。管理层在评估可供选择的战略方案时首先应考虑风险的承受度，然后，设立目标，使之与企业既定的战略相一致，并且制定管理相关风险的机制。

——与增长、风险和回报相联系。企业接受风险作为价值创造和保存的组成部分，而且期望得到与风险相匹配的回报。企业风险管理增强识别和评估风险的能力，并且建立与增长和回报目标相关的可接受的风险程度。

——增强风险应对决策。企业风险管理提供了在风险应对的替代方案：即风险回避、风险降低、风险分担和风险接受之间进行识别和选择的严格要求。

——使运营的意外损失最小化。企业增强了识别潜在事件、评估风险和确定应对举措的能力，就会因此降低发生意外损失的可能性，使相关成本或损失最小化。

——识别和管理整个企业的风险。每一企业面对影响组织不同部分的无数风险。管理层不仅需要管理个别的风险，而且也要理解个别风险之间的相互影响。

——提供对多重风险的整体应对措施。业务流程具有许多固有的风险，而企业风险管理有助于确认管理这些风险的整体解决办法。

——抓住机会。通过考虑整体范围的潜在事件，而不仅仅是风险，使管理层获得对某些事件如何成为机会的理解。

——使资本合理化。有关风险更全面的信息有利于管理层更有效地评估整体资本的需要和改善资本分配。

COSO 的企业风险管理不是一个目的，而是一种帮助组织实现其目标的重要手段。它在一个企业中不是孤立地运行，而是成为管理流程中的促进因素。通过向董事会提供最重要的风险和如何管理这些风险的信息，使企业风险管理与公司治理相互联系起来。

10.3.4　国际内部控制协会（ICI）公司治理模型

由于不存在一般公认的公司治理模型，国际内部控制协会创建了一个模型。该模型以马科姆·波多里奇国家质量项目、COSO 内部控制框架和企业风险管理框架的组合为基础。因此，本部分所使用的治理模型建立在可得到最广泛公认的管理模型和最佳方法的基础之上。

为了建立公司治理模型，ICI 使用了图 2－10－1 举例说明 PDCA 循环。PDCA 代表计划、执行、检查和整改的循环。这一循环在质量保证项目中作为持续改进的基准被广泛地接受。

PDCA 循环的前提是计划想要做的事，执行已经计划的事，检查确认事情是否按照计划执行了，并且正在运行。根据检查的结果，采取行动纠正问题，改进流程并使该循环周期继续进行。

图 2－10－2 说明了国际内部控制协会（ICI）的公司治理模型。该模型从制定一种治理方式开始。前提是公司治理应当代表董事会和管理层的一种积极的首创精神。这种方式有时被称为“高层基调”（Tone at the Top），需要在组

织各层级进行沟通以便治理方式能被执行。治理方式应当遵循现成可利用的最佳治理惯例。

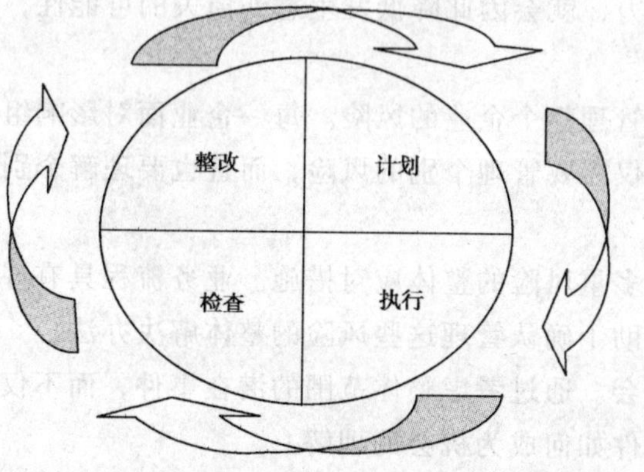

图 2－10－1　PDCA 循环　计划——执行——检查——整改

一旦治理方式被执行，就需要监督治理实务的实施情况，以保证遵循最佳惯例。根据监督情况，需要在形势分析的基础上强化治理效果。全面的治理执行情况分析必须针对存在的问题，研究对策，采取行动改进和完善治理方式。

公司治理模型的基石是治理的方式、执行、分析与强制实施。基调是战略性地规定“应该做什么”来实现管理层的治理目标；治理执行是规定在组织中“如何执行”治理方式；治理分析和强制实施是管理层必须用以确保遵守治理实务的意向和要求的手段。

在治理意向和治理实务之间时常存在脱节的现象。例如，意向可能是要保护自行检举者不因为检举错误行为而受到歧视。而“实际情况”可能是主管人员会从抱怨者中区分出自行检举者自行处理。实际上，他们可能会歧视抱怨者，认为这些人在某些情况下会违反管理层的意图和造成不必要的麻烦。

图 2－10－2 说明的在三角形边上的三个椭圆形的流程是把治理合成一体的“胶”。沟通是在董事会和管理层传递公司治理方式和意向的方法。员工和中级管理层也必须能够将有关治理的问题传递回管理层。监控是公司使用确保其治理实务能被遵从的手段。有效的监控，不仅要监督对该实务的“条文”的遵守，而且也要监督该实务意向被遵从的情况。必须像法官和警察执法那样执行这些监督。整改行动和改进流程必须嵌入该项目。如果管理层不实施治理惯例，就有可能违背治理要求而导致会计丑闻和错误行为。因此，没有整改行动，治理是难以有效的。同时，没有改进，公司治理也无法与当前的行业惯例

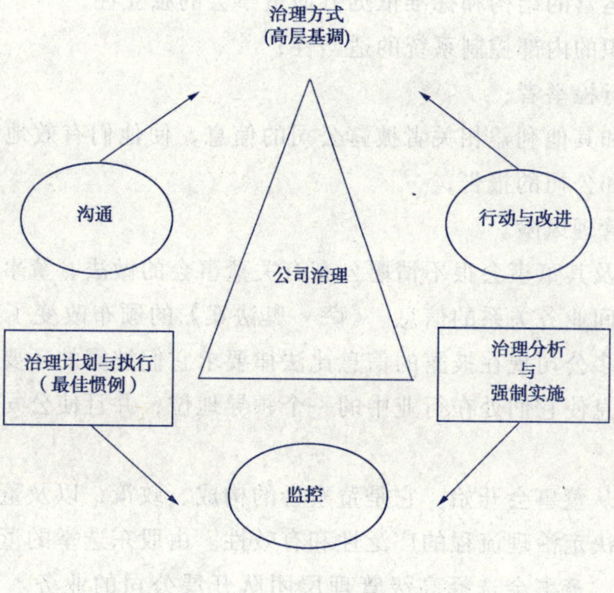

图 2 - 10 - 2　ICI 公司治理模型

和立法保持同步发展。

10.4 公司治理政策、原则和目标

董事会和公司高级管理层需要建立公司治理的原则和目标。许多组织现在已经开发了公司治理政策。这些政策将由董事会批准和监控，并且由公司的首席执行官执行。当存在许多的政策时，对于某一单独的公司治理政策的参考通常局限在这些政策的组合可以提供一个稳定的公司治理方法。

在《萨·奥法案》颁布之前，关于公司治理方式如果有什么不同的话，就是许多公司选择不要披露太多情况。自从《萨·奥法案》颁布之后，倾向已经转向公司披露越来越多有关它们公司治理方式的事情。一些披露可能在公司对股东的年度报告中作出；许多公司已经选择包括将它们公司治理方式作为其公司网站的一个组成部分。作为公司治理方式的一些最好的网站是辉瑞制药公司（Pfizer）和通用电器公司（General Electric）。

通常，公司治理政策被设计用于完成以下目标：

- 保证公司遵从适当的法律法规；
- 保证公司遵守一般公认的会计程序；

- 保证在运营的结构和标准依据方面董事会的独立性；
- 保证组织的内部控制系统的适当性；
- 保护自行检举者；
- 向股东和其他利益相关者披露公司的信息，使他们有效地评价业绩、治理实务和公司的报告；
- 有效地管理风险。

许多公司及其董事会很不情愿公布有关董事会的做法、董事会成员的薪酬及其与公司之间业务关系的信息。《萨·奥法案》的颁布改变了董事会不愿披露的惯例。许多公司现在披露的信息比法律要求它们披露的还要多，因为它们认为，披露信息使它们处在行业中的一个领导地位，并且使公司对投资者变得更有吸引力。

公司治理从董事会开始。它是董事会的构成、政策，以及董事会对治理的方式，该方式决定治理流程的广泛性和有效性。由股东选举的董事会是公司的最高决策机构。董事会选择高级管理层团队开展公司的业务。董事会充当顾问、法律顾问、监控人员和评判绩效等各种不同的角色。董事会同样负有监督公司治理的责任。公司的董事会经常制定其活动的范围和适当构成的指导方针。为了了解董事会这一层级的治理活动，下面用杜克房地产公司年度报告中所报告的公司治理作为示例。

杜克房地产公司董事会的治理方式（仅作为示例）

自从公司开张以来，杜克公司不仅努力成为运营的高层实施者，而且也引导对投资者很重要的事项，例如，信息披露和公司治理。杜克公司的治理系统增强了这种承诺。今后，杜克公司将会继续向投资团体表明其会计和公司治理实务的质量与完整性是处在最好的美国公司之列。杜克公司成为优秀企业的一些理由概括如下：

- 董事会的构成。董事会由绝大多数（超过67%）的独立董事控制；
- 董事会委员会。董事会委员会成员全部都是独立董事；
- 首席董事。公司治理委员会的主席担任独立董事的首席董事；
- 董事会指南。行为守则适用于所有的董事和相关人员；弃权需要独立董事的表决；
- 为新的董事创建有效的导向性方案；
- 每年检查董事的独立性；
- 独立董事在运营期间至少每季度见面一次；

- 独立董事不能从杜克公司接受作为董事之外的任何薪酬；
- 以权益为基础的薪酬计划需要股东核准；
- 董事会的有效性和业绩每年由公司治理委员会进行检查；
- 公司治理委员会每年审查首席执行官的继任计划；
- 独立董事和所有的董事会委员会在他们认为适当之时，可以保留有外部顾问；
- 为董事建立强制的退休年龄制度；
- 已发行的股票购买权不能重新定价；
- 要求董事在工作变动之时提出辞职；
- 所有权——最低股票存量所有权指南适用于所有的董事和职员。

10.5 COSO 对董事会和高级管理层的控制目标

本部分以 COSO 内部控制框架中对董事会和高级管理层定义的目标为基础。

10.5.1 COSO 对董事会的控制目标

COSO 内部控制框架有一章专门论述针对董事会的控制目标。制定控制目标的目的是在建立董事会的有效治理实务方面提供指引。由于控制目标在本质上是普遍一致的，COSO 已经提供与每一目标相联系的一些问题，帮助阐明意向，并且评估董事会特定的控制目标的实施情况。

一个活跃而又有效的董事会及其委员会提供一种重要的监管职能，因为管理层有凌驾于系统控制之上的能力，董事会在确保有效的内部控制方面发挥重要作用。

- 独立于管理层，这类必要的、困难的和探索性问题被提出来。例如，应考虑董事会是否建设性地挑战管理层已计划的决定，如战略性动议和主要的交易事项，以及对已获成果的解释（例如，预算差异现象）进行调查。
- 利用有保障的董事会各委员会，例如，考虑：
  ——董事会的委员会是否存在；
  ——在重要事务和成员关系方面，他们是否有能力处理重要事务。
- 知识和经验，例如，考虑：
  ——董事是否有足够的知识、行业经验和时间进行有效服务。

- 参加那些由首席财务官和会计人员、内部审计师和外聘审计师召开会议的次数和及时性。例如，考虑：

——审计委员会是否私下与首席财务官、内部审计师和外聘审计师见面，讨论财务报告流程、内部控制系统、重要的评论意见和建议，以及管理层业绩的合理性。

——审计委员会审核内部审计师和外聘审计师年度活动的范围。

- 董事会及委员会成员提供信息的充分性和及时性，以便允许监控管理层的目标和战略、企业的财务状况和经营成果，以及重视协议的条款。例如，考虑：

——董事会是否定期得到财务报表、主要的营销提议、重要的合同和谈判结果这类关键信息。

——董事们是否相信他们得到了适当的信息。

- 董事会或审计委员会获悉敏感信息、调查不适当行为的充分性和及时性（例如，高级职员的差旅费、重大的诉讼、监管机构的调查、挪用公款、贪污或滥用公司资产、对内线交易规定的违反行为、政治捐款、非法付款）。例如，考虑：

——是否存在向董事会提供重要事项的信息流程；

——信息沟通是否及时。

- 决定执行官和内部审计主任的薪酬以及这些人的任命与任期方面的监督权。例如，考虑：

——薪酬委员会批准的所有管理层的激励计划是否与绩效挂钩；

——薪酬委员会是否与审计委员会联合协商，处理有关首席内部审计官的薪酬和收益留存事项。

- 在建立适当的“高层基调”方面的作用。例如，考虑：

——董事会和审计委员会是否充分参与评估“高层基调”的有效性。

——董事会是否采取措施确保某一适当的“基调”。

——董事会是否明确地提出管理层应坚持行为守则。

- 董事会或委员会是否针对其发现的问题采取行动，包括进行必要的特别调查。例如，考虑：

——董事会是否已经向管理层发布应采取详细特别行动的指令。

10.5.2 公司高级管理层的治理方式

作为公司治理的总体方式应当经过董事会批准。首席执行官和执行管理层的其他主要成员有责任确保公司治理方式得到董事会的批准，并且在公司中有效率和有效果地予以贯彻执行。

首席执行官应当成为公司治理的楷模。这意味着首席执行官必须成为公司治理的“冠军”；必须向整个公司沟通这种信息；并且应当是遵守公司治理政策和程序方面的楷模。

在 COSO 内部控制框架中，有关有效的公司治理条款是公司的正直性与道德价值观、管理层的人生观和经营风格。对于每一个控制类别，这些都是特定的控制目标。控制目标如下：

10.5.3　COSO 正直性与道德价值观的控制目标

管理层必须传达“正直性与道德价值观不能被妥协损害”的信息，员工必须接受并且理解这一信息。管理层必须持续地通过书面文件和实际行动证明对高尚道德标准的承诺。

- 存在并实施行为守则和有关值得接受的经营惯例、利益冲突或期望道德行为的其他政策。例如，考虑：
  ——行为守则是否是全面的，说明利益冲突、非法的或其他不适当的支付款、反竞争指南、内线交易等问题。
  ——行为守则是否定期得到所有员工的公认。
  ——员工是否知道什么行为是可接受的或无法接受的，如果遇到不适当的行为，他们是否知道应当做什么。
  ——管理层的文化是否强调正直性和道德行为的重要性。这可能要在全体职员会议上、在每一次会议中口头传达或在处理日常活动时树立典范。
- 确立“高层基调”，包括明确规定什么是正确的和什么是错误的道德指引，以及在组织上下沟通的范围。例如，考虑：
  ——对正直性和道德的承诺是否在整个企业的宣传和实际行动方面都得到有效沟通。
  ——员工是否感受到同事的压力，做正确的事，而不做抄近路获“不义之财”（cut corners to make a “quick buck”）的事。
  ——管理层是否适当地处理存在问题的迹象，例如，潜在的有缺陷的产品或危险的废品。
- 处理与员工、供应商、客户、投资者、债权人、承保人、竞争者和审计师等的关系（例如，管理层是否在一个较高的道德水平上经营企业，并且要求其他人也这么做）。例如，考虑：

——每天与客户、供应商、员工和其他当事方的交易是否以诚实和公平为基础（例如，没有忽略为客户多开付款发票的现象，没有寻找理由拒绝员工福利的合法要求，对债权人的报告是完整的、准确的和没有误导的）。

- 回应违反政策、程序或行为守则的行为所采取的补救措施的适当性。对补救行动的范围进行沟通。例如，应考虑：

——对管理层违反行为标准是否有反应。

——作为违反行为的结果而采取的纪律处分是否广泛地进行过沟通。

- 管理层对于干预或逾越既定控制措施的态度。例如，考虑：

——管理层是否已经对可能需要干预的这种情况和次数提供指导。

——管理层的干预是否用文档记录并且适当地予以解释。

——是否明确地禁止经理超越权限。

——是否调查并且用文档记录违背既定政策的行为。

- 实现不切实际的绩效目标，特别是短期结果的压力，而且薪酬的范围是以实现那些绩效目标为基础。例如，考虑：

——是否存在可能不必要和不公平地测试员工坚持道德价值观之类的极端激励或诱惑的条件。

——薪酬和晋升是否唯一地以实现短期绩效目标为基础。

——控制措施是否到位，以减少可能另外存在的诱惑。

对胜任能力的承诺

管理层必须详细规定对特别工作所需的胜任能力程度，并且将希望的胜任能力程度转化为必需的知识和技能。

- 正式的或非正式的岗位描述或包含特别工种所规定任务的其他方法。例如，考虑：

——管理层是否以正式或非正式的方式已经分析了包含特别工种的任务。

10.5.4 COSO 管理理念和经营风格的控制目标

管理理念和经营风格通常对一个企业会产生一种普遍性的影响效果。当然，这些是无形的效果，但是，人们可以找到积极的或消极的迹象。

- 可接受的经营风险的性质，例如，管理层是否经常参与特别高风险的冒险行动，或者在接受风险方面极端地保守。例如，考虑：

——管理层是否小心行动，只有在仔细地分析冒险的风险和潜在利益之后才处理。

- 在关键职能，例如，运营、会计、数据处理、内部审计方面的人事变动。例如，考虑：

——管理层或监管人员的调动是否过于频繁；

——主要工作人员是否出乎意料地或以简短通知的方式离去；

——是否存在某种调动的模式（例如，没有能力保留关键财务主管或者内部审计主管人员），这可能是管理层设置控制所强调某一指标。

- 管理层对数据处理和会计职能的态度，是否关心财务报告的可靠性和资产的安全性。例如，考虑：

——会计职能被看作是精于计算所必需的小组，还是对整个企业的各种不同活动行使控制的一种工具；

——财务报表中所选择使用的会计原则是否总会导致最高的上报收入；

——有价资产，包括知识产权和信息是否得到保护，未经授权不得访问和使用。

- 高级管理层和运营管理层之间，特别是当运营的地理位置遥远时，相互联系的频率。例如，考虑：

——高级管理层是否经常访问子公司或部门了解运营情况；

——集团部门的管理会议是否经常召开。

- 对财务报告的态度和行动，包括在会计处理应用方面的争议（例如，保守的选择与自由主义的会计政策相比较；会计原则是否已经被误用，重要的财务信息不披露或记录被篡改或伪造）。例如，考虑：

——管理层是否避免纠缠在短期公布的经营成果上；

——为了达到目标，员工是否隐瞒不报告不适当的行为（例如，知道客户将会在下一期间退货，店员仍递交订单以便完成销售目标）；

——经理是否重视不适当做法的迹象。

组织结构

组织结构不应当太简单，因而无法适当地监控企业的活动，但也不能太复杂，因而限制信息的必要流通。主管人员应当完全了解他们的控制责任，并且具有与他们的职务相匹配所必需的经验和知识水平。

- 企业组织结构的适当性及其提供必需的信息流来处理其活动的能力。例如，考虑：

——组织结构应适当集权还是分权，企业运营的既定性质；

——该结构是否推进信息流向上、向下和在所有的经济活动之间交流。

- 主要经理职责应准确定义，经理们对这些职责的理解。例如，考虑：

——对企业经营活动的职责和期望是否清楚地与负责那些活动的主管人员沟通。

10.6 公司的核心价值观应当以哪种公司治理为依据

作为评估使用的马科姆·波多里奇国家质量奖模型是以核心价值观为基础。经过多年的周期循环，该模型所使用的核心价值观已经被定义、延伸与认可。

用于评估公司绩效优秀的标准被设计成有助于组织使用于绩效管理的一种综合方法，以促进：

- 传递不断改进为客户服务的价值观，在市场上获得成功；
- 改进整个组织效果性与能力；
- 加强组织和个人的学习。

一个组织在很大程度上是建立在其核心价值观的基础之上的。核心价值观有助于公司的董事会、管理层和员工定义他们应当如何执行其日常活动。

10.6.1 核心价值观

建立在马科姆·波多里奇国家质量奖模型基础之上的核心价值观是：

- 愿景式的领导；
- 客户至上的美德；
- 组织和个人的学习能力；
- 尊重员工与合伙人；
- 灵活性；
- 重点面向未来；
- 管理为了创新；
- 用事实管理；
- 社会责任；
- 注重结果和创造价值；
- 系统远景。

下面描述的这些价值观是在高绩效组织中所发现的信念和行为。在创建以结果为导向的组织架构中，行动和反馈依据成为整合关键业务需求的基础。

愿景式的领导

组织的高级领导人应当制定方向和创建一个以客户为中心的，明确的与有形的价值观和较高的期望值。方向、价值观和期望值应当平衡所有利益相关者的需要。领导人应当确保创建实现优越绩效的战略、系统和方法，激励创新，掌握知识和能力，并且确保组织发展的持续性。价值和战略应当有助于指导所有组织的活动和决定。高级领导人应当激发并且推动整个劳动大军，鼓励所有的员工为发展而学习、具有创新精神和为增强企业的创造力作贡献。高级领导人的行为和绩效应当对组织治理机构负责。治理机构应当针对组织的道德、行为和绩效最终对所有利益相关者负责。

高级领导人应当通过他们的道德行为，他们个人参与计划编制、沟通、训练、未来领导人的发展、审查组织的绩效和员工认可而成为楷模。在整个组织建立领导力、承诺和倡议时，作为楷模，他们可以增强组织的道德价值观和期望值。

客户至上的美德

一个组织必须考虑所有的产品、服务特征与性质，以及为客户增加价值的所有客户访问方式，由组织的客户评判质量和绩效。此类行为将会增加客户的满意度和忠诚度，优先选择组织的产品和实现业务扩张的良性发展。以客户为导向服务有目前的和未来的两个组成部分：即了解今天客户的愿望和预料未来客户需求与市场潜力。

可以通过客户的总体购买力、所有权和服务经验的许多因素影响价值和满意度。这些因素包括有助于建立信任、信心和忠诚度的组织与客户的关系。

客户至上的美德意味着不仅要减少缺点和错误、提供客户需要的产品，而且还要服务周到，减少客户的抱怨。这些因素有助于贯彻组织客户至上的观点。除此之外，组织能够成功地克服缺点和弥补错误，对保留老客户和建立新的客户关系是至关重要的。

客户至上的组织强调的不仅是满足客户基本需要的产品和服务特性，而且也要满足那些竞争性报价的有区别的产品和服务特性。这种区别可能建立在开发新产品、改进产品和服务的质量、定制的产品与服务特色、多种访问机制、快速反应或特别关系的基础上。

因此，客户至上的美德是一个战略概念。它针对客户保留和忠诚度，市场占有份额和发展的目标。它要求对已变化的和新出现的客户与市场需求，以及对客户满意度与忠诚度这些因素保持持续的敏感性。它要求倾听客户的话语，预测市场的变化。因此，客户至上的美德需要在技术和竞争者的报价，以及对客户和市场变化的快速和灵活反应方面具有发展意识。

组织和个人的学习能力

实现经营绩效的最高水平需要对组织和个人的学习有良好的运作方式。组织的学习包括现有方法的持续改进和重要改变，引导新目标和新方法。学习需要嵌入组织运营方式之中。这种学习意味着：

（1）是日常工作的正式组成部分；

（2）在个人、工作单位和组织各层级都实行；

（3）产生从根源上解决问题的结果；

（4）重心集中在整个组织建立和分享知识；

（5）创造机会产生重大的和意义深远的变化。

学习的原始资料包括员工的想法、研发成果、客户的信息输入、最佳实务的分享和基本标准。

组织的学习可以：

（1）通过新的和改进的产品与服务来提高对客户的价值；

（2）发展新的经营机会；

（3）减少错误、缺点、浪费和相关成本；

（4）改进反应程度和周期时间的绩效；

（5）利用所有资源提高生产率和有效性；

（6）在作为一个好市民对社区实现其社会责任及其服务方面，增强组织的绩效。

员工的成功取决于为个人学习和实践新技能有日益增加的机会。组织通过教育、培训和其他的持续成长和发展的机会，为员工个人学习投资。这些机会可能包括对有知识和技能的员工轮换工作和增加薪资。在职培训是一种具有成本效益的培训方式，并且是将组织需要和优先次序更好结合起来的培训方式。教育与培训项目可以从先进技术，例如，以计算机互联网为基础的学习和卫星广播节目中受益。

个人的学习可以：

（1）在组织里保留有更多令人满意的和多面手的员工；

（2）促进组织中交叉职能的学习；

（3）建立组织的知识财富；

（4）改良创新服务的环境。

正因如此，学习不仅针对更好的产品和服务的目标，而且也针对更快速反应的、适合的、创新的和有效率的目标——即为组织提供市场持续发展和高绩效的优势，并且为员工提供超越他人的满足感和动力。

尊重员工与合伙人

组织的成功越来越取决于所有员工与合伙人的不同背景、知识、技能、创造力和动力。

尊重员工意味着对他们的满意度、发展和福利的承诺。这些承诺包括对不同工作地点和不同家庭生活需求的员工量身定制的更多灵活的和高绩效的工作惯例。在尊重员工方面的主要挑战包括：

（1）证明组织领导人对员工成功的承诺；

（2）提供对超过正规薪酬制度的认可；

（3）在组织中提供发展和进步的机会；

（4）分享组织的知识，使员工更好地为客户服务，并努力实现战略目标；

（5）创造鼓励承担风险和创新的环境；

（6）为不同的劳动力创造支持性的环境。

组织需要建立内部的和外部的合伙关系，以便更好地完成总体目标。内部的合伙关系可能包括人力管理的合作。与员工的合伙关系可能需要有员工发展、交叉培训或新的工作组织，例如，高绩效的工作团队。内部的合伙关系也可能涉及创建工作单位之间的网络关系，以便改进工作的灵活性、反应程度和知识分享。

外部的合伙关系可能与客户、供应商和教育组织有关。战略伙伴关系或联盟是日益重要的外部合伙关系的类型。这类合伙关系可以提供进入新市场的机会或成为新产品或服务的基础。合伙关系可能允许组织的核心胜任能力和领导能力与合伙人的互补力量与能力混合成一体。

成功的内部和外部的合伙关系要制定更长期的目标，因而为相互的投资和尊重奠定一个基础。合伙人为了成功应当提出主要的需求、定期沟通的方式、评估进度的方法和适应变化情况的手段。联合的教育与培训可以为员工发展提供一种具有成本效益的方法。

灵活性

要想在全球竞争性市场获得成功需要灵活性——一种对快速变化的应变能力和灵活性。电子商务需要并促使更快速的、灵活的和定制的反应。商店面临着引进新改良产品和服务的周期更短，以及对客户需求更快速和更灵活的反应。在反应次数方面的主要改进时常要求简化工作单位与流程，或从一个流程迅速转换到另一流程的能力。在这种需求日益增多的环境中，交叉培训和授予员工权力是极为有益的。

在适应竞争性挑战方面的一个主要成功因素是从设计到引进（产品或服务）或创新周期的时间。为了满足快速变化全球市场的需求，组织需要执行从研究或概念到商业化的活动不同阶段的一体化整合。

时间绩效的所有方面现在显得更为关键，而且周期时间已经变成一个主要的流程措施。时间的改进经常促使在组织、质量、成本和生产力方面的同时改进。

重点面向未来

在今天的竞争环境中，创建一个可持续发展的组织需要了解影响经营和市场的短期和长期因素。追求可持续发展和市场的领导力需要一个强有力的未来导向的，并且自愿对主要的利益相关者，即客户、员工、供应商和合伙人、股东、民众和社区作出长期的承诺。

组织的计划编制应当预计到许多因素，例如，客户的期望值、新的经营合伙机会、员工发展和聘用需要、越来越全球化的市场、技术开发、逐渐形成的电子商务环境，客户和市场分割方面的变化、变化的监管要求、公众和社会的期望值和竞争者的战略变动。战略目标和资源分配需要适应这些影响。未来的焦点包括，发展员工和供应商，编制有效的连续性计划、为创新创造机会和预先考虑公众责任。

管理为了创新

创新意味着做有意义的变化来改进组织的产品、服务、流程和运营，并且为组织的利益相关者创造新的价值。创新应当引导组织走向新的绩效领域。创新不再严格地限制为研发部门的范围，创新对企业和所有的流程都是重要的。应当引导和管理组织，使创新成为学习文化的组成部分。创新应当被融合到日常工作中，并且得到绩效改进系统的支持。

创新建立在组织及其员工积累的知识之上。因此，快速传播并将这种知识转变为资本的能力是至关重要的。

用事实管理

组织依赖于绩效的衡量与分析。这类衡量应当起源于商务需要和战略，组织应当提供关键的数据和有关主要的流程、产量和结果的信息。绩效管理需要许多类型的数据和信息。绩效管理应当包括客户、产品和服务的绩效；运营、市场和竞争绩效的比较；供应商、员工、成本与财务绩效；以及公司治理与法律遵从性。数据应当按部门分类，例如，市场、产品线和员工小组，便于分析研究。

分析研究涉及从数据和信息中提取有重大意义的内容来支持评价、决策和改进工作。分析研究需要使用数据来决定趋势、规划，以及分析用其他方法可能不明显的原因和效果。分析研究可以支持多种目标。例如，计划编制、检查总体绩效、改进运营、改变管理、与竞争者或“最佳实务”标准相比较的绩效。

绩效改进和变化管理考虑的一个主要因素涉及绩效衡量标准或指标的选择与使用。

选择衡量标准或指标应当体现引导改进客户服务、运营、财务和道德绩效的因素。与客户服务和组织绩效要求相联系的一整套衡量标准或指标为与组织目标相一致的所有流程提供明确的依据。

衡量标准或指标本身也应当进行评价和改进，以便反映变化的情况。

社会责任

组织的领导人应当强调对公众的社会责任、道德行为和养成好公民习惯的必要性。领导人应当着重在商业道德、公共卫生保护、安全与环境方面成为楷模。健康、安全和环境保护包括组织的运营及其产品和服务的生命周期。同时，组织应当在源头上强调资源保护和减少浪费。计划编制应当预计到来自产品的生产、分配、运输、使用和处理的不利影响。有效的计划编制应当避免出现问题，问题发生时能提供一种直截了当的反应，并且使可利用的信息和所需的支持用于维护公众的知情权、安全和自信心。

对于许多组织而言，在产品设计阶段树立公众责任的意识是至关重要的。设计决定影响着生产流程，并且经常成为市政和工业废品的内容。有效的设计战略应当预计到不断增长的环境关注和社会责任。

组织应当不仅符合所有的当地的、州和联邦法律法规的要求，而且也应当把这些相关的法律要求当作“超越单纯遵从”的改进机会。组织应当强调在所有的利益相关者交易事项和相互作用方面的道德行为。高度的道德行为应当是组织治理架构的一种内在需要并受到其监督。

养成好公民的习惯涉及在组织的资源范围内，对公共重要目标的领导和支持。这类目标可能包括改进公众的教育和医疗卫生、追求环境的优美、实施资源保护、履行社会服务、改进行业和经营惯例以及分享非专有的信息。作为一个法人公民的领导力也必然需要为这些目标而影响其他公营的、私营的和合伙人的组织。

管理社会责任需要使用适当的衡量标准和针对这些衡量标准的领导责任。

注重结果和创造价值

某个组织的绩效衡量标准需要把重点集中在关键的成果方面。成果应当用来为主要的利益相关者：客户、员工、股东、供应商和合伙人、民众和社区创造与平衡价值。通过为主要的利益相关者创造价值，组织建立起忠诚度和为发展经济作出贡献。为了应对间或的冲突和平衡价值所包含的变更目标，组织的战略应当明确地包括主要的利益相关者的需要。这将有助于确保计划和行动满足不同利益相关者的需要，并且避免任何对利益相关者的不利影响。使用均衡的组合绩效措施提供了一种有效沟通短期和长期优先顺序的方法，监控实际的绩效，并且提供一种用于改进结果的明确依据。

系统远景

波多里奇的标准提供了管理组织及其实现绩效卓越结果的一种系统远景。

10.6.2 波多里奇七个类型的核心价值观

总体绩效的管理需要组织特有的综合、联合和整合。综合意味着把组织看作一个整体，建立关键的经营要求，包括战略目标和行动计划。联合意味着使用波多里奇分类（the Baldrige Categories）既定的要求之间的关键连接点，确保计划、流程、措施和行动的一贯性。整合建立在联合的基础之上，以便绩效管理系统的个别要素能够以完全互相连接的方式运行。

这些概念在波多里奇的框架中被描述。系统远景包括高级领导人的注意力应集中在战略方向和客户上。它意味着高级领导人监控、应对和管理以经营成果为基础的绩效。系统远景也包括使用措施、指标和组织知识来建立主要的战略。它意味着将这些战略与关键的流程联结在一起，调整资源来改进总体绩效并使客户满意。

因此，系统远景意味着管理整个组织及其各种要素达到成功。

核心价值观的思想体现在七个类型中，如下所示：

(1) 领导力；

(2) 制订战略计划；

(3) 客户和市场焦点；

(4) 衡量标准、分析研究和知识管理；

(5) 人力资源重点；

(6) 流程管理；

(7) 经营成果。

10.7 执行管理层领导力所需的有效公司治理

领导力被定义为公司的高级领导人如何指导和维持他们的组织。领导力包括公司治理和公司如何强调其道德、守法和社会责任。

马科姆·波多里奇的国家质量奖管理模型划分了领导力类型。下面是两种领导力类型中所包括的标准讨论。

10.7.1 高级领导人的组织治理领导力

(1) 在公司治理系统中提出下列因素的组织治理流程：

- 管理层行动的责任制；
- 财务会计责任；
- 运营中的透明度，适当选择治理委员会的成员与披露政策；
- 内部审计和外部审计的独立性；
- 适当保护利益相关者和股东的利益。

(2) 高级领导人包括首席执行官绩效的效率与效果：

- 如何评价治理委员会成员的绩效？
- 高级领导人和治理委员会绩效审查的类型和范围，改进个人领导力的效果、董事会与领导力系统的效果。

10.7.2 高级领导人的法律道德行为

衡量高级领导人的法律道德行为可以考虑以下内容：

- 高级领导人如何面对他们组织的产品、服务和运营的任何社会负面影响？
- 高级领导人如何预期公众对现在的和未来的产品、服务和运营的关注？
- 高级领导人如何以积极的方式，包括适当地使用保护资源的流程应对这些关注？
- 高级领导人如何建立和监控关键的合规性流程与措施，以及实现并适当高于法律要求的目标？
- 高级领导人如何建立和监控关键的合规性流程和措施，解决与公司的产品、服务和运营相关的风险？
- 高级领导人使用什么方法促进并确保与其他当事方所有相互影响的道德行为？
- 主要的程序和措施（指标）已经建立了什么方法，促进和监控公司结构中与客户及合伙人相互影响方面的道德行为？
- 高级领导人如何监控并回应违背道德的行为？
- 高级领导人如何积极地支持并增强他们的社区建设？
- 高级领导人如何识别关键社区，并且确定组织参与和支持的重点领域？
- 高级领导人及其员工如何为改进他们的社区作贡献？

社会责任包括对公司经营至关重要的所有领域。上述组织治理所包括的透明度和运营应当包括公司的内部控制系统。高级领导层的绩效评价可能应通过同业互查、正式的绩效管理审查、正式或非正式的员工和其他利益相关者的反馈与调查等措施得以支持。道德行为的措施或指标可能包括独立董事成员的百分比率、与股东和非股东选民关系的措施、违背道德行为的情况及其反应、对组织道德的员工感受方面的调查结果、举报热线电话的使用、道德检查结果与审计。适合于公司支持的社区领域可能包括，公司致力于增强当地社区的服务、教育和健康、环境；增强贸易、企业或专业联合会的最佳惯例。虽然没有很明确地包括，但是，员工的卫生与安全是公司治理与社会责任的一个重要组成部分。

10.8 公司治理的沟通目标

如果“高层基调”是激励公司治理，那么，这种基调必须被沟通到所有的有关方面。沟通不仅是对员工，而且也涉及到公司的合伙人、代理商、供应商和其他的利益相关者。沟通必须不仅从高级管理层向下级沟通，而且包括从下级至高级管理层的向上沟通。本专题将强调治理沟通。

有效沟通应通过计划安排，而不是自发产生的。有效沟通是可复制的。可复制的意义是如果某些人的特定工作变化了，相同的沟通类型将会在新员工中发生。

公司治理是人的问题，而不是程序的问题。人们必须首先被激发而且深信高级管理层想要实行并强化公司治理实务。将这种信息传达给员工和利益相关者也是一种沟通活动。

COSO 委员会制定了 COSO 沟通控制的目标。制定这些控制目标便于定期地进行沟通，并且以可复制的方式发生。正如前面提到的 COSO 控制目标那样，先列出控制目标，然后是一系列应遵从的有助于阐明这些控制目标意向的考虑事项。

沟通在信息处理中是固有的。从广义来说，沟通同样发生在处理个人和团组的期望值和责任方面。有效沟通必须是组织内向下、交叉和向上沟通以及外部当事方与组织的沟通。

- 沟通员工的职责与控制责任的有效性。例如，考虑：
  ——沟通的载体：正式的和非正式的培训课程、会议和在职监督，是否足以影响这类沟通。
  ——员工是否知道自己活动的目标与职责如何有助于实现那些目标。
  ——员工是否知道他们的职责如何影响其他员工的职责，并且也受到其他员工职责的影响。
- 建立员工报告可疑不正当行为的沟通渠道。例如，考虑：
  ——是否存在通过某一专人而不是直接的主管人员，例如，意见调查官或公司法律顾问向上沟通的途径。
  ——是否允许匿名举报。
  ——员工是否有效地使用沟通渠道。
  ——是否提供报告可疑不正当行为个人的反馈意见，并且确认其不受打击报复的影响。
- 管理层对提高生产率、质量或其他相似改进方法的员工建议的接受程度。例如，考虑：
  ——现实的机制是否适当，并有利于员工提出改进的建议。
  ——管理层是否通过提供现金奖励或其他有意义的认可方式答谢员工的好提议。

- 整个组织横向沟通（例如，在采购与生产活动之间）的适当性和信息的完整性与及时性，以及能够使员工有效执行其职责的充分性。例如，考虑：

——销售人员是否将客户的需要通知工程部门、生产部门和营销部门。

——应收账款人员是否建议暂缓付款人的赊购核准职能。

——关于竞争者新产品或保单的信息是否传送给工程部门、营销部门和销售人员。

- 与客户、供应商和其他的外部当事方沟通渠道的公开性和有效性，便于沟通不断变化的客户需求信息。例如，考虑：

——是否存在与所有相关当事方的反馈机制。

——是否将收集的建议、抱怨意见和其他的输入信息沟通到相关的内部当事方。

——在必要时信息是否向上报告，并且采取后续行动。

- 外部当事方知道企业道德标准的程度。例如，考虑：

——对外部当事方的重要沟通是否通过与信函的性质和重要性相当的管理层递送（例如，高级主管人员定期地用书面形式向外部当事方阐述本企业的道德标准）。

——供应商、客户和其他人是否知道本企业的标准，以及和本企业打交道行为的期望值。

——这类标准是否在与外部当事方的例行交易中得到加强。

——外部当事方员工的不正当行为是否向适当的人员报告。

- 从客户、卖主、监管人员或其他的外部当事方那里沟通得到的结果，管理层是否采取及时的和适当的后续行动。例如，考虑：

——员工是否善于接受有关产品、服务或者其他事项问题的报告，是否对此类报告进行调查和有所反应。

——是否改正客户开发票方面的错误，并对错误的根源进行调查和纠正。

——是否有独立于原始交易当事人的适当人事安排及流程投诉措施。

——是否采取适当的行动，并且存在与原始来源的后续沟通。

——最高管理层是否知道投诉的性质和数量。

10.9 使用最佳实务实施治理方法

有效的最佳实务是一种不可复制的流程。每个流程都有准入标准、执行该实务的程序、检查该流程被适当执行的程序以及退出标准。

准入标准是启动实施最佳实务的行动、产品或服务。例如，如果某个自行检举者呼叫公司的热线电话，热线电话的最佳做法就会被启动，处理该自行检举者的举报问题。

执行与检查工作的程序是最佳实务的行动部分。这些程序是某个人承担执行最佳实务和检查该最佳实务是否被正确执行的指令，以及一步一步的具体活动。

退出标准是来自最佳实务的行动或可交付的物品。例如，在自行检举者的最佳做法中，退出标准可能是转交给高级管理层或组织的法律顾问采取行动的已完成的表格。

每一最佳实务都应当有一个目标。该目标是执行最佳实务的目的。在最佳实务的名词术语中，最佳实务的目标被称为一种政策。该政策试图解释做什么，而最佳实务应当为如何完成那一目标提供方向。例如，有关自行检举者的一个政策可能是“记录并且对自行检举者的举报问题采取行动，保护自行检举者免受任何谴责或歧视性对待的行动”。然后，最佳实务将会被融合进入实现那一政策/最佳实务目标的适当位置。

不存在一般公认的整套公司治理最佳实务。事实上，监管者甚至不情愿为公司治理发布这样的一套最佳实务，因为当开发此类的最佳实务时，有许多组织应当考虑的因素。

治理的政策和惯例在公司的网站和公司的年报上可广泛得到。与其尝试复制可得到的大量最佳治理实务，不如将重点集中在最普遍的公司治理最佳实务上。

在本部分提供的指导方针是以公司治理模型为基础的，并且是在许多公司网站中所包括的代表性的习惯做法。然而，大部分的网站重点放在政策上，而不是被用于实现这些政策目标的详细程序上。

在公司治理方面，存在三种一般类型的最佳实务。这些类型是：

- 公司的行为守则
- 公司治理的政策与程序
- 合规性的基础结构

这一专题将体现为公司的一般性行为守则。它将包括来自辉瑞制药公司（Pfizer）公司治理政策的一个代表样本。

10.9.1 公司的行为守则

员工需要从他们的日常活动的绩效中知道公司期望他们做什么。在大多数的公司里，训练员工如何履行他们的工作职责；或是具有或是通过受训掌握所需的工作技能。然而，直到最近，很少有针对员工应如何对道德价值观所涉及到的哪些情形作出反应的训练。

许多员工面对需要道德行为指导的情形。这些情形，例如，供应商邀请他们共进午餐或者向他们赠送礼品；他们获取第二职业的时候；他们在与其他员工打交道的时候；他们代表公司对外活动，例如，销售和社区活动。

公司的行为守则代表着公司期望员工行动的方式。它试图规定员工可能会面对的各种情形，以及当他们面对这些情形时，应当如何应对。行为守则是公司治理中所涉及到的最重要的文件之一。

光有行为守则是不够的，行为守则必须被大家认识到，高级行政人员必须依照守则行事。行为守则适用于组织的所有管理人员及其员工。然而，如果某个守则是有效的，公司的高级管理人员必须制定如何施行的示例。

在引导性的公司行为守则中所包括的用以强调各种事项的一般行为守则如下：

行为守则示例

本行为守则的目的是为×公司及其在世界各地的国内与国外子公司的员工发布的基本原则和指导方针。除了严格遵守法律的规定之外，期望所有的员工能在公司事务的行为中根据诚实和公平的基本原则遵守行为守则中所包含的政策。所有的员工，特别是经理必须具有并响应公司对股东、员工、客户和公众义务的责任意识。

特定的政策声明

虽然上述的一般原则将应用到所有经济活动的行为方面，但是，公司的员工同样应当受到下列特定政策的约束：

（1）公司资产的使用与责任

公司的政策禁止创建和维持秘密的或未记账的资金或资产，禁止在账簿中进行错误或虚构记录和将公司资金用于非法目的。该政策说明如下：

①禁止秘密的或未记账的资金或资产。任何知道有秘密的或未记账的资金或资产的员工必须立即向公司总律师报告此事，总律师必须依次将该事项向公司的董事会主席和审计委员会报告。

②在公司及其子公司的账簿和记录中禁止错误的或虚构的记录。

③禁止非法使用公司或子公司的资金或资产。

④禁止将公司或子公司的资金或资产用于对候选人、委员会或政党的违法政治捐献。

⑤公司或子公司的资金或资产也不允许用于合法的美国境内或境外的政治捐献，除非公司的首席执行官事先得到书面批准，并且在总律师审核该支付款的合法性之前不予以支付。

⑥代表公司或其子公司承诺其贷款中介、发起人的支付款、顾问费或任何相似费用，未经适当小组或者公司全体职员的核准，未经总律师审核该支付款的合法性不予以支付。

（2）利益冲突（Conflict of Interest）

为了使公司能够有效地处理其业务和增强对其员工诚实性的信心，必须维护忠诚与道德的最高标准。公司希望它的员工可以自由地进行个人投资，并且享受社会关系和正常商务礼仪，不过他们必须没有任何与公司利益冲突或看起来会影响公司利益的个人利益，或是可能影响或看起来会影响他们履行公司职责方面的判断或行动的任何个人利益。

任何员工在任何的外部关联或者竞争性事务中，必须没有或者不允许其配偶或子女有任何直接或间接的利益，除非该利益事先向首席执行官任命的一个委员会披露，并且他们的意见是这种利益不与公司利益相冲突，不存在此类利益将影响该员工在履行其公司职责方面的判断或行动的合理可能性。

每个员工必须向该委员会报告现存的家庭或亲密的个人关系，包括员工或其配偶或子女和某一所有者或员工的关系，此类外部关联或者竞争性事务可能影响或看起来会影响该员工在履行其公司职责方面的判断或行动。

任何员工无论是否收取薪酬，都不得为任何外部利益方或者竞争对手提供服务，或代表他们从事相关活动，除非委员会确定此类关系与本公司利益有关，并在影响该员工履行其公司职责的判断或行动方面存在合理可能性。

任何员工不得要求或者接受，或者允许其配偶或子女要求或者接受来自任何外部利益方或竞争对手的任何好处，金额极小的除外。

每一个员工必须向委员会报告由任何外部利益方或竞争对手给予某个员工或其配偶或子女此类被禁止的好处。

（3）反托拉斯法和规则

谢尔曼法案（The Sherman Act）和其他的反托拉斯法禁止公司及其国内子公司以及它们的董事、行政人员、员工、代理商和代表参与以下任何活动：①旨在与竞争者就有关销售我们产品的价格、销售条件、产量或分配方法、或销售部门、地区或客户事项达成理解；②旨在与客户就有关互惠购买和销售事项达成理解；③其他被禁止的活动，例如违法的价格歧视（price discrimination）和贸易限制活动。

许多国家都存在类似的立法或法律限制。

希望那些职责涉及销售的任何公司员工和代表，在营销或采购活动中熟悉并严格遵守反托拉斯法案以及相关法律的条文和精神。

①一定的商务礼仪，例如，支付与商务会议有关的午餐或晚餐的费用。通常在这一政策范围内不算是一种礼品。为了证明不追求或接受礼品赠与，员工应当在实际可行的范围，努力在互惠的基础上保持这种礼仪。

②提供或接受面值很小的广告小礼品是适宜的，赠予者也将这些小礼品广泛分发给同等商务关系的其他人。

③按照公认的商业惯例，在不受不道德行为影响的情况下，我们与商业客户的关系可能偶尔表现为交换礼品或纪念品。在某些国家当地的风俗习惯中可能将交换礼品当作一种礼仪。

④每位经理和受到影响的公司部门领导将确保此类礼仪不超过谨慎而保守的范围。在授权由代表批准此类礼仪的情况下，该代表将接受指导区分正确情形和所受的限制。

实现上述政策的意图是任何公司和个人的义务，并不期望每个员工或管理层的每一成员完全精通影响其责任的法律。但是，期望负有重大职责的每位员工应当具备其工作所允许活动的相关作业知识，并就存在的任何问题从总律师办公室职员处获得指导。

所有行政人员、经理、主任和首席执行官的责任是将这一政策告示组织中适当的主管人员和员工，并且管理这一政策的实行。

任何明显的违背适用法律或公认的商业道德标准的行为将会使员工遭受纪律处分，可能包括谴责、降级或解雇，取决于过错的严重程度。除此之外，纪律措施将适用于任何违规，或知道违规却没有按照行为守则采取改正行动的主管人员。适当的纪律措施也将适用于任何未能落实管理职责，未能使受本守则影响的员工得到适当告知的主管人员。

10.9.2 公司治理政策与程序（最佳实务）

当员工依照行为守则知道应当做什么时，他们更需要知道如何做这些事。最佳实务（best practices）说明应当如何做这些事。最佳实务的概念是：公司开发执行某一活动“最好的”做法；或者是从已知的公司或专业文献中得到的“最佳实务”。

治理的最佳实务与那些包括如何治理的习惯做法有关。它是给管理人员和员工的，是员工们实现行为守则中所规定的治理责任的方式。

在公司治理方面不存在一般公认的最佳实务。那些自称为是公司治理方面“领袖”的公司有许多治理的习惯做法。因为这些公司被独立信息来源公认为公司治理的领袖，它们的习惯做法比其他公司所使用的治理惯例显得更好。

本部分包含某个地区绝大多数公司所提供的工作惯例的代表性示例，因为这些惯例本身来自于已经被公认为公司治理的领先公司——美国辉瑞制药公司（Pfizer）。本部分中的最佳实务可以被用作其他组织治理惯例的“基准”。

10.9.2.1　首席执行官致员工的信函

新闻广告媒介充满着企业领袖和公司的故事，当他们的行为已经引起公众的怀疑和不信任时，公司真正地出现了好坏分离的状况。公司以我们合规性的记录而骄傲。遵从所有的相关法规和规则，既是我们 150 年历史的遗产，也是我们在全球企业中最重要的优势之一。

作为公司的一名员工，你们分享着坚持公司光荣名誉的特权与责任。你们应当总是道德地与合法地采取行为。在此类行为可能成为第二天性时，作出“正确选择”的许多情形可能存在挑战性。

在公司和员工之间应分享合规性的责任。公司的责任是规定本企业将如何（通过系统、政策和程序）遵从适用的法律法规；监控我们的努力；并且纠正任何不合规的行为。你们的责任是理解和遵守在这本小册子中所规定的标准，在需要的时候从中寻求指导。

最后，请你们相信，我可以随时帮助对我们公司或同事的做法表示担忧的任何同事。我们在一个复杂的世界中生活和工作，我们的道德将是力量和成功的源泉。我相信，你们中的每一个人将会勇于接受个人的责任，实践公司价值观，并且遵守这里所描述的政策。因此，认真阅读这本书，并且不断地提醒自己，这些政策和惯例是我们努力工作成为世界上最有价值公司的基础。

主席和首席执行官（签名）

10.9.2.2　合规性治理系统

公司有结构良好的合规系统，旨在整个公司支持合法与道德的行为。它主要包括公司的合规总监、公司合规委员会、公司合规小组和当地的合规联络部门。

当需要另外指导的时候，公司合规系统的下列说明有助于你识别最适当的人员，请求他们的帮忙。

公司的合规总监

公司的合规总监（The Corporate Compliance Officer）——负责监督公司的合规系统，包括内部审计、监控和自我评价与公司法律法规有关的项目。公司的合规总监确保整个公司标准得到广泛应用和一致性的解释。公司的合规总监直接向董事长和首席执行官，以及董事会的审计委员会报告工作。

公司的合规委员会

因为我们在整个公司严格地采取合规性的做法，公司已经创建合规委员会，并扩展公司合规总监的影响。来自每个业务部门的代表组成合规委员会。各成员监督公司的合规性战略与系统，并且负责通知公司的合规总监，告知董事会和高级管理层重大的合规事项、风险和发展趋势。许多公司里的小组，包括公司的合规小组支持该委员会的工作。此外，公司的监督与审计小组，把重点集中在我们业务活动的关键领域，但是它们独立于任何业务部门，向合规委员会提供进一步的资源和信息。

对正直性的承诺

我们用最高道德标准要求我们自己和其他人，我们的产品和流程将具有最高的质量性质。

自行检举者

公司认为所有的员工对保持有效的合规系统起关键作用。除了遵守所描述标准的个人职责之外，员工应负责提出自己对公司风险的担心，最理想的是在这些风险成为真实的问题之前提出。

如果你们合情合理地认为某一员工已经违反或可能违反某一当地的、州或联邦的美国法律、外国的法律或特定的公司政策或者程序，你们必须将此信息立刻向主管人员报告，或者通过公司的合规小组向公司的合规总监报告。每当你们有怀疑时，最好提出担心的事项。

机密性

在参与公司的合规系统时，你感到安全是很重要的。因此，机密性是优先考虑的事情，当你配合合规系统的任何环节时，公司应尽一切努力来保护你的身份。但是，在某些情况下，因为需要开展一次彻底的调查，或者因为特定法律要求，可能无法保持你身份的机密性。如果你担心泄密，可以考虑用匿名电话的方式向公司的举报热线报告。

通过提出担心之事，你让管理层有机会面对潜在的问题。这是一个重要的步骤，因为不合规的事项可能对公司、客户、投资者和员工带来巨大的风险。

对公司造成的后果可能包括：

- 公司因为其员工的不适当行为而受到起诉、罚款和其他的处罚；
- 经营亏损；
- 对公司的损害；
- 损害公司声誉；
- 影响贸易和客户关系；
- 丧失业务机会。

对某个员工的后果可能包括：

- 因为不适当行为而受到起诉、罚款、监禁和其他的处罚；
- 终止雇用；
- 奖金和每年工资增长的损失；
- 由公司所决定的其他形式的纪律处分；
- 对个人名誉的损害。

对客户的后果可能包括：

- 在他们与公司的交往中失去诚意。

对投资者的后果可能包括：

- 丧失对公司的信心；
- 丧失投资价值。

举报热线

当合规事项经常能在当地被解决时，举报热线（the Compliance Hotline）为可能无法在当地得到适当解决的那些问题提供了另一种反映渠道，通常是提供报告某种担心的问题，或通报信息，或匿名提出忠告的一种途径。

举报热线电话每天 24 小时，每星期 7 天，一年 365 天开通，随时可用。要联络热线，请呼叫电话号码：______________

举报热线由经过特别训练的第三方代表操作。

呼叫举报热线电话将不会被监听或记录，并且如果来电者愿意，他们可以选择不具名的方式。举报热线的代表将会倾听你提出的问题，并且核对所提供的信息。然后，他们会将你的问题提交给公司的合规小组，该小组将会采取适当的行动。可以安排来电者接收公司对举报问题的反馈信息。

对外开放政策

我们努力遵从法规的基础是公开性、易接近性以及公司团体中的坦诚讨论。绝大多数的问题在变成公司、员工或公众的问题之前，希望能够在当地得到解决。对外开放政策（The Open Door Policy）鼓励员工表达想法、提出所关心的问题，尤其是那些与法律或道德，以及工作质量有关的问题。所有的经理应当通过向他们直接报告和与员工的接触来维护“对外开放”的政策。我们希望员工与他们的主管人员讨论任何问题时感觉舒服，没有压力。当然，可能存在主管人员无法提供帮助的情形，在这种情况下，你们应当找其他人员谈论这些事情，这些人包括：

- 上一级的监督部门；
- 你们业务单位的领导人；
- 当地人力资源部门的代表；
- 公司的人力资源小组。

反托拉斯与竞争法令

反托拉斯与竞争法令（Antitrust and Competition Laws）保护企业自由经营。尽管这些法律复杂而又难以概述，不过在一个最低限度内，禁止在公司与竞争者之间达成影响价格、销售的条款或条件或影响公平竞争的协议。为了要避免制造扯平不适当的协议表象，公司应当禁止：

- 与竞争者关于限价、稳定价格或差别待遇的讨论或其他联络；
- 与供应商和客户关于不公平地限制贸易，或者将竞争者排除在市场之外的讨论或其他联络；
- 与竞争者关于销售竞争性产品、分配市场或客户推销区域或市场份额的协议；
- 与其他方联手抵制客户或供应商的协议。

如果你们负责这些法律适用的业务领域，必须知道这些法律的要求及其含义，尤其是如何在你们经营业务的国家中应用这些法律。许多国家都有反托拉斯或者竞争法令（虽然这些法令在国与国之间明显不同）。例如，其他国家的竞争法有时比美国反托拉斯法令更严厉，并且还管制其他的事项。例如，分配协议；专利权、版权和注册商标许可证；分销商的地域限制和许可证；给客户部分返款与折扣；以及通常的定价政策。

这些法律是复杂的。在采取行动之前，希望你们向法律部门征求意见。

反贿赂与腐败行为

公司通常禁止向帮助公司在销售货物及劳务方面赢得优势，或者向与政府主管当局沟通增进利益的任何人支付任何形式的报酬，在任何地方支付任何此类款项，都有违公司政策与程序，通常也违反法律。

绝大多数国家都有法律规定，禁止向政府官员（在美国，对外国的政治党派和候选人）支付、提供或许诺任何形式的款项或有价物品，特别是当这种支付款项的目的是影响某一授与或保留业务的官方行为或决定。因为某一国家的政府经常是我们产品的监管者和主要客户，所以公司对行贿和腐败行为必须特别敏感。不得提供有意影响，或者甚至表现为影响政府官员行为的任何款项、礼品或服务。

公司同样禁止被许多国家的法律列为违法的“商业贿赂”（commercial bribery）。商业贿赂是指在其主管人员不知情的情况下，把有价值的东西提供给某个中间人（例如，客户的某个员工），意在影响这位主管人员的商业行为。公司禁止任何员工、顾问、中间人或其他代理人以某个人的名义，或代表公司直接地或间接地从事商业贿赂活动。

公司对股东的承诺

公司致力于追求稳固发展和保持盈利目标。我们的运营将维护公司和股东的最大利益，保持运营与绩效的直截了当，细心爱护我们使用的资产和资源。为了保护公司和我们股东的最大利益，我们将：

- 保持正确的和完整的账簿与记录；
- 维护财务报告内部控制的有效系统；
- 保留公司记录遵守我们的义务；
- 适当利用并保持我们的计算机网络安全；
- 保护机密的、专有的和个人的信息；
- 保护专利权和商标；
- 避免利益冲突。

我们将不得：

- 利用或泄露机密的或内部信息。

账簿和记录

准确的经营记录对公司的管理，维持和保护投资者信心是极为重要的。准确的经营记录也有助于公司履行其对全球民众和政府提供详尽的、公允的、及时的和可以理解的财务和其他披露的义务。因此，公司的账簿、记录和账户（不管是否电子版的、文件或其他材料）必须完整地和正确地反映公司的业务交易。这些内容包括时间记录表、凭单、票据、发票、费用报告、工资表和津贴记录，绩效评价和其他必要的公司数据。

文件保留

公司有记录保留与处理的程序，确保公司记录得以维护和存储，并且在适当的时候，按照公司的需要和遵守适用的法律、法规、环境、税收、就业和贸易的要求予以销毁。希望公司员工熟悉他们的业务和地理位置以及适用的公司程序的特殊要求。

依照当地的需要，现行的文件夹必须保持适合日常业务需要的方式。不活动的或历史文件可以在记录移交表中予以描述，并且以保护这些文件免受损坏的合理方式保存。如果你知道法律需要这类文件，或如果法律部门已经要求停止销毁，必须立即停止定期的文件销毁。

专利、商标和版权

公司的知识产权保护，包括专利权、商业秘密、版权、商标、科学技术知识、实际知识（know－how）和在公司活动过程中开发的实际经验，对保持公司的竞争优势是必不可少的。希望员工在所有的商业重要的知识产权中建立、保护、维持和保卫公司的权利，并且以负责任的方式使用这些权利。

除了保护公司的知识产权之外，员工必须尊重其他人的有效知识产权。未经授权使用其他人的知识产权可能使公司招致市民的诉讼和损害赔偿。盗窃和侵占知识产权可能导致重大的罚款，以及公司与员工的刑事处罚。

利益冲突

当你将个人的、社会的、财务的或政治利益置于公司利益之上时，就发生了某种利益冲突。利益冲突的表象可能损害你的名誉或公司的声誉。任何潜在的利益冲突应当立即向你的经理报告。无论何时当要求你证明理解和坚持这本小册子中的标准时，你同样应当指出利益冲突的行为。许多利益冲突可能以简单和互相可接受的方式予以解决。以下是利益冲突的一些类型。

个人投资或交易事项

公司尊重你处理自己投资的权利，并且不希望干扰你的个人生活。与此同时，你有责任避免出现或产生你的利益和公司利益之间存在某种潜在冲突的表象。

有许多过于具体的涉及限制应用这种政策的风险；但是，可能存在导致某种利益冲突的明显情况，例如，你或你的家庭成员：

- 与某个供应商、竞争者或客户有某种实质性的财务利益；
- 在某次交易中有利益，该利益是公司知道的或可能是感兴趣的；
- 为个人盈利而利用公司的法人机会；
- 接受来自公司的某个供应商、竞争者或客户的费用，佣金或其他薪酬。

对礼品、娱乐活动、贷款或其他好处的接受程度

利益冲突不会总是那么明显，尽管你出于最好的意愿，许多情况仍可能出现。虽然鼓励商务礼仪，但是公司禁止你或你直系家庭中的某个人，接受来自公司的供应商或客户的超过象征性的或微小金额价值的礼品、服务、装饰品、娱乐或其他物品。此外，只有当它们不是以定期的或经常的方式收到时，此类礼品才被允许。

公司对员工的承诺

公司承诺以诚实、公平和尊重的态度对待所有的员工和申请人。我们相信合作中的团队精神与信任。敌视和骚扰是违法的和令人不愉快的，在我们的公司不能存在这种状况。

为了要创造一个安全的工作环境，在那里人们受到尊重和公平地对待，我们将：

- 为所有员工提供公正与平等的待遇；
- 促进一个积极的和无骚扰的工作环境；
- 保护所有员工的健康和安全。

我们将不会：

- 参与任何形式的歧视、骚扰或报复行为；
- 在工作地点中允许违法药物的使用；
- 在工作地点允许酗酒或滥用处方药品。

培养员工

领导人会以多种方式培养员工。对他们实行有帮助的反馈，有技巧的倾听，计划职业发展，并且担任教练与指导者。

平等的机会

公司希望保持其成为首要雇主的名誉。公司的政策是提供平等的就业机会，并且用与公司相互作用的方式对待申请人和员工，而不考虑个人的特性，例如，种族、肤色、宗教、性别、性别导向、年龄、国籍、婚姻状况、怀孕、残疾或退伍军人的状况。

经理负责执行和沟通这一政策。每个业务单位应当定期地监督、报告，必要时，在平等机会领域中修正它的绩效。

歧视或骚扰

公司评价关于种族、人种、宗教、身体或性特征、性别导向或任何其他被禁止因素的工作环境，这种工作环境不受口头的或身体的骚扰。这种政策应用于处理就业条件的制定；用于就业决定；处理产生某种威胁的，怀有敌意的或令人不愉快的工作环境；或不合理地干扰某个人的工作绩效的依据。如果公司知道（或者应当已经知道）该行为，并且未能采取适当的纠正行动，公司应当对由经理、主管人员、其他员工对员工的骚扰或歧视行为负责。

员工应坚持治理标准

公司依靠你们坚持公司的标准。以下描述了在任何工作情况下如何有责任地采取行动：

- 熟悉并执行标准。通过学习、理解和遵从适用的法律和公司政策，以及公司价值观和领导人行为，我们每个人都能成为一个榜样。
- 熟悉该法律并且询问困难的问题。期望你们熟悉特定工作职能和相应责任适用的法律。如果你不能确定某一法律或者公司政策是否适用，或者是否存在，请咨询有关部门。
- 不要作假设。不要假设“高级管理层已经知道”或“管理层不关心这事。”同样，不要假设管理层将不会采取任何行动。公司管理层致力于确保坚持法律标准和道德行为。事实上，负责的经理有义务对员工提出的问题作出反应。如果某事件是错误的，希望你能告诉我们。

- 不要忽视违法行为。我们所有人都需要严肃地对待法律和公司政策。如果你们认为某人可能违反某项法律或者政策，请采取措施指出这种情况。
- 帮忙改进控制与流程。一些违规行为可能不容易在我们目前的控制措施与流程中被发现。如果你有如何改进控制的建议，请不要犹豫地提出来。
- 不要有压力。期望你们永不违反法律或者政策，即使违法行为将会改善根基底线，或者有助于实现某项绩效目标，你们也不应当在任何时候受到怂恿或者被迫这么做，永远正直行事。

10.10 监控公司治理政策和程序的遵从性

监控包含执行那些用于确保按照董事会和执行管理层希望的方式实施公司治理的活动。可以通过做这项工作的某个人、负责这项工作的机构，以及监督组织活动的独立机构来执行监控。

10.10.1　监控的两种类别

存在预防型控制和发现型控制两种监控类别。预防型控制防止某一事件发生。一旦事情已经发生，发现型控制就要揭露这一可能招致损失的事件。纠正型控制（Corrective controls）是强制实施流程的一部分。然而，正如在后面要讨论的那样，除非纠正型控制适当在位并起作用，否则，预防型和发现型控制都是无效的。

预防型监控重点关注某一企业流程的输入或准入标准。例如，如果某个企业在购买产品之前，应当事先审核客户，那么，在适当的位置将会有监控流程，从经过审核确认的客户那里确定那些最合适的订单。

发现型监控在企业流程的期中或者期后发生。例如，在流程期间，因为要求处理客户的订单，业务流程会确定哪些订单来自经核准认可的客户。注意：如果预防型控制是有效的，发现型控制就有可能减少。然而，有时候预防型控制无法发现某个不利事件。例如，某一经核准认可的客户可能将会在确认其已超过授信额度的处理期间发订单。因此，预防型监控将是无效的，但是，发现型监控将会有效。

10.10.2　监控所需的四种类型

监控是公司治理的一个非常重要的组成部分。它包含一系列广泛的活动。

例如，制造业的监控通常被称为质量控制。独立的监控经常被称为审计。办事员和专业人员的监控有时被称为人工检验。组织很少把监控称为这些活动总体的组合，而是把监控当作可用于包括所有活动的公司治理的一种分类，这些活动根据组织的指令实施，以确保“正确的工作被正确执行”。

根据本部分的目的，我们将把监控分为四种类型的活动：

- 监控高层基调——保证正确的领导人在适当的位置开展有效的公司治理；
- 个别监控——保证被委派做工作的那些个人按照既定程序做好工作；
- 持续监控——由负责监控的机构确认该工作是否按照规定的要求完成；
- 独立监控——使用内部审计师和外部审计师，对内部控制和遵守控制措施系统的适当性提供一种独立的评价。

10.10.2.1 **监控高层基调**

“高层基调”是指由高级管理层传达给员工适当的信息，高级管理层实际上要做到“言行一致”（walking the talk）。“言行一致”意味着高级管理层正在做他们要求组织员工做的那些事。例如，如果存在行为守则，高级管理层应当是遵守行为守则的楷模。员工经常需要一个楷模来确定他们应当如何遵守组织的治理规则。

监控高层基调被分离成三种监控活动，因为经验已经表明，在没有正确的高层基调的情况下，另外的三种监控活动将会是无效的。例如，如果首席执行官想要员工参与社区公益活动，但他自己又不亲自参与社区公益活动。这种行为向员工传达了不适当的信息。

组织的员工完全监视着高层基调。他们不断地留意管理层如何行事，以确定将被管理层接受的员工行为。例如，如果行为守则指出，员工不得接受来自供应商的礼品，但是管理层接受了来自供应商的礼品，那么，所有的员工也将会接受来自供应商的礼品。

审计师应当但却不可能监控高层基调。根据审计标准，外部审计师和内部审计师没有义务监控高层基调。然而，根据当今的商业环境和《萨·奥法案》的规定，审计师应当评价管理层在这方面的行为。

在监控高层基调方面，以下是合理的控制指导方针：

- 高级管理层应有效地向组织的所有员工传达治理的标准和指导方针。例如，考虑：

  ——高级管理层是否直接地通过演讲、公司的通讯、电子邮件或其他媒体与每个员工进行沟通；

——管理层是否持续沟通公司的标准和指导方针；

——管理层是否能确保每个员工在符合管理层的治理标准和指导方针方面接受过训练。

• 高级管理层所沟通的关于来自高级管理层的公司治理标准和指导方针的“基调”要作到“言行一致”。例如，考虑：

——高级管理层是否遵守公司行为守则的规定；

——管理层的治理行为是否直接地或间接地沟通至所有的员工；

——管理层是否将公司无法接受的行为类型，直接或者间接持续不断地沟通至所有的员工。

10.10.2.2　**个别监控**

每一工作都存在两个组成部分。一部分包括做这项工作的程序；另一部分涉及检查程序，即检查是否正确地完成这项工作。应当详细规定每一工作的这两个方面，应当向每个员工提供这两种类型的程序。

理想状况是，将检查程序合并嵌入工作活动，以便它成为做某一工作的组成部分。例如，银行出纳员要将现金退还给某个顾客，可能要先从开票人那里提款，并清点钞票看看提取的金额是否正确，然后核对合计数是否正确，出纳员才可能将现金交给顾客，并同时大声地报数。从现金出票人那里提取现金是执行支取的程序，而在顾客面前报数则是检查的程序。

COSO 内部控制标准包括下列个别监控。COSO 把个别监控定义为：

• 对执行常规活动的那些人员，获得关于内部控制系统是否能持续发挥作用证据的程度。例如，考虑：

——运营管理层比较产量、存货销售或在计算机系统生成信息的日常活动过程中获取的其他信息；

——用于管理由财务报告制度所生成日期运营的操作信息的汇总或调整；

——要求操作人员对他们单位财务报表的准确性“签字”，如果发现有错误，他们也应负责任。

10.10.2.3　**持续监控**

持续监控是负责被监控工作的组织各部门的全部活动。它包括个别监控和监控组织所负责的工作。因为个别监控是做这项工作的个人独有的责任，所以个别监控已经被分别地提出。然后，持续监控将会包括除了个人执行的工作之外的所有的监控活动。

在使用计算机处理的组织中，监控可能自动地被运行。换句话说，计算机系统可能做工作，包括核对被运行工作的程序。例如，如果要核对，以确保预订某一产品的客户被输入客户编号，然后通过核对该客户的计算机文件，证实该客户的名字与客户编号相吻合。

组织内的监控可能包括这类事项，例如：

- 主管人员的监控 —— 某个主管人员可能监控由其下属执行的工作；
- 同业监控 ——某些员工可能监控其他员工的工作；
- 被委派负责监控的某个小组将监督员工的工作。例如，某人独自地负责监控，他可能核对所有员工所执行的全部工作，并且以随机的方式进行监控。

COSO 内部控制标准提供了监控的控制目标。这些控制目标是：

- 从外部当事方证实内部生成信息的沟通程度，或指出问题。例如，考虑：

  ——客户通过发票付款含蓄地证实开发票的数据，或客户抱怨有关开发票的问题，表明在销售交易处理中系统有缺陷 ——应对它们的潜在原因进行调查；

  ——与卖主沟通每月应付账款报表被当作控制的一种监控技术；

  ——对供应商投诉采购代理人不公平的做法应进行彻底调查；

  ——监管者对企业合规性或内部控制系统功能所反映的其他问题沟通信息；

  ——重新评价控制应当避免或发现的问题。
- 定期地将会计记录的数额与实物资产进行比较。例如，考虑：

  ——当从仓库提货运送物品时，应当核对存货清单，并且更正记录数与实际数之间的差额；

  ——应定期地计算被托管的证券，并与现有的记录进行比较。

10.10.2.4 独立监控

独立监控是由某些专业人士所执行的监控活动，这些人不是由组织单位聘用负责这项工作的人员。独立监控可能由下列机构或人员执行：

- 出于监控目的而设立的组织内的某一单位。例如，在医疗保健单位，可能设立一个“健康保险便利与责任法案（HIPAA）合规小组”对遵循该法案要求的情况进行监控。
- 内部审计师。组织内部的一种审计活动，内部审计师应独立于他们正在监控或者审计的组织，并且通常独立于管理层，对业务活动进行监控。
- 外部审计师。董事会聘请的审计师，按照审计标准评价组织内部控制系统以及其他活动的适当性。

独立监控的范围大小通常由组织内部控制系统的适当性所决定。如果执行独立监控的人员认为内部控制系统是有效的，他们的监控范围将会缩小。另一方面，如果内部控制系统中存在重大缺陷，监控内容将会增加。

COSO 内部控制框架提供了针对独立监控的控制目标。这些控制目标是：

- 培训研讨会、计划会议和其他会议向管理层提供有关控制是否有效运行的反馈程度。例如，考虑：

  ——在培训研讨会上提出相关事项和问题是否引起注意；

  ——是否向上级汇报员工的建议，并且采取适当的行动。

- 是否定期询问员工，了解他们是否理解和遵守企业的行为守则，并且定期地执行关键的控制活动。例如，考虑：

  ——是否定期地询问员工，以证实符合行为守则的做法；

  ——是否需要签字，以证明关键控制职能运行的情况。

- 内部审计活动的有效性。例如，考虑：

  ——是否拥有适当水平的有技能和经验的审计人员；

  ——他们在组织中的地位是否恰当；

  ——他们是否可以访问董事会或审计委员会；

  ——他们的范围、责任和审计计划是否适合于组织的需要。

- 内部控制系统分别评价的范围和次数。例如，考虑：

  ——是否评价内部控制系统的适当部分；

  ——是否由具有所需技能的人员开展评价；

  ——包括的范围、评价的深度和次数是否适当。

- 评价流程的适当性。例如，考虑：

  ——评价人员是否充分理解企业的活动；

  ——是否理解系统应当如何工作和它实际如何做工作。

10.11 治理分析与强制实施

公司治理缺乏分析和不依法行事将无法见效。员工将不相信管理层能认真对待其公司的治理标准和指导方针，除非那些标准和指导方针被强制实施。

在治理分析与依法期间，存在两个应确定的关键性考虑因素。它们是：

（1）某人必须确认在治理标准和指导方针方面出现的差异情况是否被管

理层认定为是差异；

（2）对于治理标准和指导方针的差异，除非强制实施，否则，将不会被员工考虑为是差异。

管理层必须确定什么样的差异行为是很重要的。例如，某一行为守则可能规定，员工不得接受供应商的礼品。让我们假设，某个员工接受了供应商的一支钢笔或者铅笔，那是一种礼品吗？某一产品的样品是一种礼品吗？参加供应商的商品宣传会，会议提供了午餐是一种礼品吗？

从治理标准和指导方针的角度，必须明确规定什么是差异行为。其中的一些答案可能在标准本身中已经确定。例如，标准可能规定，员工不得接受来自供应商的价值超过25美元的礼品。在这种情况下，从某个供应商接受价值低于25美元的一支钢笔或铅笔不算是一种礼品。同样地，参加某个供应商的商品宣传会，会议提供了一份低于25美元的午餐也不是一种礼品。

关于差异行为的第二种判断是这种差异是否被强制实施。例如，如果行为守则规定，员工不得接受供应商的礼品，但是，员工和供应商外出吃午餐并没有被强制执行为是一种礼品。那么，从治理标准的角度来看，外出享用某个供应商付费的午餐就不是一种差异行为。

10.11.1 治理分析

监控的目的是识别那些已经发生的违背公司治理标准或指导方针的差异行为。在审计术语中列为差异的情况必须被考虑为是一种“审计发现”。审计发现意味着从治理标准和指导方针的角度，某些证据已经被确认为是一种潜在的差异行为。这并不意味着它事实上是一种差异行为。分析的目的是针对管理层是否对这种差异情况作出决定。这种分析可能是客观的或主观的。客观的分析意味着证据从定量的角度支持这种差异。定量分析可能是一种二元的规定，差异已经发生，或者还没有发生，或可能是表明该差异的一个定量数额。例如，如果行为守则禁止员工未经许可接受某一外部机构的工作，如果员工事实上未经许可接受了某一外部机构的工作，从公司治理标准的角度，这就是一种差异行为。如果行为守则规定，员工不得接受超过25美元的礼品，那么，某一30美元的礼品从标准的角度来看就是一个差异行为。

主观评价是一种必定会发生的判断。例如，如果员工不是接受来自某个供应商的超过25美元的礼品，而是那个供应商提供车辆接送员工到供应商的工作场地看一种新产品，这种旅行的成本明显地超过25美元。因此，需要作出一种判断，这是一种礼品，还是资产购置流程的正常组成部分。对一些组织而言，这将是无法接受的行为，而对其他组织而言，它可能被视为做生意的正常行为。

分析可以是人工的或自动化的。目前，许多分析都由计算机系统自动化执行。在这种情况下，分析总是以相同的方式予以执行。然而，当用人工方式进行分析时，就存在判断，并且可能存在对差异的解释。

分析的最终结果是两个决定之一：其一是将监控中被揭露发现的问题考虑为违反治理标准和指导方针的差异情况；其二是该发现问题不被考虑为违反治理标准和指导方针的一个差异情况。如果该问题被考虑为差异行为，那么就要执行强制实施的流程。

10.11.2 治理的强制实施

强制实施意味着决定被强制执行。在这里区分了强制实施的决定与强制实施的行动。在一些情况下，决定和行动是由同一个人执行的；在另一些情况下，行动可能由其他人或其他的组织单位执行。

强制实施可能是某一客观的决定或主观的决定。客观的决定意味着如果存在某种违反行为，决定已经预先确定。例如，如果某个员工正在为一个竞争者工作，决定可能是解聘这个员工。如果某个员工已经偷窃组织的货币或财产，决定可能是依法起诉这个人，并且采取行动要求其赔偿损失。

主观强制实施是某人分析情况，然后作出强制实施的决定。决定可以有强制实施的不同类型，或个人认为是组织有效强制实施的任何决定。例如，强制实施可能根据违反标准差异的严重程度，以及是第一次违反标准，还是同一员工多次违反标准，根椐不同的情况作出不同的决定。作出的强制实施决定应当依据以下情况：

- 已知所有的事实吗？
- 已经给予被告解释其立场的机会吗？
- 强制实施是合法的吗？
- 强制实施是出于组织的最佳利益吗？
- 强制实施与执行管理层“高层基调”的信息相一致吗？
- 强制实施与先前相同类型和重要程度的差异相一致吗？

自觉执行

强制实施的最好类型是自觉执行。在高尔夫球的游戏中，要求职业高尔夫球手自己自觉执行高尔夫球的规定。换句话说，如果某个高尔夫球手知道自己已经违犯某项高尔夫球的规定，这位高尔夫球手必须自己评定其应受的一项处罚。

创建自觉执行环境控制的组织将成为公司治理方面的典范。同样，能自觉执行的个人，知道规则，相信这些规则，即使其差异行为是无意识的，也愿意接受对违反规则的差异的相关处罚。

在自觉执行方面，存在以下五个步骤：

- 知道合规性标准和指导方针。如果某个人还没有听说过组织的规章制度，这个人是无法自觉执行这些规章制度的；
- 理解治理标准和指导方针。仅仅听说过这些规章制度是不够的。例如，公布的规章制度可能没有指明管理层的意图。理解通常与训练有关。必须给予个人足够的指示，以便他们理解这些规章制度的条文及其意图；
- 相信治理标准和指导方针是好的标准和指导方针。如果某个人不相信规章制度是恰当的，这个人将不会自觉执行。例如，如果某个人在一条限速为每小时 25 英里的开阔道路上驾驶汽车，没有其他车辆或看得见的建筑物，他可能不认为每小时 25 英里的限速是一个公平的速度限制。假定这个人可能总想超过规定的限速，他就会因此而违反限速标准的规定；
- 牢记治理标准和指导方针。如果某个人不记得治理标准和指导方针，这个人是无法自觉执行的。请记住可以通过提供核查清单或使用注明标准和规章制度的袖珍卡片等方法来牢记治理标准和指导方针；
- 执行自觉执行的程序。如果某个人已经听说这些规章制度，理解并牢记，这个人将会是最有可能执行这些规章制度的人。

强制实施的工作平台

强制实施的工作平台存在三个组成部分：即与治理差异有关的信息；确定强制实施行动的流程；向个人与组织沟通强制实施的行动结果。组织必须制定有如何沟通偏离治理标准和指导方针差异行为的方法。

这些方法包括：

- 差异行为的书面记录；
- 自行检举者。这是一种特殊的流程，即不受影响的某些人可以向强制实施的负责人或组织举报其发现的违反公司标准和指导方针的差异情况。
- 审计发现和建议。
- 从任何四种类型监控中得到的信息。

针对是否作出强制实施的决定应当是一种可复制的流程。可复制的意义是在信息相同的既定条件下将得出相同的强制实施决定。在缺乏强制实施目标的一般公认流程时，组织应当向负责实施治理标准和指导方针的那些人员提供将如何作出强制实施决定的指导。

COSO 内部控制框架为从内部审计师和外部审计师得到的信息提供一种控制目标。相同的控制目标适用于对任何违背治理标准和指导方针的差异情况的反应。COSO 控制指导方针如下：

- 对内部审计师和外部审计师建议加强内部控制措施的反应。例如，考虑：

  ——具有适当授权的主管人员决定将执行审计师的哪些建议；

  ——期望的后续行动，以便核对执行情况。

  强制实施决策流程的最后部分将决定需要采取的行动。下一节将描述行动的实施。

10.12 对与治理标准和指南不一致的地方采取行动

一旦决定要对治理标准和指导方针的差异情况采取行动，就应当付诸实施。根据要采取的行动，可能由以下人员或机构执行：

- 直接的主管人；
- 所在部门的经理；
- 组织的法律顾问；
- 明确规定需强制实施的单位。

如果引导某一行动的信息是由“自行检举者”提供的，那么，必须保护这位自行检举者。根据《萨·奥法案》所包括的组织应当合法地保护自行检举者。《萨·奥法案》未包括的组织也应当根据《萨·奥法案》的规定保护自行检举者，因为如果自行检举者不能得到适当的保护，他们可能对其雇主提出诉讼。

应当记录已采取的行动。记录出于两个目的：首先，证明实施了该行动，并且按适当要求记录在文档中；其次，同样重要的是，应当分析这一行动以及其他相似的行动，以便决定是否需要在公司的治理方法、沟通、分析和强制实施方面作出改进。

10.13 改进公司治理流程

计划——执行——检查——整改（PDCA）的循环服务于两个目的。第一个目的是针对某一流程，例如，应当计划、运行和监控行为守则流程。根据监控的情况，采取行动以便改进流程。第二个目的是针对某一特定的行动，例如，应当计划、执行和检查强制实施的情况，以确定是否正确地执行强制实施的各项要求。

组织运行 PDCA 循环的两种使用方法对公司治理流程特别重要。如果不改进流程，它可能有损于员工的满意度，并且难以保持法律的和传统的治理要求。

改进流程被时常称为“持续的流程改进”。持续的流程改进是质量管理的一个组成部分。日本人已经制造了“kaizan”这一术语，意思是“改善”，即持续的流程改进。它是日本质量流程的一个主要组成部分。

持续的流程改进本身是一个流程。该流程通常涉及以下步骤：

- 分析流程的现状和结果；
- 确认流程存在的问题；
- 选择要提出改进的个别问题；
- 针对某个问题研究改进方法；
- 执行改进的方法；
- 确认已改进的流程是否符合改进目标。

公司治理流程的改进通常是为执行公司业务活动制定程序的小组的责任。该小组应当遵循与改进公司其他管理流程的相同程序。

公司治理流程的改进通常是公司经营管理的重要组成部分。在当今的商业环境中，公司治理具有更重要的意义。公司治理应当制定计划，而不能不负责任地实施。

不存在公司治理的通用定义，但存在所有企业在公司治理方面应当遵守的原则，例如，公司应当制定行为守则。同样，也存在必须结合纳入公司治理的法律要求。然而，因为不存在“一种尺寸适合所有人”的治理方法，所以，每个企业必须根据其行业、规模和文化来创建其公司治理的具体方案。

附录1 词 汇 表

术 语	定 义
访问威胁（Access Threats）	未经认可或不合适的处理将会发生的威胁。外部风险经常被称为安全风险或易接近风险。未经认可的行为是指没有得到管理层授权，由某个人或者某一项目私下实施的那些行为。
使用资产（Access to Assets）	只允许按照管理层的授权使用资产。
业务活动（Activity）	COSO 使用“业务活动”一词定义一个经营单位，例如采购活动。系统控制和交易处理控制二者都被包含在 COSO 业务活动的定义中。
行政管理控制（Administrative Control）	行政管理控制包括引导管理层交易授权决策流程的某一组织的计划，程序和记录。这类授权是一种管理职能，直接与实现组织目标的职责相关，而且是建立交易会计控制的出发点。
评估方案（Assessment Program）	评估方案是引导某一系统或活动评估的一个“程序”。评估方案是检查者在完成某一评估时所遵循的一系列步骤。评估方案是围绕实现这些目标过程中需要着手解决的目的和风险而建立的。在评估流程期间，需要收集、记录和检查证据。
资产的会计责任（Asset Accountability）	资产记录的会计责任是在合理的时间间隔内，将记录的资产与现有资产进行比较，针对任何差异采取适当的行动。
资产保护（Asset Safeguarding）	组织设定的程序，用以确保组织已购置的和拥有的资产受到适当保护，免受盗窃和滥用的侵害。
审计委员会（Audit Committee）	董事会的审计委员会具有一种独特的地位。它通常有权质询最高管理层关于如何履行其财务报告的责任，并且也有权力保证采取纠正的行动。审计委员会，连同一个强有力的内部审计职能，在组织内经常处于最佳的位置，它可以识别，并在最高管理层凌驾于内部控制之上或者追求歪曲误报财务结果的情况下采取行动。

续表 1

术　语	定　义
审计能力的威胁（Auditability Threats）	审计能力的威胁是指阻止交易处理重建的威胁。这种威胁涉及多种用途的数据存储而不是数据处理。数据存储应留有审计线索、备份和其他历史意图的资料。风险是管理层、审计师和监管机构将无法使用这类信息核实数据的处理过程。
授权（Authorization）	交易按照符合管理层一般授权或特别授权的方式予以执行。当管理层制定组织应遵循的政策时，它作出各种一般授权。下级按照指令对政策规定范围内的经营事项实施既定的一般授权。特别授权是管理层不愿意制定一般授权的个别交易，而采取逐案审查批准的方式。这些个别交易通常是非常规的交易（例如，主要的资本支出）只能由高级管理层核准。
董事会及其委员会（Board of Directors, and its key Board Committees）	管理层对提供治理、指导和监督的董事会或者受托人负责。通过选择和监控管理层，董事会在定义其所希望的正直性和道德价值观方面发挥重要的作用，并且能够通过监控业务活动来确认其期望值的实现程度。
业务系统与应用风险（Business System /Application Risk）	组织内与运营相关的风险。运营可以被解释为业务周期，包括收入周期、支出周期以及这些周期内的个别应用活动，例如，开发票和采购。
错误的连锁反应（Cascading of Errors）	计算机处理商务应用的一个独特问题是错误的连锁反应，即一个错误发生时引发一系列错误。它是预防和侦破方面的一个难题。
国际注册内部控制师（Certified Internal Control Specialist, CICS）	由最主要的内部控制专业人士开发的一个教育项目，作为认定那些已达到内部控制胜任能力预定水平专业人士的方法。CICS 项目直接由独立的认证委员会指导和国际内部控制协会（ICI）管理。
首席执行官（Chief Executive Officer, CEO）	首席执行官对整个内部控制系统负责，包括组织内所有的控制措施。美国《萨·奥法案》要求首席执行官要对内部控制系统的适当性提供证明。
首席财务官（Chief Financial Officer, CFO）	首席财务官对内部会计控制系统负有主要职责。内部会计控制支配着整个组织的实际系统。这些系统包括财务记录、致股东报告、业绩报告书等等。
首席运营官（Chief Operations Officer, COO）	首席运营官负责质量控制和统计过程的控制。主要是对工作流程及其产生的产品质量进行控制。
行为守则政策（Code of Conduct Policy）	组织的行为守则是员工的职业道德规范。行为守则是希望员工在他们的交易往来中，作为本组织的员工应使用的基本原则和指导方针。
职业道德规范（Code of Ethics）	职业道德规范概述了期望所有注册的职业人士遵守的道德行为。未能坚持职业道德规范的要求是 ICI 认证委员会取消某个人职业资格的理由之一。

续表2

术 语	定 义
通用知识技能与技能体系（Common Body of Knowledge，CBOK）	ICI认证委员会规定获得国际注册内部控制师资格认证应掌握的知识与技能。目前，CBOK包括内部控制学科所需的知识与八大技能分类。
薪酬委员会（Compensation Committee）	董事会的薪酬委员会有助于企业实现其目标的薪酬安排，重点应放在不过分强调短期结果而牺牲长期绩效。
举报热线（Compliance Hotline）	一些遵从法律的问题经常可以在当地得到解决。举报热线是对提出的问题无法在当地得到适当解决的情形提供另一种解决方法。一般说来，举报热线是报告某种令人担忧的问题或提出匿名忠告的一种渠道。
计算机处理控制（Computer Processing Controls）	计算机处理控制的目的是保证在计算机处理期间数据准确性和完整性，管理计算机程序的完整性，处理计算机程序错误的控制措施。在数据输入计算机应用系统之后，这些控制措施作为应用程序处理数据，包括文件接口与程序接口。 计算机处理控制的范围包括嵌入和在中央处理部件周围应用层面的控制措施。这些控制措施被嵌入每一单独的应用程序，并控制应用程序的数据输入、处理和输出。应用控制措施在某个应用系统中是独特和特殊的，因此在应用系统之间可能是可变换的。在计算机处理控制的持续发展期间，重要的是要确保计算机应用系统所运行的功能执行内部控制原则（例如，职能分离）。
利益冲突（Conflicts of Interest）	当某人把个人的、社会的、财务的或政治利益置于公司利益之上时，就发生了利益冲突。冲突的出现可能损害个人的名誉或公司的声誉。任何潜在的利益冲突应当立刻向上级经理报告。
继续职业教育（Continuing Professional Education，CICS）	国际注册内部控制师（CICS）每三年要提交继续职业教育（CPE）120学时，以保持重新认证资格证书或参加重新注册的考试。继续职业教育可以通过出席专业会议，参加教育和培训课程，提供培训服务，与其他的专业人士分享知识和技术，出版专业书刊或论文，通过参加专业委员会的各种活动而获得职业教育所需的学分。
控制（Control）	在达到目标的过程中可以消除或者将风险降低到最小的任何技术、方法或途径。
控制活动（Control Activities）	控制活动是有助于保证管理层的指令被实行的政策和程序。控制活动有助于采取必要的行动，解决实现本企业目标的风险。控制活动在整个组织各个层面和所有职能中发生，包括一系列核准、授权、核实、调整、运营业绩、资产安全和职责分离检查等不同的活动。

续表3

术　语	定　义
控制环境（Control Environment）	任何业务的核心都是员工，即员工的个人品德，包括正直性、道德价值观和职业胜任能力，以及他们运营的环境。控制环境是推动企业发展的发动机和支撑每一活动的基础。控制环境设定了组织的基调，影响其员工的控制意识。它是内部控制所有其他组成部分的基础。控制环境因素包括正直性、道德价值观、员工的胜任能力、管理层的人生观和运营风格；管理层分配权力与职责的方式；如何管理与培养员工；以及董事会规定的注意方向。
控制的层级制度（Control Hierarchy）	表示控制层次的内部控制分类。控制层次的最高点是“统治”其他两个控制层次的运营和效果的环境控制。在环境控制之下是系统控制，在系统控制下面是交易处理控制。
控制目标（Control Objectives）	控制目标是关于风险的正面描述。例如，如果风险是将受到损失的业务交易，那么，正面的控制目标可能就是“必须正确处理所有的业务交易”。一般的系统控制目标通常是在会计文献、《反海外贿赂行为法》和《萨·奥法案》中所描述的应受到控制的行为。
控制点（Control Point）	在应用系统中损失最大的风险暴露点和将设置控制的点位。
控制威胁（Control Threats）	对数据准确性和完整性以及应用系统运营绩效的威胁。控制威胁涉及系统内数据完整性和系统运行其功能的效果性、经济性和效率性。
企业合规委员会（Corporate Compliance Committee）	企业创建合规委员会以扩展合规总监的影响。该委员会由来自每一经营部门的代表组成。委员们对公司的合规性战略和系统提供监督，负责通知企业合规总监、董事会和高级管理层重要的合规性事项、风险和趋势。
企业合规总监（Corporate Compliance Officer）	企业合规总监负责监管公司的合规性系统，包括内部审计、监控以及与公司的法律法规义务相关的自我评估项目。企业合规总监确保整个公司广泛地应用法规，并且作出与标准相一致的解释。企业合规总监经常直接向董事会主席和首席执行官以及董事会的审计委员会报告工作。
公司治理（Corporate Governance）	治理定义为“控制或支配”。治理的定义是：(1) 对……行使权力；支配、控制和管理等等；(2) 影响行动或引导行为；(3) 阻止、抑制；(4) 规则或法律。在公司治理方面的绝大多数文献与公司的董事会有关。简而言之，公司治理的定义是董事会和高级管理层管理公司应遵守的那些惯例。

续表4

术 语	定 义
企业的价值观（Corporate Values）	在公司日常运营中需要考虑的价值观。例如，如果企业的价值观是"尊重每位员工"，那么，在其他员工面前谴责一位行为不当的员工同样也是不适当的行为。
纠正型控制（Corrective Control）	纠正型控制提供必需的证据和信息来改正错误行为。发现问题是采用纠正型控制的基础。
美国反虚假财务报告委员会的发起组织委员会（COSO）	COSO代表美国反虚假财务报告委员会（Treadway Commission）的发起组织委员会。该组织在评价内部控制方面提供指导。COSO的五个成员组织是美国财务执行官协会、美国注册会计师协会、美国会计学会、国际内部审计师协会和美国管理会计师协会。
COSO企业风险管理框架（COSO's Enterprise Risk Management Framework）	COSO企业风险管理框架设计了实现经营目标的活动。管理层负责开发与其使命相一致的经营目标，确定符合组织经营计划较高可能性的业务限制因素。由COSO开发的企业风险管理框架提供了一个作为创建经营目标和如何管理风险的框架。
COSO内部控制框架（COSO's Internal Control Framework）	COSO内部控制框架目前被美国证券交易委员会认定作为评估内部控制的有效框架。COSO内部控制框架由五个相关部分构成。这些部分来源于管理层经营业务的方式，并且与管理流程相结合。这五个组成部分是：控制环境、风险评估、控制活动、信息与沟通和监控。COSO的内部控制框架已经成为最广泛被公认的内部控制模型。
数据通信控制（Data Communications controls）	数据从信息输入装置到信息接收装置通过通信线路，数据通信控制主要涉及确保数据的完整性。大多数的数据通信设备被组织拥有并受到控制，而不仅仅是发送或接收数据。这些控制措施很重要，作为许多组织的一种快速发展趋势是使用数据通信服务作为计算机应用系统的完整组成部分，以保证整个应用系统数据的准确性和完整性。
数据存储和检索控制（Data Storage and Retrieval controls）	计算机数据存储和检索控制的范围包括在文件处理和文件错误处理期间实施的那些控制措施。这些控制措施支配着不直接与应用系统的计算机处理相关的文件处理流程。因为数据涉及较高程度的人为干涉和数据操纵，所以在存储和检索期间，提供控制数据文件和项目完整性所必需的设备和人事程序是很重要的。
发现型控制（Detective controls）	控制措施按设计目的被分为两种宽泛的类别：预防型控制和发现型控制。发现型控制被设计用于发现错误，并保证错误能得到迅速改正。

续表 5

术　语	定　义
披露控制与程序（Disclosure controls and procedure）	美国证券交易委员会（SEC）的验证规则使用一种新的术语“披露控制与程序”，其定义为：“设计用于保证证券发行者披露信息所需的控制措施和其他程序，证券发行者应依照证券交易法记录、处理、汇总和报告的要求，在规定的时间期限，按照 SEC 的规则和表格提交或在归档的报告中披露所需的信息。‘披露控制与程序，包括但不局限于，设计用于保证由证券发行者在证券交易法报告中披露所需信息的控制措施及其程序被汇总和沟通到证券发行者的管理层……以便适当地作出与披露要求有关的及时决定。”
企业风险管理（Enterprise Risk Management，ERM）	企业风险管理有八个相关的组成部分。这些部分起源于管理层经营业务的方式，并且与管理流程结合在一起。这八个组成部分是：内部环境、目标设定、事件识别、风险评估、风险反应、控制活动、信息与沟通和监控。
环境控制（Environmental controls）	环境控制是执行管理层的责任。“环境”一词用来表示执行管理层建立的价值观和管理层想要本组织的业务运行的方式。这意味着工作可以用不同的方式执行，取决于执行管理层建立的环境。环境控制明显地影响组织职能。
环境的风险（Environmental Risk）	与组织环境相关联的风险，包括外部的和内部的风险因素。
支出周期（Expenditures Cycle）	支出周期被细分为采购、工资支付和款项支付功能。
风险暴露（Exposure）	“风险暴露”一词是指存在可能“暴露”组织损失的一个事件。风险暴露并不意味着将会有损失，而是存在潜在的损失。例如，“未经授权的交易”的风险暴露，不能得出已发生损失的结论，因为系统中未经授权交易的某些事项可能被发现，并进行了取消该事项的处理。实际上，风险暴露来源于一种威胁的潜在损失。风险暴露的潜在损失可以采取数量货币衡量或无形价值的形式。
外部审计（External Auditing）	独立注册会计师在有助于实现组织财务报告目标方面发挥重要作用。外部审计带给管理层和董事会一种独立和客观的见解，并且有助于该组织实现其财务报告的责任。
对外的财务报告周期（External Financial Reporting Cycle）	对外的财务报告周期涵盖编制分录，登记日记账和明细账和将会计事项过账到总账的职能；确定公司应当遵守的一般公认会计原则；收集与合并编制财务报表和其他对外历史财务报告所需的信息，包括相关的披露；编制和审查财务报表和其他的对外报告。随着《萨・奥法案》的通过，对外的财务报告的周期已具有更关键的重要性。

续表6

术 语	定 义
融资委员会（Finance Committee）	董事会的融资委员会在控制重大的资金承付款项和保证资本支出预算与经营计划相一致方面发挥作用。
财务主管（Financial Officers）	财务与稽核官及其职员的活动从上到下跨越企业所有经营单位。这些财务执行官经常参与开发整个组织的预算和计划，从运营、合规以及财务的观点追踪和分析业绩。同样，首席财务官、首席会计官、稽核官和组织中财务职能的其他人员是管理层行使控制方式的中心。
融资周期（Financing Cycle）	融资周期涵盖股本的发行与兑换及其交易记录的职能；股息的支付；融资适当形式，包括租赁交易的调查和选择；债务管理，包括监控遵守契约条款；投资管理和证券的实物保管。
《反海外贿赂行为法》（Foreign Corrupt Practice Act）	1977年美国通过的《反海外贿赂行为法》将不适当的内部会计控制规定为一种联邦违法行为。这实际上是要求采取适当的控制措施以便将大部分规定的披露事项降低到一个“适当的”的水平。
《信息自由法案》（Freedom of Information Act）	美国《信息自由法案》要求联邦机构公布在联邦登记中与个人文件相关的某些信息。这种信息必须包括可以获得被那些机构所保留信息来源和方法。
ICI的风险与控制模型（ICI risk and control model）	国际内部控制协会（ICI）的风险与控制模型是一个三层级的模型。这三个层级是环境控制、系统控制与交易处理控制。环境控制通常被认为是董事会和执行管理层的责任，他们应创建系统与交易处理控制能按照既定意图被执行的环境。系统控制是中层管理人员（即那些具体负责某一职能的人员）的职责。交易处理控制是员工的职责。
信息与沟通（Information and Communication）	围绕活动的是信息与沟通系统。这些系统可以使整个机构的人员获得与交流经营、管理和控制其运营活动所需的信息。
内部审计章程（Internal Audit Charter）	内部审计章程是由董事会审查和批准的一份正式书面文件，它概述了授予内部审计的职权。内部审计职能主要是对高级管理层和董事会负责。
内部审计（Internal Auditing）	组织内部有权力和责任评价本组织的业绩，以及控制措施适当性与合规性的一种职能。国际内部审计师协会正式颁布的内部审计专业实务标准的定义是：“内部审计是独立、客观的确认和咨询活动，旨在增加价值和改善组织的运营。它通过系统的、规范的方法，评价和改进风险管理、控制和治理流程的有效性，帮助组织实现其目标。”
内部审计师（Internal Auditors）	内部审计师直接检查内部控制状况，并提出改进措施的建议。国际内部审计师协会制定的标准规定，内部审计的范围应当包括检查和评价本组织内部控制系统的适当性和有效性，以及履行指定职责的绩效质量。

续表 7

术　语	定　义
内部控制（COSO 的定义）Internal Control（as defined by COSO）	内部控制是由本企业的董事会、管理层和其他人员实施的一个流程，旨在为实现经营的效率和效果，财务报告的可靠性和遵从适用法律法规各类目标提供合理保证。
内部控制（美国注册会计师协会的定义）Internal Control（as defined by AICPA）	内部控制包括组织的计划和业务内采用的所有的协调方法与措施，用以保护资产，检查会计数据的准确性和可靠性，提高经营效率，并鼓励坚持规定的管理政策。该定义有时比内部控制这一术语被认定的含义更宽泛。它承认内部控制的“系统”扩展超越了那些直接与财务会计部门职能有关的事项。
马科姆·波多里奇国家质量奖（Malcolm Baldrige National Quality Award）	马科姆·波多里奇国家质量奖管理模式的建立以改进美国公司的效率和效果为基础。在波多里奇模式建立之前，日本已经建立了以质量管理模式为基础的戴明（Deming）奖。戴明奖和马科姆·波多里奇国家质量奖都具有双重目标。首先，认可在各行业领域中是领袖的那些公司；其次，有助于分享最佳实务以提升其他公司的效率和效果。
重要性（Materiality）	控制措施主要的确定因素是交易的重要性。重要性被定义为在公司总价值关系中被保护事件的价值。被保护事件的价值与本组织总价值有关的程度越高，用于保护这些事件的控制措施就越多。在控制措施力度和由这些控制措施所保护的货币价值之间应当建立一个关联度较高的控制。
监控（Monitoring）	需要监督的内部控制系统：即按照时间要求评估活动业绩质量的一个流程。这一流程通过持续的监控活动、个别评估或将两者结合起来予以实现。持续监控在运营过程中发生，它包括常规管理和监督活动，以及员工在履行职责时所采取的其他行动。个别评估的范围和次数将主要取决于某一风险评估与持续监控程序的有效性。内部控制缺陷应当向上级报告，严重的问题应当向高级管理层和董事会报告。
提名委员会（Nominating Committee）	董事会的提名委员会对董事或高级管理层候选人的选择提供控制。
输出处理控制（Output Processing controls）	输出处理控制用于保证计算机处理结束时输出数据的完整性，直到这些数据递交给该功能的使用者。该功能的使用者依赖完整的和正确数据的及时传递来处理他们的日常业务职能。输出控制在实现与全面电算化记账制度相关联的控制目标方面发挥重要作用。输出控制的功能是保证被处理的信息是经核准的、完整的和准确的数据。输出控制的范围包括信息技术的平衡与协调、输出分布、用户的平衡与协调、记录留存、会计文件控制和输出错误处理的控制领域。

续表8

术　语	定　义
计划—执行—检查—整改循环（PDCA Cycle）	任何质量项目的一个重要前提是强调持续改进。持续改进的方法可以使用计划—执行—检查—整改（PDCA）循环予以说明，该方法是在20世纪30年代由贝尔系统的史瓦特（Shewhart）博士开发的。该循环包括了计划、执行、检查和整改四个步骤。它也被称为戴明（Deming）转轮，是质量控制的关键概念之一。
游戏手写体（Play script）	游戏手写体是用一种简单易懂，按部就班格式定义程序的一种方法。游戏手写体的概念来自完全为游戏而书写的原稿。这一概念便于书写程序。
预防型控制（Preventive controls）	控制按照其设计目的经常被分为两种宽泛的类别：预防型控制和发现型控制。发现型控制被设计用于发现错误从而保证迅速改正错误。预防型控制被设计用于预防错误的发生。预防型控制因为其内建的嵌入性质往往不那么显而易见。
《1974年的保密法案》（Privacy Act of 1974）	美国《1974年的保密法案》对联邦机构强加了许多要求，以便预防滥用或泄露包含个人信息在内的数据。处理个人数据的联邦自动数据处理（ADP）组织必须提供合理程度的保护，防止个人数据遭受未经许可的披露、破坏或篡改，不管是故意的或由于意外事故或粗心造成的。
流程管理周期（Process Engineering Cycle）	流程管理周期包括建立个别系统或应用所涉及的活动。这一期间要识别与衡量风险，还要识别、定义和实施控制这些风险的手段。同样，在这一期间，将确定业务运营的效率和效果。流程管理周期也包括改变和升级影响当前业务需要和法规要求的应用。
生产或转换周期（Production or Conversion Cycle）	生产或转换周期包括生产的计划与控制、库存的计划与控制、财产与递延成本核算以及成本会计所涉及的这些职能。
记录（Recording）	按照一般公认会计原则或其他适用于这类活动的标准所允许的编制财务报表的方式记录交易，并保持对资产的会计责任。
推荐信、证明信（Reference Letter）	可以证明你在内部控制设计或评估中的工作经历的部门主管人的信函。证明信必须描述工作经验和业绩成果。
收入周期（Revenue Cycle）	收入周期涵盖收到和接受货物或服务需求；交付或提供货物或服务；授信、现金收据和托收活动；开账单、收入、应收账款、佣金、担保，坏账、退货和其他调整的会计处理所涉及的职能。
风险（Risk）	风险是成为或造成对组织不利影响潜在威胁的可能性。例如，当飓风威胁接近时，公司计算机中心增加了遭受破坏的风险（可能性）。风险有依附它发生的可能性或频率。

续表 9

术 语	定 义
风险分析（Risk Analysis）	风险分析是用于识别、评估和量化发生威胁的可能性和估计其负面影响的一个流程。风险分析旨在提高在任何既定形势下成功的可能性。
风险承受度、风险偏好（Risk appetite）	风险承受度是在一个广泛基础的水平上，某一公司或者其他实体在追求其目标时愿意接受的风险程度。
风险评估（Risk Assessment）	组织必须意识到和处理它所面对的风险，必须制定与销售、生产、营销、财务和其他活动结合在一起的目标。它必须建立与设立的目标相一致的识别分析和管理相关风险的机制。
风险暴露——威胁图表（Risk Exposure - Threat Diagram）	风险是可能发生一个不利事件的可能性。威胁是引起某种损失（即，是该风险暴露的潜在损失）的一个事件或者活动。导致的后果是一种损失。因此，风险暴露与威胁图表说明了这种因果关系，更好地解释了风险的组成部分。
风险管理（Risk Management）	风险管理是高级管理层的职责。它是一个正式的流程，涉及识别、衡量、并按照需要解决风险的优先顺序排列风险。
风险评分（使用外部的应用特征）［Risk Scoring（Using External Application characteristics）］	通过评价主要与应用系统的开发、运行和使用有关的环境特征来确定某一应用风险分级的方法。
风险评分（使用内部的应用特征）［Risk Scoring（Using Internal Application characteristics）］	通过评价应用系统处理数据的特点以及对这些数据的控制措施来确定应用风险分级的方法。
《萨班斯—奥克斯利法案》（Sarbanes - Oxley Act）	美国颁布《萨班斯—奥克斯利法案》主要是应对一些大公司会计丑闻。该法案的目的是为企业社会责任制定新的或强化的标准，惩处企业财务虚假的错误行为。该法案对公司的执行主管及其董事会提出了新的要求。
职责分离（Segregation of Duties）	员工的任务与职责分离是一种检查员工工作情况的制度安排；它是把委托保管从初始会计责任分离的固有制衡系统。这些特征影响成为有效的内部控制环境要素职责分离的四种类型，即运营与记账分离、保管与会计分离、保管与授权分离以及会计任务的相互分离。
职责冲突矩阵的分离（Segregation of Responsibilities Conflict Matrix）	传统的职责分离概念在计算机业务应用中可能无效或甚至无法做到。数据处理环境的职责分离可以通过限制在数据要素方面的人员行动来实现。这是可能的，因为控制机制可以允许控制粒度（即，控制与记录水平相对的数据元素水平）被设置在计算机系统内。冲突矩阵可以被用于确定应分离的功能，以及评估职责分离的适当性。

续表 10

术 语	定 义
战略计划（Strategic Planning）	战略计划是高级、长期的计划程序，包括关于企业的目标及其业务性质的决策。它包括决定进入或者结束什么业务线、生产力计划、长期的人员聘用计划，等等。
系统控制（流程控制）[System Controls（process controls）]	系统控制是定义单个应用系统管理方面的控制措施。这些措施包括保证系统是可维护的那些行动，可以便捷有效地作出相关业务系统的变化。这将同样涉及计算机系统的结构类型和可用的文档记录类型。系统控制措施还将定义管理层管理整个系统所需的关键指标。它将包括独立的对账以保证处理的科目是正确的。系统控制是中层管理部门——管理单个业务系统的经理们的职责。
控制系统（System of Controls）	控制系统是个别控制措施的整合系统，必须对整个系统如何运行的状况进行评估。单一控制措施，在某一单独的点位是有效的，并不能提供整个流程处于控制状态的必要保证。例如，进料检查可能在邮包房中得到控制，但是没有管理检查从邮包房的收据存入仓库运动的整个控制系统，就不能保证现金收据处于控制之中。因此，重要的是与个别控制措施相对应的控制系统。
战术计划（Taotical Planning）	战术或管理计划包括用于实施战略计划和决定运营活动的需求。战术计划或短期计划与控制周期，包括制定年度预算和监控与这类预算相对的绩效。这是所有以管理为基础的最有力的一种控制系统。
威胁（Threat）	威胁是在既定环境下可能发生的一个事件，该事件可能导致一种损失。威胁包括固有的和环境危害以及引发的薄弱点。
威胁点矩阵（Threat Point Matrix）	威胁点矩阵是用来识别系统中由于控制缺陷而具有损失高风险点的一种工具。当有专业知识的人士用于衡量易受损失的领域时，这种技术被证明是极为可靠的。该技术涉及建立一种矩阵，其中的一维是控制点，另一维是潜在的威胁点。
高层基调（Tone at the Top）	“高层基调”含有高级管理层传递给员工适当信息的意思，高级管理层实际上要做到“言行一致”。言行一致意味着高级管理层正在做他们要求本组织员工所做的那些事。
交易冲突矩阵（Transaction Conflict Matrix）	交易冲突矩阵的目的是表示财务导向的交易职责适当分离。该矩阵表示可能执行的交易与这种行动发生财务账户的功能。当相同的交易可以在同一账户上执行太多功能时，在职责分离的适当性方面就存在一种潜在的“冲突”。

续表 11

术　语	定　义
交易记录控制［Transaction Entry controls（IT）］	监督从初始交易点直至其结果递交给用户的单个业务交易处理的控制措施。交易记录控制用于保证数据输入计算机应用系统期间的准确性和完整性。交易记录控制领域的范围包括直到数据进入通信链接点位，或在非数据通信的环境中，数据输入计算机应用程序用于进一步处理的控制措施。 交易记录控制是人工控制和自动化控制例行程序的一种组合。这种组合是特别重要的，因为它们控制着两个重要的应用领域：数据转换编辑和验证。其重点是尽可能地采用自动化控制的例行程序，利用计算机硬件能力以及促进控制应用的一致性。
初始交易控制（Transaction Origination controls）	在交易进入计算机应用系统之前，使用初始交易控制保证数据的准确性和完整性。初始交易控制领域的范围包括直到将数据转换成一种机器可读格式点位的控制措施。管理层、系统人员和控制设计师越来越强调初始交易控制，以保证编制输入系统的信息是有效的、可靠的、具有成本效益和不易被泄露。
交易处理风险（Transaction Processing Risk）	从初始点到结束点与处理单一业务事件相关的风险。
交易使用矩阵（Transaction Use Matrix）	交易使用矩阵表示数据科目和使用该数据的计算机程序之间的关系。该矩阵的一边列出每个单独的数据科目，例如员工的名字、编号、工资净额、社会保障号等等；另一边列出的程序细分为可以运行的功能数据访问程序。
薄弱性（Vulnerability）	薄弱性是“暴露”某个组织损失的业务系统流量（即某一流程）中的弱点。例如，将密码系在计算机终端机上，该密码可能被未授权访问的某人不适当地使用，因而对组织造成损失。

附录2　参考书目资料来源

使用下列资料来源目录表有助于你准备国际注册内部控制师（CICS）的考试。附录2列出了在会计和内部控制领域中被推荐的很多书籍。国际内部控制协会网站 www. internalcontrolinstitute. org 也列出由 ICI 认证委员会编辑的准备考试时使用的参考资料。

本领域中保持当前的水平和知道专业研究发展可利用的出版著作与资料是每位报考人的责任。国际内部控制协会建议报考人为获得资格认证而不断研究与了解本领域中目前的文献和趋势。许多有价值的参考资料还没有在这里列出。本目录表只出于提供信息的目的，它们无意囊括一切。

1. Steven M. Bragg:《会计最佳实务》（Accounting Best Practices），John Wiley & Sons，Inc.（April 2001）。
2. Steven M. Bragg:《会计控制最佳实务》（威利最佳实务）〔Accounting Control Best Practices（Wiley Best Practices）〕，John Wiley & Sons，Inc.（July 2006）。
3. Jerold Zimmerman:《决策与控制的会计》（Accounting for Decision Making and Control），McGraw－Hill，Inc.（July 2002）。
4. John McPeek，Bud Carlson，and James Skelton:《内部控制的会计程序》（Accounting Procedures for Internal Control），Bizmanualz，Inc.（June 2006）。
5. Steven J. Root:《超越 COSO：增强公司治理的内部控制》（Beyond COSO：Internal Control to Enhance Corporate Governance），John Wiley & Sons，Inc.（February 2001）。
6. Robert R. Moeller and Herbert N. Witt:《布林克现代内部审计学——第5版》（Brink's Modern Internal Auditing，5th Edition），John Wiley & Sons，Inc.（January 1999）。
7. Robert R. Moeller:《计算机审计、控制与安全》（威利/国际内部审计师协会专业丛书）〔Computer Audit，Control，and Security（The Wiley/Institute of Internal Auditors professional book series）〕，John Wiley & Sons，Inc.（September 1989）。
8. JoAnne Yates:《通过沟通进行控制：美国管理中的系统升级》（行业与社团研究）〔Control through Communication：The Rise of System in American Management（Studies in Industry and Society）〕，The Johns Hopkins University Press（March 1993）。

续表

9. COSO：《COSO 企业风险管理——整合框架》（Enterprise Risk Management—Integrated Framework, COSO），Management Accounting Quarterly（September 2004）。
10. K. H. Spencer Pickett：《企业风险管理：管理者的征途》（Enterprise Risk Management：A Manager's Journey），John Wiley & Sons，Inc.（July 2006）。
11. Martin T. Biegelman and Joel T. Bartow：《舞弊预防和内部控制的执行路线图：创建合规性文化》（Executive Roadmap to Fraud Prevention and Internal Controls：Creating a Culture of Compliance），John Wiley & Sons，Inc.（January 2006）。
12. IT 治理协会：《信息及其相关技术的治理、控制和审计》（COBIT 报告）〔Governance，Control and Audit for Information and Related Technology（commonly referred to as the COBIT Report）〕，IT Governance Institute（April 1998）。
13. 加拿大特许会计师协会：《控制方面的治理》（COCO）〔Guidance on Control（commonly referred to as COCO）〕，Canadian Institute of Chartered Accountants（November 1995）。
14. 最高审计机关国际组织：《内部控制标准指南》（Guidelines for Internal Control Standards，INTOSAI），International Organization of Supreme Audit Institutions（June 1992）。
15. Sushil Jajodia and Leon Strous：《信息系统的完整性与内部控制》第六版（Integrity and Internal Control in Information Systems VI），International Federation for Information Processing，IFIP（April 2004）。
16. The Committee of Sponsoring Organizations of the Treadway Commission（COSO）：《内部控制——整合框架》（Internal Control – Integrated Framework），Library of Congress – USA（September 1992）。
17. K. H. Spencer Pickett：《内部控制——管理者的征途》（Internal Control：A Manager's Journey），John Wiley & Sons，Inc.（April 2001）。
18. Wanda A. Wallace：《内部控制指引》（第 3 版）〔Internal Controls Guide（Third Edition）〕，Association of Government Accountants（September 2005）。
19. SEC：《在证券交易法的定期报告中披露管理层对财务报告内部控制的报告和证明，最终规则》（Management's Reports on Internal Control Over Financial Reporting and Certification of Disclosure in Exchange Act Periodic Reports，Final Rule），US Securities and Exchange Commission（August 2003）。
20. Edward J. McMillan：《预防舞弊和贪污的政策与程序：指南、内部控制和调查》（Policies and Procedures to Prevent Fraud and Embezzlement：Guidance，Internal Controls，and Investigation），John Wiley & Sons，Inc.（April 2006）。
21. Dimitris N. Chorafas：《可靠的财务报告与内部控制：全球执行指南》（Reliable Financial Reporting and Internal Control：A Global Implementation Guide），John Wiley & Sons，Inc.（May 2000）。

续表

22. The Cadbury Report:《公司治理财务领域委员会的报告》〔Report by the Committee on Financial Aspects of Corporate Governance (commonly referred to as the Cadbury Report)〕, Gee & Co., Ltd. (December 1993)。
23. Paul M Collier, Anthony J Berry, and Gary T Burke:《风险与管理会计：企业范围的内部控制程序最佳实务指南》(Risk and Management Accounting: Best practice guidelines for enterprise - wide internal control procedures), Elsevier Science & Technology Books (September 2006)。
24. Peggy M. Jackson and Toni E. Fogarty:《针对非营利组织的萨班斯 - 奥克斯利：建立竞争优势指南》(Sarbanes - Oxley for Nonprofits: A Guide to Building Competitive Advantage), John Wiley & Sons, Inc. (April 2005)。

按题目列出的网站

除了上述参考资料和刊物之外，这里还有一些专题可以在网站上找到，它们有助于你研究会计与内部控制。

专题（Subject）	网址（Web Address）
美国注册会计师协会：为内部控制报告而选择正确的工具（American Institute of Certified Public Accountants: Choose the Right Tools for Internal Control Reporting）	http: //www. aicpa. org/pubs/jofa/feb2004/winters. htm
美国政府会计师协会 Association of Government Accountants (AGA)	http: //www. agacgfm. org/homepage. aspx
在履行内部控制报告要求方面的委员会声明 Commission Statement on Implementation of Internal Control Reporting Requirements	http: //www. sec. gov/news/press/2005 -74. htm
发起组织委员会（COSO） Committee of Sponsoring Organizations (COSO)	http: //www. coso. org/
信息与相关技术的控制目标（COBIT） Control Objectives for Information and Related Technology (COBIT)	http: //www. isaca. org/Template. cfm? Section = COBIT6&Template = /TaggedPage/TaggedPageDisplay. cfm&TPLID=55&ContentID=7981
欧洲公司治理协会 European Corporate Governance Institute	http: //www. ecgi. org/
最终规则：在证券交易法的定期报告中披露管理层对财务报告内部控制的报告和证明 Final Rule: Management's Reports on Internal Control Over Financial Reporting and Certification of Disclosure in Exchange Act Periodic Reports	http: //www. sec. gov/rules/final/33 - 8238. htm

续表

专题（Subject）	网址（Web Address）
美国政府责任署的内部控制管理与评价工具 GAO Internal Control Management and Evaluation Tool	http：//www. gao. gov/new. items/d011008g. pdf
美国政府责任署的联邦政府内部控制标准 GAO Standards for Internal Control in the Federal Government	http：//www. gao. gov/special. pubs/ai2131. pdf
控制指引——加拿大特许会计师协会 Guidance on Control – The Canadian Institute of Chartered Accountants（COCO）	http：//www. cica. ca/
国际内部审计师协会 Institute of Internal Auditors（IIA）	http：//www. theiia. org/
COSO：内部控制——整合框架 Internal Control – Integrated Framework（COSO）	http：//www. coso. org/publications. htm
董事在合并法规方面的内部控制指导 Internal Control Guidance for Directors on the Combined Code	http：//www. ecgi. org/codes/documents/turnbul. pdf
国际内部控制协会 Internal Control Institute	www. internalcontrolinstitute. com/
毕马威财务报告的内部控制评估 KPMG – Assessing Internal Control over Financial Reporting	us. kpmg. com/microsite/attachments/10505DCGR – A – 123_ forweb. pdf
美国预算管理委员会 A – 123 管理层的会计责任与控制 OMB A – 123 Management Accountability and Control	http：//www. whitehouse. gov/omb/circulars/a123/a123. html
美国上市公司会计监管委员会的标准和相关规定——第 2 号审计标准 PCAOB Standards and Related Rules – Auditing Standard No. 2	www. pcaobus. org/Standards/Standards _ and _ Related _ Rules/Auditing _ Standard _ No. 2. aspx
美国上市公司会计监管委员会 Public Company Accounting Oversight Board（PCAOB）	http：//www. pcaobus. org/
圣彼得斯堡学院的企业培训中心 St. Petersburg College Corporate Training Center	www. spjc. edu/ct/profdev_ classes/ici. htm